中国減速の深層

「共同富裕」時代の
リスクとチャンス

福本智之 Tomoyuki Fukumoto

日本経済新聞出版

はじめに――中国経済を等身大に評価する

中国経済については、楽観論、脅威論、崩壊論が常に行き交ってきたように思う。ある時は、楽観論が優勢に、ある時は脅威論が、また、ある時は崩壊論が優勢になってきたが、常に様々な見方が交差してきた。

中国の経済規模（USドル換算のGDP）は、改革開放初期の1980年、米国の15分の1、日本の6分の1に過ぎなかった。それから、著しい成長を続け、その後40年経過した2020年、中国の名目GDPは、米国の7割まで迫り、日本の3倍まで巨大化した（世界銀行のデータによる）。世界最大の人口の国で中間所得層が台頭しており、その消費市場の潜在性はとても魅力的だ。中国経済に対する楽観論にはそれなりに根拠がある。

同時に、このスピード感での経済規模の拡大が他国の政府や人々から見て脅威に映るのもある意味自然だ。経済規模だけでなく、世界貿易に占めるシェアはすでに世界一だし、技術的台頭も様々な産業で著しい。「このままでは巨龍に呑み込まれてしまう」という中国脅威論が出てくるのも、無理はない。そして、中国の経済的台頭を背景とした地政学的な脅威の増大に対する懸念も近年高まっている。

一方で、中国崩壊論も20年以上主張されてきた。高度成長の裏では、貧富の格差の拡大、地方政府や企業の債務の積み上がり、不動産価格の高騰など、矛盾や歪みが蓄積してきた。ゴードン・チャンの『やがて中国の崩壊が始まる』（*The Coming Collapse of China*）が世界的なベストセラーになったのは２００１年だった。その後も、中国経済の崩壊や失速を予測する書籍や分析は枚挙にいとまがない。ただ、少なくともこれまで、中国経済に大規模な経済金融危機は起こらず、失速はしなかった。このため、「中国崩壊論の崩壊だ」との声も、一部では聞かれるようになった。

中国経済を等身大で評価する。これは本当に難しいことだと思う。中国は、人口は世界最大で、面積は世界第4位、日本の約25倍。その経済的な特徴は、沿海部と内陸部、北部と南部でかなり異なり、格差も大きい。都市と農村でも経済の姿はかなり異なる。いや、都市と農村の二分法で語るには不正確なほど、都市の態様も、農村の態様も、地域やその規模によって様々だ。また、国によって政治と経済の関係は色々だけれど、中国の政治体制とその経済への関わり方は、日本や欧米とはだいぶ異なる。

中国の企業家の貪欲なビジネスへの情熱を見ると、ある意味では、日本よりもよほど資本主義的に見える時もある。また、ある時は、政府が日本や欧米からすれば考えられないような剛腕で企業を統制にかかる。中央政府と地方政府の関係も、ある面では中央集権的に見えて、ある面では日本の地方公共団体などよりよほど自由に経済振興策を実施しているように見える。あまりにも色々な輪郭を持っているので、様々な尺度や手法をどのように適用して評価するかが難しいのだ。

確実に言えることは、中国経済は、２桁の高度成長期を終えて、２０１０年代以降、減速期に入っているということだ。すでに10年にわたって減速を続けており、足元の潜在成長率は５～６％くらいまで下がったと見られる。今後も、減速していくことはほぼ間違いない。問題は減速がどれほどのペースになるかということだ。

中国の減速を懸念する理由は多くある。２０２１年5月発表の第7次人口センサスでは少子化が想定以上に進んでいたことが判明した。人口動態が経済の足を引っ張ることは避けられない。また、習近平政権の「共同富裕」という新たなスローガンの下、成長よりも分配が重視される懸念も生まれ、実際、プラットフォーマーや教育・ゲーム産業など一部の民営企業への急速な統制強化が進んでいる。共同富裕政策は、人民が全体として富裕になる政策として、経済のパイの拡大と拡大したパイの公平な分配を含んでおり、今後の中国政府の経済運営を読み解くうえでの重要なキーワードだ。

さらに、２０２１年秋の電力不足問題に象徴されるように、脱炭素の取り組みは成長に軋《きし》みを生むおそれがある。対外的には、米中対立でこれまでのような自由な貿易投資環境を享受できそうになく、技術のキャッチアップはこれまでほどスムーズにはいかないかもしれない。金融面では、国際的に見ても経済規模対比でかなり高水準の民間債務を抱え、不動産市場の冷え込みから、バブル崩壊の懸念が拭えない。「一体、中国経済はどこへ向かおうとしているのか」と疑心暗鬼になるのも無理はない。

もっとも、中国は減速したとはいえ、世界の主要な国家の中では、最も成長率が高い国だ。世界経済の成長への寄与割合で言えば、２０１５～２０１９年の5年間では、米国の19％に対して、中国は29％とはるかに大きい。

低所得層から中間所得層になる人口が急速に増える時期に差し掛かっている。少子高齢化が進んでいるとはいえ、都市の人口比率はまだ日本の１９６０年頃に当たり、都市化の余地は大きい。急速に進むデジタル化は、消費者向け（Ｂ to Ｃ）だけでなく、ビジネス向け（Ｂ to Ｂ）の領域にも広がりつつある。一人当たりGDPは、現時点でも米国の6分の1で、技術的なキャッチアップの余地は大きいほか、国際特許出願件数も世界トップだ。

脱炭素の取り組みでは、太陽光パネルで世界の圧倒的シェアを持ち、電気自動車の販売も爆増している。バブル崩壊の懸念は20年以上言われ続けてきたが、これまでは、政府のマクロ・ミクロのコントロールで金融面の安定を守ってきた。これらの事実を軽視すべきでもない。

おそらく、中国経済が、今後もゆっくり減速していくのは自然なことだが、失速のリスクには、これまでより注意が必要な局面になってきたと理解すべきではないか。同時に、巨大な経済の大きな構造変化の中には、チャンスも大きい。グローバルで勝負する企業にとっては、増分で見れば米国よりも大きな中国市場で勝負できないと、グローバルに競争力のある製品を供給し続けられない。

そして、何よりも、日本にとって中国は「引っ越しできない隣人」だ。意見、立場の相違はあっても決定的な対立にならないよう、政治、経済、文化、教育など様々な側面で対話と結びつきを持つことは極めて重要だ。特に、経済に関しては、日本と中国は様々な面でウィンウィンになれる面がまだ多いと思う。

中国経済の減速の下で起きている構造変化と政府の政策動向のインプリケーションを示し、日本企業（または政府）にとってのリスクとチャンスを解き明かすことが本書の目的だ。

もちろん、中国経済の全てを描き切ることはできない。本書は、今後の中国経済を見ていくうえで、特に重要だと思われる事実やデータ、分析の切り口を基に筆者の見方や考え方を示した。その際、中国の中長期的成長性を縦糸に、習近平政権が進める共同富裕政策を横糸にした。

第8章では、それまでの考察を基に、やや大胆かもしれないが、中国経済が今後辿《たど》りうる道筋について三つのシナリオを示した。正確に結果を予測するよりも、どの要素がどのように変わっていけば、どのシナリオに近づくのかという点を示したつもりだ。

本書が、中国にビジネスその他様々な面から向き合う様々な皆様の助けになれば幸いである。

2022年5月

福本　智之

目次

第2章 共同富裕と改革開放・イノベーションの行方 75

第5章 脱炭素と経済成長は両立するか？

第6章 金融と不動産のリスクの在処《ありか》 221

第1章

2035年までのGDP倍増構想

中国減速の深層「共同富裕」時代のリスクとチャンス

1978年の改革開放後、中国経済は目覚ましい発展を遂げてきた。物価変動を除いた実質GDPの規模は、1978年から2021年にかけて43倍になった。これは年平均9%強の成長を40年以上続けてきたことを意味する。しかし、近年は明らかに成長速度が鈍化している。1978年から2010年までの成長速度は、年平均9・7%であったが、2010~2015年は年平均7・9%、2015~2019年は年平均6・6%と減速している。2020年は新型コロナ感染症の影響で2・3%と落ち込んだのは仕方ないにしても、そこからの反動で回復した2021年(8・1%)とならした年率平均では5・2%だった。現在、中国の潜在成長率は5~6%まで低下したと見られる。

本章の目的は、中国政府・共産党が狙う2020年から2035年にかけてのGDP倍増構想がどれほど現実的なのかを明らかにすることだ。第8章で筆者としての三つのシナリオを提示するが、本章では中国経済のこれまでの足跡や各種予測を概観し、中国の経済成長を見通す枠組みやハードルの高さを示したい。

まず、2010年頃までの高度成長を支えた要因と2010年代の成長減速の要因を考察する。そのうえで、中国政府・共産党の2020年から2050年までの経済発展構想とその中に位置づけられる2035年にかけてのGDP倍増構想を説明する。そして、日本の過去に照らした中国の経済発展段階の検討、諸機関の中国経済の長期予測とそれに対する評価を行い、GDP倍増構想の現実性を考察する。

1 何が中国の高度成長を可能にしたのか？

最初に１９７８年から２０１０年頃までの中国経済が２桁前後の高度成長を続けた時期を振り返る。「今さら過去を振り返って何になる」と言われそうだが、しばらくお付き合いいただきたい。中国の高度成長を支えた要因を改めて確認して、それがどのように変容していったかを理解することが、中国経済の現在と将来を見る出発点になるからだ。

当たり前ではあるが、この期間の中国の成長を押し上げた最大の要因は、改革開放の推進だった。この期間、中国経済は、年平均９・７％の成長率で推移した。しかし、その推移は決して平坦なものではなかった。図表１―１が示すとおり、大きく言えば３度のアップダウンを繰り返している。中国の改革派エコノミストの魏加寧氏が主張するように、(1)３度の経済成長率の押し上げは、いずれも三つのイベントを起爆剤とした改革開放の加速によってもたらされた。

(1) 改革開放の起爆剤となった三つのイベント――第11回三中全会、南巡講話、ＷＴＯ加盟

一つ目のイベントは、１９７８年の中国共産党第11回三中全会だ。同会議で、文化大革命と訣別し、改革開放を推し進める方針が採択された。三中全会とは、５年に一度の中国共産党の党大会のあいだに開かれる３回目の党中央委員会全体会議のことだ。三中全会は、新指導部の中長期的な国家運営の基本方針を決める重要な会議であり、経済運営の重要な決定がこれまで何度も行われている。

第11回三中全会以降、文化大革命で停滞していた国内経済体制に市場原理が徐々に取り入れられた。

図表1-1　中国のGDP成長率とCPI前年比の推移（1978〜2010年）

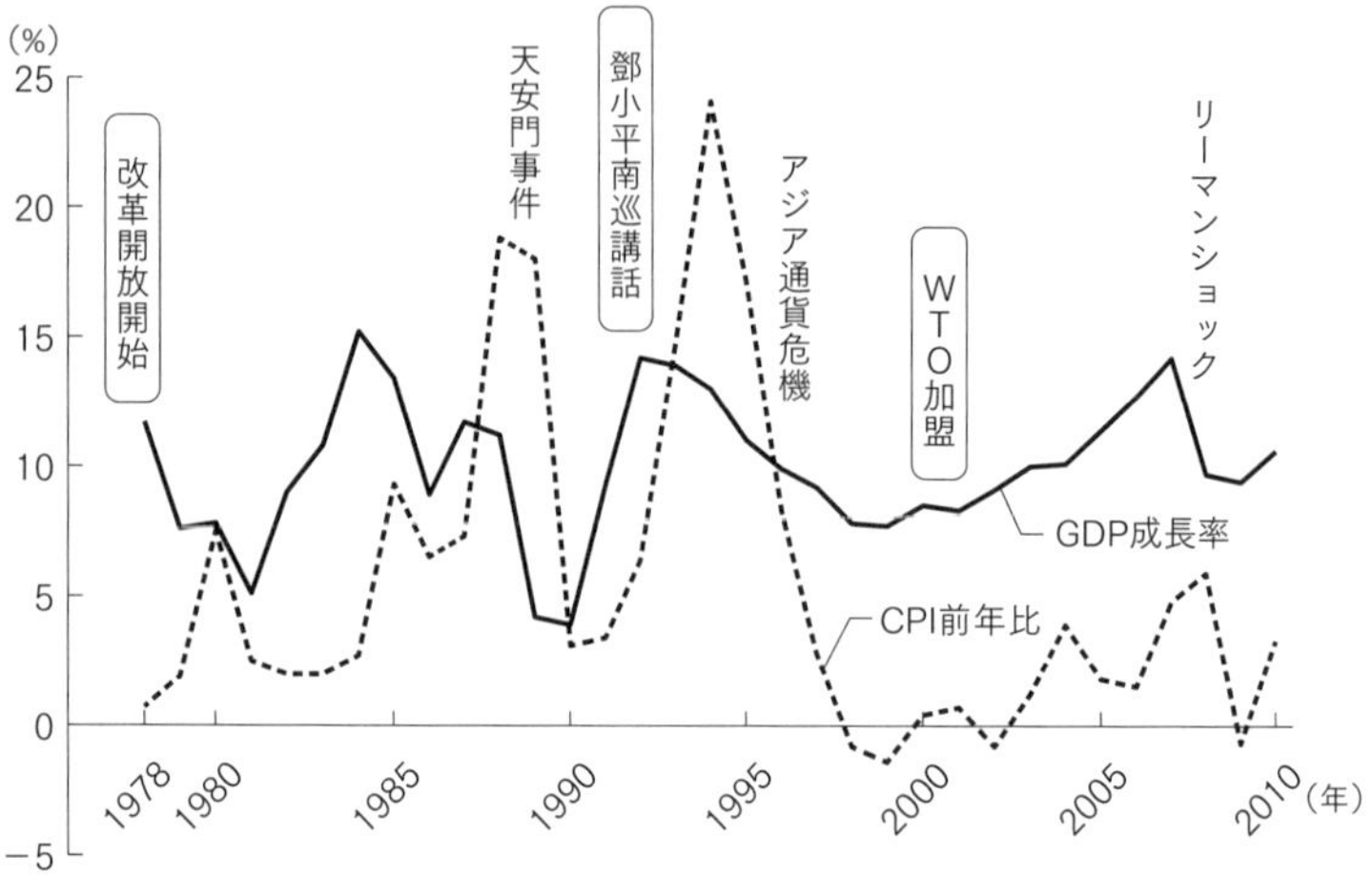

（出所）国家統計局を基に筆者作成

また、深圳、珠海、汕頭、厦門を皮切りに沿海部に続々と経済特区が設けられ、外資企業の受け入れも始まった。こうした経済改革と対外開放が経済成長を2桁台に押し上げた。

もっとも、改革開放は、1989年の天安門事件を契機とした保守派の台頭によって一時的後退を強いられた。加えて、諸外国からの経済制裁の影響もあり、1990年初頭、中国経済は一時的に停滞した。

二つ目のイベントは、1992年の鄧小平による南巡講話だ。鄧小平は、天安門事件以降、改革開放が停滞していることに危機感を持ち、中国南部の諸都市で重要講話を行った。「発展こそが絶対的道理だ」「改革・開放は、懐をもっと大きくし、大胆に試みる必要がある」など、改革開放を再び加速する必要性を強く訴えた。これにより、改革開放が再び勢いを取り戻した。経済成長は、再び2桁台の伸びを取り戻した。

南巡講話は経済に活力をもたらしたが、同時に中央政府の制御の利かない形での投資の膨張により、経済は過熱、物価が高騰した。インフレ率は2割を超えた。これに対して、中央政府は、マクロコントロールの強化を打ち出した。中央政府が、財政政策と金融政策を制御する仕組みを整備し、引き締めを行った。政府は、インフレの抑え込みには成功したが、同時に需要の拡大にもブレーキがかかり、経済はこの頃から長い減速局面に入った。

1990年代後半にはアジア通貨危機が発生し、外需も落ち込んだ。国有企業の経営難が深刻化し、レイオフ労働者が増えていった。筆者が初めて留学のため北京に滞在した1996～1997年には、経済成長率が2桁を割り込んでいた。当時、中国の友人が、「中国の高度成長はもはや終わった。もう2桁成長に戻ることはなく、成長率はどんどん低下していくだろう」と話していたのを思い出す。経済成長率は1999年には7・7％まで鈍化、消費者物価指数（CPI）前年比は1・4％の下落に転じた。

三つ目のイベントは、2001年の中国のWTO加盟だ。WTO加盟は、中国にとって世界経済と一体化し、対外的な貿易投資を拡大させるための長年の念願だった。WTO加盟交渉にあたって、既存の加盟国は、中国に対して国内市場の開放と経済改革の推進を求め、中国はこの要求に条件付きながらも応じた。この時点では中国企業にとって、WTOへの加盟は期待半分と不安半分だった。輸出を拡大するチャンスが広がった一方、国内市場での外資企業との競争激化のプレッシャーも半端ではなかった。

当時、筆者は北京の在中国日本大使館に駐在していた。「オオカミ（外資企業のこと）が来る！

できるだけ早く競争力を高めなければならない」といった雰囲気が漂っていたことを思い出す。ＷＴＯ加盟は、強烈な外圧となり、改革開放を再び加速させ、中国経済を長期の減速局面から転換させる起爆剤となった。貿易投資の拡大により、経済は再び勢いを取り戻し、中国経済は、リーマンショックまでは２桁台の成長が続いた。

（２）高度成長期の成長要因――改革開放による全要素生産性の成長が最大の要因

以上、単純化して言えば、２０１０年頃までの中国経済の成長は、改革開放の加速と停滞によって上下してきたと言ってよいだろう。

改革開放が経済成長をいかに押し上げたかをデータで確認しよう。図表１－２は、中国研究で知られるハーバード大学のパーキンス教授とピッツバーグ大学のロースキー教授が、成長会計の手法を使って、中国経済の成長要因とその推移を、資本投入、労働投入とその残差で求められる全要素生産性に分解したものだ。[2]成長への寄与度を合計すると経済成長率になる。全要素生産性は、資本投入や労働投入で説明できない成長要因であり、技術進歩や経済効率の改善などが反映されている。各要素の成長への寄与度を合計すると経済成長率と一致する。

経済成長率は、改革開放の前の３・９％から後の９・５％へと大きく伸びた。注目したいのは、全要素生産性の寄与度が、改革開放前後でマイナスからプラスに顕著に変化したことだ。１９５７～１９７８年は、中国が大躍進や文化大革命を行っていた時期だ。経済効率度外視の政策により、当時の中国の全要素生産性、すなわち技術進歩や経済効率の改善による成長寄与は、▲０・５％とマイナ

図表1-2　中国の経済成長の要因分解

（%）

	経済成長率	成長への寄与度				
		資本投入	労働投入	単位労働	人的資本	全要素生産性
1957-1978年	3.9	2.9	1.6	0.7	0.9	▲0.5
1978-2005年	9.5	4.2	1.5	0.6	0.9	3.8
1978-1985年	9.7	3.9	2.6	1.1	1.5	3.2
1985-1990年	7.7	3.0	1.7	0.8	0.9	3.1
1990-1995年	11.7	3.9	1.1	0.5	0.6	6.7
1995-2000年	8.6	4.5	0.9	0.3	0.6	3.2
2000-2005年	9.5	5.4	1.0	0.4	0.6	3.1

（出所）Perkins and Rawski "Forecasting China's Economic Growth over the Next Two Decades"（2008年）

スだった。これが、改革開放後の1978～2005年は、一気に＋3・8%に転じた。市場メカニズムが導入され、経済効率が改善した。また、対外開放によって外資が導入され技術進歩が促進された。全要素生産性の改善が、改革開放後の経済成長を押し上げた最大の要因と言える。

資本投入の寄与度も、2・9%から4・2%に増えている。資本投入にはお金がいる。外資の投資や外国政府の資金援助も資金源としては寄与した。しかし、投資の主な資金は国内貯蓄だ。当時、中国が人口ボーナスの時期にあたり貯蓄率が上昇していたことが支えになった。しかし、資金があれば投資が拡大するといった単純なものではない。企業が「儲けられる」と期待することが重要だ。改革開放による全要素生産性の上昇により、企業の収益環境が改善し、企業の投資意欲が高まって、資本投入が伸びた。全要素生産性の改善が、資本投入が伸びた重要な背景となった。

労働投入も9・5％の成長のうち1・5％分寄与している。労働人口が増加しただけでなく、高学歴化が進んだことで労働力の質である人的資本も伸びた。人口動態の変化の経済成長への寄与という意味では、人口ボーナス期で貯蓄率が上昇したことが資本投入の増加に寄与したことは前述のとおりだ。

（3）改革開放を支えた四つの要素

改革開放が経済成長を促進するとしても、それを成功に導くのは簡単ではない。途上国や新興国のうち、改革開放に躓《つまず》くか、停滞を招いている国も少なくない。なぜ、中国は改革開放に成功し、持続することができたのだろうか。主に四つの理由が挙げられる。

一つ目が、漸進主義だ。急進主義を取った東欧の体制移行国と異なり、中国は経済改革を行うにあたって、漸進主義を取った。改革を行う場合は、まず、適用地域や対象を限って、試行を行った。経済特区はその試験場となった。そして、その結果を見ながら、うまくいきそうなら適用地域を拡大する、または全国的に実施するというやり方を取ってきた。改革がうまくいかない場合は、後退することも辞さなかった。

筆者は、1990年代から中国の金融改革を見てきた。例えば、内外の資金の出入りを自由にする資本取引の自由化について、人民元国際化のために加速する時期もあれば、2015年から2016年にかけての大規模な資本流出時のように危ういと思えば後退することもあった。そのようにしながら、長い目で見れば徐々に前に進んできた。こうしたやり方は、「石を探りながら川を渡る」と表現された。柔軟さは時に改革の停滞や後退を招くこともあったが、全体として見れば長期間にわたって成長を続けられた要因と言えるだろう。

二つ目は、国内政治の安定と経済建設への注力だ。 中国は、経済体制を計画経済から市場経済に移行していく過程で、国内政治が基本的には安定を保ってきた。ソ連や東欧諸国で、政治の混乱が、経済の混乱を招き、経済改革が停滞、挫折したのとは対照的だ。中国は経済体制の移行は進めながら、政治体制は中国共産党による一党指導体制を維持してきた。改革開放後も、中国共産党内部の政治面での暗闘は、色々あった。

それでも、政治闘争に明け暮れて経済が停滞した文化大革命の強烈な教訓は多くの人々に共有されていた。「行き過ぎた政治闘争はやめ、経済建設に注力しよう」という大きなコンセンサスがあった。これが、経済発展を持続させる重要な要因になった。「開発独裁のほうが、欧米や日本が依って立つ民主主義的なガバナンスによる経済建設に優っている」と主張するつもりは毛頭ない。しかし、少なくとも、中国では国内政治が安定してきたこと、そして政治闘争よりも経済建設に注力してきたことが、中国の経済成長を支えたことは、否定できないと思う。

三つ目は、中央のコントロールと地方の自主性のバランスだ。 北京の大使館勤務時代の上司でもあった宮本雄二元在中国大使は、著書『習近平の中国』(3)で、「党中央という頭脳のもと、党組織という神経系統を使って末端まで指示通りに動く仕組みがつくられている」と表現されている。中央の指示を広大な中国の隅々にまで行き届かせる中国共産党の統治能力は、筆者も何度か目の当たりにしてきた。経済運営は、例えば、１９９０年後半の中央政府によるマクロコントロールの強化もその一例だ。この面だけを見ると、中央集権的に見えるかもしれない。

もっとも、地方政府は、思いのほか自主性を持っているのも事実だ。各地方は、地方の特性を生かして創意工夫をこらし、競って経済発展を目指してきた。鄧小平は「発展こそが根本的道理だ」と述べたが、経済発展の手法や戦術については、かなり地方政府に任せてきた。だから、広東モデルや浙江モデル、重慶モデルなど様々な経済発展方式が生まれてきた。中央の統制と地方の自主性の絶妙なバランスは、高度成長を支えた欠くことのできない要素だと思う。

四つ目は、対外的に良好な関係の維持だ。鄧小平は、中国が改革開放を推進し、国内の経済建設に注力するためには、平和的な国際環境の確保が不可欠だと考え、対外協調を外交の基本方針とした。「韜光養晦」、つまり、「才能を隠しながら内に力を蓄える」ことで、諸外国と平和的な関係を築くことに注力した。米国、欧州、日本といった先進国との関係も基本的に良好に維持したことで、技術援助や経済関係強化が進んだ。良好な関係を基に、日本や韓国といった東アジアの隣国が高度成長の先例を示しており、お手本にできたことも大きい。対外的に良好な関係という要素は、東アジアにおいて高度成長を遂げた国や地域（日本、韓国、台湾）に共通した要素とも言える。

（４）改革開放と高度成長を支えた要素の変化

しかし、現在は、以上に挙げた四つの要素のうち三つの要素に変化が見られるように思う。以下の三つの要素の変化が、中国の経済成長にどのように影響するのかを、本書では意識していくこととする。

- **経済建設中心主義**：習近平政権になって、政治が優先され、政策における経済建設のウエイトが幾分低下したようにも見える。特に2020年以降の共同富裕政策の経済成長への影響は気になるところだ。
- **中央と地方のバランス**：習近平政権以降、反腐敗、贅沢禁止、環境規制など、中央政府の地方政府に対する統制が強まり、地方政府の幹部が時に萎縮しているようにも見える。
- **対外関係**：米国の対中スタンスの変化に伴い、米中対立の構造化、長期化がほぼ確実となっており、キャッチアッププロセスに影響が避けられない。

2　2010年代以降の中国経済はなぜ減速したか？

2桁の成長率を続けていた中国経済は、2010年代に入ると減速する。年ベースで見ると2桁の成長率を最後に記録したのは2011年の10・6％で、その後はシフトダウンを続けた。2010年代の前半（2010～2015年）は年平均7・9％、後半（2015～2020年）は年平均6・6％まで減速した（図表1－3参照）。

中国経済が2010年代に減速を続けた背景には、景気循環的な要因と潜在成長率の低下という構造的な要因の両方がある。それぞれ見ていこう。

図表1-3　中国のGDP成長率、CPI上昇率（2006～2021年）

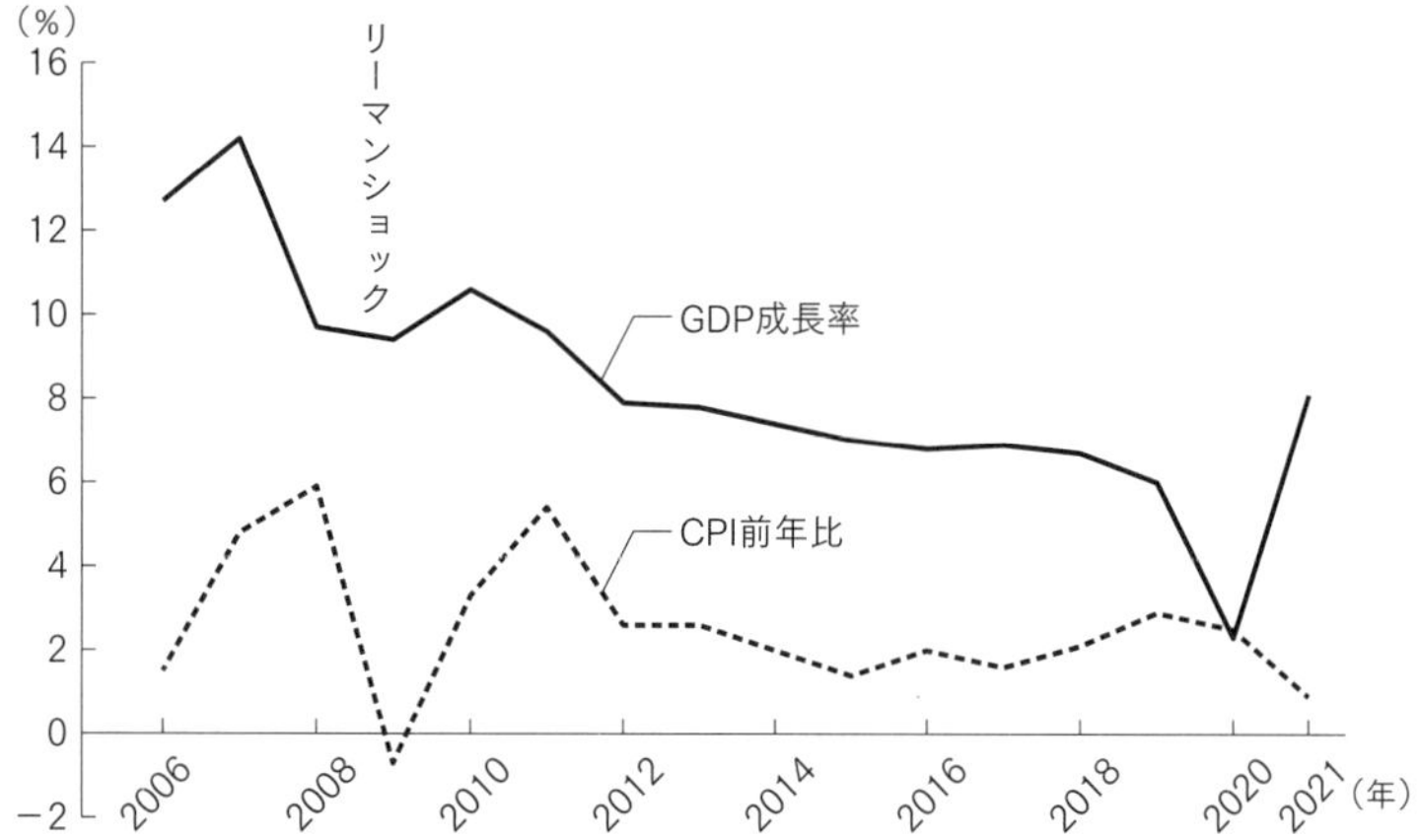

（出所）国家統計局を基に筆者作成

（1）中国減速の景気循環的要因

景気循環的要因は、世界金融危機後の過剰投資とそれと表裏の過剰な融資拡大の反動だ。２００８年９月のリーマン・ブラザーズ証券の経営破綻（リーマンショック）に端を発した世界金融危機が発生すると、中国政府はかなり慌てた。当時、中国経済の外需依存度はかなり高かったからだ。貿易額をＧＤＰで割った貿易依存度で見ると世界金融危機発生前の２００７年の中国の貿易依存度は62％とかなり高かった（図表１―４参照、なお、２０２０年には35％まで低下している）。世界経済の急速な落ち込みによって、中国の貿易が落ち込むことは不可避だった。中国政府は、貿易の落ち込みをカバーするため、フルスロットルで内需を拡大させて、経済を支える必要があると考えたのだ。

世界金融危機前まで2桁台の経済成長を続けていた中国だ。今から振り返れば、そこまです

図表1-4　中国の貿易依存度の推移

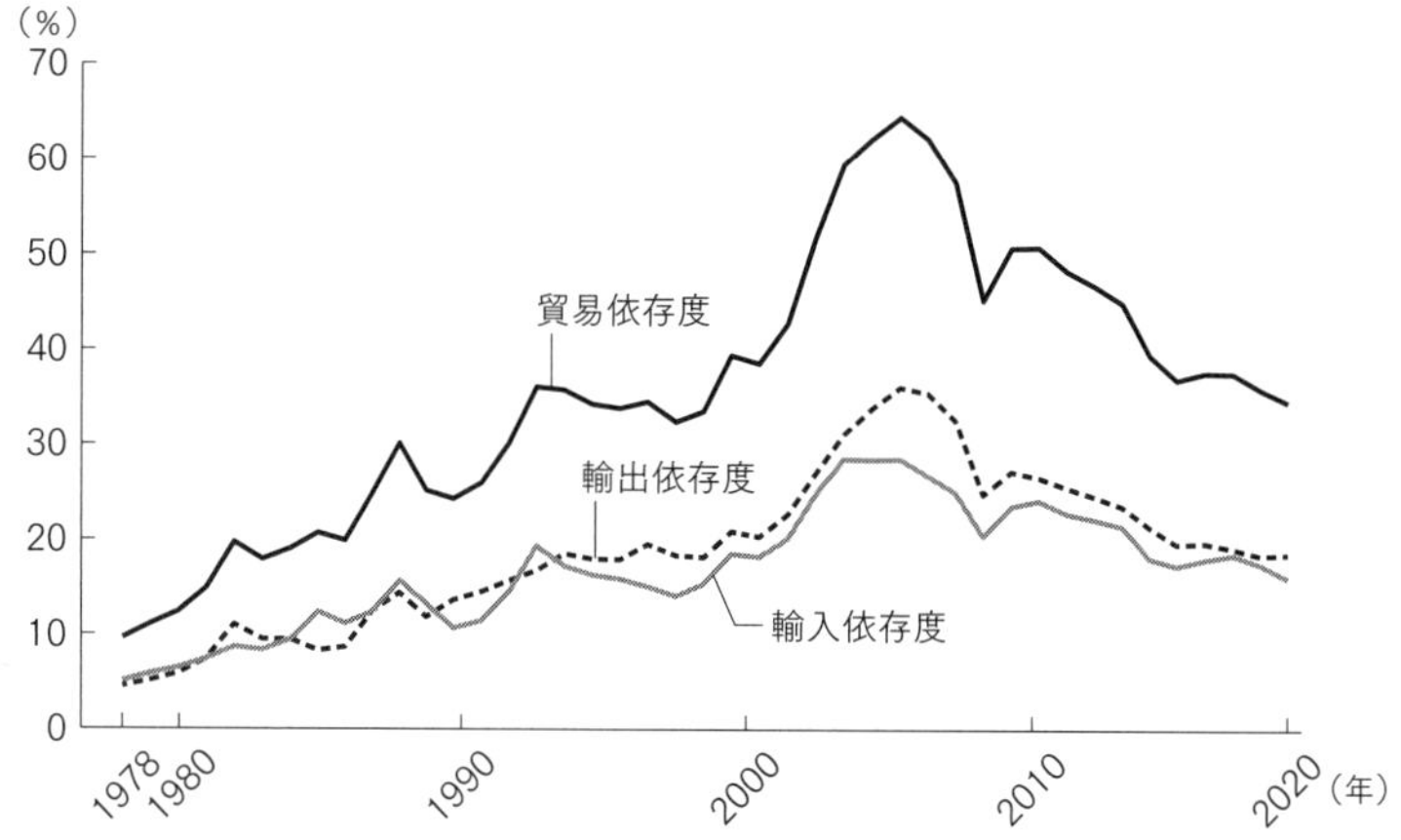

(注) 輸出依存度は輸出額 (財・サービス)／GDP、輸入依存度は輸入額 (財・サービス)／GDP。貿易依存度は両者の合計。
(出所) 世界銀行を基に筆者作成

る必要はなかったのだろう。しかし、当時は、経済成長率が8%を割り込めば、雇用不安が深刻になると、中国政府・共産党の幹部は真剣に懸念していた。「保八」(経済成長率8%の確保) が最重要課題になっていた。

2008年11月、中国政府はインフラ投資拡大を中心とする10項目の景気刺激策を導入した。政府が2010年までの投資額の暫定的な合算値を4兆元と発表したため、世間では、「4兆元の投資計画」と言われた。実際には、全社会固定資産投資額は、2009年、2010年の2年間で7・4兆元増加した。

金融政策も大幅に緩和した。中国の中央銀行である中国人民銀行は、世界金融危機前まで銀行貸出に対して厳しい限度額管理を設け、景気過熱とインフレの抑制に努めていた。それが2008年11月からは、限度額管理を撤廃し、一転して銀行にできるだけ貸出を伸ばすよう奨励した。銀行の融資スタンスは一気に積極化した。２００９年の銀行の人民元貸出の増加額は９・６兆元と、２００８年の２・３倍に急増。財政・金融両面での積極拡大策によって、中国経済は大きな落ち込みを回避し、２０１０年には再び２桁成長を回復した。

しかし、その代償は大きかった。短期間で投資拡大を急いだため、公共投資の中には、経済的な波及効果が十分見込めないものがかなり含まれていたと見られる。企業の投資も、実需が伴わないような生産設備の拡大も多かったと思われる。いずれにしても、急速な資本ストックの積み上がりは、当然ながら、その後、その調整期を迎えることになる。過剰生産設備、過剰債務の問題が、その後の中国経済に重くのしかかった。この結果、固定資産投資の伸びは、２０１０年代を通じて低下を続けた（図表１―５参照）。

後年、ある中国の研究者は、筆者に対して、「世界金融危機の当時、中国の積極的な投資拡大が世界経済を支えた、と中国は世界中から賞賛を受けた。しかし、その後、中国は過剰生産設備や過剰債務の問題を抱えてしまった。すると世界は、中国の過剰設備や過剰債務問題を世界経済のリスクとして指摘し始めた。我々は損をした（中国語で「吃亏了」）。今後は、景気が減速してもあのような大規模な政策発動はしないだろう」と語った。中国政府関係者には、「後から振り返ればやり過ぎた」との思いが残ったのだろう。その後、中国経済の成長が減速しても、アクセルを強く踏み過ぎないように、かなり注意するようになった。

では、過剰生産設備と過剰債務問題は、現時点でどの程度解消したのだろうか。これは今後の成長を占ううえで重要だ。ひと言で言えば、過剰生産設備問題はかなり解消した一方、過剰債務問題は未

図表1-5　固定資産投資（除く農家）前年比の推移

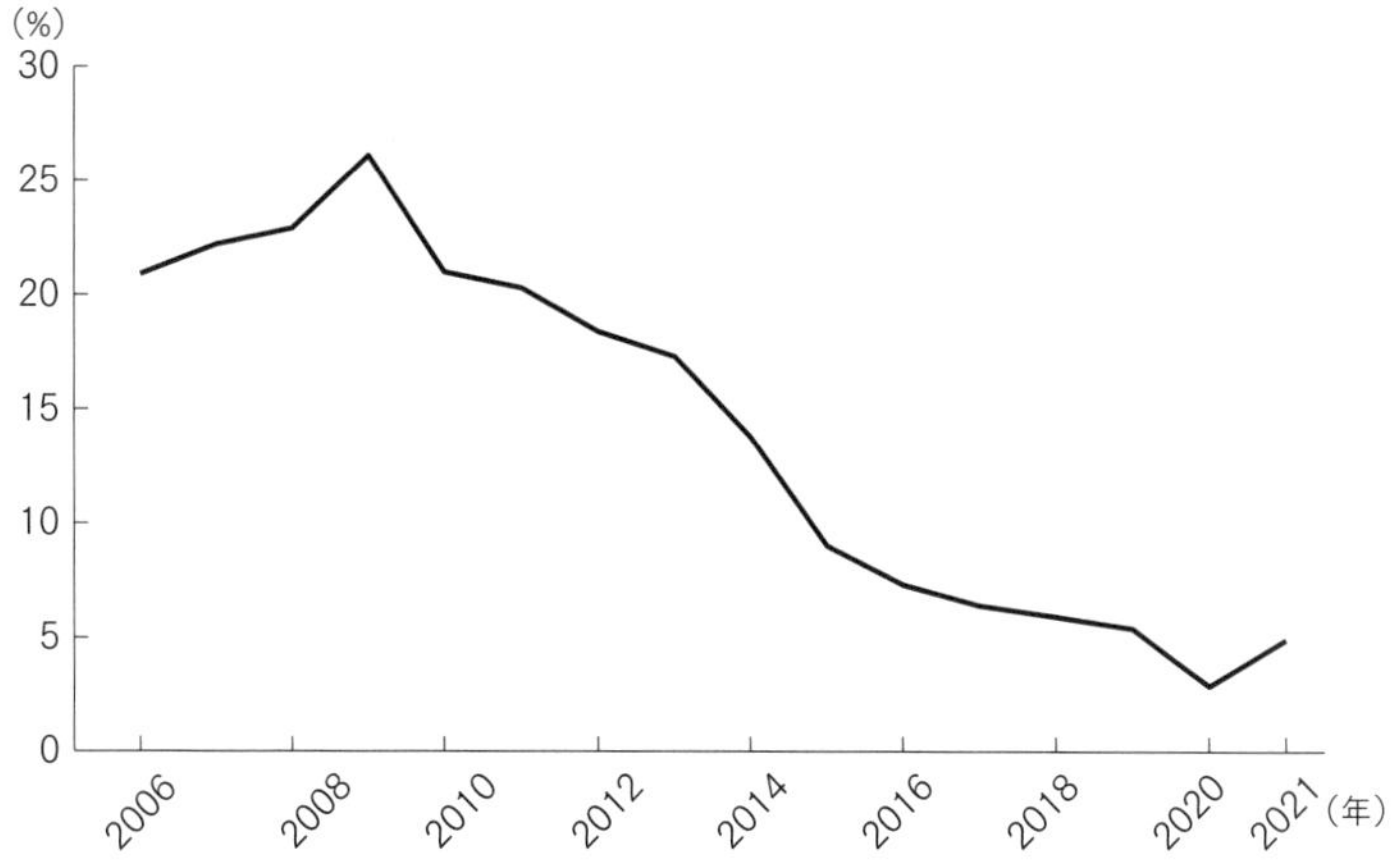

（出所）国家統計局を基に筆者作成

解決だ。

中国政府は、2016年頃から供給側改革の名の下に、過剰生産設備や過剰債務の問題に真剣に対処するようになった。最初に手をつけたのは、過剰生産設備問題だ。2015年当時、鉄鋼、セメント、ガラス、船舶など様々な業種で過剰生産設備は深刻だった。政府は、行政指導と市場メカニズムによる淘汰を駆使してこの問題の解決に乗り出した。筆者は、当時、中国の過剰生産設備問題の早期解決には懐疑的だった。しかし、結果的に過剰生産設備問題は2〜3年で基本的に解消した。

典型的な過剰設備産業だった鉄鋼業を例に取ろう。政府は、大手鉄鋼メーカーに対しては古くて環境基準に達しない生産設備を消却し、生産を抑制するよう指導した。一方で、中小メーカーに対しては、市場メカニズムによる淘汰と環境規制・安全規制の徹底を求めていった。当時、地条鋼という鉄スクラップを低温の電炉で溶かした粗悪で違法な鋼材の生産

図表1-6　工業設備稼働率の推移

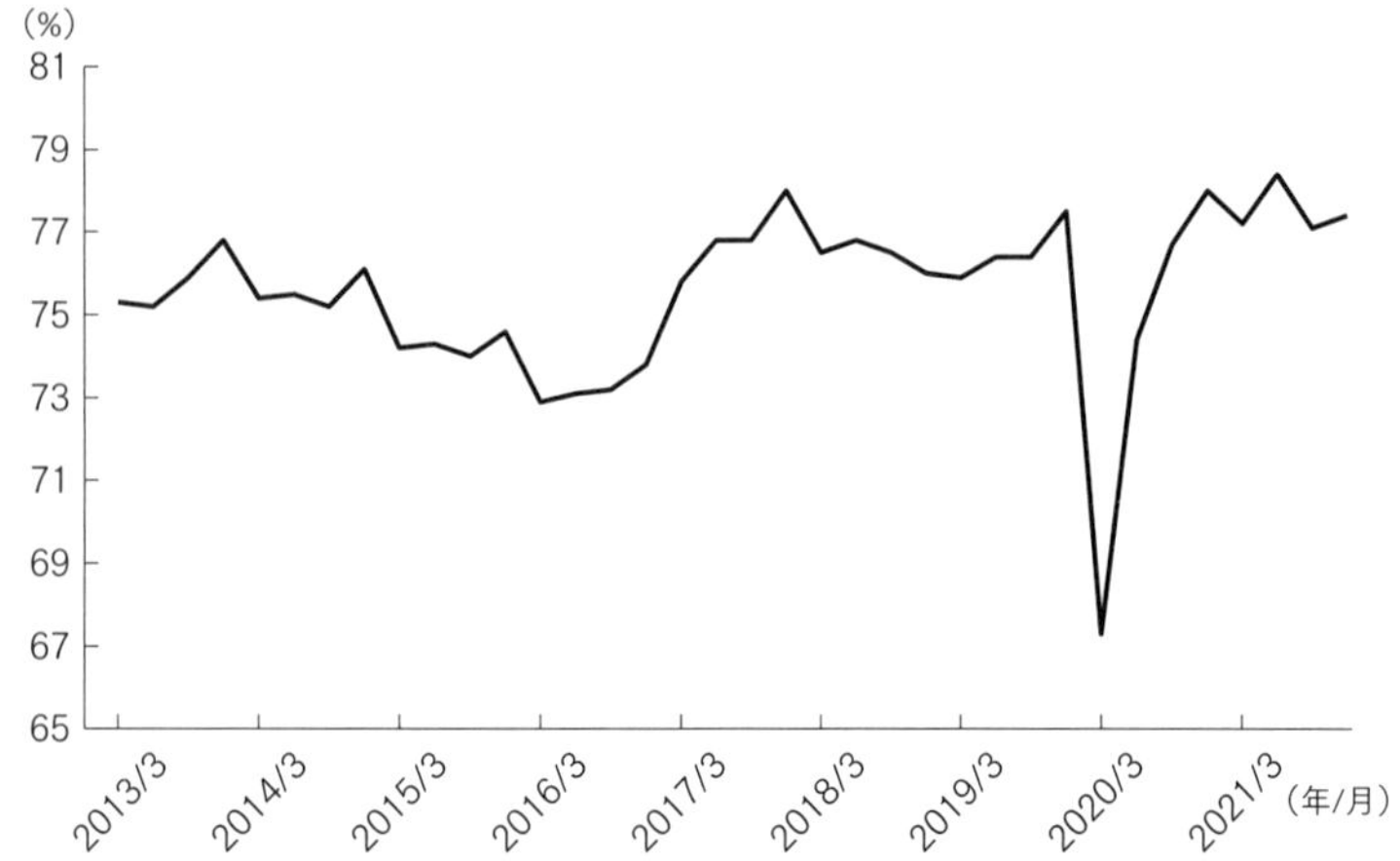

（注）2020年3月以降は新型コロナウイルスの感染拡大による影響を受けている。
（出所）CEICを基に筆者作成

能力が１億トン以上あるとされていた。中国政府は、これを全て廃止することを命じ、中央から監視団を派遣して厳しくチェックした。このような取り組みの結果、鉄鋼の生産能力は削減され、鋼材価格は反発した。日本の鉄鋼業界の駐在員が、「自分も良い意味で想定外だったけれど、中国政府の取り組みは、うまくいきました。鉄鋼の過剰設備問題は、２年ほどで基本的に解決したと言えます」と語っていたのが印象に残っている。図表１－６にあるとおり、工業設備稼働率は２０１６年から２０１８年にかけて上昇した。

一方、過剰債務問題は未解決だ。過剰生産設備は素材産業を中心とする製造業だけの問題だが、過剰債務問題は、不動産業、地方政府出資の投融資ビークルを含む企業セクター全体の債務問題なので、限られた産業での生産設備削減以上に困難な作業だ。２０１７年までに過剰生産設備問題にほぼ目途をつけた中国政府は、その後、企業の過剰債務問題の解決に注力した。いわゆるデレバレッジ政策だ。しかし、中国政府は過剰債務の解消については、短期決戦戦略を取らなかった。例えば、2019年の全人代で採択された政府活動報告が示した目標は、「マネーストックM2と社会融資規模と名目成長率の伸びが一致する」ことだ。

この点について、ある中国のエコノミストは、「1998年以降日本がデフレに陥ったのは、債務のデレバレッジが需要を縮小させ、悪循環を招いたことも一因ではないか。多少時間はかかっても、過剰債務を抱える個別企業のデレバレッジは、適度な経済成長を維持しつつ行うほうがよいと思う」と述べていた。中国政府は、デレバレッジ政策を標榜しながらも、急激な企業の債務削減はかえって、経済へのショックが大きいと考えたのだと思う。

そうはいっても、デレバレッジ政策によって、2017年以降、企業や家計の債務の経済規模対比のレベルを示すマクロレバレッジは、少なくとも一旦は横這《ば》いに転じていた。しかし、2020年に新型コロナ感染症が発生すると、中国政府は金融緩和に転じ、マクロレバレッジは再び上昇した。現在でも中国のマクロレバレッジの水準は、世界的に見てかなり高水準だ。過剰債務問題は、中国経済の先行きの重大なリスクだ。この問題については、第6章で詳しく述べる。

(2) 中国減速の構造的要因――潜在成長率の低下

景気循環要因だけで、2010年代入り後の中国経済の減速は説明できない。構造的要因、つまり、潜在成長率の低下も重要だ。潜在成長率が低下した要因は、主として四つある。

一つ目は、胡錦濤政権以降の改革開放の勢いの弱まりだ。胡錦濤政権の10年間は総じて経済改革が減速した、との評価が大勢だ。胡錦濤政権のあいだに高成長を続けられたのは、前江沢民政権時代のWTO加盟を契機とした改革開放の恩恵が続いたからだ。しかし、胡錦濤政権末期の2012年になると、世界金融危機に対して実施した大規模投資の反動もあって成長減速ははっきりしつつあった。

特に、国有企業改革は停滞し、世界金融危機後には民営企業を国有企業が買収する動きなども見られたことから、「国進民退」と懸念された。第2章で詳しく見るが、習近平政権の経済改革も、市場メカニズム重視、民営重視という意味では必ずしも順調に進んでいるとは言えない。こうした改革開放の勢いの弱まりが、潜在成長率に影響したと見られる。

二つ目は、人口動態の変化――生産年齢人口の減少と少子高齢化だ。働く世代の人口、いわゆる生産年齢人口の増加は、中国の高度成長を支えた要因だった。しかし、生産年齢人口（15～64歳）は、2015年にピークを迎え、2010年代後半からは緩やかに減少し始めた（図表1－7参照）。

生産年齢人口の減少は、日本、韓国などアジアの国々でもすでに見られているが、まだ豊かになり切らない段階で減少に転じたのには、中国特有の事情もある。中国では1979年以降一人っ子政策が取られ、出生人口を人為的に抑制した。その影響で、生産年齢を終える人口に比べ、生産年齢に入る人口が少ない状況に、成長段階の早めに入ったのだ。そして、出生人口が減り、高齢人口が増える、少子高齢化に入った。人口動態の変化は、労働投入の減少と貯蓄率の低下による投資の減少を通じて潜在成長率を押し下げ始めた。

三つ目は、経済のサービス化だ。ペティ＝クラークの法則によれば、一国の経済が発展する過程では、経済の中心となる産業が第一次産業から第二次産業、第二次産業から第三次産業へとシフトして

図表1-7　生産年齢人口の推移（15～64歳）

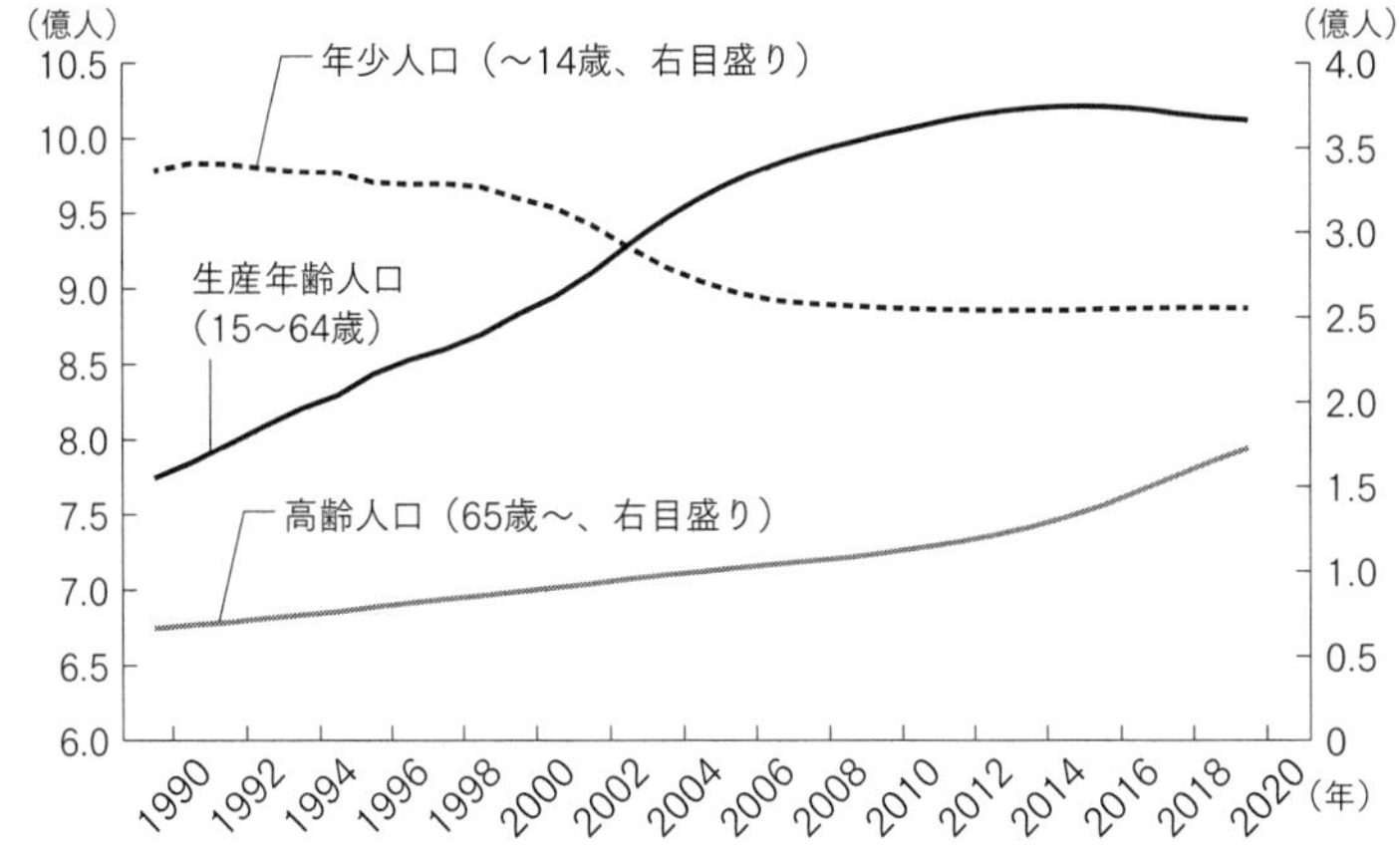

（出所）国連世界人口予測2019を基に筆者作成

いく。それぞれの産業の労働生産性を比較すると、一般に第一次産業よりも第二次産業のほうが高い。一方、第三次産業は労働集約的になりがちなため第二次産業よりも労働生産性が低い。このため、第一次産業から第二次産業へのシフトが中心のあいだは、経済成長率は上昇するが、その後、第二次産業から第三次産業へのシフトに伴い、経済成長率は鈍化する。

　中国の場合、改革開放から２０１０年まで、第二次産業のＧＤＰウエイトは４～５割で推移してきた（図表１－８参照）。第二次産業のウエイトがこのレベルを維持したというのは、中東の産油国を除けば他に例を見ないことだ。製造大国と言われた日本でさえ、第二次産業のＧＤＰウエイトのピークは１９９１年の37％だった。労働生産性の高い第二次産業のウエイトが高く維持されたことが、中国の高度成長を産業構造面から支えてきた[4]。

　しかし、２０１０年代に入ると、第二次産業のウ

図表1-8　中国の産業別のGDPウエイトの推移

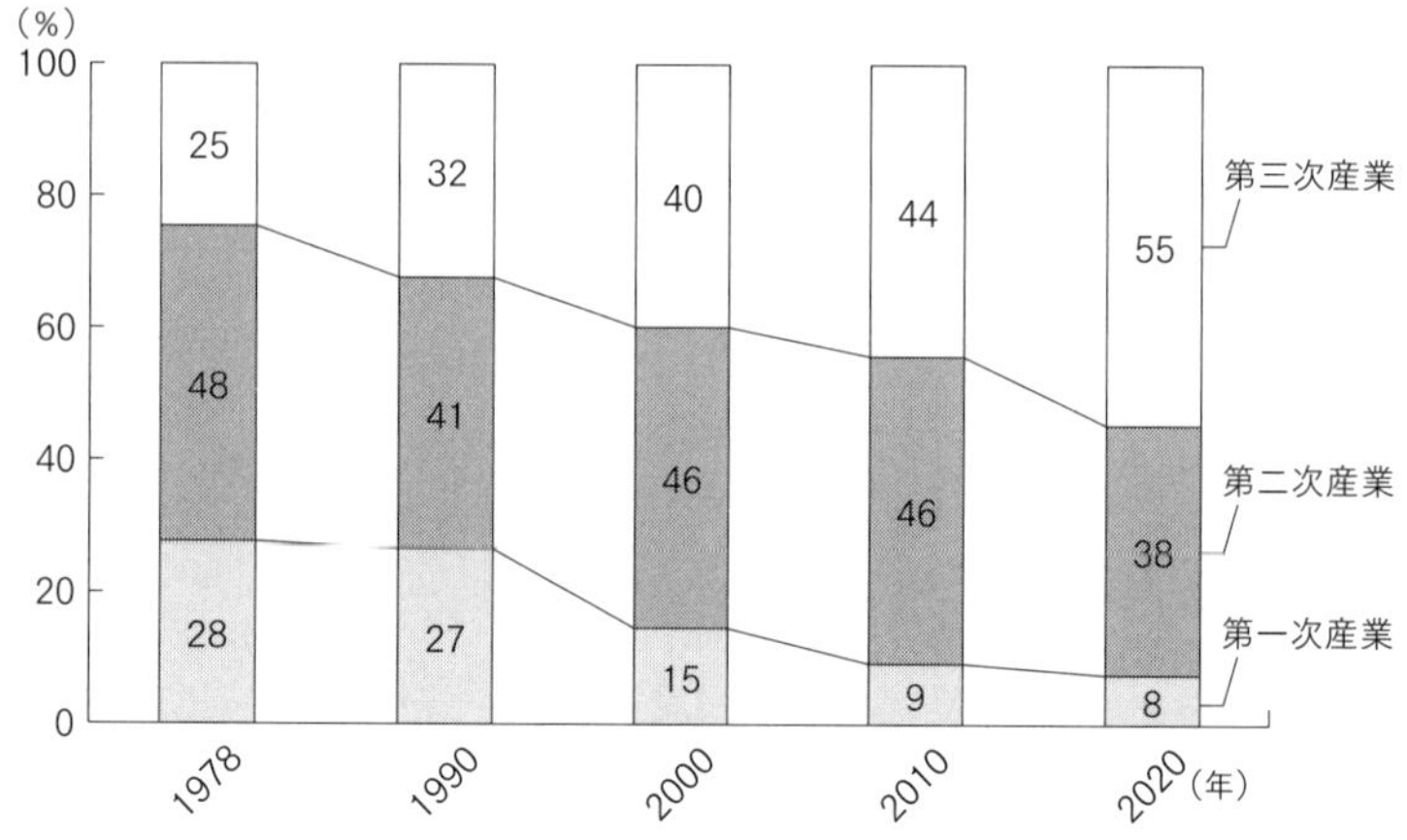

（出所）国家統計局を基に筆者作成

エイトが低下し始め、第三次産業のウエイトが上昇し始めた。いわゆる経済のサービス化だ。第三次産業のウエイトは、２０２０年には55％まで上昇した。第三次産業別就業者一人当たりのＧＤＰで労働生産性を計算すると、第三次産業の労働生産性は第二次産業よりも、２０１０年で約２割、２０２０年で約１割低い。相対的に労働生産性の低い第三次産業のウエイトが上昇したことが、潜在成長率の押し下げにつながった。

なお、第三次産業の経済ウエイトが上がることは悪いことばかりでもない。リーマンショックが起きた時、中国では「成長率８％を死守しないと雇用が危ない」と懸念されていた。しかし、現在では成長率が６％を割り込んでも雇用は比較的安定している。労働集約性の高いサービス業のウエイトが上昇したことで、経済成長の雇用吸収力が上がったとも言える。

成長減速の四つ目の要因は、環境問題の深刻化だ。

中国の30年間以上にわたる高度成長は、自然環境にかなり負荷をかけたものだった。地方政府は、経済発展を優先し、環境基準はあっても、工場操業時に順守されていないケースが非常に多かった。その結果、中国では、大気、土壌、水質などの汚染が深刻化した。

大気汚染を例に挙げよう。2010年代前半、冬の中国北部の都市では、スモッグと褐色の霧がしばしば発生、人体に有毒な状況にたびたび至った。筆者は、2012年冬から3年弱、日銀北京事務所に駐在した。北京では一家で暮らしたが、2013年1月、先乗りした筆者に後から合流して北京に到着した妻と息子を北京空港に迎えに行った時のことを今でも覚えている。息子が空港を出るや否や、「ガソリン臭い！」と鼻をつまんだのだ。その時の北京市朝陽区のリアルタイムのPM2・5値をスマホのアプリで確認すると900μg／m³を超えていた。日本では環境省がPM2・5の暫定警戒値を70μg／m³と決めている。いかに深刻な状況だったかということだ。

中国国民のあいだでもきれいな空気を求める声は日増しに強まった。中国の中央電視台（国営テレビ局）の元記者の柴静氏が製作した「穹頂之下（円屋根の下で）」というドキュメンタリーは、大気汚染が発生するメカニズムや人体への影響について告発した内容だった。公開禁止となる1週間のあいだに中国で数億人が視聴したとされる。

政府も危機感を持ったのだろう。次々と厳しい環境規制が導入された。地方政府の幹部には経済成長一辺倒でなく環境改善が重要な業績評価指標とされるようになった。2010年代後半には、日本企業から、「最近は、中国の地方政府が、日本以上に厳しい環境基準を求めてくる」という話を度々聞くようになった。

環境規制の強化により、中国の大気汚染問題は明らかに改善した。筆者は、2015年夏に北京から帰任して以降も、年に何度か北京、上海などの大都市を出張で訪問したが、年々青空の日が増えていった。日本の環境省も、「2013年以降継続してモニタリングしている74都市の大気汚染状況の変化を見ると、PM2・5、PM10、SO_2等の年平均濃度は着実に減少してきている」と評価している。[5] 北京市のPM2・5とPM10の推移を見ても大気の質の改善は着実に進んでいるようだ。

大気汚染だけでなく、中国では、土壌汚染、水質汚染なども深刻な問題だが、これに対しても同様に厳しい環境規制が導入された。環境問題への対処は必要なことであり、持続的な成長に不可欠だ。ただし、それが経済成長には制約となっているのも事実だ。

(3)2010年代からの成長減速要因は今後の成長にどう作用するか

以上で見てきた2010年代からの成長減速要因が、今後の中国の成長にどのように影響するのだろうか。

●資本ストック調整の圧力：資本ストック調整の圧力はまだ続いていくだろう。製造業の川上産業の過剰設備についてはかなり解消した一方で、過剰債務問題は解決していない。大規模な地方政府によるインフラ投資や民間の不動産投資が背景となった地方債務リスク、不動産リスクに警戒が必要だ。筆者は、大規模な経済金融危機は回避できると見ているが、今後長期にわたり資本ストック調整圧力はかかり続けるだろう。

- **人口動態**：少子化による総人口の減少が目前に迫り、高齢化も進む。これらが経済成長を減速させていくのは確実だ。
- **経済のサービス化**：今後も、長期トレンドで見て、経済のサービス化による潜在成長率の低下は止められないと見られる。この点、中国政府は、第14次5カ年計画期間（2021〜2025年）中、製造業のGDPウエイトを基本的に安定させる方針を打ち出した。製造業を強化する中国政府の方針がどれだけうまくいくかは注目される。
- **環境規制の強化**：環境規制の強化は今後も成長の制約になるだろう。ただ、同時に中国では世界的に競争力のある環境関連産業が生まれている。再生エネルギー産業やEVなどがその典型だ。必ずしも成長にとって負の側面ばかりでもない。

以上の要因が今後の中国経済にどのように影響するのか、本書の各章で詳しく見ていくことにする。

3　中国政府・共産党の2050年までの経済発展の青写真

前節では、中国経済が2桁近い高度成長の時代を終え、2010年代に減速を続けた背景を考察した。本節では、中国政府が経済の減速をどのように受け止め、今後の長期的な発展の青写真をどのように描いているかを確認しよう。

（1）中国政府の認識：「高速成長」から「中高速成長」そして「質の高い成長」へ

中国政府は、2010年代に入って成長が減速し始めたことを比較的冷静に受け止めた。2014年、習近平国家主席は、「中国経済は三つの要素、すなわち、経済成長速度のシフトダウン、構造調整の痛み、それ以前の時期の経済政策の消化の時期が積み重なる時期にある。中国経済は、すでに高速成長から中高速成長に移行した。これが新常態だ」とした〔6〕。

「新常態」は、新しい定常状態、ニュー・ノーマルのことを指す。当時、政府や政府系メディアは、「新常態」という言葉を頻繁に使った。高度成長は終焉を迎えたが、成長の減速に慌てるべきでないと、国民、企業、中央・地方の政府関係者の成長期待を適度に引き下げようという考えが透けて見えた。

中国政府は、2010年代の半ば頃までは、経済成長を「中高速成長」と表現していた。しかし、その後、成長率がさらに鈍化すると、「中高速成長」という言葉も消え、「質の高い成長」と表現するようになった。習近平国家主席は、2017年10月の第19回党大会で、以下のように説明している。

「わが国の経済はすでに高速成長の段階から『質の高い発展』の段階に転換した。『質の高い発展』とは、人民の日々増大する素晴らしい生活への需要を十分に満たすことができる発展である。『革新』が第一の原動力となり、『調和』が内生的特徴となり、『グリーン』が普遍的な形態となり、『開放』が必ず通らなければならない道となり、『共有』が根本的な目的となる発展のことである」

「質の高い発展」と、成長の速さを評価しない表現にしたのは、成長速度の重視度合いを引き下げる狙いだ。第2章で詳しく述べるが、習近平政権の最も重要な政策の一つが共同富裕だ。従来の成長重視によりもたらされた歪みを是正し、イノベーション、調和、グリーン、開放、分配の公平性などにより重点を置いた持続可能な成長を通じて、皆で豊かになる共同富裕を実現しようとしているのだ。これは中国式のＳＤＧｓ（Sustainable Development Goals）を掲げた、と言ってもよいだろう。

（2）中国政府・共産党の描く２０５０年までの経済発展の青写真

では、中国政府は経済の成長速度をもはや気にしていないのか、というとそんなことは決してない。中国政府は、減速は仕方ないが、それなりの成長速度を保つことが重要だと考えているし、それは可能だと思っている。

中国政府の長期経済発展戦略が示されたのは、２０１７年10月の第19回共産党大会だ。そこで示されたのは、２０１７年から２０５０年までを三つのステップに分けて進む戦略だ。

- ２０１７～２０２０年　小康社会の全面的完成
- ２０２０～２０３５年　社会主義現代化の基本的完成
- ２０３５～２０５０年　社会主義現代化の全面的完成

それぞれについて、その意味を見ていこう。

①2020年　小康社会の全面的完成

「小康」という概念は、古代から伝えられてきた中国の考え方で、「衣食に困らず、いくらか余裕のある生活水準」を指す。つまり、「小康社会の全面的完成」とは、「国民全員が貧困から脱し、いくらかゆとりのある生活レベルを送れている社会の実現」ということになる。2017年から2020年の3年間、「小康社会の全面的完成」に向けて、貧困層に対する脱貧困運動が盛んになった。辺鄙な田舎に住む貧困層を、半ば強制的に都市部に移住させるなど、強引な事例も少なからず聞かれた。

小康社会の全面的完成は、中国共産党の「二つの百年計画」の一つ目でもある。「二つの百年計画」の一つ目は、1921年の中国共産党設立から100周年の2021年までに、「小康社会の全面的完成」を達成する計画を指す。二つ目は、1949年の中華人民共和国設立から100周年の2049年までに社会主義現代化建設を成し遂げるという計画のことだ。江沢民氏が国家主席時代の1997年、第15回共産党大会で決定された。習近平国家主席は、2021年7月の共産党建党100周年の記念イベントで、第一の百年計画である「小康社会の全面的完成」が達成されたことを高らかに宣言した。

②2035年　社会主義現代化の基本的完成：中等レベルの先進国の所得水準へ

「小康社会の全面的完成」という「二つの百年計画」の一つ目は達成され、今後は二つ目の目標を目指す段階になった。そこで、2017年10月の第19回党大会で新しく打ち出された考え方が、2020年から2050年までの30年間を2段階に分けて進めるという考え方だった。

まず、2020年から2035年の15年間で、「社会主義現代化建設を基本的に完成させる」とした。1997年の第15回党大会によれば、「社会主義現代化建設の基本的完成」とは、所得レベルで言えば、中等レベルの先進国の所得水準に到達することを意味する。1997年の第15回党大会では、「2050年までに社会主義現代化を基本的に完成させる」と言っていた。つまり、2017年の第19回党大会は、**中等レベルの先進国の所得水準への到達時期を従来の計画から15年繰り上げ、2035年としたのだ。**

なぜ、15年も前倒しにしたのか。アジア経済研究所の田中修上席主任調査研究員は、「2030年代後半には、文革世代が75歳の高齢者となり、中国は一気に本格的な高齢社会に突入する。それまでに、所要の改革・制度設計を完成させようというのであろう」と分析する。〈7〉筆者も同感だ。

付け加えれば、1997年の第15回党大会以降、WTOへの加盟もあって、中国経済が予想以上に成長した。それもあって、2035年には中等レベルの先進国の所得水準に到達できると自信を持ったのだろう。中等レベルの先進国の所得水準とは、一人当たりGDPで2・3万~2・5万ドル、おおよそスペインやポルトガルの所得水準に到達することが中国国内の一般的な想定のようだ。〈8〉

③2050年　社会主義現代化強国の完成

従来は、2050年に「社会主義現代化建設を基本的に実現する」としていたが、同目標は前述のとおり15年前倒しした。そのうえで、２０３５年から２０５０年までの第三段階では、「社会主義現代化強国」を建設するとした。「二つの百年計画」の二つ目の計画の達成時期が２０４９年までなので、時期はほぼ重なる。二つ目の百年計画も、「社会主義現代化強国」の建設に変更された。

社会主義現代化強国とは何か。第17回党大会は、製造強国、人材強国、教育強国、科学技術強国、品質強国、交通強国、ネット強国、海洋強国、貿易強国、強国強軍など「強国」という言葉を多用している。あらゆる面で質的に強国になることを目指していると言ってよい。

２０３５年以降は、中国でも高齢化がさらに進行し、すでに中程度の先進国の所得水準に入るためにキャッチアップの余地も小さくなっていく。経済成長率はさらに低下することが見込まれる。この時期は、経済成長という「量」の面では無理をせず、というか、無理はできない。このため、「質」の面に、より注力しようという考えだろう。

(3) ２０３５年までのＧＤＰ規模倍増計画と米中経済規模逆転の想定

「２０３５年までに社会主義現代化を基本的に完成する」の意味に戻ろう。経済発展として想定しているレベルについては、前述のとおり「一人当たりＧＤＰで先進国の中等水準に達する」との記述があるだけだ。しかし、中国政府・共産党が想定しているのは、２０３５年までのＧＤＰ規模の倍増なのは間違いない。

２０２１年３月に開催された全国人民代表大会は、「国民経済と社会発展第14次５カ年計画および２０３５年長期目標」を正式に採択した。２０２０年10月の中国共産党第19期中央委員会第５回全体会議（五中全会）が決めた２０２１～２０２５年の５カ年計画と２０３５年までの長期計画に関する「建議」を承認したものだ。これまでの５カ年計画では、経済成長の予測目標が示されてきた。例えば、第13次５カ年計画期間では、期間中の経済成長の予測目標は６・５％程度に設定されていた。しかし、今回は定量的な成長目標は示されなかった。同様に２０３５年の長期目標についても数値目標は設定されなかった。

目指すのは「質の高い経済発展」であるため、経済成長率の重要度合いが過去に比べて低下したのは事実だろう。それでも、共産党中央が、長期の経済成長に関する定量的な目途を持っていることは、以下から明らかだ。

２０２０年11月３日、新華社に習近平国家主席による「国民経済と社会発展第14次５カ年計画と２０３５年長期計画の建議策定に関する説明[9]」が発表された。この中で、習近平国家主席は、**「２０３５年までに経済規模を倍増させることは完全に可能だ」**とした。そのうえで、不確実性に配慮し、各方面が経済の質と効率を重視するため、「定量的目標には含みを持たせる」にとどめたとしている。

不確実性への配慮については、過去の反省もあるのだろう。党中央は、２０１２年の第18回党大会で、２０２０年のＧＤＰ規模を２０１０年対比で倍増させる目標を設定した。当時の中国のＧＤＰ成長率（２０１２年７・９％）からすれば、多少減速しても目標の達成は容易と考えられていた。しかし、経済は想定以上に減速した。特に、２０１７年以降の米国トランプ大統領就任後の米中摩擦の激化や２０２０年の新型コロナ感染症の世界的流行が強い向かい風となり、10年間でのＧＤＰ倍増目標

図表1-9　名目GDP（米ドル換算）の推移の想定

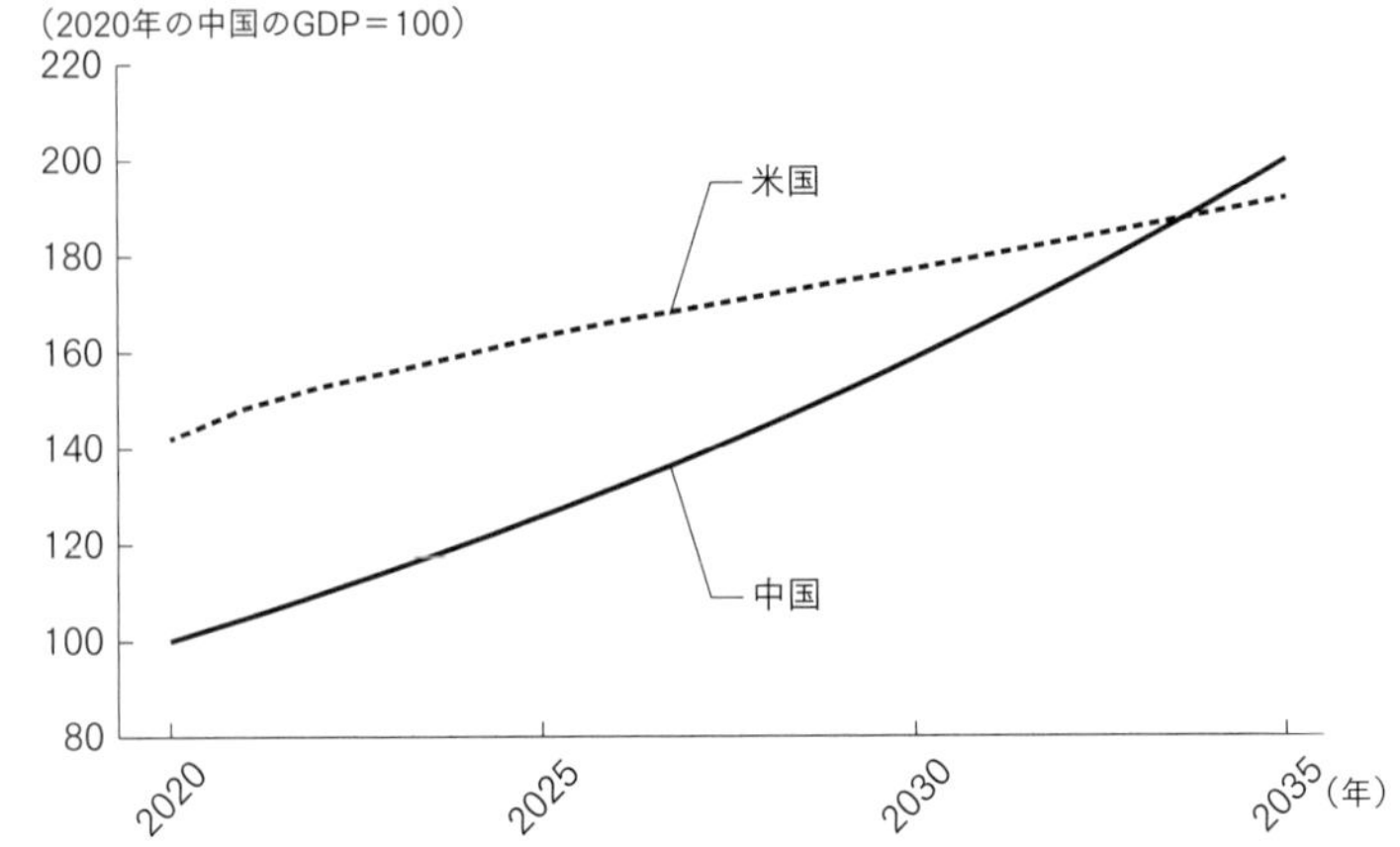

（出所）世界銀行、米国議会予算局等から筆者作成

はわずかに未達に終わった。

　これを教訓として、数値目標の設定は避けたのであろう。それでも、習近平国家主席が、「定量的目標には含みを持たせる」と述べているとおり、２０２１年からの15年でＧＤＰ倍増を想定しているのは間違いない。15年間でＧＤＰを倍増させるということになれば、年平均のＧＤＰ成長率は４・７％強が必要になる計算だ。

　仮に、中国のＧＤＰが15年間で倍増した場合、米中の経済規模はどうなるのか。中国が15年で等速に倍増するとする。一方、米国については、米国の議会予算局（ＣＢＯ）が、２０２１年３月に発表した２０２１〜２０３５年までの米国の経済成長予測を使用しよう。ＣＢＯは、米国の潜在成長率について、２０２０〜２０３１年までは１・８％、２０３２〜２０３５年１・６％と予測している。[10]

　ただ、コロナからの反動増もあって、当面は２０２１年４・６％、２０２２年２・９％、２０２３年２・

2%といったかたちで潜在成長率を上回ると予測している。人民元の対ドル為替レートは、2021年12月時点で不変とする。この前提で筆者が計算すると、2035年時点では中国のGDP規模が米国をやや上回ることになる（図表1－9参照）。つまり、2035年までの15年間でのGDP倍増は、経済規模でそれまでの米中逆転を視野に入れたものとも言える。

4 現在の中国と日本の過去の発展段階の比較

(1) 中国の発展段階を日本の過去と比較する意味

2035年までのGDP倍増はどれほど現実的なのだろうか。これまでの、中国の経済成長は、東アジアの国・地域が過去に辿った成長経路と同様の経路を歩んでいる。購買力平価ベースの一人当たりGDPが3000ドルを超えたレベルからの日本、韓国、台湾の一人当たりGDPの推移と中国のこれまでの推移はほぼ似た経路を辿っている（図表1－10参照）。

これまで同様に歩んでいるからといって、今後も同じように歩むとは限らない。中国の成長余力がどれくらい残っているかが大事だ。本節では、中国経済の現在の発展段階を、日本経済の戦後の歩みと比較し、どの時期に当たるかを考える。日本人の我々にとっては、中国の成長余力を感覚的に理解するには、日本経済の発展段階と比較するのがよいからだ。

以下では、①最先端の先進国である米国へのキャッチアップ余地を示す米国との一人当たりGDPの格差、②農業から非農業への労働力のシフト余地を示す第一次産業の就業者やGDPのウエイト、

図表1-10　東アジアの国・地域の1人当たりGDP推移

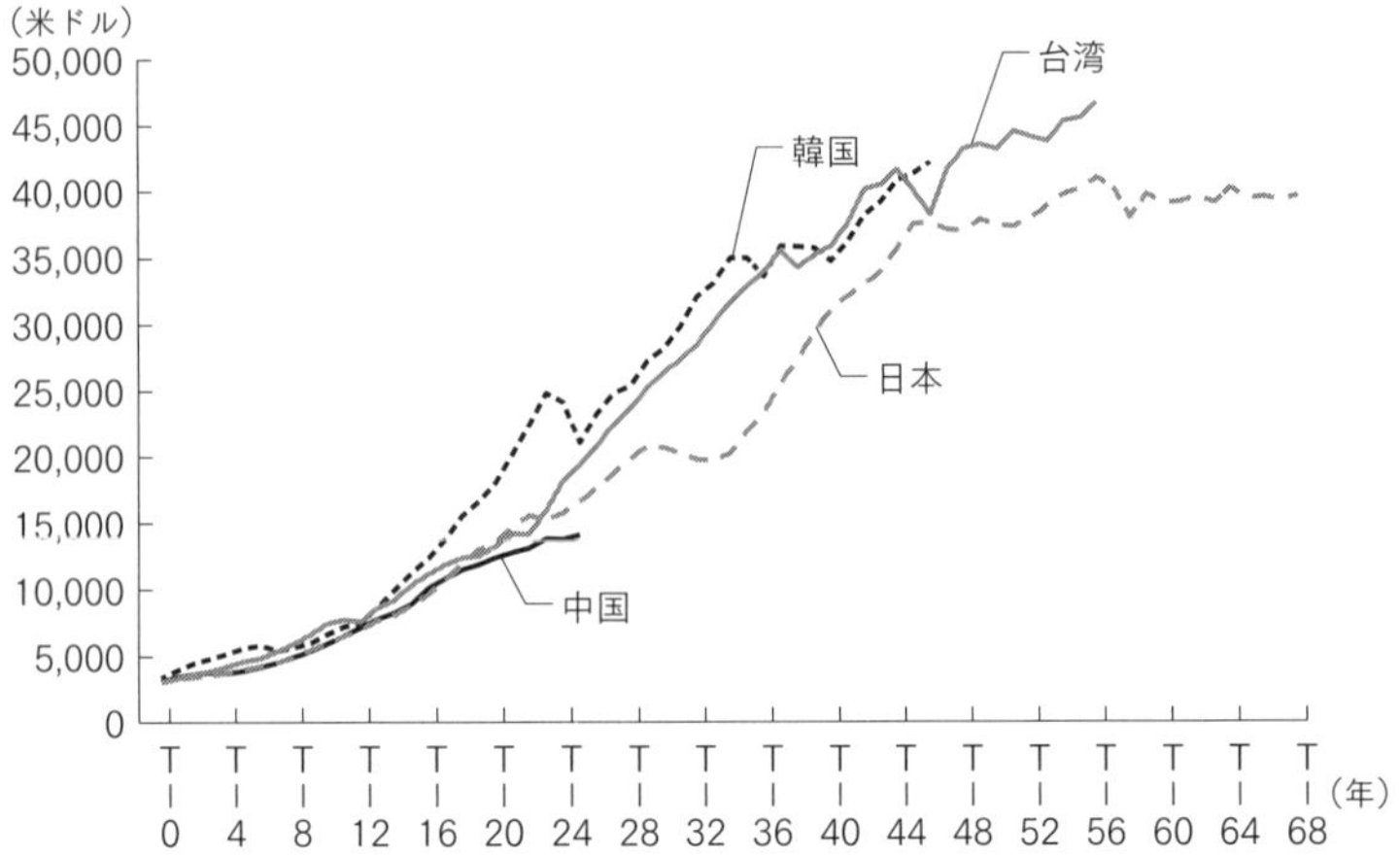

（注）1人当たりGDP（2017年購買力平価）が3,000米ドルを超えた年をT－0として作成。
（出所）Penn World Table 10.0を基に筆者作成

③農村から都市への人口移動の余地を示す都市人口比率、④労働投入の余地を示す生産年齢人口の状況、について、中国の現段階は日本のいつに当たるかを確認していく。

(2) 米国へのキャッチアップの余地：一人当たりGDPは日本の1960年前後

まず、先進国へのキャッチアップの余地という意味で、フロンティア国である米国との格差を、一人当たり名目GDPの倍率で見てみよう。中国の一人当たり名目GDPは、すでに1万米ドルを超えたとはいえ、2020年でも米国（6・4万米ドル）の6分の1に過ぎない（図表1－11参照）。

米国の6分の1というのは、日本の1960年に当たる。名目為替レートではなく、モノやサービスの価格差を考慮した購買力平価で米ドル換算したGDPで比較するほうが適切かもしれない。Penn World Table 10.0 のデータを使って、購買

図表1-11　中国経済の発展段階の日本の過去との比較

	中国	日本で言えば
1人当たりGDP対米国比（2017年購買力平価米ドル）	0.23倍（2019年）	1957年
第一次産業就業人口比率	14.2%（2020年）	1972年
第一次産業 GDP比率	7.3%（2021年）	1964〜1970年
都市人口比率	64.7%（2021年）	1962年
生産年齢人口ピークからの経過年数	6年（2021年）	2000年

（注）中国の第一次産業就業人口比率は国家統計局統計では23.6%だが、同数字には農民工が含まれており過大評価。ここでは、蔣若凡ほか（2013年）の予測を使用。

（出所）Penn World Table 10.0、国家統計局、蔣若凡ほか『我国剰余農村労働力存量估算及予測』（軟科学、2013年12月）、国連世界都市化予測2018、国連世界人口予測2019、世界銀行、内閣府を基に筆者作成

力平価ベースでのＧＤＰを見ると、中国の２０１９年の一人当たりＧＤＰは、１・４万ドルと米国（６・３万ドル）の23%だ。一人当たりＧＤＰで米国の23%というのは、日本の１９５７年の頃の状況だ。一人当たりＧＤＰで見れば、中国にはまだまだキャッチアップの余地があることが分かる。

キャッチアップ余地で見て中国が日本の１９６０年前後というのは読者の直感と合わないかもしれない。北京や上海など高層ビルが立ち並ぶ沿海部の大都市を訪問した人からすれば、特に違和感を持つかもしれない。この点は、地域間格差の大きい中国の特性を考える必要がある。２０２０年の一人当たりＧＤＰ（米ドル換算）を省別に見ると、最上位の北京市の２・４万米ドルに対して、最下位の甘粛省は０・５万米ドルにとどまり、北京は甘粛の４・６倍だった（図表１－12参照）。

日本では、高度成長期を通じて都道府県別の一

図表1-12　中国の省別1人当たりGDP（2020年）

（万米ドル）

北京	2.39	陝西	0.96	雲南	0.75
上海	2.25	安徽	0.92	吉林	0.74
江蘇	1.76	湖南	0.91	青海	0.74
福建	1.53	遼寧	0.86	山西	0.73
天津	1.47	四川	0.84	河北	0.70
浙江	1.45	江西	0.82	貴州	0.67
広東	1.27	河南	0.80	広西	0.64
重慶	1.13	海南	0.79	黒龍江	0.63
湖北	1.10	寧夏	0.79	甘粛	0.52
内蒙古	1.05	新疆	0.77		
山東	1.04	チベット	0.75		

（出所）CEICを基に筆者作成

人当たりGDPの格差が最も開いたのは1957年だった（図表1－13参照）。当時、最上位の東京の一人当たりGDPは最下位の鹿児島の3・5倍だった。その後低下して2018年には2・8倍となったが、バラつきは現在の中国よりも一貫して小さい。バラつき度合いを統計的に示す変動係数（標準偏差を平均値で割ったもの）も小さい。

地域別の格差の大きさは、中国の高度成長が30年以上も続いた要因ともなった。鄧小平の先富論により、先に沿海部地域が高成長を遂げた。その後、沿海部の賃金が上昇すると産業は徐々に内陸部へもシフトしていった。改革開放以来、一人当たりGDPで見て最上位省・直轄市の最下位省に対する倍率は、1978年の14・2倍から2020年の4・6倍まで低下した（図表1－13参照）。後から豊かになる地域が徐々にキャッチアップを

図表1-13　日本（都道府県別）と中国（省別）の1人当たりGDPの格差（変動係数、最大・最小倍率）

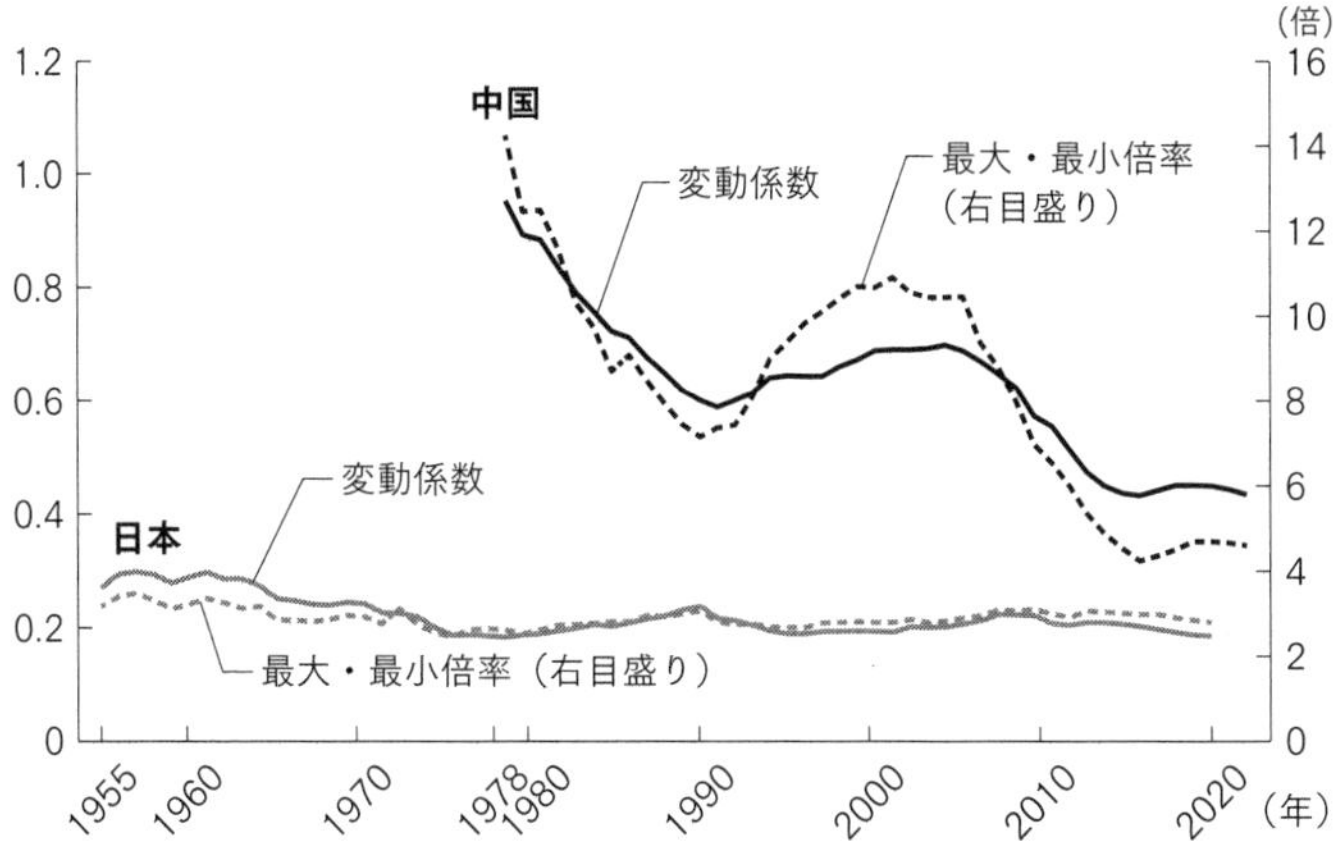

（出所）内閣府、総務省、CEICを基に筆者作成

してきたのだ。同倍率は、一旦上昇したものの2005年以降は一貫して低下している。変動係数も同様の傾向を示している。

東アジアの経済発展について、日本から始まって、NIES、ASEAN諸国、中国と順番に経済発展が進んでいったことを、雁の一群が飛ぶ様子に見立てて、雁行型経済発展と呼ぶ。野村資本市場研究所シニアフェローの関志雄氏は、2002年に中国のような大国は東部から中部、西部と経済発展が広がっていく可能性があるとして、**中国国内版の雁行型経済発展の可能性を指摘**した[11]。

実際そのとおりになったと言えるだろう。中国は、国土が大きく、地域別の格差が非常に大きいために、沿海部に対して中部、西部がキャッチアップする余地が大きかったのだ。**改革開放後40年以上が経過して、地域間格差は縮小したが、現在でも省別の一人当たりGDP格差は、日本の高度**

成長期よりも大きい。格差の存在は決して良いことではないが、同時に地域間でのキャッチアップの余地はまだ大きいとも言える。

なお、第3章で詳しく述べるように、経済のパフォーマンスや人口の流出入で見ると、好調な内陸部もあるが、東北地方は停滞気味であるなど、省や都市によってバラつきも見られる。日本企業をはじめとする海外企業が、中国を消費市場と捉えて戦略を考える際、今後沿海部から内陸部への進出を考えるのは自然だ。しかし、地域によって経済の好不調の差が広がりうることを意識しておいたほうがよいだろう。

(3) 農業から非農業への労働シフト余地：日本の1960年代から1970年代初頭

成長余力を供給面から見ると、産業が農業から非農業にシフトする余地が重要だ。日本でも中国でも農業から非農業に産業がシフトするプロセスで、生産性のより高い非農業への就労者比率が高まることで労働生産性が上昇した。中国の第一次産業の就労者比率は、国家統計局データでは2020年末時点で23・6%となっている。しかし、この数字は都市に出稼ぎに出ている農民(農民工)を含むので不正確だ。農民工の多くは、収穫期などでの農村での農業と都市部での出稼ぎの両方に従事している。

したがって、実際の農業の就労人口は作業日数で按分するなどして試算によるしかない。ここでは、蔣若凡ほか(2013年)による2020年の予測値(1・06億人)を使用する。この場合、農業の就労者比率は14・2%になる。日本で第一次産業の就労者比率が14%だったのは、日本の1972

年のことだ。また、中国の2020年の第一次産業のGDP比率は7・7%だった。これは、日本の1960年代に相当する。

(4)都市化の余地:日本の1960年代初頭

需要面から言えば、都市化の余地が重要だ。吉川洋東京大学名誉教授が指摘するように[12]、日本の高度成長を需要面で支えたのは都市化だった。都市部への人口増大は、住宅や自動車需要、「三種の神器」(白黒テレビ・洗濯機・冷蔵庫)と呼ばれた家電需要などを押し上げた。中国の都市人口比率は、1982年の21%から2021年の65%まで上昇した。これが中国の高度成長を需要面から支えた最大の要因だったことは間違いない。それでも、2021年の都市人口比率の65%は、日本で言えば高度成長真っ只中の1962年のレベルだ。

ただし、中国の都市人口比率の最終的な水準が日本ほどになるとは考えにくい。国連によれば、2020年時点の日本の都市人口比率は92%で、2050年には95%まで上昇すると予想している。しかし、国連は中国の都市人口比率は、2050年に80%までしか上昇しないと予測している。日本よりも広大な面積を有し、食糧の自給自足にも拘らなければならない中国の都市化が日本並みまで行くとは考えにくい。この点は、割り引いて考える必要があるだろう。

(5)生産年齢人口の変化:日本の2000年代初頭

これまで見てきた指標から言えば、中国経済は日本の高度成長期の特徴を有していると言える。もっとも、生産年齢人口の変化だけは異なる。生産年齢人口の変化は、労働投入量の変化に直結するほか、貯蓄率の変化を通じて資本投入にも影響する。

中国の生産年齢人口（15～64歳）は、すでに２０１５年にピークを迎え、その後緩やかに減少に向かっている（図表１－７参照）。２０２１年時点で生産年齢人口ピークアウトから6年を経過した。日本の場合は、１９９５年に生産年齢人口のピークを迎え、人口ボーナス期から人口オーナス期に転換した。

この面に着目すれば、中国経済の置かれた状況は、日本経済がすでに低成長に入っていた２００１年の状況と言える。中国は、すでに少子高齢化の真っ只中にあるのだ。中国にとって、豊かになる前に老いる（中国語で「未富先老」）ことは、働く人口の減少だけでなく、貯蓄率を低下させ投資にも影響する。さらに、社会保障負担をいかに解決するかという日本が現在抱える問題に早期に直面することを意味する。

(6) 現在の中国は１９７０年代半ばから後半の日本

以上まとめれば、中国経済の成長余地という観点から、現在の中国を過去の日本の状況と比較すると、生産年齢人口の変化から見れば２０００年頃に近いものの、フロンティア国へのキャッチアップの余地、農業から非農業への人口シフトの余地、都市化の余地を踏まえると、日本の高度成長末期に近い。

少子高齢化の現状だけを見て、中国が日本の２０００年代以降の成長経路を辿ると見るのは間違いだし、その他の要素を見て日本の高度成長期と同じだというのも間違いだ。恐らくその中間、中速成長のフェーズにあるというのがフェアな見方だろう。誤解を恐れずに言えば、１９７０年代半ばから後半の日本に近いと言えるのではないか。

以上のように中国の発展段階を日本の過去に照らして考えることはビジネス上のヒントも与えてくれるだろう。日本企業から見れば、中国の現在の姿を色々な切り口で日本の過去の発展段階と比較して、過去に日本で見られたビジネスの動きが今後中国で見られると考えるアプローチを取りうる。ただし、中国の場合、リープフロッグ的に一気に日本を追い越すような状況もあちこちで起こりうる点には留意が必要だ。

5 中長期成長予測に関する中国内外の議論、研究

⑴ 様々な中国経済の中長期成長予測

ＧＤＰを15年で倍増させるには、単純計算すれば、年平均４・７％強の成長が必要だと述べた。新型コロナウイルス感染症の世界的流行以前の２０１９年の中国の経済成長率は６・１％だった。中国の経済成長が、２０１０年代以降鈍化トレンドを辿っていることを踏まえると、今後15年間でも成長率は徐々に低下していくと見るのが自然だ。ポイントは、どの程度のペースで減速するかだ。成長余力が相応に高いことは前節で示したが、本節では、中国の中長期的成長見通しに関する最近の中国内外における議論や研究を整理する。そのうえで、中国の中長期成長性を見る際、どこに着目するべき

図表1-14　中国経済の中長期成長率に関する各種予想

（%）

発表者・発表機関	林毅夫 北京大学教授	世界銀行 東アジア経済アップデート	中国国家信息中心	白重恩 清華大学教授	佐々木ほか 日本銀行ワーキングペーパー	日経センター 第7回アジア経済中期予測	朱民ほか IMFワーキングペーパー	Higgins NY連銀経済レビュー
発表年	2021	2020	2021	2021	2021	2021	2019	2020
2020-2025	6.0	6.0	5.7	5.8	5.3-6.2	5.5	5.0	2.7
2026-2030			5.2	5.0	4.4-5.1	4.0	4.0	
2031-2035			4.8	4.0	3.5-4.4	3.2		
15年間累計	2.40倍		2.14倍	2.06倍	2.02倍	1.86倍		

（注）Zhuほか（2019）は、2025年、2030年時点の成長率予測。Higgins（2020）は2018～2028年の成長率予測。

（出所）林毅夫（2021）、世界銀行（2020）、国家信息中心（2021）、白重恩（2021）、日本経済研究センター（2021）、Zhuほか（2019）、Higgins（2020）を基に筆者作成

かを明らかにする。

　中国経済予測を検証するにしても、中国の経済成長を巡る環境が変化していることを踏まえると、ある程度新しい予測に絞ったほうがよいだろう。ここでは、２０１９年以降に発表された予測に絞って確認する。また、長期の予測には精度の面で不確実さがあるので、ひとまず２０３５年までの予測期間にしたものを取り上げる。なお、筆者自身の考えは、本書の各章で共同富裕と改革開放、デジタル化、脱炭素、米中関係、金融システム安定、人口動態など、今後の中国の成長を左右する様々な要素を点検したうえで、第８章で述べる。

　各種予測の全体感を示したのが

図表1－14だ。左側が楽観的な見方、右側が悲観的な見方だ。ざっくり言えば、2・7～6％までのあいだにある。

(2) キャッチアップ・アプローチ

経済成長を予測するにあたって、先行き2～3年くらいの期間であれば、輸出や投資、消費、政府支出といった需要面から予測するのが一般的だ。それに対して、長期予測の場合は、供給面からのアプローチを取ることが多い。

供給面からのアプローチでは、潜在成長率を次の式のように、労働人口の変化と労働生産性（労働人口一人当たりの生産性）の変化とに分けて、それぞれの先行きを見ていくかたちを取ることが多い。労働人口の変化については、人口動態から比較的予測しやすい。それ以上に重要で予測が難しいのが労働生産性の変化だ。労働生産性は、資本投入によって機械化が進むことや、技術進歩や経済効率が改善して全要素生産性が上昇することで向上する。

経済成長率＝労働人口増加率＋労働生産性上昇（資本投入増加＋全要素生産性上昇）

新興国の長期予測の場合、労働生産性の上昇に重要なのはキャッチアップだ。東アジアの国・地域の日本、韓国、台湾などは、主としてキャッチアップを通じて高成長を遂げてきた。そこで、新興国の中長期成長予測においては、先進国、特に労働生産性が主要国の中で最も高いフロンティア国・米国に対して、どのようなペースでキャッチアップしていくのかを考えるアプローチを取ることが多い。

これを収斂理論（convergence theory）という。低所得国は一般に後発の優位性があり、その成長率は高所得国よりも高くなりやすいという経験的事実に基づいている。本書では、キャッチアップ・アプローチと呼ぼう。図表1－14にまとめた経済予測にも、キャッチアップ・アプローチを使って経済予測を行っているものが多い。

（3）中国国内の中長期経済予測

まず、中国国内での議論、研究を見る。中長期的成長見通しについては、中国の権威あるシンクタンクや学者のあいだでも議論が行われてきた。

最も楽観的なのが世界銀行副総裁も務めた林毅夫北京大学教授だ。２０２１年5月のフォーラムで、林毅夫教授は、「ドイツ、日本、韓国が後発の優位性を利用した経験を参考にすると、中国は２０３５年まで年９％の経済成長の潜在性を有する。人口高齢化問題は、経済成長に影響を与えるが、その影響を考慮しても年８％の潜在成長率を有する。米中競争、脱炭素、農村振興、質の高い発展など多くの挑戦と目標に直面するなかでも、２０３５年まで中国は年平均６％の成長可能性がある」といった旨を述べた[13]。

林毅夫教授の強気の根拠は、中国のキャッチアップ余地の大きさだ。同氏は２０１８年、以下のように述べている。

「アンガス・マディソン研究院の研究によると、２００８年、中国の一人当たりＧＤＰは米国の一人当たりＧＤＰの21％で、これは１９５１年の日本、１９６７年のシンガポール、１９７１年の台湾、１９７７年の韓国の水準だ。これらのアジア経済体は、まさしく後発者の優位性を利用して、20年連続で年平均ＧＤＰ成長率８～９％を達成した。そのため、中国は今後20年で８％のペースで成長する潜在力をまだ持っているはずだ[14]」

林毅夫教授は、８％の潜在成長率を出発点に、そこから米中対立の影響や人口問題などの影響を除いて、それでも２０３５年まで６％の成長は可能だという考え方を取る。もっとも、中国国内でも林毅夫教授ほど強気の見方はあまり多くはない。今後、徐々に経済が減速することは、不可避との見方が大勢だ。

中国の政府系シンクタンク国家信息中心は、２０２１年８月出版の『中国２０２０－２０５０年：低炭素発展ロードマップ[15]』の第１章で、「中国経済社会発展の中長期目標、戦略と道筋」を発表している。国家信息中心は、経済計画を策定する国家発展改革委員会直属のシンクタンクだ。同機関の予測は、中国政府がかなり重視している経済成長予測だと筆者は考えている。

国家信息中心は、成長を左右する供給側要因である資本投入、労働投入、全要素生産性それぞれにモデルを置いて予測している。２０２０～２０２５年５・７％、２０２５～２０３０年５・２％、２０３０～２０３５年４・８％と徐々に減速する予測となっている。15年間では２・１４倍になる予測だ。

清華大学白重恩教授も、15年で倍増は可能という予測だ。２０２０～２０２５年を５・８％、２０２５～２０３０年を５％程度、２０３０～２０３５年を４％程度と予測、15年間で経済規模は２・０６倍に拡大するとの予測を２０２１年1月に公表した（白重恩２０２１）[16]。

白重恩教授は、林毅夫教授と同様に後発の優位性に基づく他国のキャッチアップの経験をベースに予測している。そのうえで、白重恩教授は、一人当たりＧＤＰがフロンティアである米国水準に近づくにつれて労働生産性の上昇テンポが鈍化することや中国の生産年齢人口が総人口に占める比率が低下すること等を考慮に入れた、と説明している。

（4）中国国外の中長期経済予測

次に、中国国外の予測を見ていこう。ＩＭＦの朱民ほかによるワーキングペーパー（２０１９）[17]は、中国の潜在成長率を２０２５年時点で５％、２０３０年時点で４％と予測している。林毅夫教授や白重恩教授と同様にキャッチアップ・アプローチを採用したのは同じだ。しかし、より精緻化するため、労働生産性のフロンティア国との格差（キャッチアップ余地）、産業別のキャッチアップのペース（労働生産性の上昇ペース）、産業間の就業者のシフトに注目して過去の各国のキャッチアップの経験を中国に当てはめている。

ＩＭＦペーパーの分析をさらに精緻化したのが、日本銀行のスタッフである佐々木貴俊、坂田智哉、向山由依、吉野功一が発表したワーキングペーパー（２０２１）[18]だ。同ペーパーは、各国・地域のデータから、ＩＭＦペーパーの試算方法をベースに、より細かく産業を分類したうえで産業別のキャッチアップの諸外国の先例に基づくペースと産業間の就業者シフトのトレンドを、先行きの中国経済に当てはめている。そのうえで、中国の潜在成長率を15年間で年平均4・8％程度とし、経済規模は2・02倍になると予測している。

日本経済研究センターは、2021年12月公表の第7回アジア経済中期予測[19]において、中国の成長率を2020〜2025年5・5％、2025〜2030年4・0％、2030〜2035年3・2％と予測した。経済規模は、15年間で1・86倍になる計算だ。同センターのモデルは、国家信息中心と同様に、資本投入、労働投入、全要素生産性ごとの予測モデルだ。

特徴的なのは、全要素生産性の成長を予測する際、貿易開放度、都市化率、デジタル潜在力を重視する点だ。同センターが導いた全要素生産性関数では、デジタル潜在力が1％向上すれば全要素生産性が0・6％上昇するとして、デジタル化の潜在性が重要だとしている。デジタル潜在力指数は、同センターが独自に作成した指数であり、通信インフラ整備状況、人的資本・研究開発動向、ビジネス環境・規制、関連産業といった項目から計算されている。

実は、同センターの2020年12月発表の予測では、米中GDPの逆転は2029年に起きるとしていた。しかし、2021年12月発表の予測では、アリババなど大手IT企業への規制強化を勘案して、先行きのデジタル潜在力指数の予測を引き下げたとしている。この結果、経済成長予測も引き下げられ、米中逆転はもともと2029年と見ていたが2033年に4年後ずれする、と予測している。

最も悲観的なのは、ニューヨーク連銀のマシュー・ヒギンズ（2020）[20]の予測だ。2018年時点の中国の一人当たり実質所得水準（1万6000米ドル）を超えた26カ国のサンプルデータを基に、平均的なシナリオでは2018〜2028年の一人当たりGDPの成長率は2・7%に鈍化しうるとした。

(5) 各種予測に対する暫定的評価

以上の先行研究や議論から言えることは、多くの予測がキャッチアップ・アプローチを採用しているが、国際的な経験を参照するにしても、参照の仕方によってかなり違いが生じるということだ。

ヒギンズのアプローチは、フロンティア国である米国対比のレベルではなく、予測の起点として、実質GDP水準そのものを使っている。これでは、フロンティア国に対するキャッチアップ余地を十分に捕捉できず、成長率予測が低めとなるのは当然だろう。また、産業別のキャッチアップを見ているわけでないため、中国の産業構造の特徴とその変化を捉えられていない可能性がある。

これに対し、IMFや日本銀行のペーパーは、フロンティア国である米国対比の産業別生産性をベースに、産業間の労働者のシフトと産業ごとのキャッチアップ・スピードにより推計している点で、中国の産業構造をより反映した予測となっている。

このうち、IMFのペーパーは、典型的な後発国のキャッチアップ・スピードが、全産業で一定とする強い仮定を置いている。日本銀行のペーパーは、この点を改善し、各国の産業別のキャッチアップ・スピードを推計している点で、より精緻な試算と言えるだろう。日本銀行のペーパーの作者4名は、筆者が日本銀行在職時の同僚だった皆さんだ。重要な貢献に感謝したい。

また、日本銀行のペーパーの予測と良好な成長条件を備えた東アジア諸国・地域と西欧の限られた地域の経験に絞って試算したとする白重恩教授の予測は、概ね合致している。これらを踏まえると、東アジア諸国・地域の経験を基にすれば、中国が今後15年間でGDPを倍増させることが、決して無理な想定ではないと言えるだろう。

(6) GDP倍増のハードルは高い

以上の整理を前提にしても、筆者は、中国経済は今後も相応の速度で成長していくが、15年で倍増というのは計画がかなりうまくいった場合であり、より現実的なシナリオはもう少し減速した姿になるのではないかと考えている。その理由は、東アジアの国・地域のキャッチアップ時と違う二つの要素、人口動態の違いと国際環境の違いだ。

第一に、人口動態の違いだ。高度成長期の東アジアの国・地域は、人口ボーナス期にあり、労働人口の増加と高い貯蓄率に支えられた投資の拡大が成長に寄与した。これに対して、中国ではすでに少子高齢化が始まっている。この影響はやはり大きい。

日本銀行のペーパーは、彼らの予測が、「人口動態の変化に伴う労働投入の減少までは織り込んでいるが、少子高齢化による貯蓄率の低下が資本投入のペースに与える影響までは織り込んでいない」とする。そのうえで、貯蓄率低下による資本投入の減速を考慮すれば、シナリオどおりの成長率を達成するためには、全要素生産性成長率を今後高めていく必要があるとしている。

この点は重要なので、詳しく説明したい。中国の高度成長期の投資の高い伸びは、人口ボーナスによる高い貯蓄率が支えてきたことは前述した。では、少子高齢化は、今後中国の貯蓄率にどのように

図表1-15　日本銀行ペーパーの家計貯蓄率、総貯蓄率の実績と予測値

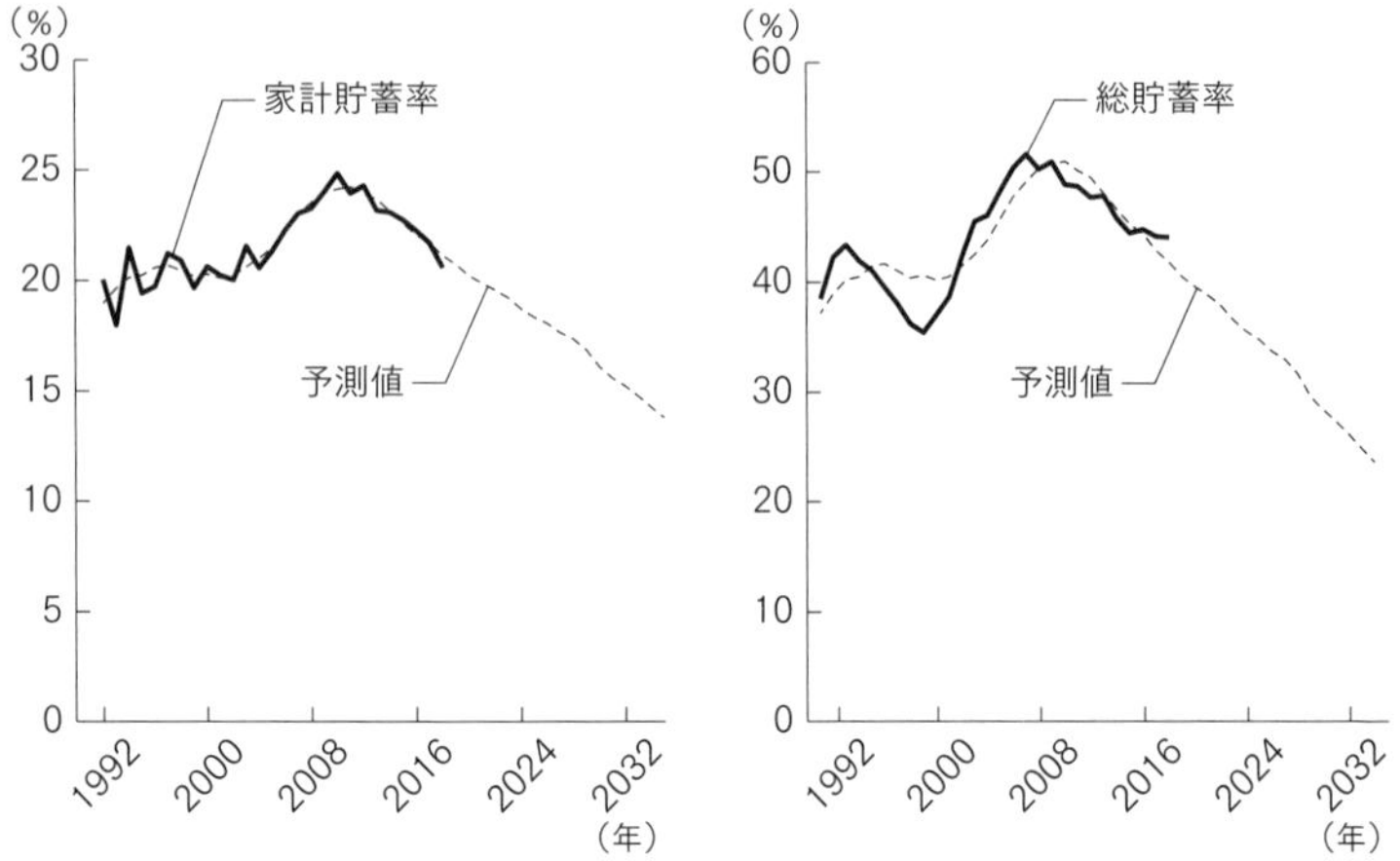

（出所）佐々木ほか「中国の中長期的な成長力―キャッチアップの持続可能性に関する考察―」日本銀行ワーキングペーパーシリーズ、2021年5月

影響するだろうか。

日本銀行のペーパーは、「今後、中国で進む引退世代の増加は、貯蓄率の押し下げ方向に寄与する。一方、少子化が進むと、子供の消費に自分の収入を充当する必要性が低下し、貯蓄率には上昇圧力がかかる。また、現役世代は、将来高齢化が進むと予想すると、将来の現役世代からの仕送りが期待できないため、貯蓄を増やすインセンティブも生じる。このように、少子高齢化と貯蓄率の関係は、年齢構成によって、複雑に変化し得る構造となっている」としている[21]。

そのうえで、日本銀行のペーパーは、国連の人口予測を使って、人口動態の貯蓄率への影響について、予測を行っている（図表1―15参照）。彼らの予測の結果は、中国の総貯蓄率は、２０１０年頃の50％から２０３５年には30％を割り込むレベルまで低下するというものだ。彼らのモデルで求めた家計貯蓄率、総貯蓄率の推移は、過去の実

図表1-16　日本銀行のペーパーの中国の潜在成長予測

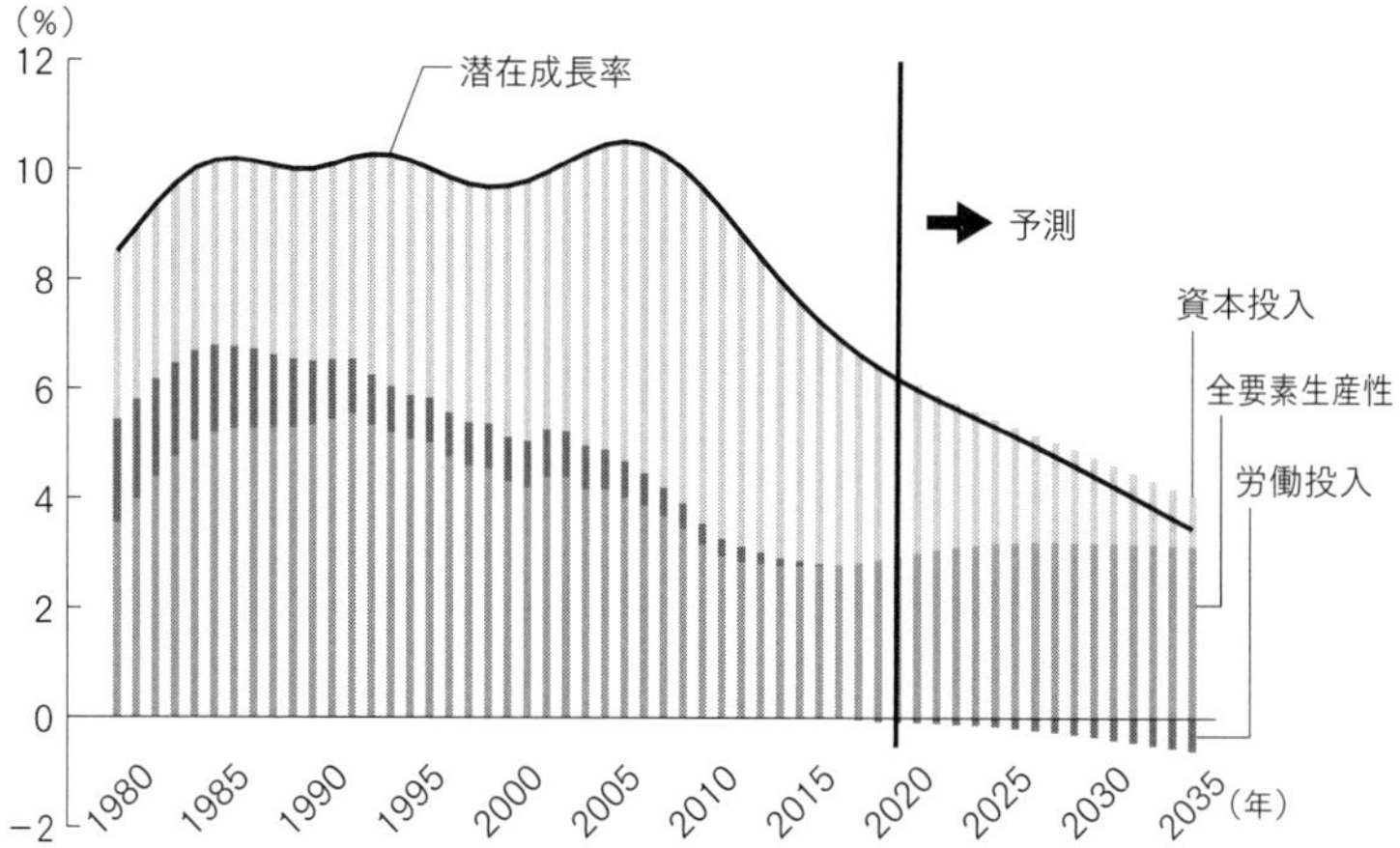

（出所）佐々木ほか「中国の中長期的な成長力―キャッチアップの持続可能性に関する考察―」日本銀行ワーキングペーパーシリーズ、2021年5月

際の家計貯蓄率、総貯蓄率の推移をほぼ正確にトラックしている。貯蓄率予測モデルとして優れていることを示している。

そして日本銀行のペーパーは、貯蓄率の低下によって投資の原資である貯蓄の成長が減速していくために資本投入が減速していくと予測している（図表1―16参照）。日本銀行のペーパーの整理では、資本投入の成長への寄与度は、2010年の6・1%から2020年には3・3%まで低下。そして先行きは、同寄与度は、2025年2・3%、2030年1・6%、2035年0・9%と減速していくと予測している。

貯蓄率の低下と投資の減速の関係については、多少の議論の余地があるだろう。改革開放後、全要素生産性の改善が投資を押し上げたとした。その観点からは、今後経済改革が順調に進み、企業の期待収益率が改善すれば、投資の減速はもっとマイルドになるかもしれない。その一方、少子高齢化は従来の想定を超えた速度で進むかもしれない。2021年5月に発表された第7次人口センサスの結果によれば、少子高齢化が予想よりも速く進んでいることが明らかになったのだ。これらプラス、マイナスの要素を総合して考えると、日本銀行のペーパーが予測する投資減速ペースは概ね合理的なものと考える。

貯蓄率の低下により資本投入が減速する以上、労働生産性を上昇させるために必要なのは全要素生産性の成長率を上げることだ。全要素生産性とは前述のとおり、経済成長を生み出す要因のうち資本や労働の投入量増加以外の要因を指し、技術進歩や経済効率の改善などを反映する。

日本銀行のペーパーによれば、中国の全要素生産性の経済成長への寄与度は、1990年代5・1%、2000年代4・1%、2010年代2・9%と長期的には鈍化傾向を辿った。しかし、2020~2035年には、これを3・2%に引き上げる必要があるとする。

通常、キャッチアップのスピードは、フロンティア（米国）に近づくほど鈍化する。つまり、全要素生産性の成長ペースが鈍化するのが自然だ。その意味では、**今後、中国が全要素生産性の成長率を引き上げていくというのは、簡単なことではないだろう。**日本銀行のワーキングペーパーも、「キャッチアップの実現のためのハードルは高いと評価すべきであろう」としている。

第二に、国際環境の違いだ。端的に言えば、**米中対立の向かい風が続きそうだということだ。**中国がこれまで高い成長を続けられたのは、対外的に友好的な外交関係が維持できたことが大きい。これは、東アジアの日本、韓国、台湾の高度成長期にも当てはまる。1980年代になると、米国は、日本の経済的台頭を警戒し、これを阻止しようとするが、これはすでに日本において高度成長が終わった後のことだ。

これに対して、中国が、現在直面する状況はかなり厳しい。米中の競争、対立の構造は長期化が避けられないだろう。米国バイデン大統領は、大統領就任後の外交演説で、中国を「最大の競争相手」と表現した。米中の対立と競争の関係は、通商分野にとどまらず、安全保障、科学技術、データ安全、人権・民主主義など幅広い領域に広がっている。米国は同盟国と協調して、中国に対抗する姿勢を鮮明にしている。筆者は、部分的なデカップリングはあっても全面的デカップリングは考えられず、キャッチアップは今後も進んでいくと考えている。しかし、そのテンポに米中対立が一定程度影響を与えると見ている。

白重恩教授は、2020年末の講演で、「自身の予測は、市場経済が重要な役割を果たし、開放的で、良好な国際環境が存在する、という条件を満たした東アジア4カ国・地域、西欧10カ国・地域の先例に従うという強い仮定を置いている」旨を述べている。そのうえで、「米中経済摩擦の継続を前提にした場合、経済規模の倍増計画を立てることは、とてもチャレンジングだ」としている（白重恩2020[22]）。

以上を踏まえると、中国が15年間でGDP倍増を達成するのは、東アジア諸国・地域の経験を踏まえると絶対無理といったレベルではない。しかし、人口動態の影響や米中対立という国際環境を踏まえると、これはかなり楽観的なシナリオだと見ておくのがよいのではないか。

6 中国の中長期の経済成長を左右する要因

中国が2035年までにGDP倍増を実現することは可能だとしても、そのハードルは高いことを前節で考察した。本節では、今後の中国の経済成長を左右する重要な論点を挙げたい。以下に挙げた各論を本書の各章で掘り下げていくことになる。

①共同富裕政策と改革開放・イノベーションの行方

本章で何度も強調したとおり、中国の高度成長をもたらした最大の要因は改革開放とそれによるイノベーションだ。今後中国経済が減速していくにしても、減速のペースを緩やかにできるかどうかは改革開放を通じたイノベーションにかかっている。

そして、その主たる担い手は民間経済だと筆者は考えている。その点、2021年以降、プラットフォーマー、教育業界、不動産業界での民営企業に対する中国政府の規制強化が目立っている。それらには、共同富裕の実現を目指す習近平政権の方針が影響しているのは間違いない。共同富裕政策と改革開放、イノベーションの行方への考察は、中国の経済成長の重要なポイントだ。

②人口動態の影響と対策の見通し

少子高齢化が労働投入や貯蓄率の低下を通じて中国経済に重荷となるのは避けられない。最近は出生人口の減少が加速している点も懸念される。一方で、第7次人口センサスは、都市化がこれまでの想定以上に進んでいることが明らかになるなどポジティブなサプライズもあった。同センサスでは、地域間の人口変動が思った以上に大きかったことも分かった。今後、中国政府は少子高齢化にどのように対処しようとしているのか。その対応策と効果も経済には大きな影響を及ぼす。

③デジタル化の行方

２０１０年代の中国経済は減速を続けたが、そのなかで光明となったのは、デジタル化の急速な進展だった。中国のデジタル化はトップダウンでなく、民営テック企業主導で進んでいった。特に、スマホの普及とともにアリババとテンセントという二大民営テック企業がＱＲコード決済を急速に普及させた。この便利な決済サービスのプラットフォームを活用して、様々な会社のサービスが展開された。Ｅコマース、融資や保険などの金融サービス、フードデリバリーサービス、配車サービスなどだ。

しかしながら、前段で述べたとおり、２０２１年以降政府はプラットフォーマーに対する規制を強化しており、それがデジタル化に影響を与えることが懸念される。その一方で、５Ｇインフラの整備が進むほか、製造業や農業のデジタル化にはまだまだ伸び代が大きい。デジタル化を全体的に見ていく必要がある。

④脱炭素化と経済成長

中国は、２０２０年9月の国連総会で、２０３０年までに二酸化炭素排出量のピークアウトと

2060年までの実質ゼロを達成することを約束した。石炭依存度の高い中国でこれは成長制約にならないのだろうか。

2021年9月から10月にかけて電力不足から一部地域が停電に追い込まれたのは記憶に新しい。一方で、中国は、再生可能エネルギー産業の世界シェアでは太陽光パネル、風力ともに世界一だ。世界中が再生可能エネルギーにシフトすることは中国経済には追い風になる面がある。また、中国は脱炭素を通じて、エネルギー効率の悪い産業や企業のトランスフォーメーションを図り、経済成長にもつなげようと考えている。世界最大の排出権取引市場も立ち上げ、市場原理も使って産業、企業に脱炭素を促している。

⑤大規模な金融・経済危機回避の公算

中国がこれまで高い成長を続けられた背景として、改革開放後、大規模な金融危機・経済危機を回避できてきたことを忘れてはならない。日本では、1990年代入り後のバブル崩壊に伴って潜在成長率自体が著しく低下した。大規模な金融危機・経済危機は、一時的影響にとどまらず、中長期的な成長の行方にも大きく影響しうる。

中国の企業や家計の債務水準を経済規模対比で見ると、世界金融危機後に急速に上昇し、諸外国の経験を踏まえると危険水域とも言えるレベルだ。金融リスクと密接に連関するのが不動産のリスクだ。そして、2021年後半から不動産市場が冷え込んでいる。中国は、大規模な金融・経済危機を回避できるのだろうか。

⑥米中対立の行方と経済関係への影響

米中対立は構造化し、長期化することは避けられないだろう。それは間違いないにしても、米中の対立、競争関係がどれだけ米中の経済関係さらには世界のサプライチェーンに影響を及ぼすかは、もう少し細かく見ていく必要がある。この面の考察も、中国経済の行方を考えるうえで重要だ。

筆者は以上に挙げた六つの要素が、今後の中国経済を占ううえでいずれも重要だと考えている。次章以降でこれらを考察したい。これらを踏まえて、第8章では、筆者自身の描く中国経済の良好シナリオ、リスクシナリオ、最もありえそうな基本シナリオの三つを提示したい。

第2章

共同富裕と改革開放・イノベーションの行方

中国減速の深層「共同富裕」時代のリスクとチャンス

第1章で述べたとおり、今後の経済成長の行方を左右するのは、全要素生産性の成長だ。そのカギとなるのは、改革開放とそれによってもたらされるイノベーションだ。しかし、最近の習近平政権の経済運営を見ると、改革開放が逆行しているのではないかと懸念される事象が次々に起こっている。

２０２０年11月に予定されていたアリババ傘下の金融子会社アントグループの史上最大規模の新規株式公開（ＩＰＯ）の突然の停止をはじめ、民営プラットフォーマーに対する処分や規制強化が相次いでいる。２０２１年夏には、義務教育段階での営利目的での塾や家庭教師の禁止が突然宣言され、海外上場していた新興教育企業株は暴落した。不動産に対する資金面での規制も強化され、２０２１年後半から不動産市場は低迷を続けている。

それぞれの産業に個別の規制強化の理由はあるが、一つの共通した背景は、習近平政権が推進する共同富裕政策だ。**本章では、習近平政権の改革開放政策を評価し、共同富裕と改革開放・イノベーションが両立するのか、を考えたい。**

1　習近平政権下での改革開放をどう評価するか

まず、これまでの習近平政権発足以降の改革開放の進展を振り返ろう。

（1）「全面的な改革の深化」を宣言した第18回三中全会の「決定」

第1章で述べたとおり、胡錦濤政権下では、改革開放の勢いは減速したという見方が大勢だ。胡錦濤政権末期には、経済改革の再加速を求める声は、政府内の改革派や民営企業家から強まっていた。中国の代表的な改革派エコノミストの呉敬璉氏は、2011年11月の講演で、「進めるべき改革はほとんど何もなされていない」「重要な原因の一つは、結局どんな経済を構築したいのか、その共通認識がないからだ」「来年（2012年）の党大会での指導部交代は、中国経済運行の改善にとって積極的な作用をもたらす」「来年の（党）代表大会がハイレベルの設計を明確にすることを希望する」と胡錦濤政権の改革の停滞を痛烈に批判している。[1]

当然ながら、2012年11月、胡錦濤氏から党総書記を引き継いだ習近平国家主席[2]には、改革開放を再加速してほしいという強い期待が寄せられた。2012年11月、習氏は、党総書記に就任後の最初の視察地として広東省の深圳を訪問した。習氏の父習仲勲は、改革開放初期に広東省党書記の立場から、深圳を経済特区として発展させた、改革開放の貢献者の一人だ。習氏が深圳を最初の訪問地としたことで改革開放への期待は高まった。第1章で述べたとおり、5年に一度の三中全会は、これまで政権の経済体制運営の大きな方針が打ち出されてきた重要な会議だ。習氏が、総書記に就任した後の第18回三中全会には多くの注目が集まっていた。そして、2013年11月の第18回三中全会が決定した「改革の全面的深化における若干の重大な問題に関する中共中央の決定」（以下、「決定」）は、改革派の期待どおり、もしくは期待以上の内容だった。「決定」で、特に注目された点は以下の点だ。[3]

①市場が資源配分の決定的役割を担う

「決定」は、「市場に資源配分における決定的役割を担わせる」とした。これまでの党中央の方針である「市場に資源配分における基礎的役割を担わせる」から、一歩進め、市場メカニズムの役割を前進させた。ただし、「より良く政府の役割を発揮させる」と続いており、政府の役割を強調することも忘れていないことは重要だ。

②民営経済の重視

「決定」は、「財産権は所有制の核心である。帰属が明確で、権利と責任が明確で、保護が厳格で、流通がスムーズな現代財産権制度を健全化する。公有制経済の財産権は不可侵であり、非公有制経済の財産権も同様に不可侵である」とした。公有制経済と同列に非公有制経済、すなわち民営経済の財産権の不可侵を明言した点は、これまでに比べて踏み込んでいた。

さらに、「非公有制経済の健全な発展を支援する。非公有制経済は、成長の支え、イノベーションの促進、雇用の拡大、税収の増加などの面で重要な役割を持つ」とした。その際、「権利の平等、機会の平等、規則の平等を堅持し、非公有制経済に対する様々な形式の不合理な規定を廃止し、様々な隠れた障壁を取り除く。そのため、非公有制企業がライセンス経営に参加するための具体的な方法を定める」とした。国有と民営の非合理な垣根を撤廃するとした。

③混合所有制による国有企業改革

「決定」は、「国有資本投資プロジェクトへの、非国有資本の資本参加を認める。混合所有制経済で企業従業員が株式を保有することを認め、資本所有者と労働者の利益共同体を形成する」とした。混合所有制というかたちで、国有企業に民営資本、外資の出資を認め、国有企業の改革を推進していく方針が示された。

以上の3点以外にも、様々な改革領域で網羅的かつ踏み込んだ内容が示されていた。筆者自身、当時、「決定」の全文を読んで、政権の改革への意志の強さを感じ、興奮した。また、習近平国家主席は、自らがトップを務める「中央全面深化改革指導グループ」を設立し、党主導で改革に取り組むことになった。中国の民営企業家の友人が、「これでビジネスが進めやすくなる」と意気込んでいたのを思い出す。

(2) 改革進展の評価——国有企業改革の停滞が目立つ

もっとも、習近平政権下での改革開放は、市場メカニズムを活用する方向での改革、という意味では、改革派が期待するとおりに進んできたとは言えない。特に、改革のカギとも言える国有企業改革は、国有企業の民営化という意味ではほとんど前進しなかった。

政府のシンクタンクである国務院発展研究センターは、2016年5月に「第18回三中全会以来の経済体制改革の進展評価」に関するアンケート調査を実施した。アンケートは、経済体制改革の全体的評価に加え、財税制改革、金融改革、国有企業改革、ビジネス環境、財産権保護、社会保障、民間投資促進、対外開放、農村改革、価格改革、政府の機能転換の11項目について、政府官僚、学者、市場関係者に行ったものだ。有効回答100人とサンプルは少ないが、調査が行われたこと自体が画期

図表2-1　第18回三中全会以降の経済体制改革に対する評価

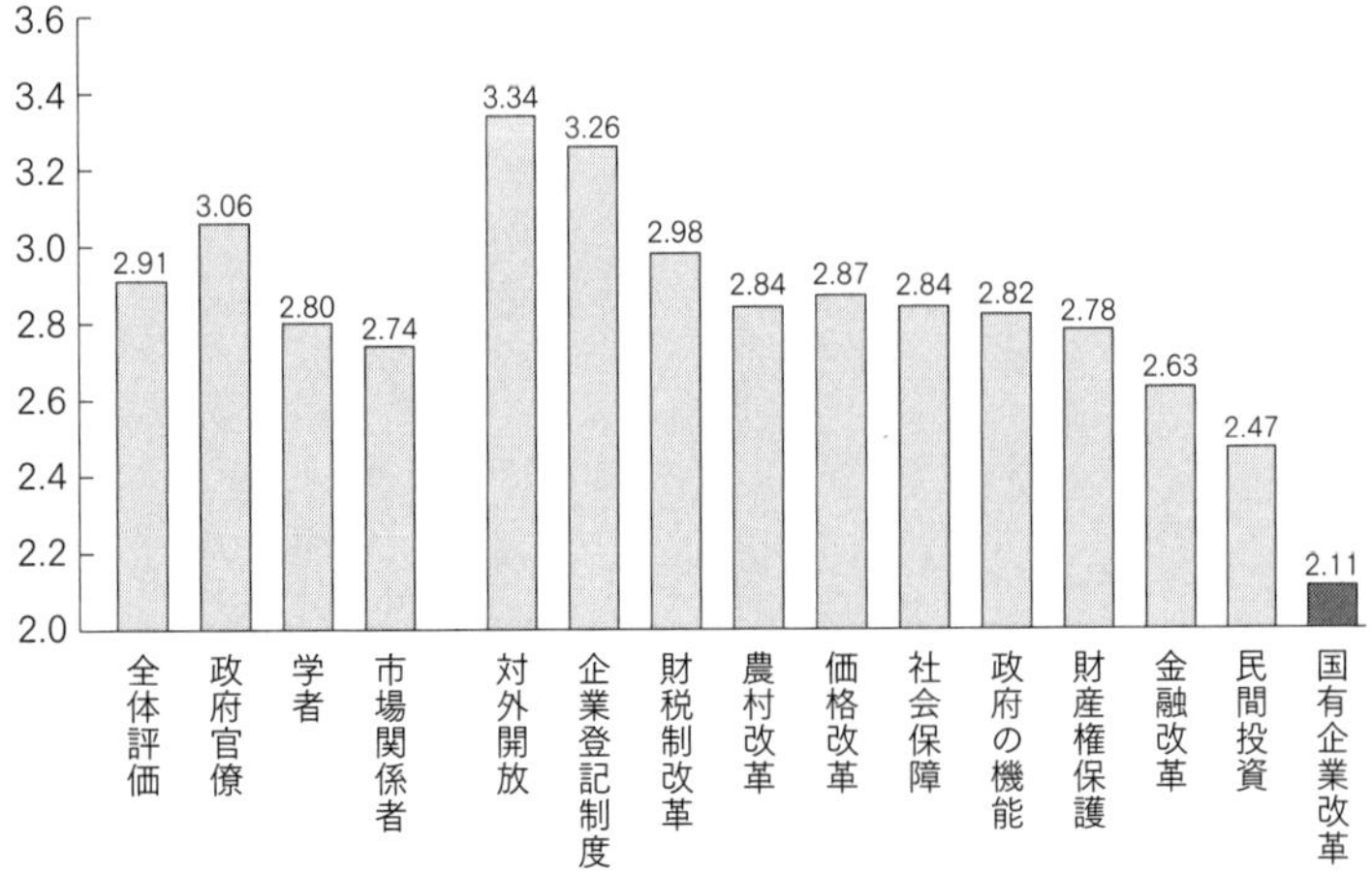

（出所）魏加寧『如何実現国家治理現代化——対改革基本問題的思考』2017年4月、中国発展出版社

的だ。結果は、図表2－1のとおりだ。

図表2－1は、「非常に満足」を5、「満足」を4、「まずまず」を3、「不満足」を2、「非常に不満足」を1として点数化し、項目ごとに平均点を示したものだ。まず、全体の評価は2・91と「まずまず」を示す3を割り込んだ。経済体制改革全体として、満足のいく結果ではないということだ。内訳を見ると、政府官僚が3・06に対し、学者（2・80）、市場関係者（2・74）の評価は相対的に低い。これは、ある意味自然なことだろう。

項目別に見ると、対外開放や企業登記制度については相対的に満足度が高い。上海自由貿易区の設立など対外開放を進めたこと、ビジネスの手続きの簡素化や許認可の撤廃なども進めたことが好感されたものだろう。

その一方で、評価が際立って低いのが国有企業改革だ。1990年代、朱鎔基総理が筆頭に立って行った国有企業改革は、「大を摑み、小を放つ」というスローガンの下、中堅以下の国有企業の民営企業への転換を進めた。しかし、2000年代に入ると、大型の国有企業の民営化はほとんど進まず、国有企業改革は停滞した。

こうした状況に対し、第18回三中全会は、混合所有制の推進を打ち出した。市場メカニズムを重視する改革派としては、混合所有制を通じて大型国有企業の実質的な民営化が進むとの期待が強まった。しかし、実際には、民営資本や外資がマイナー出資を行うことはあっても、国有資本によるコントロールという状況は、基本的に変わらなかった。また、国有企業と民営企業が競争するような産業において、国有企業が退出するといったことも起こらなかった。こうした失望がアンケート結果に出ているのだろう。

2 国有と民営の「いいとこどり」を目指す習近平政権

(1)「二つの毫不動揺」

習近平は何を考えているのか。確かに、国有企業を民営化する方向で改革する、という点から見ると、習近平政権の国有企業改革は甚だ不十分だ。しかし、筆者は、習近平国家主席は、国有企業の多くを民営化しようという考えはそもそもなかったのだと思う。混合所有制を推進する狙いは、民営企業や外資企業の活力、ノウハウ、資金を国有企業に取り込むことにあったのだろう。中央と地方の国有資産管理委員会に与えられた任務は、国有企業を国有のまま経営メカニズムを改善し、筋肉質の国有企業に改革することだった。

習近平国家主席は、2016年7月4日、全国国有企業改革座談会で、「国有企業は国家の総合的な実力を強化し、人民の共通の利益を保障する重要な力だ。正々堂々と国有企業を強く、優秀で、大きくする必要がある。活力、影響力、リスク抵抗力を絶えず増強し、国有資産の価値維持・増加を実現しなければならない」と述べている。**国有企業を「強く、優秀で、大きくする」は、習氏が繰り返し使う言葉だ。**

これだけ経済社会が複雑多様化してきたなかで、一党支配を確保するためには、党の経済に対する直接のコントロール力を確保することが必要だ。国有企業は、共産党が経済を直接コントロールするうえで不可欠な存在だ。その総合的な位置づけが低下することは、党の支配に関わる問題で、是が非でも避けなければならず、そのためには国有経済を強く大きくする必要がある。習氏は、このように考えているのだと思う。

同時に、習氏は、経済を発展させるために民営企業の活力も不可欠であり、民営企業の発展に対するサポートも必要だと、真剣に考えている。改革開放以来、民営企業が果たしてきた役割についても評価しているのだ。第18回三中全会で示された非公有経済に対する財産権保護や平等な競争条件の確保といった方針が、民営企業家や起業家を元気づけ、新しいビジネスに取り組もうという意欲をかき立てたのは、間違いないだろう。

前出の図表2－1のアンケート結果でも、企業登記制度の改革には比較的高い評価が与えられている。企業を設立する際の登記や認可に関しては、従来の硬直的な規定が撤廃され、起業はしやすくなった。2013年以降、インターネット産業が急速に発展し、この領域での起業が相次いだ。政府の民営経済や起業家の投資を奨励するスタンスが彼らに勇気をもたらしたという面は、少なからずあるだろう。

習近平政権のスタンスは、国有経済と民営経済の「いいとこどり」戦略なのだ。国有も民営も両方重視するスタンスを表した言葉が、**「二つの毫不動揺（いささかも揺るぐことなく）」**だ。2017年10月の第19回党大会は、「公有制経済をいささかも揺るぐことなく強固に発展させ、非公有制経済の発展をいささかも揺るぐことなく奨励、支持、誘導し、各種所有制経済が法に基づき生産要素を平等に使用し、市場競争に公平に参与し、同等に法律の保護を受けることを保証する」とした。「二つの毫不動揺」は、2002年の第16回党大会で最初に採択されたもので、新しいものではない。しかし、習近平政権では、特に強調されている印象だ。

国有と民営の「いいとこどり」戦略は、習氏が、地方視察の際に、国有企業と民営企業をそれぞれ訪問し、その際に語る言葉にも表れている。例えば、2018年9月、東北三省を訪問時、習氏は、国有企業である中国石油遼陽石化公司を視察し、「国有企業は地位・役割が重要で、代えの利かないもので、党と国家が依拠する重要な力だ。国有企業は、改革・革新を進め、絶えず自己改善と発展を遂げなければならない」とした。

その後、民営の遼寧忠旺集団を視察し、「党中央はこれまで民営企業の発展を支持し、奨励してきた。第18回党大会以来、党中央は一連の民営経済の発展を支援する改革措置を打ち出してきた。民営企業の経営者は、自信を強めてほしい」とした。

習氏の考えでは、国有経済重視と民営経済重視は矛盾しない。2018年11月の民営企業座談会で、習氏は、「公有制経済をしっかりと強固にし、発展させることを強調することと、非公有制経済の発展を奨励、支持、誘導することとは対立するものではなく、有機的に統一されたものだ。公有制経済、非公有制経済は互いに排斥し、相殺し合うのではなく、互いに補完し合い、相乗効果を得るべきだ」と言っている。

(2)国有経済と民営経済のウエイトとその推移

中国において国有と民営の経済におけるウエイトは、実際のところどのようになっているのだろうか。全産業にわたる企業の所有形態別の統計が存在しないため、推計によるしかない。ここでは、梶谷懐神戸大学教授と世界銀行の推計を紹介しよう。

梶谷教授は、[4]2014年時点の国有経済のウエイトを32％と推計する（図表2－2）。

一方、世界銀行の張春玲（2019）[5]は、2017年時点の国有経済のウエイトを23〜28％と推計する。張春玲（2019）は、産業別に直接推計する方法と外資企業、民営企業のシェアを推計しそれを経済全体から差し引く方法の、二つの方法から試算した。図表2－3は、張春玲（2019）の試算のうち、産業別に国有経済ウエイトを直接推計した結果だ。国有経済のウエイトは、産業によってかなり大きなばらつきがあることが分かる。交通・運輸や金融では圧倒的に国有経済のシェアが高い。

また、重要なのは、国有経済のウエイトが傾向として上昇しているか、低下しているかだ。残念な

図表2-2　GDPに占める国有経済ウエイト（2014年、%）

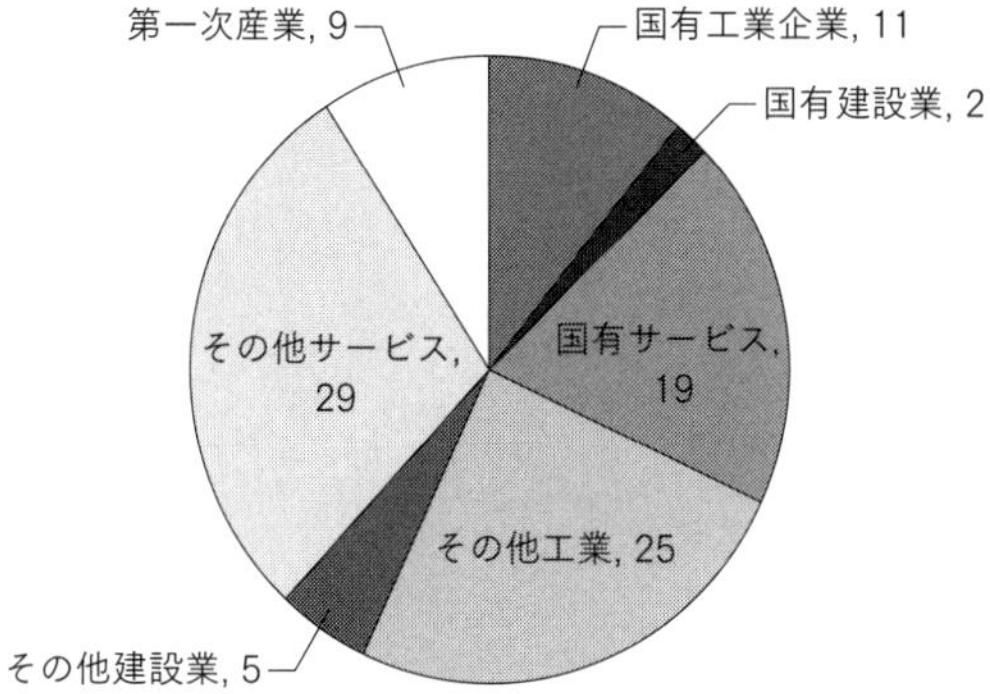

（出所）梶谷懐『中国経済講義――統計の信頼性から成長のゆくえまで』2018年9月、中公新書

図表2-3　国有経済シェア推計（直接アプローチ、2017年）

（%）

	GDPウエイト	国有経済シェア
農林水産	7.9	4.6
工業	33.9	21.1
建設	6.7	38.5
卸小売	9.5	36.9
交通運輸	4.5	77.3
宿泊飲食	1.8	8.8
金融	8.0	88.0
不動産	6.6	24.6
その他	21.1	7.7
合計	100.0	27.5

（出所）Chunlin Zhang, "How Much Do State-Owned Enterprises Contribute to China's GDP and Employment?" World Bank, 2019年7月

がら全産業ベースの統計はないが、工業企業の国有企業のシェアは低下し続けていることは分かっている。国家統計局統計の工業企業（製造業・鉱業・電気ガス）の営業収入、総利益、総資産のデータから所有形態別シェアを計算できる。

図表２－４のとおり、工業企業の営業収入、総利益、総資産における国有企業のシェアは、２０２１年末時点でそれぞれ、28％、27％、39％だった〈6〉。また、工業における国有企業シェアは、概ね低下傾向で推移している。ただし、営業収入と利益のウエイトは、２０１０年代後半からは、下げ止まり、むしろ上昇している年もある（２０１７年、２０１８年、２０２１年）。国有企業は鉄鋼をはじめ素材産業で高いウエイトを占めている。２０１７年、２０１８年、２０２１年はいずれも素材価格が上昇した年であり、それが貢献したのだろう。

国有経済のＧＤＰに占めるウエイトは、上記二つの推計を踏まえると、25～30％といったところではないか。裏返せば、非国有経済（民営企業と外資企業）が70～75％を占めていることになる。

習近平国家主席は、２０１８年11月の民営企業家座談会で、「２０１７年末時点で、民営経済は、税収の50％以上、ＧＤＰの60％以上、技術革新の成果の70％以上、都市部の労働雇用の80％以上、企業数の90％以上を占めるという『五六七八九』の特徴がある」と明らかにしている。前出の世界銀行の張春玲（２０１９）は、中国では民営経済という場合、通常外資企業や農家は含まれないので、これは国内民営企業を指すものと推測できる、外資企業は１割程度だ、としている。ざっくり言えば、**中国経済のＧＤＰシェアは、国有が25～30％、民営が60％以上、外資が10％程度ということになる。**

国有経済の25～30％というウエイトをどう評価するかは、人によって感じ方が違うだろう。梶谷教

図表2-4　工業企業の国有、外資、民営その他の営業収入、利益、総資産ウエイト推移

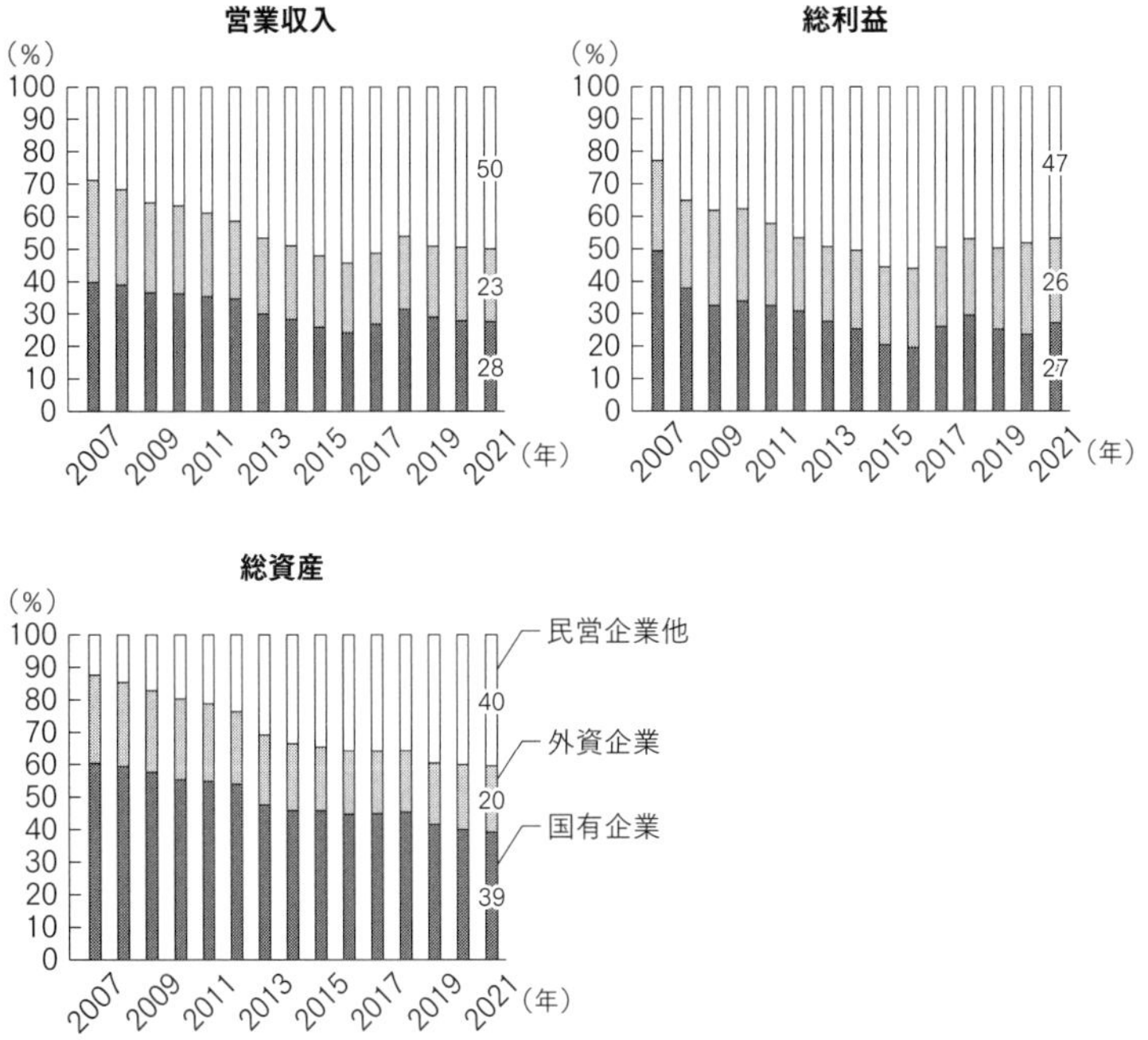

（注）CEICが国家統計局から入手した月次データから作成。国家統計年鑑ベースとは完全には一致しない。民営企業その他は、合計から国有企業、外資企業を差し引いて計算。
（出所）CEICを基に筆者作成

授は、国有経済が「依然として大きなウエイトを占めている」としている。しかし、筆者は、国有経済のウエイトは「随分低くなった」と感じている。工業企業における国有経済のウエイトが多少の振れを伴いつつ概ね低下傾向を歩んできたという事実は重要だ。個別事例で見れば、国有企業が民営企業を買収するという意味での「国進民退」はあっても、ウエイトで見れば、着実に民営経済のウエイトが上昇しているのだ。

（3）国有企業に対するスタンス――「強く、優秀に、大きくする」戦略

国有企業も民営企業も重視するという場合、習近平政権は国有企業、民営企業それぞれにどのような役割を果たすことを期待しているのか。まずは、国有企業の役割に対する政府の考え方を見ていこう。

①国有企業3年行動計画に示された国有企業の役割

中国政府は、２０２０年９月に国有企業３年行動計画を定めた。[7] 同計画で、国有企業が果たす役割として、五つを挙げている。

- 国有企業はコア競争力のある市場主体にならなければならない。
- 国有企業はイノベーションをリードする面でより大きな役割を発揮しなければならない。
- 国有企業は産業チェーン・サプライチェーンのレベルを向上させるうえでリード的役割を発揮しなければならない。
- 国有企業は社会民生の保障と重大な挑戦への対応などの面で特殊な保障的役割を発揮しなければならない。
- 国有企業は国の経済安全を守る面で基礎的な役割を発揮しなければならない。

以上から分かることは、民間企業がやれることは民間企業に任せるという考え方ではない。国有企

業は、競争的な市場においても、国内・海外で国内民営企業、外国企業と競争し、競争力を発揮せよとしているのだ。それだけではない。イノベーションやサプライチェーンにおいては、国有企業がリード的な役割を果たせと言っている。イノベーションに関連しては、「戦略的新興産業に集中するよう促す」とも言っている。中国政府は、戦略的新興産業として、5G、バイオ、スマート製造、新エネルギー、新素材などを指定している。これらについては民間任せにはせず、国有企業にリード役を取らせたいと考えていることは明らかだ。

一方、「社会民生での特殊な保障的役割」や「経済安全を守る面での基礎的な役割」というのは、また違う趣旨だ。例えば、2020年の新型コロナ危機の時、政府・党は、国有企業に対して職員を解雇せずに雇用を守るように指示した。これによって、中国の雇用は安定を保った。2008年に発生した世界金融危機に対応するための「4兆元の投資計画」と呼ばれた国内投資の拡大を短期間で進めるうえで、国有銀行と国有企業を大規模に動員した。後から見ればこの時の投資拡大はやり過ぎだったが、ごく短期間で資金を投入し、投資を実行できたのは国有企業の存在なしでは無理だっただろう。経済社会の危機的状況を回避するために、いざというとき動員できる存在として国有企業に期待しているのだ。

筆者は、民営企業が活躍できる競争的な市場に国有企業が残る必要は、原則としてないと思う。自然独占になりやすい電気・ガスなどの市場を除けば、市場に対する適切な監督管理ができている限り、民営企業のほうが経営効率が良いので、国有企業が参入する必要はない。国有企業には、政府のバックアップがちらつくことから、資金調達やビジネスを行ううえで、民営企業に対して優位的地位に立ちやすい。それは、資源配分に歪みを生じさせうるし、モラルハザードも生みやすい。

経済的観点からすると、習近平政権の目指す、国有経済と民営経済の「いいとこどり」とも言える手法は最適な策ではなく、もっと市場化、民営化を目指すべきだ。しかし、習近平政権、いや、中国共産党は、一党支配の継続という国家体制上の要請からすれば、それが最適な方法と考えているのだろう。

そして、国有企業の経営メカニズムがこの20年間ほどで改善したことも、筆者は実感している。国有企業を民間資本のマイナー出資による混合所有制も駆使しながら、国有企業として強くしていく、国有資本への投資と企業の経営を切り離すなどの改革は、着実に国有企業を変えているように見える。

筆者が長く見てきた中国の銀行業界では、国有企業が圧倒的なウエイトを占めている。それでも、国有銀行同士の競争はかなり激しい。さらに、アントグループなどの民営のフィンテック企業の参入は、国有銀行の危機意識を高めている。このため、国有銀行は、店舗統廃合やATMの廃止といったコスト削減を大規模に進めているだけでなく、IT投資を拡大し、デジタルによる経営に大きく舵を切りつつある印象だ。

筆者としては、20年以上前は、政府官僚のように見えた中国の銀行員の能力・経営感覚の向上を強く感じる。現在の国有企業は、間違いなく、過剰債務、過剰人員、非効率な経営であえいでいた1990年代の国有企業ではないということは認識しておく必要があるだろう。

②グローバル競争力を持つ世界一流の大型国有企業の育成

国有企業3年行動計画は、「市場でコア競争力のある市場主体になる」ことを一番目の目標に掲げている。コア競争力のある市場主体といった場合、習近平政権が重視するのは、国有企業のグローバルな競争力の強化だ。習近平国家主席は、2017年10月の第19回党大会報告で「国有企業改革を深化させ、……グローバル競争力を持つ世界一流の企業を育成する」とした。

同方針の下、2010年代半ばから、巨大国有企業同士の合併が目立つようになった。皮切りは、2015年に承認された鉄道車両メーカーの中国北方機車車両工業集団公司（中国北車）と中国南車集団公司（中国南車）の合併だった。両社は、もともと一つの企業だったが、競争促進のために2000年に分割されて、以来激しく競争してきた。その2社を合併するのは、市場競争に逆行する動きだと懸念された。

しかし、政府は、国内競争ではなく、世界市場での激しい競争で勝ち抜くために両社を合併させることが必要と考えたのだろう。このほか、鉄鋼業界では、宝山鋼鉄と武漢鋼鉄が合併し、宝武鋼鉄集団が誕生。その後馬鋼集団も吸収し、2021年には粗鋼生産量で世界首位となった。その他、様々な産業で大型国有企業同士の合併が続いた。

合併再編により中央政府が管轄する国有企業の数は減った。しかし、**数は減っても合併再編によってグローバル競争力を高めた巨大国有企業が次々生まれている。**習近平国家主席の言う「強く、優秀に、大きく」を体現しているかのようだ。中央政府で国有資産管理委員会が直接管理する国有の中央企業は、2003年の196社から、2021年末現在97社まで減少した。

このような中国の取り組みは、グローバルな中国国有企業の存在感を高めている。『フォーチュン』誌の「グローバル500」の2021年版では、リスト入りした中国（含む香港）企業は143社と、2年連続で米国を上回り企業数で首位となった。このうち、国有企業は6割弱の82社だった。2005年時点では、リストに入っていた企業数は15社、全てが国有企業だった〈8〉。国有企業はグローバルな市場で躍進しているのだ。

（4）民営経済に対するスタンス――「権威的な政府と活発な民間経済の共犯関係」

国有企業を「強く、優秀で、大きくする」ことに取り組む一方、習近平政権は、民営経済の発展に対してもサポート姿勢を取り続けてきた。中国経済の成長のためには、民営経済の役割が不可欠と考えているからだ。また、李克強国務院総理が、2014年に打ち出した「大衆創業、万衆創新（イノベーション）」という言葉に代表されるように、個人の創業とイノベーションを奨励し続けてきた。

①インターネット産業の勃興と創業熱

こうした動きのなかで、民営企業が主導するインターネット産業が急速に発展し、創業ブームが起きた。ファーウェイやテンセントが本拠を置く深圳、アリババが本拠を置く杭州は、創業とイノベーションの街として、急速に発展した。次の2枚の写真は、2017年9月に筆者が深圳を訪問した際に撮影したものだ。深圳の街では、「大衆創業、万衆創新」のモニュメントが置かれていた。深圳市共産党委員会による展示では、毛沢東を筆頭とする共産党の革命の士の写真とともに「党と一緒に創業しよう」とのスローガンが掲げられていた。

プラットフォーマーであるアリババ、テンセントが推進したQRコードを読み取るスマホ決済の急速な普及は、キャッシュレス化を急速に推し進め、BtoCビジネスのデジタル化が一気に進んだ。メガプラットフォーマーを土台にして、ネットショッピングだけでなく、フードデリバリー、配車、動画配信、ゲーム、教育などのサービスなどが急速に成長した[9]。

深圳の街中にあった「大衆創業、万衆創新」(筆者撮影)

②習近平国家主席の民営企業との座談会での講話

習近平政権の民営経済に対する考えは、2018年11月の民営企業家との座談会における習近平国家主席の講話に表れている。習氏は、「民営経済はすでに我が国の発展を推進するための不可欠な力となった。創業と就業の主要分野、イノベーションの重要な主体、国家税収の重要な源泉となった。社会主義市場経済の発展、政府機能の転換、農村の余剰

深圳市共産党の展示館にある「党と一緒に創業しよう」というスローガン（筆者撮影）

労働力の移転、国際市場の開拓などのために重要な役割を発揮している。……我が国の経済発展が中国の奇跡を創造できたのは、民営経済の功績が大きい！」と民営経済を評価する。

そして、「社会には民営経済を否定したり、疑ったりする発言をしてきた人がいる。例えば、ある人はいわゆる『民営経済退場論』を提起して、民営経済はすでに使命を果たしたので、歴史の舞台から退出しなければならないと言っている。……これらの言い分は完全に間違っており、党の大方針に合致していない。ここで、我が国の経済社会の発展における非公有制経済の地位と役割は変わっていないことを改めて強調したい！」と、民営経済軽視論を真っ向から否定した。

③権威的な政府と活発な民間経済の「共犯関係」

一党支配の国である中国でなぜこれほど民営経済が活発に動き、創業やイノベーションが生まれるのだろうか。それは、中国政府・共産党にとって、民営経済は自身の統治の継続に不可欠な経済発展の重要な一部分であり、弊害が許容できる範囲ではその活動を大目に見て、時にはしばしばサポートする姿勢を取ってきたからだ。民営経済は、政府のそうした考えを見透かして、明らかな規制違反でない限り、新しいビジネスを見つけ、活発に行動する。

両者の関係を梶谷懐教授は、「権威的な政府と活発な民間経済の『共犯関係』」[10]と表現した。政府と民営経済の「共犯関係」があってこそ、インターネットとプラットフォーム経済の急速な拡大があったのだ。

一例を挙げよう。2013年、アリババは、アリペイ（支付宝）というネット決済業務の付加的なサービスとして、新たな金融サービスを打ち出した。「余額宝」というインターネットMMFサービスだ。顧客がアリペイに預けたお金を、顧客の指示に基づき、金融市場で運用するサービスだ。2013年は、シャドーバンキングの影響もあってインターバンク市場金利が高く推移していた（第6章参照）こともあり、「余額宝」の年利息は一時的には、規制金利で決められていた銀行の普通預金金利0・35%を大きく上回る6〜7%だった。手続きもスマホで簡単にできるため、「余額宝」は、若者を中心に利用が急増した。

当時、中国の銀行は、アリババが「余額宝」の販売を拡大し、それを当局が黙認していることに不満を持っていた。銀行は、自己資本比率をはじめとする厳しい規制を受け、預金金利にも規制を受けている。なのに、何の規制も受けないアントグループが自由に金利を設定して実質的には預金と変わらない金融商品を販売できるのはおかしいというわけだ。
銀行からの不満の声にもかかわらず、中国政府はアリババのインターネットMMFの販売を黙認した。イノベーションと経済にプラスになると考えたからだ。
当時のフィンテックに対する中国政府のスタンスが端的に表れているのは2013年3月の周小川中国人民銀行行長（当時）の以下の発言だ。

「私は、新興の金融業、特に科学技術が促進する金融業を一貫して支持してきた。（フィンテックが）伝統的ビジネスモデルにもたらすチャレンジは良いことだ。競争を通じて既存産業の発展を改善し、新しい状況に適応させ、強い刺激を与えることで、彼らが時代とテクノロジーの歩みに追随するのに役立つ。監督管理面のチャレンジは客観的にみて存在するが、問題が現れたら、究明を急ぎ、監督管理制度やスタンダードを絶えずアップデートしていくことで、金融業の健全な発展を保持できる」

当時、筆者は、中国の国有銀行の経営者から、「日本では同様の問題は起きていないのか」と尋ねられた。北京に駐在していた日本の金融関係者に聞くと、「日本では『余額宝』のような商品の販売が、業法上、どの条文で許可されているか分からない」と言われた。ここに日本と中国の政府の規制に対する捉え方の違いが端的に顕れていると思う。

中国の企業、特に民営企業は、明らかな規制違反がない限り、新しいビジネスに挑戦しよう、という発想が強い。これに対して、日本では、政府が法律や規則でやってよいと決めたことをやるという発想が強いのではないか。

中国の民営企業は逞しい。これまでも国有企業の影響力の及ばない市場を次々開拓してきた。それだけでなく、政府が国有企業に支配的役割を果たさせようと考えている市場においてさえ、国有企業とは違う戦略で戦い生き残ってきた。そして、政府は、このような民営企業の逞しさが中国経済をここまで発展させてきたことをよく分かっているので、合法かどうかグレーな業務の拡大について目をつぶってきたのだ。

もっとも、中国政府はいつまでも民営経済の活動に寛容だとは限らない。弊害が大きくなれば、後追い規制を次々に打ち出すことを厭わない。それが、中国でのいわばゲームのルールだ。そして、2020年秋以降、プラットフォーマーほか一部の業界に対して規制強化の嵐が吹くことになった。

3 2020年秋からの民営企業に対する規制強化

(1)プラットフォーマーに対する規制強化

2020年頃から、政府と民営経済の「共犯関係」が崩れたのではないかと懸念されるような事案が次々に起こった。皮切りは、2020年11月、アリババ傘下の金融子会社アントグループ(以下「アント」)のIPOが直前に停止されたことだ。史上最大規模のIPOとして市場が大いに期待して

図表2-5　プラットフォーマーに対する行政処分等の事例

2020年11月	アントの上海、香港での新株公開（IPO）が直前で停止
2020年11月	アリババ、テンセントを、M&Aの未届出を理由に独禁法違反で罰金処分（日本円で各約850万円）
2021年 1月	インターネット業者に対応すべく独禁法改正案を提示
2021年 4月	アリババを、業者に「二者択一」を求める行為が独禁法違反に当たるとして罰金処分（日本円で約3,000億円）
2021年 7月	滴滴出行（DiDi）をサイバーセキュリティ法、国家安全法違反の疑いで調査
2021年 7月	テンセントミュージックに独占権排除命令
2021年10月	フードデリバリーサービスの美団に対して独禁法違反で罰金処分（日本円で約680億円）

（出所）報道等を基に筆者作成

いただけに、世界中に衝撃を与えた。

その後、2020年12月の中央経済工作会議では、2021年の八つの重要任務の一つに、「独占禁止を強化し、資本の無秩序な拡張を防止する」としてプラットフォーマー規制強化方針が示された。中国ではプラットフォーマーに対する行政処分等が相次いだ（図表2－5）ほか、政府各部門からの規制も次々に導入された。

(2) プラットフォーマー以外に対する規制強化

プラットフォーマーだけではない。不動産業界、教育業界、ゲーム業界に対しても、規制の強化が実施された。不動産に対する規制強化とその影響については第6章で述べるとして、教育業界、ゲーム業界への規制は以下のとおりだ。

①教育業界への規制

教育部は2021年7月、「小中学生の宿題を軽減し、学外教育の負担を軽減する」趣旨から、小中学生向け学習塾の新設は認めず、既存の学習塾は非営利団体として登記させるとした。中国では民営の塾が発展し、特に近年ではオンライン教育を行う企業がニューヨークに上場するなどビジネスを拡大させていた。突然の営利目的での塾の禁止により、これら企業の株価は暴落した。

②ゲーム業界への規制

国家新聞出版署は2021年8月、未成年者の「オンラインゲーム依存症」を予防するための新たな規制を定めた。18歳未満の未成年者に対するオンラインゲームの提供を週末の金土日・祝日に限り、時間帯も制限した。これによりゲーム産業の株価が急落した。

2020年秋以降の数々の唐突な規制強化は、ほとんどが民営企業を対象とした。このため、中国が、これまでの方針を転換して、民営経済を統制しようとしているのではないか、との懸念が高まったのはある意味では当然だろう。

(3)政府の一連の規制強化をどう評価するか

まず、政府の一連の規制強化を「民営経済全体への統制強化」と一般化して解釈するのは間違いだ、と筆者は考える。理由は以下のとおりだ。

第一に、各産業における規制強化には、個別の理由が存在する。例えば、プラットフォーマーへの規制強化について言えば、独占禁止と公正な競争促進、個人データの適切な取り扱いを促進するのが主な趣旨だ。これは、米国でのＧＡＦＡに対する規制強化の議論と本質的には同じだ。不動産に対する規制強化は、不動産投機を抑制し、不動産価格の高騰をなんとか安定させようという趣旨だ。

第二に、民営経済への規制が強化された産業は、経済全体の一部に過ぎない。製造業やサービス業の多くの産業では、規制は強化されていない。むしろ、この間も、大半が民営企業である中小企業に対するサポート強化は一貫して続けられている。新型コロナ危機発生後は、中小企業に対して、減税や借入金返済の期限猶予などの対応がなされている。

第三に、市場メカニズムを整備するための改革は引き続き重視されている。李克強総理は、２０２１年６月の会議で、「市場主体の育成・拡大に力を入れ、市場の活力と社会の創造力をより大きく引き出す」ため、政府の行政の簡素化（「放」）、監督管理の改善（「管」）、行政サービスの向上（「服」）からなる「放管服」を推進することを改めて強調している。

では、なぜ2020年秋以降に集中的に規制強化が次々出てきたのか。一つは、タイミングの問題があるだろう。政府各部門が、別々に個別の理由で規制強化の検討を進めていた。しかし、２０２０年前半は、新型コロナ危機の発生もあって、規制の検討、実施を停止していた。新型コロナから経済が立ち直ってきた２０２０年秋から２０２１年にかけて規制が矢継ぎ早に集中された。これは、一面事実だろう。

しかし、それだけで説明するのは無理がある。プラットフォーマー、教育、ゲーム、不動産に対する規制強化に底流する共通要素がある。それが、習近平政権が重視する「共同富裕」政策だ。

4 習近平政権の推進する「共同富裕」政策

(1)「共同富裕」とは何か？

「共同富裕」とは字のままの意味、つまり「人民が共に豊かになる」という考え方であり、もともと毛沢東が提唱した概念だ。1955年、毛沢東は「農業合作化問題に関して」という報告の中で、共同富裕の概念を初めて明確に提起した。当時、社会主義を標榜する中国共産党が共同富裕を目指すのは自然なことだった。しかし、大躍進政策や文化大革命など経済効率を度外視した毛沢東の施策は、結果として経済の停滞を招き、経済のパイの拡大に失敗した。

これに対し、鄧小平は、「一部の人、一部の地域が先に豊かになることで、後からの人が豊かになるのを助け、最終的に共同富裕を達成する」と主張した。経済システムに市場原理を導入し、格差は広がっても経済全体のパイが拡大することを優先した。いわゆる先富論だ。その当時、まだ中国は全体として貧しく、鄧小平は「先に裕福になれる人からなろう」という意味を込めて、先富論を唱えた。ただし、先富論は「裕福になる者だけがなれば良い」と考えるものではない。あくまでも「先に裕福になる」ことを推奨しており、その先に「貧しい人を助ける」という共同富裕の発想が含まれている。

先富論は、江沢民政権にも基本的に継承された。その後、胡錦濤政権では、「和諧社会」が強調され、経済効率と公平性のバランスが以前よりは意識されたものの、本格的な格差の是正までには至らなかった。

習近平国家主席は、共同富裕を従来よりも重要な政策アジェンダとした。習氏が総書記に就任する2012年11月の第18回党大会報告は「共同裕福への道を堅持しなければならない」とした。そして、2021年3月の全人代で採択された「第14次5カ年計画及び2035年までの長期目標」は、「2035年までに全人民が共に富裕になるという点で、明確かつ実質的な成果を得る」ことを目標に掲げた。

2021年1月の中央党校での講話で、習氏は「共同富裕の実現は経済問題であるだけでなく、党の政権基盤に関わる重大な政治問題でもある」としている。習氏は、今後も一党支配の正当性を維持するためには、経済のパイの拡大だけでは駄目であり、分配の公平性に人々の納得感を得ることが必須だと考えているのだろう。しかし、なぜ今改めて共同富裕をこれほど強調するのだろうか、中国の貧富の格差は党の支配の正当性を揺るがすほど深刻化しているのだろうか。そして、共同富裕とは先富論の否定なのだろうか。

(2) 深刻な貧富の格差——しかし、ここへきて急に深刻化したわけではない

中国では、貧富の格差が深刻だ。所得の貧富の格差を表す代表的な指数であるジニ係数を見ると、国家統計局の発表では2019年に0・465、世界銀行推計では2016年に0・385だった。西南財経大学による家庭金融調査では2010年0・61だったというデータもある。ジニ係数は、一般に0・4を上回ると警戒レベルとされているが、国家統計局のデータはこれを上回る。ジニ係数の前提は家計に対するアンケート調査がベースになっており、調査手法やサンプルによってばらつき

図表2-6　ジニ係数の国際比較

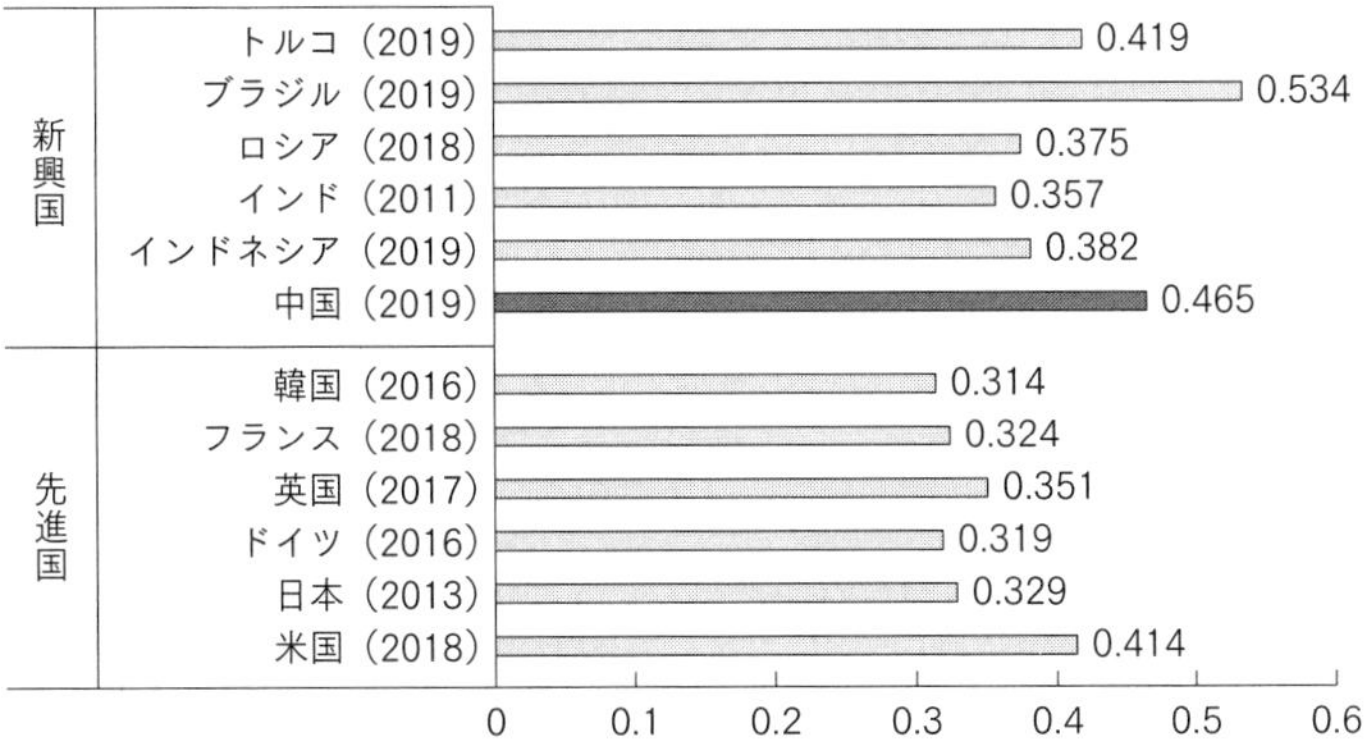

（注）中国は国家統計局データ。その他は世界銀行。
（出所）世界銀行、国家統計局を基に筆者作成

が生じる。それでも、図表2－6のとおり、**中国における貧富の格差は国際的に見ても深刻なレベルだ。**

改革開放以来、市場メカニズム導入によって貧富の格差は拡大し、政府は経済のパイの拡大を優先して格差拡大を容認した。現在の中国の貧富の格差は、市場メカニズムを導入している多くの国よりも大きい。中国では、社会主義の建前のまま、いきなり市場メカニズムを導入した（社会主義市場経済）。このため、所得再分配の仕組みが整わないまま、市場主義経済に移行した。

中国には、相続税も固定資産税も存在しない。もともと資産は公有という建前だったので、導入する理由がなかったのだ。また、年金や医療など社会保障制度や公的住宅の整備も不十分だ。もともとは、都市部労働者は国有企業か政府で働いていたので、国有企業や政府が定年後の年金や医療、住宅を提供してくれる仕組みだった。しかし、改革開放後、国有企業改革で、企業から年金、医療、住宅などの負担を解放する改革

図表2-7　都市部家計保有純資産の分布

累積分布	平均値（万元）	対純資産合計ウエイト（%）
0～20%	34	2.3
20～40%	84	5.8
40～60%	143	9.9
60～80%	252	17.4
80～90%	448	15.5
90～99%	1,026	31.9
99～100%	4,940	17.1

（出所）「《2019年中国城鎮居民家庭資産負債情況調査》概述」〈12〉

が進んだ。その代わりに社会保障制度や医療制度が導入されたが、総じて不十分なのだ。

所得格差よりもさらに大きいのが資産格差だ。2020年4月、中国人民銀行調査統計司は「中国金融」のウィーチャット（微信）アカウントで、「2019年中国都市部住民の家計資産負債状況調査」という報告書を公表した。中央銀行が初めて公表した都市部住民の資産・負債状況に関する包括的な報告だった。しかし、報告書は少なくとも2日後には削除されたようだ〈11〉。恐らく、報告書の内容が資産格差の深刻さを示すもので、センシティブだ、と判断されたのではないか。

しかし、報告書を紹介・分析した記事やブログは現在でもネット上に残っている。報告書に示されている家計資産の分布状況は、資産格差の実態を物語っている（図表2－7）。

上位10%の家計が家計純資産合計に占める割合は49%とほぼ半分だった。筆者が上記表からジニ係数を求めると0・59と所得分布のジニ係数0・465を上回った。

図表2-8　所得に関する中国のジニ係数の推移

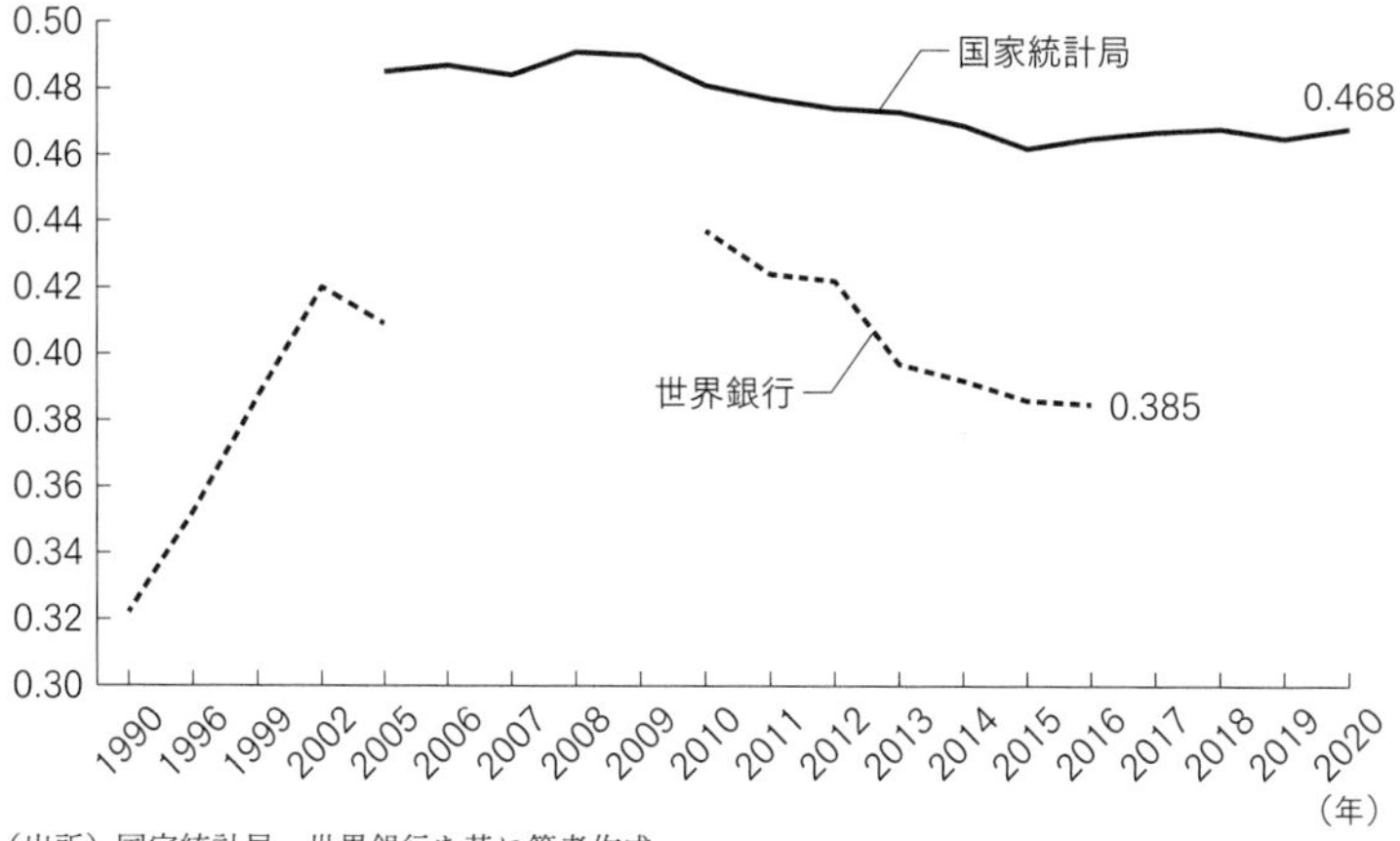

（出所）国家統計局、世界銀行を基に筆者作成

なお、中国人民銀行の調査結果では、都市部家計の富裕層の保有資産の大きさも明らかになった。中国の都市部には約9億人が住む。その1割弱、人口にして9000万人弱の家計の純資産が平均1・9億円もあるのだ。都市部の1%、人口にして900万人相当の家計の純資産は実に平均9億円だ。ちなみに、日本の場合、2019年の日本全国の家計の上位5・1%、単純に人口ウエイトで計算すると約640万人の総資産が1億円以上だった[13]。日本と比べても、中国の富裕人口の層の厚さと豊かさが窺える。

格差が大きいとして、その推移はどうか。所得に関するジニ係数のピークは、国家統計局、世界銀行ともに2010年前後がピークで、足元の水準はピーク対比では幾分低下している（図表2―8参照）。

2000年代後半から、沿海部の工場や建設現場では、農村からの出稼ぎ労働者を都市で雇用しづらいという「民工荒」という現象が頻発した。無尽蔵な余剰労働力の枯渇を意味するルイスの転換点を迎えたと当時言われた。農村から都市への出稼ぎ労働者の供給が減速し始めたのだ。その頃から、都市部でのブルーカラー・ワーカーの賃金上昇が顕著になった。筆者は、これが所得の貧富の格差の縮小の背景だと見ている。ちなみに、クレディスイスの"World Wealth Report 2021"によると、中国の資産に関するジニ係数は、2000年から2010年にかけて上昇した後、2010年代はほぼ横這いで推移している。〈14〉

(3) 習近平国家主席は、なぜ今、共同富裕を強調するのか

まとめると、中国の貧富の格差は深刻で、所得格差以上に資産格差はさらに大きい。ただし、近年格差がどんどん拡大しているわけではない。ではなぜ、習近平国家主席は、今になってことさらに共同富裕をスローガンに貧富の格差是正を重視するのだろうか。

一つには、格差の固定化を懸念しているのだろう。日本では、相続税があるため、富裕層でも相続税の支払いによって「三代で潰れる」と言われる。機会の平等という意味では、公平なメカニズムだとも言える。しかし、中国では、相続税も固定資産税もない。豊かになり資産を持った家庭に生まれれば、その子孫は、豊かさをそのまま享受できる。一方で、都市部に出てきた農民工は都市部の戸籍が得られないため、子供に十分な教育を与えられない。その子孫が、富裕になるチャンスは相対的に低い。

最近、中国では「寝そべり族」(中国語「躺平族」)という言葉が流行している。ガツガツ成功を求めず「寝っ転がる」人々を指す。「寝そべり族」の増加は、格差の固定化に伴う諦めが一因とも見ら

れている。

習氏は、2021年8月の党中央財経委員会で、「社会階層の固定化を防ぎ、(階層を)上る流れをスムーズにし、より多くの人が豊かになる機会を創出し、誰もが参加する発展環境を形成し、『内巻き』[15]や『寝そべり』を避ける必要がある」としている。先に豊かになったものが、後から豊かになろうとするのを助ける、という先富論の後半部分が目詰まりを起こしている。これでは、共産党が全人民の代表として支持を得続けることが難しくなると考えているのだ。

しかし、ここへきて習氏が共同富裕を強調する理由としては、党総書記3選に向けた政治的アジェンダにしたという趣旨のほうが大きいのだろう。2022年秋の第20回党大会で、習氏の党総書記の3選が有力視されている。しかし、江沢民、胡錦濤両氏が2期10年で交替してきた慣例を変えて、3期目の党総書記に就任することは、それほど簡単なことではなく、相応の理由がいる。共同富裕という言葉を、習氏自身がことさら強調し始めたのは2020年頃からだ。

習氏は、現状認識として、共産党の二つの百年目標の第一である全面的な小康社会の建設が完了し、社会主義現代化の全面的な建設という「新たな発展段階」に入ったとしている。[16]「新たな発展段階」という認識は、2021年11月の六中全会の歴史決議で全党一致の見解として認められた。

そして、「新たな発展段階」において目指すべきものが共同富裕だとしているのだ。2020年11月の習氏の五中全会に関する解説で、「小康社会を全面的に完成させ、社会主義現代化国家を全面的に建設する新たな征途につくにあたり、全人民の共同裕福の促進をより重要な位置に置く」としている。そして、共同富裕を実現できるのは、アジェンダをセットした自分以外にはいないという考えなのだろう。

(4) 共同富裕と規制強化の関係

共同富裕がなぜ一部産業の規制強化につながるのだろうか。それは、以下のような事情だ。

プラットフォーマーについては、近年、その独占的地位の濫用に庶民や中小企業からの批判、不満が少なくなかった。アリババには、Eコマースで、従順な顧客には高い値段で売って、新規顧客獲得には安い値段を設定するなど、顧客別に差別的な価格設定をしているのではないか、との批判の声は多かった。

その他、アリババのサイトを通じて商品を販売する零細業者は、プラットフォーマーから「自社のサイトで商品を売るなら他社サイトで売るな」という趣旨の二者択一を迫られていたことにも不満を持っていた。フードデリバリーの美団に対しては、配達員に対する過酷過ぎる待遇と時間厳守に対する要求などが社会問題化していた。あまりに大きくなり過ぎたプラットフォーマーが、庶民や中小企業の犠牲の下に資本を無秩序に拡大するのは、共同富裕の趣旨に反する。

教育では、受験戦争は熾烈化する一方であり、民間の教育産業が、オンライン教育を含め、高い指導料を取るようになった。教育の商業化が進んだ結果、豊かな家庭は子供に十分な教育を与えられるが、貧しい家庭にはその余裕はない。貧富の格差が教育格差につながる傾向が強まった。

住宅については、商業住宅の価格が大都市中心に高騰した。新たに住宅を購入しようと考える家計にとってはまさに「高嶺の花」になりつつある状況を改善する必要があった。ゲーム産業は、学生がゲームに没頭することで勉学に影響する傾向への懸念が高まっていた。これは精神的な富裕の趣旨に反するという趣旨だ。

各産業それぞれに規制の理由は異なるが、底流しているのは共同富裕の推進という理念だ。

(5) 習近平国家主席の考える共同富裕の中身

①2021年8月の党中央財経委員会での習近平国家主席講話

では、共同富裕の推進は先富論を否定したものなのか。民営経済の発展にストップをかけるものなのだろうか。習近平国家主席の考え方が包括的に明らかにされたのは、2021年8月17日の党中央財経委員会で述べた講話の内容だ。講話の詳細な内容は、10月15日、共産党雑誌『求是』に掲載された[17]。その内容から、筆者がポイントだと思う点を、以下に紹介する。

- 共同富裕とは、人民全体が共同で富裕になることだ。人民大衆の物質的生活も精神的生活もともに豊かになることだ。少数の人々の富裕ではなく、画一的な平均主義でもない。
- 一部の人が先に豊かになることを認めると同時に、先に豊かになる人が後に豊かになる人を伴い、助けることも強調しなければならない。
- 勤勉とイノベーションによって豊かになることを奨励する。「二つの毫不動揺」を堅持する。
- 共同富裕は長期的な目標であり、プロセスが必要であり、一足飛びに成し遂げることはできない。
- 効率性と公平性の関係を正しく処理し、一次分配、二次分配、三次分配の協調的な組み合わせの基礎的制度配置を構築する。税収、社会保障、移転支払などの調節力を大きくする。

● 中間所得層の割合を拡大し、低所得層の所得を増やし、高所得を合理的に調節し、不法所得を取り締まり、中間層が大きく、両端が小さいオリーブ型（オリーブの実のように中央部分が大きく上下が小さい）の分配構造を形成する。

②共同富裕は先富論の否定ではない

まず、「一部の人が先に豊かになることを認める」としていることから、先富論の否定ではないことは明らかだ。また、勤勉とイノベーションによって豊かになることを奨励、「二つの毫不動揺」を堅持する、としており、民営経済とイノベーション重視も変わっていない。

③二次分配（所得再分配）と三次分配（寄付・慈善行為）

そのうえで、一次分配、二次分配、三次分配の協調的な組み合わせの枠組みを築くとしている。一次分配とは市場による分配、二次分配とは税制や社会保障による所得の再分配、三次分配とは公益慈善事業や寄付行為を指す。

このうち、二次分配については、「高過ぎる所得を合理的に調節し、個人所得税制を整備し、資本性所得の管理を規範化する。不動産税の立法と改革を積極的かつ穏当に推進し、試行作業をしっかり行う」としている。これを受け、日本の固定資産税に当たる不動産税について、その後、全人代常務委員会は不動産税の試行地区を拡大することを決めた[18]。また、「基本的な公共サービスの均等化を促進する」として、社会保障の格差是正、教育負担の軽減、公的賃貸住宅の供給等を打ち出している。

三次分配については、「公益慈善事業の規範的な管理を強化し、税収優遇政策を充実させ、高所得者と企業がより多く社会に報いるよう奨励する」とした。これを受けて民営企業、特に規制強化で狙い撃ちにあったプラットフォーマーによる共同富裕基金の設立が次々と発表された。アリババ、テンセントそれぞれが、1000億元（約1・8兆円）規模の共同富裕基金を設立した。政府・党の方針に恭順の意を表すものだろう。

現時点では、手っ取り早く取り組める三次分配が先行しているので、共同富裕が金持ちの民営企業に寄付を求めるものという趣旨が強調され過ぎているように思われる。しかし、寄付やチャリティで格差を縮めることには限界がある。共同富裕推進による貧富の格差是正は、本来は二次分配、すなわち税制や社会保障によって行うものだ。

今後、習近平政権がどれだけ本気で税制改革、社会保障改革を進められるかのほうが重要だ。しかし、これには時間がかかる。税制改革や社会保障改革は、日本でもなかなか進まない難しい改革領域だからだ。エリート集団の共産党員にとっては、所得の再分配強化は身を切る改革になる。それでも、習近平国家主席がここまで言っている以上、全く何もしないということはあり得ない。徐々に進んでいくのではないか。長い時間軸で見ていく必要がある。

④中間所得層倍増計画

習近平国家主席が、「中間所得層の割合を拡大する」としている点も重要だ。中間所得層を拡大す

図表2-9　政府シンクタンクの中間所得層の変化予想

	2013年分布	2018年分布	2030年分布（予測）
高所得者層（1人当たり年収）	0.2%（45.69万元以上）	0.4%（50万元以上）	3.3%
中等所得者層（1人当たり年収）	20.9%（9.14万～45.69万元）	27.0%（10万～50万元）	45.6%
低所得者層（1人当たり年収）	78.7%（9.14万元以下）	72.4%（10万元以下）	51.0%

（出所）劉世錦ほか『新倍増戦略』中信出版社、2021年10月

ることは、需要面からの中国の長期成長戦略でもある。この点について、政府シンクタンク国務院発展研究中心の中長期成長プロジェクトグループは、２０２１年10月に「新倍増戦略」という本を出版した。

彼らの予測によると、２０１８年時点で中間所得層は全体の27％に過ぎなかったが、今後、低所得者層からのシフトが期待できるため、中間所得層の割合は２０３０年には45・6％になり、絶対人口数では２０３１年に２０１８年対比で倍増が見込めるという（図表２－９）。そのために、農民工への都市戸籍付与と能力向上、都市部での雇用安定と民営企業発展などが重要だとしている。つまり、共同富裕の重要な含意は、中間所得層倍増なのだ。

消費性向の高い中間所得層の拡大は、中国の消費市場のさらなる拡大を意味し、企業にとってはビジネスチャンスになるのは間違いないだろう。特にラグジュリーなブランド品を指向する富裕層と違って、中間所得層は価格対比で品質の良さを求める傾向があり、日本の製品・サービスを好む可能性は高い。彼らの需要をうまく取り込めれば、そこに日本企業の商機が広が

ると思われる。

図表2－9でもう一つ注目したいのは、高所得層の割合も、2018年の0・4%から3・3%に大幅に上昇することだ。富裕層向けのビジネスにも大いに商機がある。中国でモノやサービスを売る、インバウンド需要を獲得する、そのいずれにも伸ばす余地が大きい。所得階層を見極めたセグメント戦略が重要だろう。また、中国でも世代別に消費の内容はかなり異なる。世代別の戦略も重要となろう。

5 政府の規制強化の見通しと民営経済、イノベーションへの影響

(1) プラットフォーマーに対する規制強化とその影響――アントグループを中心に

政府の規制強化と民営経済、イノベーションへの影響についての考察に戻ろう。プラットフォーマーへの規制強化の代表例として、アリババの金融子会社であるアントグループ（以下、アント）への規制強化とその影響について見ていきたい。アントは、中国ではプラットフォーマーとして極めて重要な存在だからだ（COLUMN1参照）。

前述のとおり、アントグループについては、2020年11月に予定されていた史上最大規模のIPOが突然中止された。その後、同グループに対して次々と規制強化が打ち出された。規制のポイントは、①アントの業務全体を金融当局の監督下に入れること、②アントが行う決済業務、融資業務、信用調査業務等の不適切な連結を分離させること、③各業務別に規制を強化し、認可を取得したうえ

で業務にあたらせること、の3点だ。

一連の規制強化のアントの経営への影響は甚大だった。アントは、新たな規則の下、金融持株会社として金融当局の監督下に入ることになったほか、融資業務や信用調査業務について正当な認可を得ることが求められた。また、アントの融資業務の大半は、実質的にはアントがアレンジしているにもかかわらず、資金は商業銀行が拠出し、自身は融資判断に関する手数料を徴収するかたちを取ってきた。規制導入により、商業銀行との共同融資スキームに関し、協力機関（アント）側に3割以上の資金拠出が求められることになった。さらに、アントの資金調達にあたって、銀行借入は純資本と同額、社債発行等は純資本の4倍までとされたため、大幅な増資が必要になった。

筆者は、アントをはじめとするプラットフォーマーへの規制が当初緩過ぎたのは確かで、規制強化の方向性は適切だと考えている。米国でもＧＡＦＡに対する規制の議論が高まっているのと似ている。しかし、アントに対する直前での上場中止決定やその後の矢継ぎ早な規制強化には、唐突感があった。内外の企業や投資家の中国政府の規制に対する不透明感を強めたのは間違いない。

その後の経緯を見ると、まず、アントは２０２１年6月に全国レベルで消費者信用を行う認可を獲得した。また、同年11月、中国人民銀行は、アントが浙江省の国有企業と合弁で信用調査業務を行う会社を設立する、との申請を受理したと発表した。いずれの認可もこれまでかなり限定的にしか付与されていないものだ。政府は、アントを完全国有化するのではないかとの声さえ聞かれていたが、そうしたかたちにはなっていない。一部に国有資本は入ったものの、アントは、取得の簡単ではない新たな免許を得て、増資も行い、業務を継続することになった。アントは当局の規制に従う意を示し、当局もアントに規制の箍《たが》をはめたうえで活動させることにしたのだ。

（2）プラットフォーマー規制の行方

プラットフォーマーに対する規制について、2021年8月の党全面深化改革委員会は、「資本の無秩序な拡張が初歩的な効果を上げた、市場の公平な競争秩序は着実に好転している」としたうえで、「政策の透明性と予測可能性を強化しなければならない」とした。2021年12月には、国家発展改革委員会ほか政府9部門連名が、「プラットフォーム経済の健全で持続的な発展の規範化に関する若干の意見」を発出した。同意見は、「二つの毫不動揺」を堅持し、プラットフォーマーの発展環境を最適化するとしている。そのうえで、規制の整備、監督管理の改善、労働者の権利保護を進め、プラットフォーマーのイノベーション、グローバルな競争力向上をサポートするとしている。全体として、プラットフォーマーの発展奨励と規制管理のバランスを取った内容に見える。

おそらく、プラットフォーマーやインターネット産業に対しては、予見可能性や透明性には配慮しながらも、今後も規制が続くだろう。それは、プラットフォーム経済の発展速度に影響を与えざるを得ない。政府系シンクタンクである中国信通院の発表によれば、2021年第3四半期の中国のインターネット関連企業の投融資額は92億ドルと直近ピークの2020年第4四半期（192億ドル）から半減した。これほどの急減は、短期的な規制強化の影響が顕れたもので、一時的だろう。ただし、プラットフォーマーの高成長時代は終わりを告げ、今後は安定成長に変化していくと見られる。

（3）政府と民営経済の「共犯関係」は続く

ただし、プラットフォーマーをはじめとする一連の民営企業に対する規制強化をもって、中国の民営経済の発展やそのイノベーション全体が曲がり角を迎えた、と考えるのは早計だ。

習近平国家主席の経済運営に、企業を管理したいというバイアスがあるのは事実だろう。李克強総理が、規制緩和を意味する「放管服」を強調するのに比べると、習氏の発言には、統制色が強い傾向があるのは事実だ。それでも、習近平政権の中には、左派（国有経済重視、統制重視）と右派（民営経済重視、市場メカニズム重視）がいて、これまでも、左に寄り過ぎそうになれば、経済が減速して、政策が右側に戻されている。結果として、改革開放とイノベーションが停滞するような一線は超えていないと筆者は見る。

２０２１年12月の中央経済工作会議は、「共同富裕の目標を実現するには、まず全国人民が共に奮闘することによってパイを大きくし、それから合理的な制度配置によってパイをきちんと切り分けなければならない」とした。[19] パイの拡大のためには、民営経済の発展は不可欠だ。習氏の経済分野でのアドバイス役である劉鶴国務院副総理は、２０２１年秋の様々な場面で「二つの毫不動揺」を強調し、「民営経済の健全な発展を支持し、企業家の革新・創業を支持する」としている。[20] おそらく、民営経済に対する規制強化への懸念が高まっていることを十分に意識した発言だろう。２０２２年3月の全人代政府活動報告も、「企業の財産権・自主経営権と企業家の合法権益を法に基づき平等に保護し、各種所有制企業が互いに競争し発展する良好な環境を作り上げる」などと民営経済に配慮したトーンが強まっており、２０２０年12月の中央経済工作会議が述べていた「資本の無秩序な拡張の防止」などといった言葉は使われていない。景気が減速してきたなか、成長を支える民営企業の活力への期待が感じられる。

そして、繰り返しになるが、中国の民営企業は逞しい。多くのテック企業は、政府の意向を踏まえ、これまでのBtoC（消費者向けサービス）だけでなく、BtoB（ビジネス向けサービス）に力を入れ始めた。例えば、アントは、２０２１年６月、産業界のIoT（モノのインターネット）推進に役立つものとして、ブロックチェーン高速通信網の構築を発表した。これ以外にも、製造業のIoT、電気自動車などハイテク製造業や医療業界には次々とテック企業の投資が入っていっている。

２０２２年１月14日付、『ウォール・ストリート・ジャーナル』は、「昨年（２０２１年）は共産党の優先課題により近い分野（半導体、バイオテクノロジー、情報技術）に大量の資金が向かった。調査会社プレキンが運営する投資データベースの集計によると、2021年にベンチャーキャピタル投資家は、中国の5300社余りの新興企業に1290億ドル（約14兆7000億円）を投じ、2018年の過去最高記録（約1150億ドル）を塗り替えた」と報じている[21]。

中国のベンチャーキャピタルからは、アリババやテンセントが将来の競争相手となりうる企業を買収する行為が抑制されたため、将来の有望テック企業への投資がやりやすくなった、との話も聞かれる。民営企業家は、中国政府の動向を睨みながら、政府が重視するビジネス領域、儲かりそうなビジネス領域にはしたたかに投資しているのだ。

日本では民営企業の創業、イノベーションというとテンセントやファーウェイの本拠がある深圳やアリババの本拠がある杭州というイメージが強いが、中国でイノベーションが起きている都市にはもっと広がりがある。政府の科学技術部のシンクタンクが発表した「国家創新型都市創新能力評価報告2021」によれば、78のイノベーション型都市のうち、上位から、深圳、杭州、広州、南京、蘇州に続いて、武漢、西安、長沙、合肥と、内陸部の都市が上位にランクインしている。〈22〉いずれの都市も、外資企業を含め製造業とその研究開発拠点があり、有力な理工系大学が存在しているのが特徴だ。

やはり、権威的な政府と活発な民営経済の共犯関係は維持されていると見るべきだろう。経済のパイ拡大が最重要課題である限り、経済を破綻させるかたちでの民営経済への統制は考えにくい。中国の民営企業は、したたかにビジネスチャンスを見つけ、イノベーションを進めていくだろう。

ただし、改革開放が理想的に進むとも考えにくい。国有企業を強く、大きくしたい習近平政権の方針の下、国有と民営が争う市場でも競争中立性が懸念される状況は、今後も起こるだろう。〈23〉結果として、国有経済と民営経済のウエイトは、概ね現状程度のまま推移していくのではないだろうか。このように考えれば、改革開放やイノベーションはそれなりに進むが、全要素生産性の成長は緩やかに減速するというのが基本線ではないだろうか。この見通しにはもちろん、上ぶれ、下ぶれの可能性がある。その点は第8章のシナリオで見ていきたい。

まとめ

以上見てきたとおり、習近平政権下の改革開放は、当初打ち出した方針こそ、包括的かつ前向きなものだったが、その進展は、国有企業改革の停滞が目立つなど、必ずしも順調とは言えない。

習近平政権は、「二つの毫不動揺」の下、国有と民営の「いいとこどり」を目指しており、国有企業については、「強く、優秀に、大きくする」戦略を推進してきた。それと同時に、民営経済に対しても、ルールの存在しないグレーゾーンでの活動に寛容な姿勢をとり、創業、イノベーションを後押ししてきた。

もっとも、2020年秋頃から、共同富裕の推進の観点から、一部の民営企業に対する規制強化が目立つようになった。しかし、その後、景気減速がはっきりしてきたこともあり、民営経済重視の政策方針が示されている。今後、一方的に民営経済を統制する方向に進むことはないだろう。権威的な政府と活発な民営経済の共犯関係は続いていくと見られる。

また、共同富裕政策では、中間所得層の大幅な拡大という趣旨も重要だ。政府シンクタンクが明らかにするように中間所得層が倍増すれば、巨大な消費需要が創出される。そこには大きなビジネスチャンスが存在するだろう。

▼COLUMN 1

アントの重要性

アリババにとって、アントは不可欠な存在だ。Eコマースのプラットフォーマーであるアリババにとって、売上拡大のネックとなったのが決済の問題だった。販売業者は代金回収の不安を抱え、消費者は代金を支払っても商品が来ない不安を抱えていた。この問題を解決したのが、2004年に登場したアリペイ（支付宝）だ。

　アリペイは、消費者から一時的に代金を預かり、注文した商品が消費者の手元に届いた時点で販売業者に代金を支払うサービスだ。アリペイによって、販売業者と消費者双方が安心して決済ができるようになり、アリババのＥコマースは急拡大した。その後、アリペイは自社のＥコマースの決済だけでなく、リテイル消費や公共料金支払いなど様々な決済に使用されるようになった。特にスマホを使ったＱＲコード決済は、リテイル決済を一気に効率化させた。

　アリババが、２０１４年にアリババの金融事業を別会社化してできたのがアントだ。アントは決済以外にも資産運用、融資、保険を扱う総合フィンテック企業になった。特に融資業務は、決済で得たビッグデータを活用して信用判定を行い、既存の銀行では提供できなかった層に対して消費者信用を提供した。米国のＧＡＦＡでもアントほどの金融業務は提供できていない。アントは、世界最大のフィンテック企業に成長した。

第3章

人口動態と経済成長

中国減速の深層「共同富裕」時代のリスクとチャンス

中国の過去の高成長にとって、総人口と働く世代である生産年齢人口の増加は、最大の要因ではないにしても、かなり重要な要因であったことは間違いない。しかし、2010年代に入り、生産年齢人口は減少に転じ、総人口についてもピークアウトが目前に迫っている。中国は、すでに、人口ボーナス期を過ぎ、人口オーナス期に入っているのだ。

少子高齢化が、日本経済から活力を奪っていったのと同様に、中国経済にも重くのしかかるのは間違いない。とりわけ、中国の場合は、ようやく一人当たりGDPが1万米ドルを超え、中所得国から高所得国へシフトしようという段階で、少子高齢化が進んでいる。中国では、これを「未富先老」(豊かになる前に老いる)と呼ぶ。

本章の目的は、人口動態が中国経済に重くのしかかるのは間違いないが、それはどの程度で、中国が取りうる対策はあるのかを探ることだ。

1　最新の中国の人口動態の特徴

(1)少子化の予想以上の急速な進行

中国の人口動態で最も重要な変化は、少子化が予想以上に進行していることだ。2021年5月、中国政府は、10年に一度行っている人口センサス——日本で言えば国勢調査に該当——の第7回(2020年)の結果を発表した。

第7回人口センサスに関する国家統計局の記者会見の内容で、筆者が一番衝撃を受けたのは、

図表3-1　各国の合計特殊出生率の推移

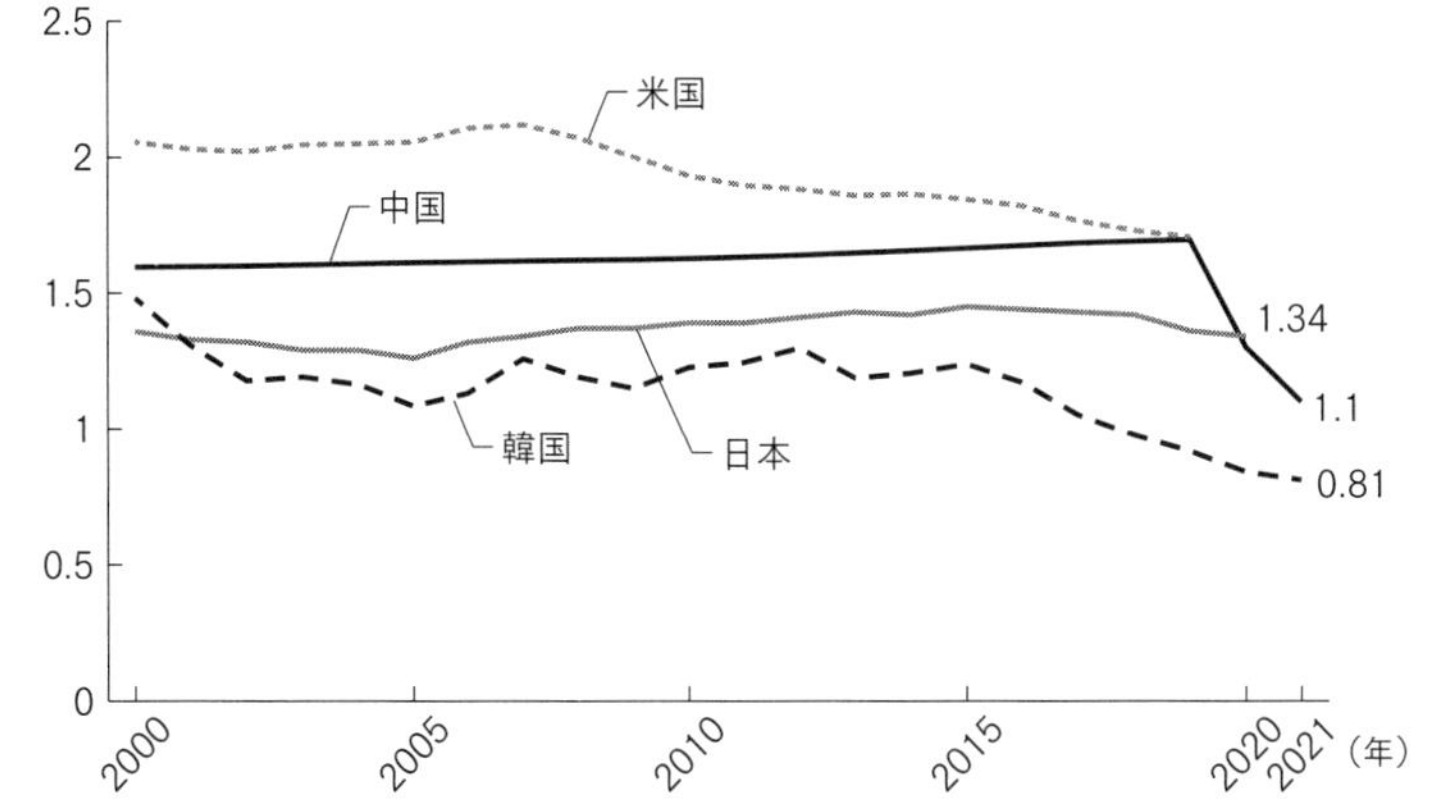

（注）中国の2020年は国家統計局、2021年は育媧人口研究推計、日本の2020年は厚生労働省、韓国の2020年、2021年は韓国統計庁、その他は国連予測による。
（出所）国連世界人口予測2019、国家統計局、育媧人口研究、厚生労働省等を基に筆者作成

2020年の合計特殊出生率が1・3だった点だ。合計特殊出生率は、1人の女性が生涯に産むことが見込まれる子供の数を表している。国連が2019年に発表した世界人口予測によれば、中国の合計特殊出生率は、これまで20年間は1・6〜1・7で安定的に推移していた。それがいきなり1・3まで低下したのだ。中国の人口問題研究を行うシンクタンクである育媧人口研究の推計によれば、合計特殊出生率は、2021年には、さらに1・1程度まで低下したと見込まれる[1]。

合計特殊出生率1・3というレベルは、世界的に見ると、韓国（2021年0・81）よりは高いが、日本（2020年1・34）と同レベルだ。東アジアの日本、韓国、中国はいずれも、顕著な少子化に直面していることになる（図表3－1参照）。

別のデータを見よう。人口1000人当たりの出生人口を示す出生率で見ると、中国の過去10年

図表3-2　出生率（1,000人当たりの出生人口）の推移

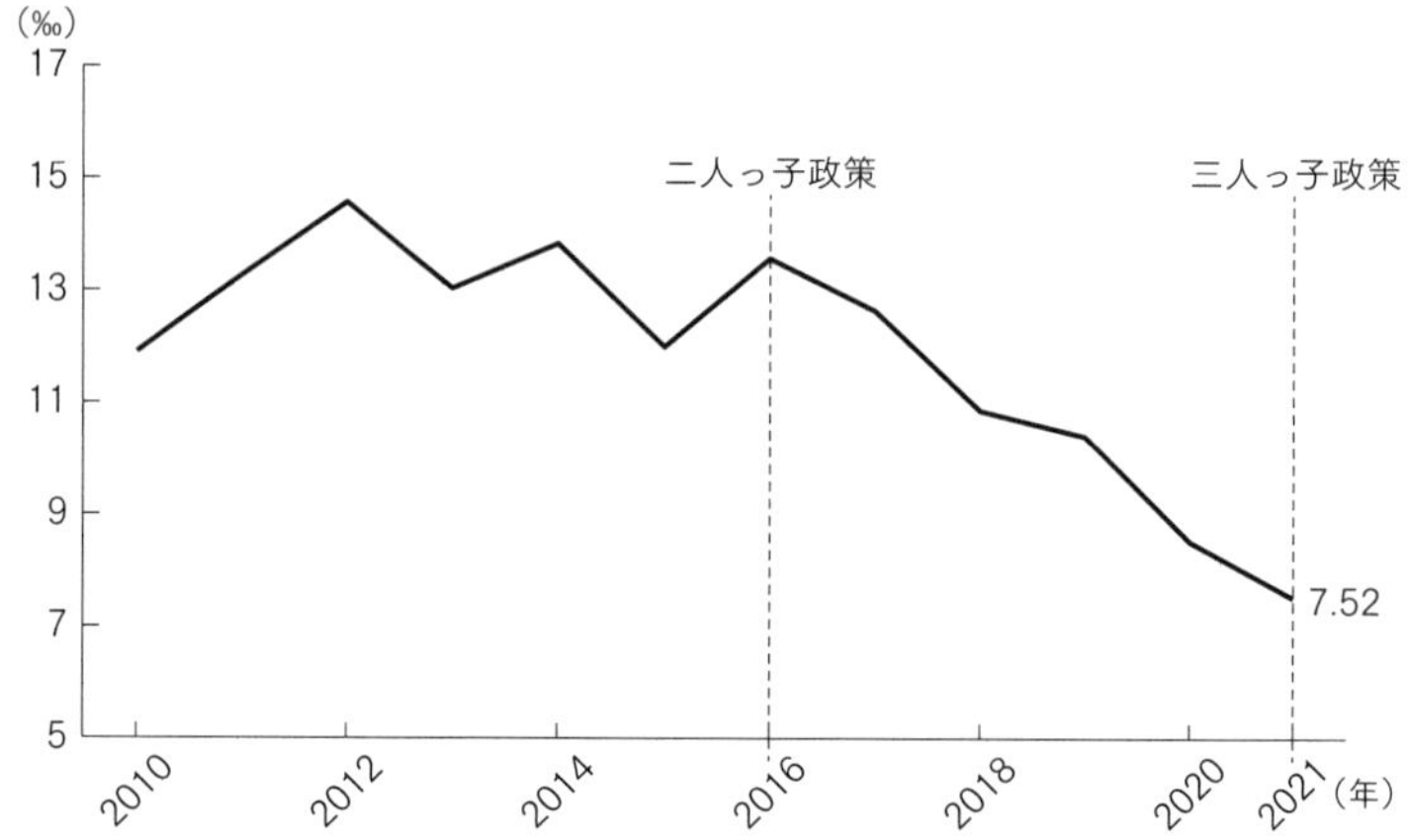

（出所）国家統計局を基に筆者作成

間の出生率の低下傾向がより鮮明だ（図表３－２）。
中国政府も手をこまぬいてきたわけではなく、長く続けてきた一人っ子政策を改め、２０１５年には夫婦両方とも一人っ子だった場合には子２人を、２０１６年には条件を設けずに子２人を生むことを、認める二人っ子政策に転換した。さらに、２０２１年には、夫婦一組当たり３人まで出産可能とする三人っ子政策に移行した。二人っ子政策導入時に一時的に出生率は上昇した。しかし、それは一時的で、**出生率の低下トレンドは変わらず、２０２１年の出生率は７・５２と２０１２年の約半分まで低下した。**

近年の中国の出生率の急速な低下の背景には、いくつかある。

第一に、婚姻組数が急減していることだ。民生部によると、２０２１年の登録婚姻組数は、７６３万組と、２０１３年の１３４７万組以来8年連続の減少となった。民生部が統計を発表し始めた１９８６年以来の最低水準だ[2]。育媧人口研究[3]によると、再婚が増えている一方で、初婚者数は2013年の2386万人をピークに減少し続け、2020年には1229万人と約半分まで減少した。

婚姻組数の減少の主な要因は、結婚適齢期の人口の減少だ。1980年代生まれが2・23億人、1990年代生まれが2・10億人、2000年代生まれが1・63億人と減少している。これに加えて、男女の人口比のアンバランスも影響している。国連予測によれば、2020年時点で20～39歳の結婚適齢期人口は、男性が女性を9％上回っている。農村を中心に子孫として男子を求める傾向が強かったなか、一人っ子政策が取られてきた歪みがここに顕れている。

出生率低下の第二の背景は、都市化の進展と都市部での子育てコストの高騰だ。子育てには、教育費、住居費や医療費その他様々な費用がかかる。育娲人口研究の推計によれば、中国の都市部で、一人の子供を18歳まで育てるコストは63万元（約1100万円）と、農村での子育てコスト（30万元、約500万円）の倍以上になる。

子育てコストは、苛烈な受験戦争を背景とする塾代・家庭教師代といった教育費用の上昇、住宅価格上昇を背景とする住居費用の上昇などを背景に、近年高騰している。育娲人口研究によれば（図表3－3参照）、**一人当たりの子育てコスト（18歳まで）を一人当たりGDPの倍率にして国際比較すると、中国は6・9倍と、韓国（7・8倍）に次いで高い。**

2022年1月20日、国家衛生健康委員会は、定例記者会見において、「若者の出産意欲は引き続き低下している。出産適齢期の女性の出産予定の子供の平均数は、2017年1・76、2019年1・73、2021年1・64と減少した」としている。政府は、三人っ子政策を実施し、出産奨励

図表3-3　1人当たり子育てコスト対1人当たりGDP倍率

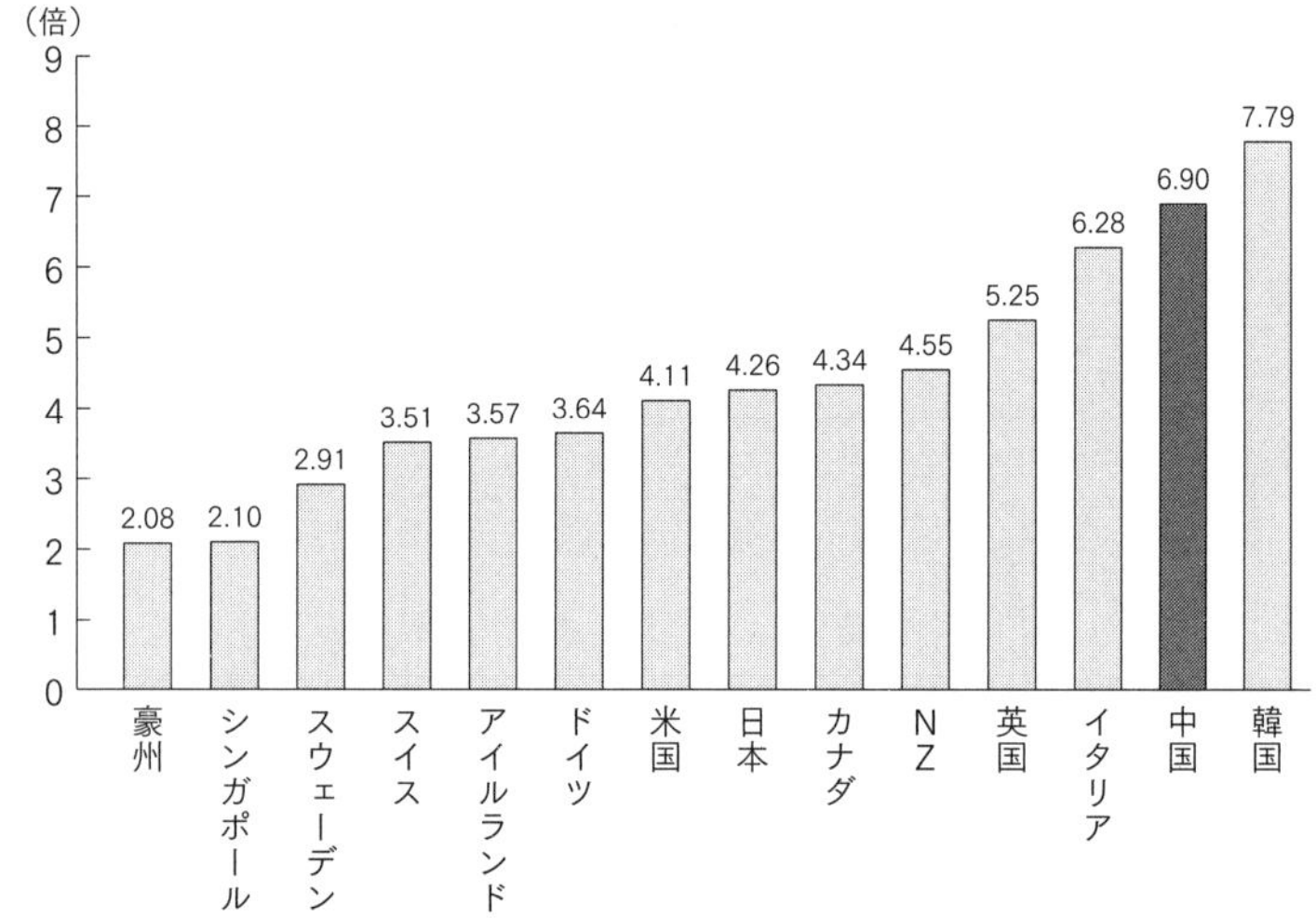

（出所）育媧人口研究「中国生育成本報告」を基に筆者作成

政策を強化しつつある。しかし、いくら政府が奨励しても、子育てコストが高止まりしている限り、出生率を短期間で改善することは難しいだろう。

(2) 総人口の減少時期の前倒し

出生率の低下は、当然ながら、総人口の推移に影響する。第7回人口センサスによれば、2020年の総人口は、14・1億人と2010年対比0・7億人増加した。しかし、国連世界人口予測2019（2020年14・4億人）対比では0・3億人下振れた。さらに、2022年1月の国家統計局の発表によれば、2021年の中国の総人口は、2020年からわずかに48万人の増加に止まった。増加率にして0・03％に過ぎなかった。

この傾向が続けば、おそらく2022年か2023年には、中国の総人口は減少に転じる

図表3-4　中国の長期人口予測

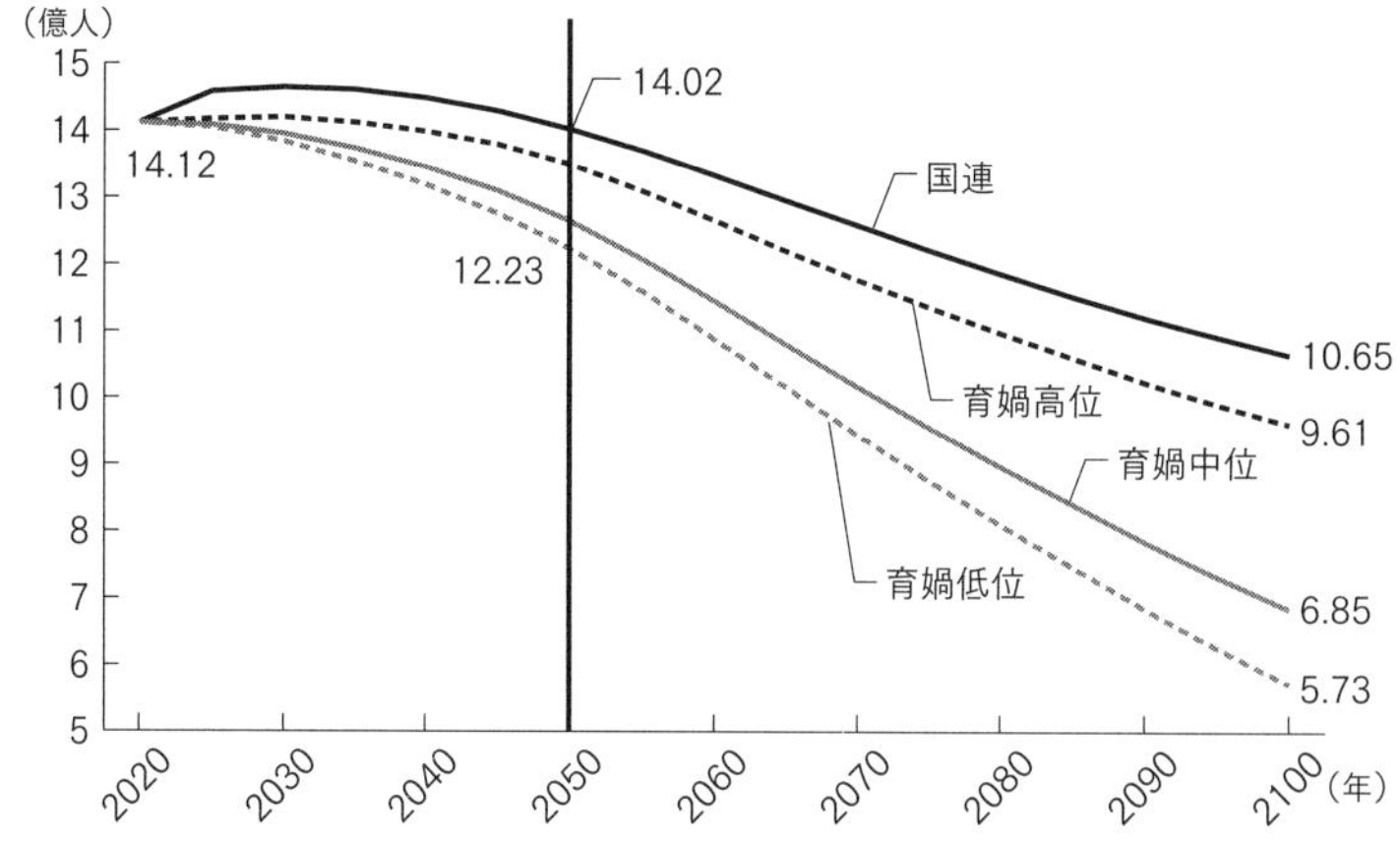

（出所）国連世界人口予測2019、育媧人口研究を基に筆者作成

だろう。国連世界人口予測２０１９は、人口のピークアウトを２０３１年と予測していたので、かなり前倒しで人口減少時代が到来することになる。

出生率の低下により、人口予測も当然修正が必要になる。国連世界人口予測２０１９の中位予測は、２０２０～２１００年の中国の合計特殊出生率を１・７～１・７７と想定している。出生率が１・１まで低下した現状を踏まえると、もはや適切な前提とは言えなくなった。

育媧人口研究は、三つのシナリオを設定し、２１００年までの人口予測を行っている。低位予測は、人口対策を何も打たない場合であり、合計特殊出生率は１・０で推移すると想定する。中位予測は、人口対策がある程度成功し、合計特殊出生率が２０２５年までに１・２に上昇するケースを想定する。高位予測は、人口対策が大きく成功し、合計特殊出生率が２０２５年までに１・６まで上昇するケースを想定する。どのシナリオとなるかで、中国の人口推移に大きな違いが生じる。

図表3－4のとおり、2100年時点の中国の総人口は、国連予測の10・6億人に対し、育媧の中位予測では6・8億人になる。2100年の中国の人口は、インド（15億人、国連予測2019年）の半分にも満たないことになる。当然ながら、これだけ人口が減少すれば、中国の経済、社会、国際的なプレゼンスなど様々な面に影響は大きくなるだろう。

2 人口動態が中国経済に与える影響

次に、人口減少が中国経済に与える影響について、見ていこう。人口動態が経済に与える影響としては、供給側への影響、需要側への影響、財政への影響の三つが重要だ。

(1) 供給側への影響

まず、供給側への影響は主として、生産年齢人口減少による労働投入の減少と貯蓄率低下を通じた資本投入の減速だ。中国の生産年齢人口（15～64歳）は、すでに2015年に減少に転じた。今後は、さらに減少していく見通しだ。労働参加率が一定と仮定すれば、生産年齢人口の減少は、第一に労働投入の減少に直結する。第1章で紹介した日本銀行のペーパーは、2035年までの中国経済の成長のうち、労働投入の減少は0・1～0・6%ポイント、各年の経済成長率を下押しすると予測している（第1章図表1－16参照）。

供給側への影響の第二は、資本投入の減速だ。高齢化の進展により貯蓄率が低下し、これが資本投入に影響する。第1章で見たとおり、日本銀行ペーパーの想定では、資本投入の経済成長への寄与度は、２０２０年から２０３５年の間に２・４％ポイント程度低下すると予測している。

以上に述べた影響は、すでに予想された範囲の影響とも言える。ここ数年の少子化の予想外の急速な進展は、少なくとも２０３５年半ばまでは供給側に大きな影響は与えない。なぜなら、この間に生まれた人口が勤労世代に入るまでに少なくとも15〜20年のタイムラグがあるからだ。

足元の少子化の加速が供給側に本格的に影響し始めるのは2035年半ばからだ。育鍋人口研究の中位予測では、生産年齢人口の年平均変化率は、２０３５〜２０５０年は▲１・３４％と２０２０〜２０３５年（▲０・４５％）を０・９％ポイント下回る。低位予測では、同じく２０３５〜２０５０年には▲１・５％と２０２０〜２０３５年（▲０・５％）を１％ポイント下回る。これだけの生産年齢人口減少は、仮に労働参加率や労働生産性を引き上げられなければ、２０３５年以降の中国の経済成長には１％ポイント近い下押しになることを意味する。

(2) 需要側への影響

人口動態は需要側にも影響を与える。総人口の減少や少子高齢化の進展は、個人消費や住宅投資需要に影響する。しかも、人口動態の需要側への影響の顕在化は、間近に迫っている。

①個人消費への影響

まず、個人消費への影響だ。高齢者は、所得が相対的に少なくなる。所得の相対的に少ない高齢者層が増えれば、消費は押し下げられる。少子化が進めば、子育て関連の消費支出が減少する。少子高齢化先進国である日本の例を見ても、少子高齢化の個人消費に対する負の影響は間違いなくある。

中国の人口問題研究の大家である中国社会科学院研究院の蔡昉研究員は、高齢化が個人消費にもたらす影響を踏まえ、2025年前後の総人口がピークを打つ頃に、中国経済が深刻な需要側ショックに見舞われるとの予測を述べている[4]。先に触れたように総人口のピークが2022年にも到来する可能性がある。前倒しになっている分、個人消費への影響もよりも早く顕れるかもしれない。

なお、高齢化が個人消費需要にとってマイナスだとしても、高齢化によって伸びる市場もあることも忘れてはならない。ヘルスケア産業はその代表格だろう。2016年に発表された政府の「健康中国2030計画綱領」は、ヘルスケア産業の付加価値規模は2020年の8兆元以上から2030年には16兆元に拡大する目標を掲げている。年平均7％超の成長を見込んでいることになる。新型コロナによって中国の人々の健康への意識はさらに高まっているように感じられる。

②住宅投資需要への影響

筆者がより心配しているのは、住宅投資需要への影響だ。中長期的な住宅需要に変化が起こりつつあり、今後1軒目の住宅需要は減少に向かう可能性があるのだ。

日本では、1軒目の住宅購入の平均年齢は40歳前後であり、35～44歳人口が住宅購入の主力となってきた。「国土交通省住宅市場動向調査」（２０２０年度）によれば、住宅一次取得平均年齢は、分譲戸建てで37・４歳、分譲マンションで39・３歳、中古戸建てで43・８歳、中古マンションで45歳だった。

実は、バブル期の１９８０年代後半は、戦後のベビーブーマー（団塊の世代）が40歳前後に差し掛かり、35～44歳人口がピークを迎えた時期だった（図表３―５）。１９９０年代には同世代人口は減少に転じた。人口動態の変化は、日本の住宅需要の押し上げと押し下げに作用したと見られる。

中国では、25～34歳人口が住宅購入の主力だ。百度（バイドゥ）ほかの『２０１８年美好居住生活白皮書』[5]によれば、１軒目の住宅購入平均年齢は27歳で、購入者の４割弱が25～34歳の人口層に集中している。日本人からすれば若いと感じられるが、結婚する際には、夫側が住宅を購入するのが中国の慣例となっている。この点は、儒教的文化が反映しているのだろう。「家も準備できない男性には、娘は嫁がせない」という発想が強い。

25～34歳という若い年齢で、自力で住宅を購入できるカップルは少ない。このため、結婚する夫の両親や祖父母がお金を出し合って、少なくとも住宅ローンの頭金を支払えるようにするのだ。時には妻側の両親や祖父母も資金を出すケースもあると聞く。このように、中国では、持ち家志向は、他国に比べても圧倒的に強い。今後、１軒目の住宅購入の主力である25～34歳の人口はどうなるのか。国連の人口予測によれば、中国の25～34歳人口は、すでに2017年に2・4億人でピークを打ち、2030年までに0・7億人減る見通しだ（図表３―５参照）。人口動態は、中国の今後10年間の住宅実需の減少を示唆している。

図表3-5　中国と日本の住宅購入主力世代人口の推移

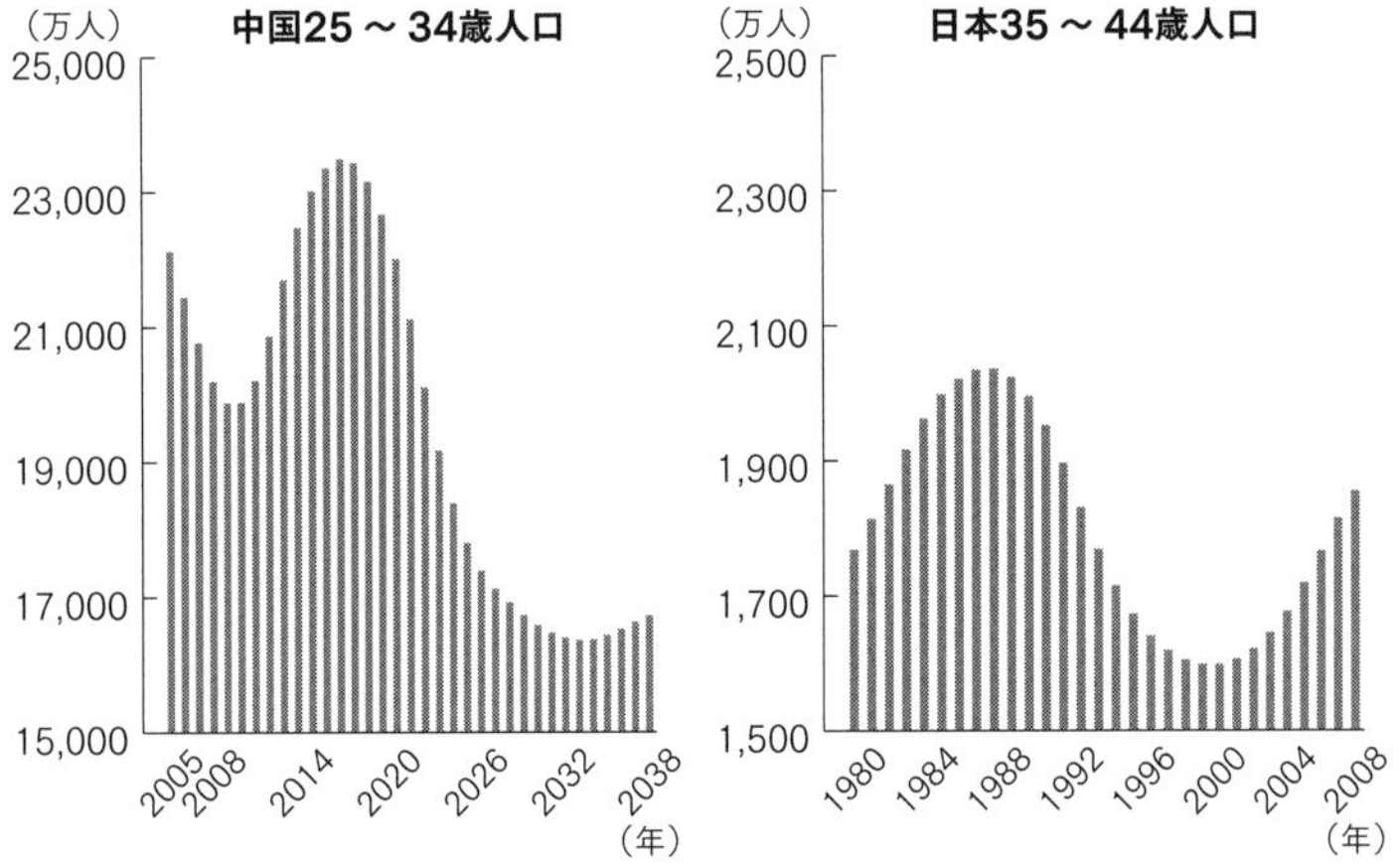

（出所）国連世界人口予測2019を基に筆者作成

１軒目の購入需要が減少しても、国民の所得水準向上により、より広くて快適な住宅への買い替え需要が増えていく可能性はある。しかし、１軒目の購入需要の減少をカバーするほどの買い替え需要が起きるかは疑問だ。また、買い替えの場合、今住んでいる住宅を売却することを意味する。これは中古住宅市場の供給増加要因となる。

たとえ住宅需要が減少したとしても、それに応じて住宅供給を絞れば、需給が大崩れして価格調整を起こさずにソフトランディングができるだろう。この点、中国では、新規にどれだけ土地を供給するかは地方政府がコントロールできる。地方政府が、土地供給を絞ることで、需給バランスを維持できる可能性もある。

それでも、需給バランスの崩れが長引き、住宅価格に対する家計の期待が変わった時に、投資目的で２軒目、３軒目の住宅を購入していた家計が売却に転じる可能性が全くないとは言い切れない。習近平政権は、日本の固定資産税に該当する不動産税の導入を目指し、一部で試行が開始されていたが、足元の不動産市場の調整を踏まえて、2022年は試行地域の拡大延期を決めた。しかし今後、不動産税の試行地域を拡大する方針だ。これが、住宅の保有動機に影響する可能性もある。不動産のリスクは、今後10年程度の最大のリスクだ。この点は、第6章でも検討したい。

(3) 財政への影響

人口動態は財政にも影響する。高齢化は、年金や医療等社会保障費用を増加させ、財政収支の悪化、ひいては政府債務残高の増加を招く。中国では、社会保障関連費用の増加が続いている。社会保障費用のうち、年金等への財政補填は直近4年で倍増している[6]。この財政補填の7割を占めるのが年金関係だ。

政府のシンクタンクである中国社会科学院世界社保研究中心は、2019年4月に公表した報告書において、都市部の公的企業年金である全国都市部職工年金の収支と残高を予測している。同予測によると、財政補填を含むベースで、2028年には全国都市部職工年金の収支が赤字に転化し、基金残高は減少に転じる。そして、基金残高は、2035年に枯渇する[7]。

実際には、同年金の収支は、中国社会科学院の予測より8年も早く、2020年に赤字に転じた。新型コロナの影響を受けた企業をサポートするため、政府が企業負担の社会保険料を減免したためだ。

もはや年金制度改革は避けて通れない。社会保険料を引き上げる、財政補填額を増やす、定年延長とともに年金受給年齢を引き上げる、または年金受給額を引き下げる等の方策が必要になる。財政補塡を増やせば、財政収支悪化、政府債務の積み上がりを招く。一方で、年金制度を変更し、年金受給年齢の引き上げや受給額の引き下げを行えば、高齢者所得の押し下げにつながり、個人消費に影響する。我が国が直面している問題に中国ももうすぐ直面することになる。

ＩＭＦの財政モニター〈8〉によれば、２０２０年の中国の政府債務（中央・地方計）の対ＧＤＰ比率は66％と、日本の２５４％、米国の１３４％と比べれば、決して高くない。しかし、ＩＭＦの中国に対する年次評価報告書〈9〉の試算では、地方政府が出資する投融資ビークルである地方融資平台の債務やその他の偶発債務を含めた広義の政府債務のＧＤＰ比率は93％となる。同比率は、２０２６年には１２９％まで上昇する見通しだ。

その先は、社会保障費が嵩《かさ》むことから財政の一段と厳しい状況が予想される。また、中国の社会保障は、地方政府の財政力によって支給率等が異なる〈10〉。おそらく、経済が停滞し、人口減少の進む地域の財政に一番に影響が出てくるだろう。地方債務のリスクについては第6章で述べるが、人口動態が影響するのは避けられない。

3　中国は人口減少と少子高齢化にどう対応するのか

(1) 中国政府が取りうる対策

以上のとおり、人口減少と少子高齢化が、中国の経済成長に与える影響は決して小さくない。しかし、中国には打てる対策がいくつかある。政府として考えられる対策は、以下のとおり整理できるだろう（図表3－6参照）。

まず、出生率を上昇させ、出生人口の減少を食い止める策が考えられる。そのうえで、供給面の対策としては、労働投入の減少をカバーするための対策、すなわち、定年延長と高齢者雇用の拡大、教育の強化による人的資本の向上、デジタル化や自動化による労働生産性の向上が考えられる。需要面の対策としては、少子高齢化による個人消費への負の影響をカバーするために、消費性向の高い中間所得層の人口を増加させる政策が考えられる。これら対策と効果の現実味を見ていくことにしよう。

図表3-6　中国政府の人口問題への対処策

- 少子化対策：出生率を引き上げる政策
- 供給面の対策：
  - ・定年延長と高齢者雇用の増加
  - ・人的資本の向上
  - ・労働生産性の向上
- 需要面の対策：中間所得層の拡大

（出所）筆者作成

(2) 少子化対策：出生率を引き上げる政策

中国政府は、2016年から全面的な二人っ子政策に移行し、2021年からは三人っ子政策に移行した。しかし、単に出産できる子供の数の制限を緩和しただけで、出生率が向上するほど甘くはないことは、日本の経験を踏まえれば明らかだ。少子化の理由は、結婚組数の減少と子育てコストの高騰だと指摘した。このうち、結婚組数は、結婚適齢期の人口が減っている現実があり、簡単に改善は難しい。したがって、都市部の子育てコストの高騰を是正することが必要になる。

2021年以降、共同富裕のスローガンの下、政府が教育コスト、住居コストの抑制に躍起になっているのも、子育てコスト抑制という面が多分にあるだろう。しかし、規制強化だけで家計の教育や居住コストを下げるのには、限界があると筆者は考える。

教育については、義務教育課程における民間経営の塾の廃止を命じ、住宅については、価格高騰を抑制するためのデベロッパーの資金調達や銀行融資に制限をかけた。もっとも、その効果には疑問が残る。教育については、最終的には高校卒業時に受ける大学受験のための「高考」という共通テストによって進学できる大学が決まり、それが子供の将来を大きく左右するという構造は変わっていない。親たちを受験戦争に駆り立てる根本構造が変わっていないのだ。現在行っている教育改革が、教育費の削減にどの程度つながるのか疑問だ。

住宅についても、例えば、大都市の住宅価格を現在の半分くらいまで下げられれば、確かに家計の住宅購入コストは大きく削減できる。しかし、住宅価格が半減すれば、日本のバブル崩壊の経験が示すとおり、金融システムに深刻な影響を及ぼす。政府も、そこまでするつもりはなく、実際に考えているのは、これ以上の住宅価格の高騰を抑制するというものだ。

おそらく、少子化対策には、政府による子育てサポートの強化が最も重要だろう。この点は、政府も認識している。2021年8月に成立した新計画出産法第27条は、「国は財政、税収、保険、教育、住宅、雇用などの支援措置で、家庭の出産、養育、教育の負担を軽減する」としている。そして、2022年3月の全人代では、「三人っ子政策の補助措置を整備し、3歳以下の乳幼児の託児費用を個人所得税特別付加控除に組み込む」ことが決まった。

また、育媧人口研究によれば、地域によっては、第二子、第三子の出産を奨励するため、育児補助金を支給する地方政府も増え始めた。例えば、四川省攀枝花市は、二人目と三人目の子供を出産した家庭に対して、子供が3歳になるまで、子供一人につき毎月500元の育児補助金を支給する。甘粛省臨沢県は、子供が3歳になるまで二人っ子家庭には毎年5000元、三人っ子家庭には毎年1万元を支給する等としている。

しかし、育媧人口研究は、以上に挙げた程度の財政措置では、出生率を向上させるのには、全く足りないとしている。そして、二人っ子、三人っ子世帯には、子供が成人するまで、毎月各1000元、2000元を補助するほか、所得税と社会保障負担を半分にすること、住宅に関しては、二人っ子で利息の5割補助、三人っ子で全額補助を行うこと等、毎年GDPの5％程度の大規模な補助を行う必要があると提案している。

少子化問題に対して、財政による育児補助を拡大すべきという点は、筆者も同感だ。しかし、日本や韓国の経験を踏まえると、それでも出生率を大幅に上昇させることは簡単ではないだろう。せいぜい出生率をいくぶん引き上げ、2021年の1・1くらいから1・2か1・3くらいまで上げられれば御の字ではないか。

(3) 供給側の対策

①定年延長、高齢者雇用の拡大

供給側の対策には、有効な策がいくつかある。まず、生産年齢人口の減少をカバーするために考えられるのは、労働参加率の向上だ。その一番直截な方法が定年延長だ。中国では、管理職の定年は、

図表3-7　男女別の労働参加率（2019年）

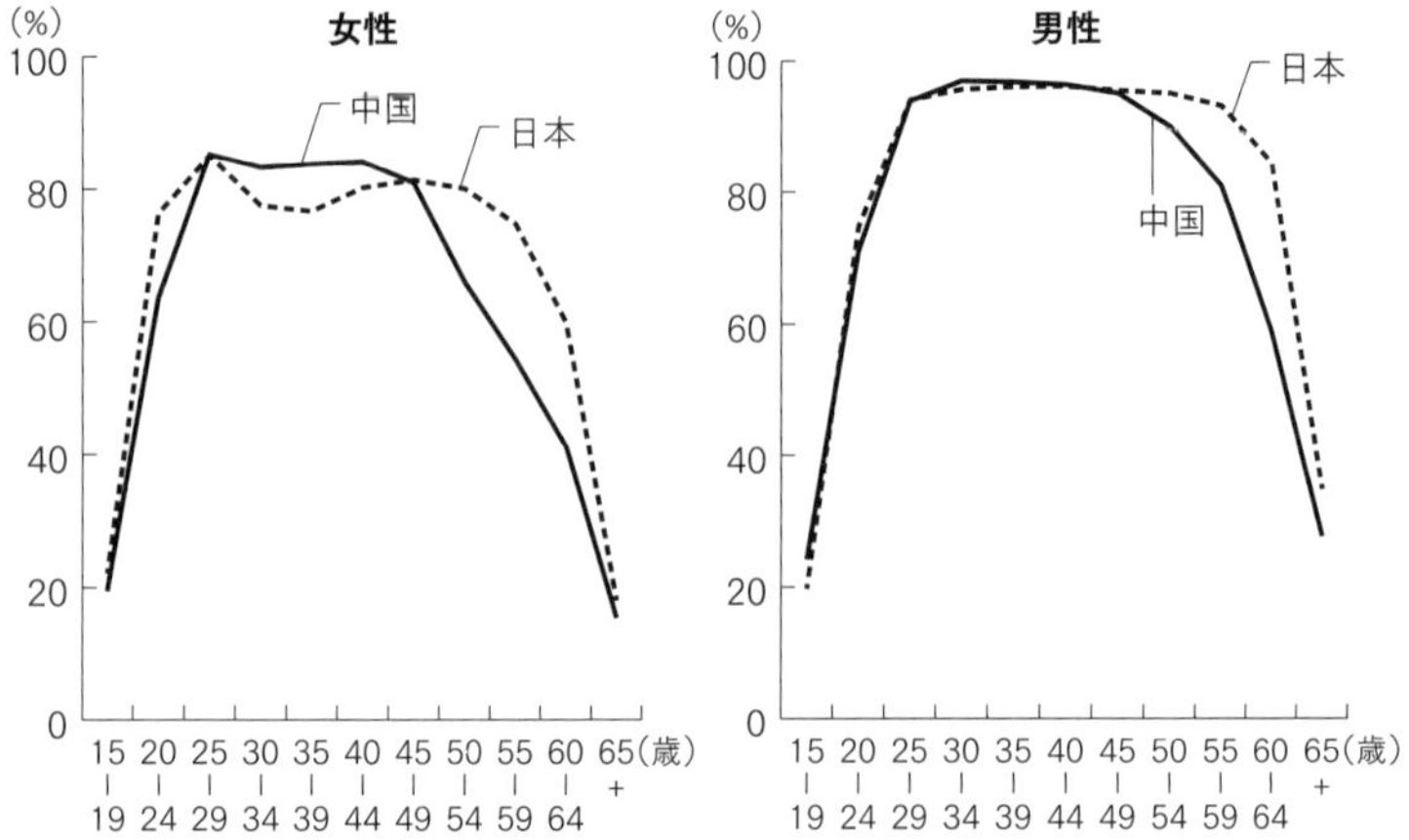

（出所）国際労働機関（ILO）を基に筆者作成

男性60歳、女性55歳となっている。このため、男性の60歳以降、女性の55歳以降になると労働参加率が大幅に低下する。この点は、日本と比べて大きく異なる（図表3－7参照）。裏返せば、中国には高齢者雇用を増やすことで、労働参加率を高める余地がかなりあるのだ。

中国の労働参加率は、2010年の71・3％から2019年には68・2％に低下した[11]（図表3－8参照）。労働参加率の低い高齢層の人口比率が上昇したことが低下の主因だ。これに対し、日本の労働参加率は、高齢化が進展したにもかかわらず、2010年の60・1％から2019年は62・4％に上昇した。日本政府の政策もあって、高齢者や女性の労働参加率が向上していることによるものだ。

中国でも定年延長は議論されている。第14次5カ年計画（2021～2025年）は、定年を弾力的な運用の下で段階的に延長する方針を示した。報道では、国民からは定年延長に対して懸念、反発があ

図表3-8　中国と日本の労働参加率の推移

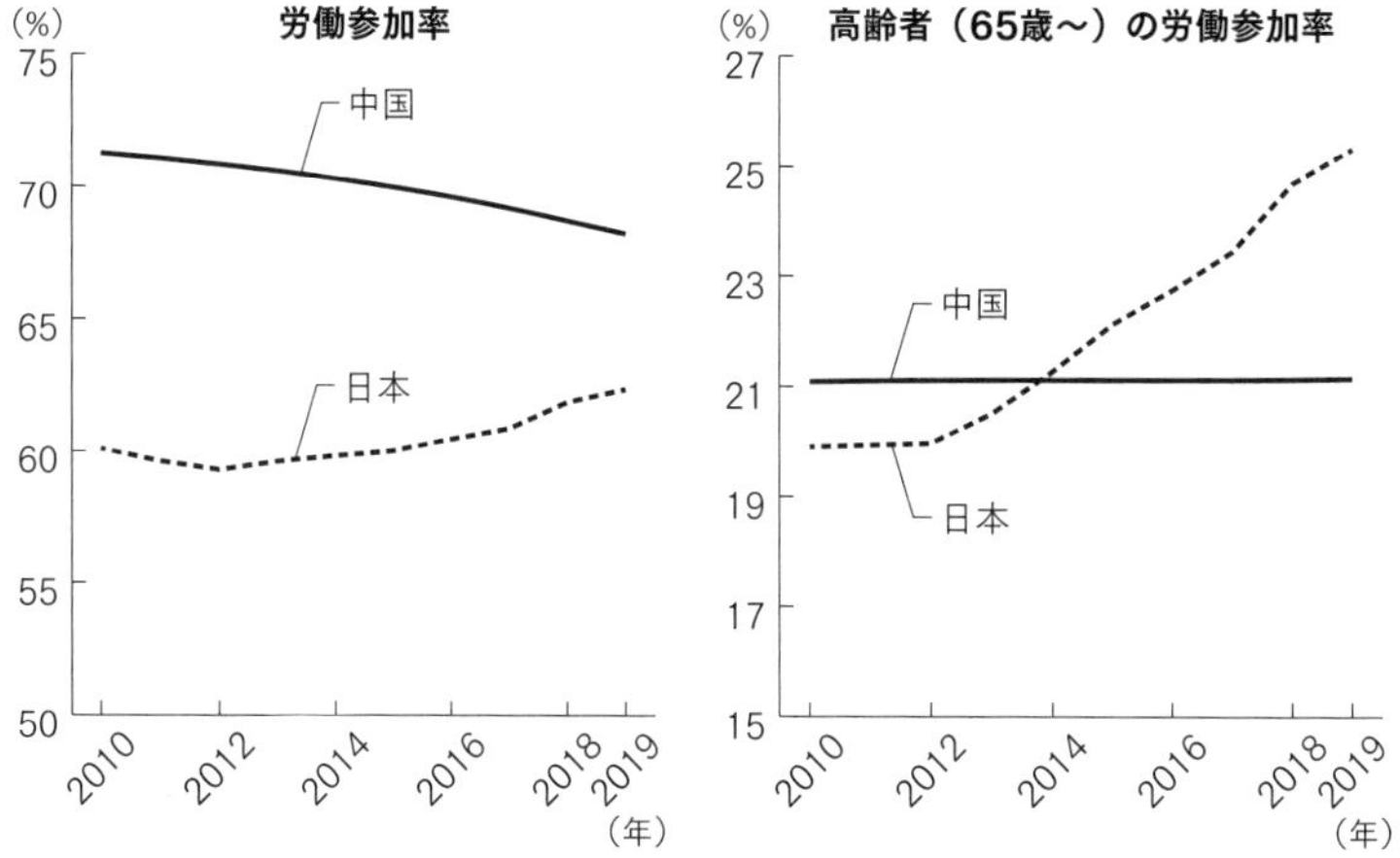

（出所）国際労働機関（ILO）を基に筆者作成

るとされる。[12]筆者の中国の友人も、早く定年を迎えて悠々自適の生活をしたいと語る人が少なくない。これは、日本人の感覚とは大分異なる。日本の高齢者の経済生活に関する調査結果（２０１９年）では、59%が、70歳以上または働ける限りはいつまでも働きたいと回答している。

ＷＨＯ（世界保健機関）によると、中国の健康寿命（健康上の問題で日常生活が制限されることなく生活できる寿命）は、２０００年の63・7歳から２０１９年は68・5歳と5年弱も延びている。健康に長生きする人が増えていること、年金財政の悪化が必至なこと、などを考えると、段階的な定年延長は必要だろう。定年延長にあたって留意する必要があるのは、日本と違って、高齢者が夫婦共稼ぎの子供夫婦を助け、孫の世話をするのが慣行となっていることだ。定年延長を進め、高齢者に働いてもらう以上、公的な託児所などの供給を増やすことも同時に行う必要があるだろう。

図表3-9　中国の大学・専門学校進学率

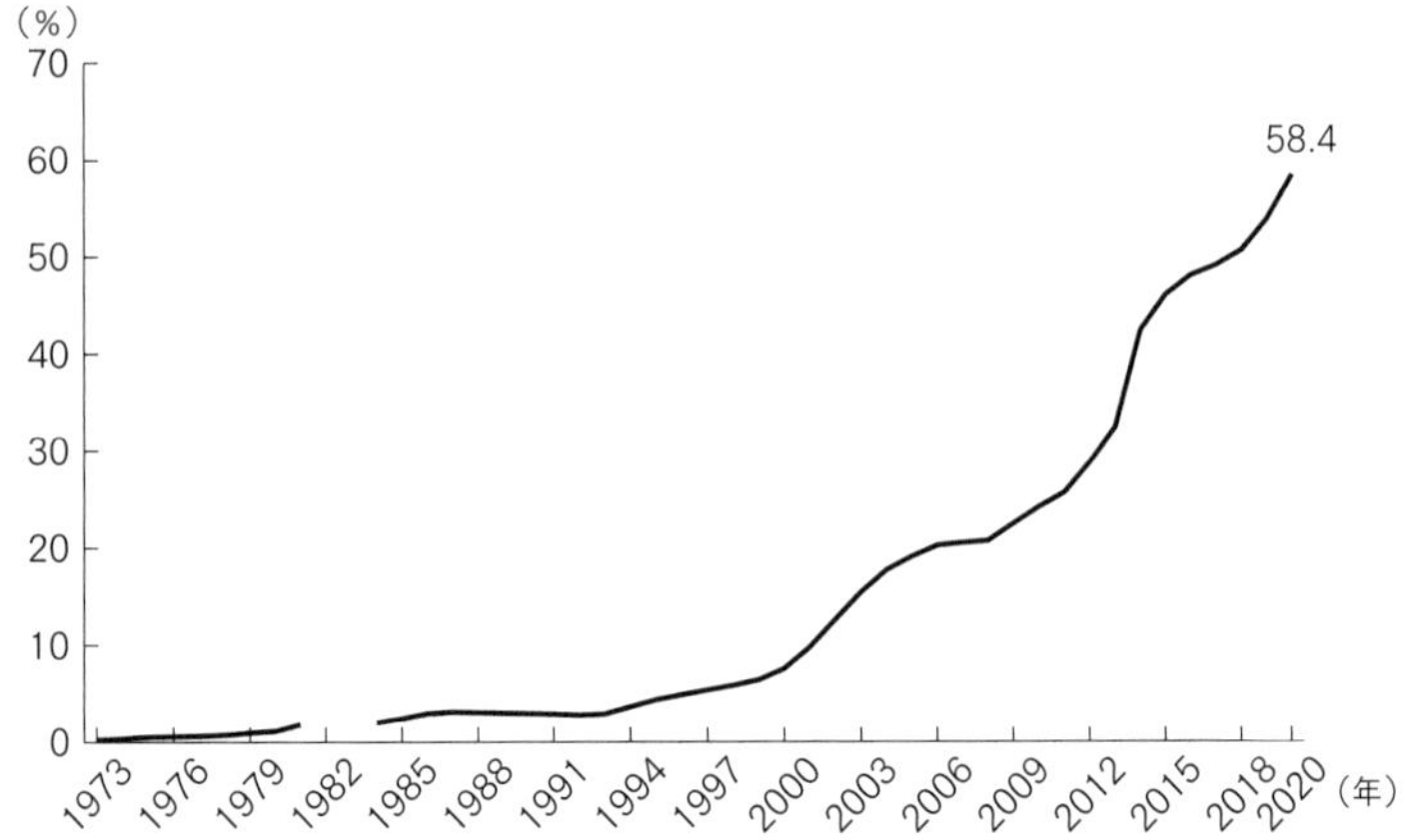

（出所）世界銀行を基に筆者作成

②人的資本の向上

人的資本とは、個人が持つ知識、技能、能力、資質等の付加価値を生み出す資本と捉えたものだ。労働の質と置き換えてもよい。中国が、労働の質である人的資本を向上させる余地はまだある。中国の学生の大学・専門学校への進学率は近年目覚ましく上昇し、２０２０年には58％となった（図表３－９参照）。現在の日本（64％、２０１８年）と比較しても、大差はないレベルにある。しかし、中国の場合は、急速に高学歴化していったため、すでに社会人となっている成人における大卒・専門学校卒の割合は17％とまだ低い。つまり、社会人の再教育、いわゆるリカレント教育に人的資本を向上させる余地がある。

③労働生産性の向上

定年延長や人的資本の向上によって労働供給

図表3-10　産業用ロボットの新規設置台数（2020年）

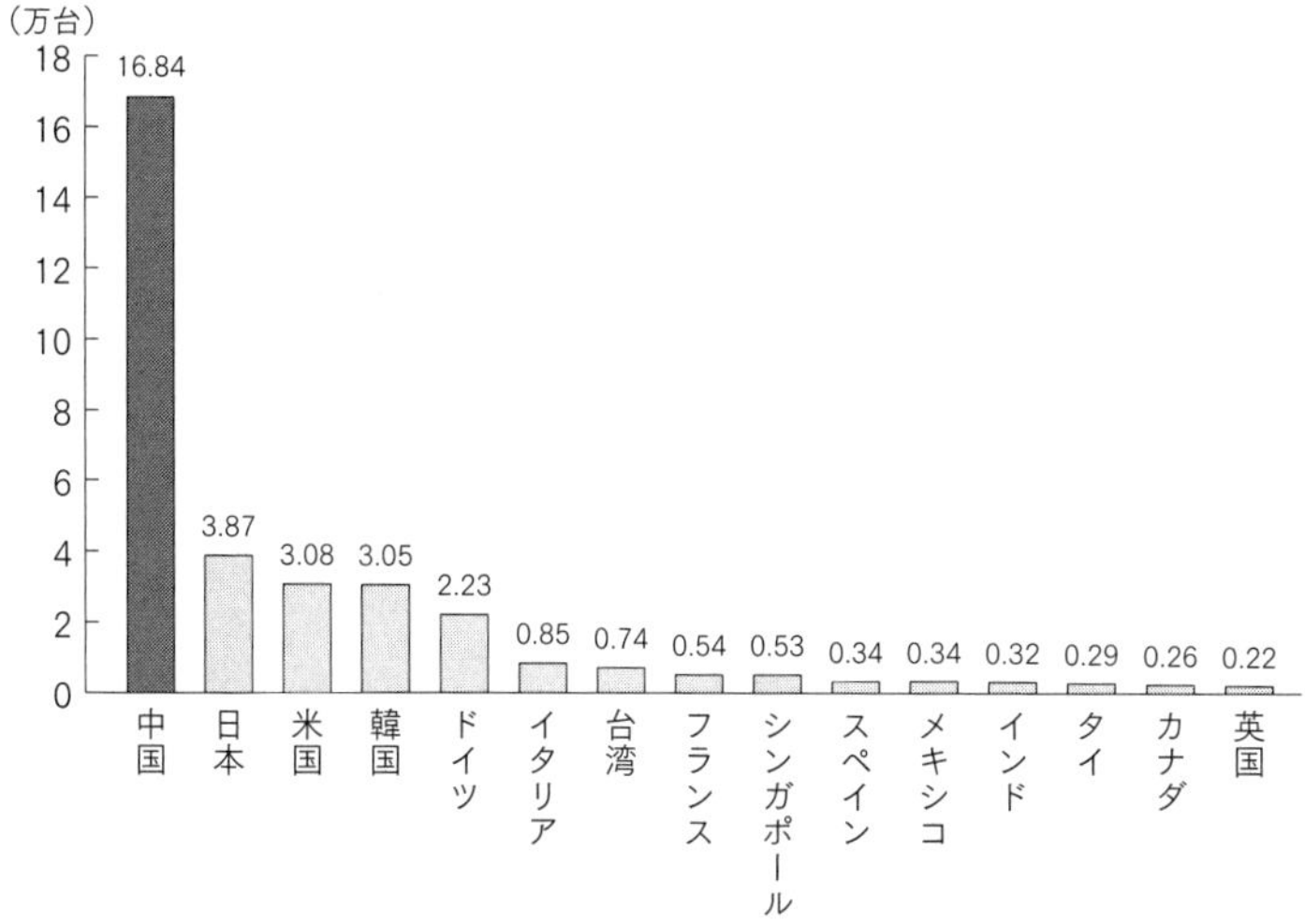

（出所）International Federation of Robotics, "World Robotics 2021"を基に筆者作成

の減少をいつまでもカバーできるわけではない。どこかで限界は来る。人口動態の供給側への負の影響をカバーできるかどうかの最大のポイントは、労働単位当たりの付加価値である労働生産性の向上だ。

この点、中国にはデジタル化、ＡＩ、ロボットの活用を通じて労働生産性を向上させるうえで、いくつか有利な点があるのは事実だ。カナダのシンクタンクＣＩＧＩのシニアフェロー、ダン・チュリアク氏は、「中国は２０１０年頃に知識ベース経済とデータ駆動型経済への移行に成功した。中国の高齢化の時期にちょうどＡＩの時代が到来した。現在は、ＡＩとロボット工学の時代であり、中国は両方の分野で技術の最前線にいる」旨主張する。[13] 確かに、ＡＩ技術では中国は米国と並んでトップレベルだし、世界における産業ロボットの設置シェアで、中国は断トツの第１位だ（図表３－10参照）。

しかし、労働生産性の向上を、デジタル化やＡＩ、ロボット化だけで実現できるほど話は簡単ではない。生産要素が市場メカニズムを通じて最適に配置される必要がある。そのための最大のポイントは、本書で繰り返し述べてきたとおり改革開放の推進が順調に進むかどうかだ。この点に関しては、筆者は、基本シナリオでは、改革開放は相応に進んでいくと見ているが、全要素生産性の成長は緩やかに鈍化すると見ている。この点に関しては、第8章で何とおりかのシナリオを示したい。

（4）需要側の対策

人口動態の需要面への影響、すなわち個人消費と住宅投資への影響に対する対策も重要だ。それぞれ見ていこう。

①個人消費への負の影響は中間所得層倍増によってカバー可能——カギは真の都市化

少子高齢化による個人消費への負の影響をカバーすることはできるだろうか。筆者は、今後、農民工の市民化による真の都市化が進むことで、中間所得層が大きく拡大し、個人消費が底上げされることは、十分期待できると考える。

第2章において、習近平政権が進める共同富裕の推進には、中間所得層の倍増による個人消費の底上げという狙いもあると述べた。国務院発展研究中心によれば、中間所得層の人口比率は２０１８年の27％から２０３０年には46％まで上昇する見通しだ（第2章図表２－９）。中間所得層は、消費性向が高いため、同層の比率が高まれば、消費の底上げにつながる。中間所得層を倍増させるためには、政策のサポートも必要になる。

その中でも重要なのは、戸籍上の都市住民を増やす真の都市化の推進だ。中国の2021年の都市人口比率は65％だ。しかし、これには都市戸籍を持たない人たちが含まれている。都市戸籍を持つ人の人口比率は45％に過ぎない。都市に住んでいるけれど都市戸籍を持たない出稼ぎ労働者（農民工）が2・6億人も存在する。

中国独特の「戸口」（フーコー）という戸籍制度によって、都市戸籍を与えられていない農民工は、公的な教育、医療、年金などの公的サービスを十分に受けられない。例えば、農民工たちは、子供を公立の学校に就学させられないために、農民工向けの非公式な私立の学校に通わせることが多い。もしくは、夫婦は出稼ぎに出るけれど、子供を都市部では学校に通わせられないので農村に残し、世話は子供の祖父母に依頼するケースもある。このため、農民工たちの都市部での消費はかなり抑制的なものとなっている。

蔡昉氏は、「農民工は都市戸籍がなく、平等な基本的公共サービスの保障を受けられないため、消費に後顧の憂いがある。……農民工に都市戸籍を付与すれば、所得増加他の要因を考えずとも、彼らの消費は27％から30％増える」としている。[14]

習近平国家主席は、2021年8月の党中央財経委員会で共同富裕について語った中で、「都市部への出稼ぎ労働者は中所得層の重要な源泉であり、戸籍制度の改革を深化させ、農業からの人口移動に伴う子供の教育などの問題をしっかりと解決し、彼らが安心して都市部に入り、安定した就職ができるようにしなければならない」としている。これを受け、2022年1月に公表された国務院の

「要素市場化配置総合改革試行全体方案」は、「地域の常住人口の規模に応じた財政移転支出、住宅供給、教師・医師の定員などの保障メカニズムを確立する」とした。

これまで戸籍制度改革がうまくいってこなかった背景には、都市の規模による戸籍取得の需要と供給のミスマッチがある。大都市では、就業機会が多く、生活も便利なために農民の移住ニーズが高い。しかし、大都市側が都市戸籍付与を厳しく制限してきた。一方、中小都市では、地方政府は人口流入による都市化を進めたい。しかし、就業機会が相対的に小さく、社会インフラの整備も進んでいないため農民の移住ニーズが低い。

COLUMN2で示しているが、都市部における大都市化、都市クラスターの形成、人口の流出入における南北格差といった現象は、経済の繁栄と就業機会によって起こっている。今後は、常住人口の動きに合わせて社会インフラを整備し、農民工への戸籍付与につなげることが、真の都市化を成功させるカギになる。

なお、農民工が都市戸籍を取得することは、個人消費需要喚起にはプラスだが、出生率にどのように影響するかにも注意が必要だろう。教育や医療、社会保障の社会インフラが十分に整備されれば、農民工の出生率が上昇することも考えられるが、完全に都市住民となることで少子化がさらに進まないとも限らない。

②住宅投資需要の減少に対しては供給を抑えるしかない――地域によっては不動産市場の大きな調整も

人口動態の変化、特に1軒目の住宅の主力購入層人口の減少は、住宅需要全体を下押しする可能性が高いだろう。なお、前述の農民工の都市戸籍取得は住宅需要も一定程度押し上げるだろうが、需要減少をカバーはし切れないだろう。農民工は就業機会の多い大都市に流入する傾向があるが、彼らの所得水準では、公的な賃貸住宅に住む選択肢を選ぶことが多いだろう。2014年の戸籍制度改革には、農民工に中小都市の戸籍を与え、不動産市況が低迷していた中小都市の住宅需要を喚起する狙いがあった。しかし、農民工は就業機会の少ない中小都市には住みたがらずにうまくいかなかった。

大切なのは、需要の変化に合わせて住宅供給を調整することだ。住宅供給は、地方政府による土地の収用と売却を起点に始まるので、地方政府の土地売却を抑える必要がある。需給バランスが大崩れしなければ、住宅価格が大幅に下落し、金融システムを不安定化させることを回避できるだろう。

ただし、COLUMN2で示したとおり、中国の都市化は、大都市化、都市クラスターの形成、南北格差の拡大という特徴を持つ。このため、人口増減という観点で見て、都市によって勝ち組と負け組がはっきりするだろう。人口減少が続く都市では、住宅供給の過剰がすでに顕在化している都市も少なくない。今後、こうした都市では、経済停滞や不動産不況、地方財政危機といった問題が深刻化していくと見られる。

皆が豊かになる、格差よりも均衡を求める共同富裕を推進しようとする中国政府にすれば、都市間や地域間の格差が拡大することは今後悩ましい問題となる可能性がある。一方、中国市場でビジネスを行う日本企業にとっては、今後の都市間格差の拡大の可能性を念頭に置いた緻密な市場調査が必要になるだろう。

まとめ

以上見てきたとおり、人口問題が中国経済に与えるインパクトは大きい。**当面は、総人口の減少が始まることによる需要面のインパクトを乗り切れるかどうかだ。**個人消費については、高齢化による消費の押し下げを共同富裕が狙う中間所得層の人口拡大による消費の底上げによってカバーする必要がある。筆者はこの点には総じて楽観的だ。

一方、主力住宅購入層の人口減少による住宅投資需要の減少については、それをカバーする新たな需要を見出すのはなかなか困難だ。需要にあわせて供給を抑制することで、不動産市場の大幅な調整を避けられるかがポイントだ。足元で不動産市場の調整がすでに長引いているだけに、マクロ経済の最大のリスクだと言える。

人口動態の経済面への影響は、2035年以降にはより顕著になるだろう。総人口と生産年齢人口の減少が加速するからだ。育媧人口研究の中位予測によれば、総人口の減少は2020~2035年の15年間は0・4億人に過ぎないが、2035~2050年の15年間は1・1億人にのぼる。しかも、本文で述べたとおり、2035年以降は、足元で起こっている猛烈な少子化がいよいよ生産年齢人口の減少に拍車をかけ始める。

その頃に、デジタル化やAI・ロボットの活用によって労働人口が減少しても経済発展を続けられるかたちに中国がどの程度経済発展モデルを変えられているかは、現時点では不透明だ。さらに、中国社会科学院が予想するように、現行制度のままでは都市部の公的年金の残高が2035年には底をつく。年金制度の改革は、社会保険料の負担を増やすか、年金の所得代替率を下げるかといったかたちになる可能性が高い。それは家計にとっては所得の引き下げ要因となり、個人消費に影響する。
いずれにしても、人口動態によって中国の経済成長率が減速するのは間違いない。重要なのは、人口動態の影響の程度や経済減速のペースについて、現実的なシナリオを描くことだ。第8章でいくつかのシナリオを提示したい。

▼COLUMN 2

中国の都市化の特徴

第7回人口センサスでデータとして合計特殊出生率の予想以上の低下とともに注目された事実は、都市化の予想以上の進展だ。国家統計局は、２０１９年の都市人口比率を60・6%と公表していたが、２０２０年の人口センサスでは都市人口比率が63・9%まで急上昇していたのだ。都市化は過去10年間で予想以上に進んでいたことが分かった。これは、足元の経済成長にとってプラスであるとともに、それだけ将来の都市化の余地が小さくなることも意味する。

中国の都市化で特徴的なことは以下の3点だ。

第一に、都市部における**大都市化の流れ**だ。中国政府は、２０００年代から、都市化戦略として中小都市の発展を狙ってきた。人口があまりにも大都市に集中するのは、国土の均衡な発展の観点から望ましくない。農村に隣接した中小都市を発展させようという考えだった。しかし、結果としては、中小都市を中心とした都市化戦略はあまりうまくいっていない。相変わらず大都市化が進んでいる。

２０００年から２０２０年の都市数の変化を見ると（図表３－11参照）、都市部の人口１００万人以上の大都市の数が顕著に増えている。一方、対照的に、１００万人未満の都市の数が減っている。現在、北京や上海といった特大都市については、新規の戸籍付与が厳格に制限され、人口増加が人為的に止められている。この結果、後述するとおり特大都市周辺の衛星都市が人口を受け入れ、都市クラスターないし大都市圏が形成されている。

第二に、都市クラスターの形成だ。いくつかの大都市、およびその周辺の衛星都市によって都市クラスターを形成する傾向がはっきりしつつある。日本でも、首都圏や京阪神などの都市クラスターが形成されたのと同様の動きだ。中国政府も、都市クラスターの発展をベースに考える方向に転換しつつある。

第13次5カ年計画（２０１６～２０２０年）は、全国に19の都市クラスターを形成する計画を打ち出した。第14次5カ年計画（２０２１～２０２５年）は、「都市クラスター、都市圏を拠りどころに大中小都市と小城鎮の協調連動、特色ある発展を促す」としている。

顕著に見られているのは、都市クラスターには人口流入が進んでいる一方、都市クラスターから外れた中小都市の場合は人口流出が進んでいることだ。西村友作対外経済貿易大学教授によれば、「（２０２０年の人口センサス結果によれば）２９２の地級市（省・直轄市・自治区に次ぐ行政単位）のうち、実に１３３市（45・6％）において、過去10年間で人口が減少へと転じている」[15]。人口流入と流出で勝ち組と負け組の都市の差が鮮明になりつつあるのだ。

第三に、都市人口の変動における南北格差が顕著だ。人口センサスを基に過去10年間の人口変動を地区別に見ると（図表３－12参照）、東北地区が人口減少になったほか、華北地区、西北地区は人口増加がわずかにとどまった。その一方で、南部である華南地区、華東地区、西南地区の人口増加が顕著だ[16]。

背景には、経済のパフォーマンスの差がある。

図表3-11　都市部人口規模別の都市数の変化

	都市数合計	400万人以上	200万〜400万人	100万〜200万人	50万〜100万人	20万〜50万人	20万人以下
2000年	262	8	12	70	103	66	3
2020年	297	22	46	96	86	39	8
増減	35	14	34	26	−17	−27	5

（出所）国家統計局を基に筆者作成

図表3-12　中国の地区別の人口増減

（万人）

	東北	華北	西北	華中	華東	華南	西南
2020年人口	9,825	16,933	10,360	26,850	33,703	22,816	20,526
10年間増減	−1,130	432	684	685	2,539	3,203	1,215

（注）東北地区：黒龍江、吉林、遼寧、華北地区：北京、天津、河北、山西、内蒙古、西北地区：陝西、甘粛、新疆ウイグル、青海、寧夏、華中地区：湖北、湖南、河南、江西、華東地区：上海、江蘇、浙江、山東、安徽、華南地区：広東、広西、海南、福建、西南地区：四川、重慶、貴州、雲南、チベット
（出所）国家統計局を基に筆者整理

中国の南部と北部のGDPウエイトを見ると、中国南部のウエイトは、2020年64・8％と10年前から4・3％ポイント上昇している。当たり前だが、経済の好調な地域に職を求めて人口が移動しているのだ。

今後も、大都市化、都市クラスターの形成、人口変動の南北格差といった傾向は続くと見られる。それによって、勝ち組の都市と負け組の都市の格差がよりはっきりしていくだろう。経済の好調な地域に人口が移動するというのはある意味自然な現象だ。負け組の都市では、地方財政の困難化、経済の活力低下、不動産リスクの顕在化など、様々な問題が起こりうる。

第4章

デジタル化の伸長と成長への貢献

中国減速の深層「共同富裕」時代のリスクとチャンス

今後の中国の経済成長は、全要素生産性をどこまで伸ばせるかにかかっているとした。筆者は、そのカギがデジタル化だと考えている。デジタル化は、これまで人手で行っていた作業をデジタル処理に置き換え、処理効率を高めるというレベルにとどまらない。デジタル化には、商品開発、製造、販売促進、物流、人事、経理、税務、物品調達、そして何より経営判断まで、ありとあらゆる業務のあり方を抜本から変革することで、生産性を大きく向上させる潜在性がある。デジタル・トランスフォーメーション（ＤＸ）だ。

デジタル化をどのレベルまでやれるかが、全要素生産性のカギなのだ。中国のデジタル化は、過去10年間で急速に進展したが、ここへきて民営プラットフォーマーに対する統制強化、データ管理に対する規制強化など、懸念される事象も見られる。これは、デジタル化が共同富裕と両立するのかという問題とも関係する。本章では、中国のデジタル化の行方とその経済への影響を考察する。

1 ２０１０年代、サービス業主導で急速に進展

(1) 中国のデジタル化の推移

中国にとって、２０１０年代はデジタル化の黄金の10年間だった。データで確認しよう。中国政府の工業信息化部所属のシンクタンク、中国信息通信院は、デジタル経済がＧＤＰに占めるウエイトを算出して、発表している。[1] 同院のデジタル経済の定義には、電子情報関連製造業、通信業等のデジタル産業の規模だけでなく、既存産業のデジタル化、すなわち、既存産業でのデジタル技術の浸透（デ

図表4-1　中国のデジタル経済のGDPに占める比率

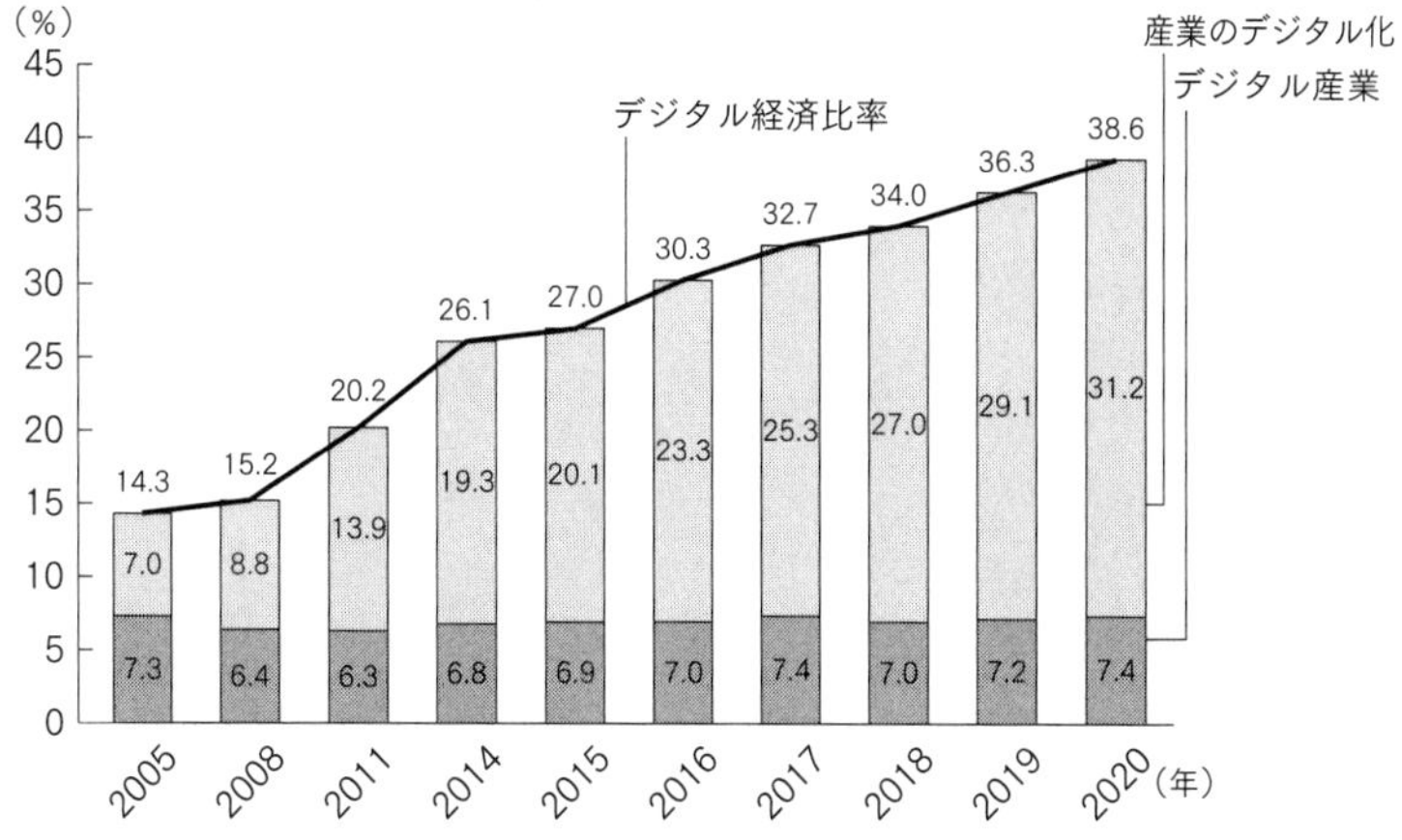

（出所）IMFおよび中国信息通信院を基に筆者作成

ジタル技術の利用によって付与された付加価値）が含まれている。広義のデジタル化指標と言ってよいだろう。

同院が定義する中国のデジタル経済の規模は、２０２０年39・２兆元（日本円で約７００兆円）、対ＧＤＰ比率は38・６%だった（図表４－１参照）。２０１１年は20・２%だったので、９年間で18ポイント上昇した。年平均２%ポイントずつ上昇したことになる。その前、２００５年（14・３%）から２０１１年（20・２%）の間は、年平均１%ポイントの上昇だったので、２０１０年代のデジタル化の進展がいかに急速だったかが分かる。

２０１０年代のデジタル化進展の中身を見ると、デジタル産業の規模の対ＧＤＰ比率はほぼ一定で推移した一方、既存産業でのデジタル化の浸透が急速に進んでいる（２０１１年13・９%→２０２０年31・２%）。

図表4-2　産業別のデジタル経済浸透度

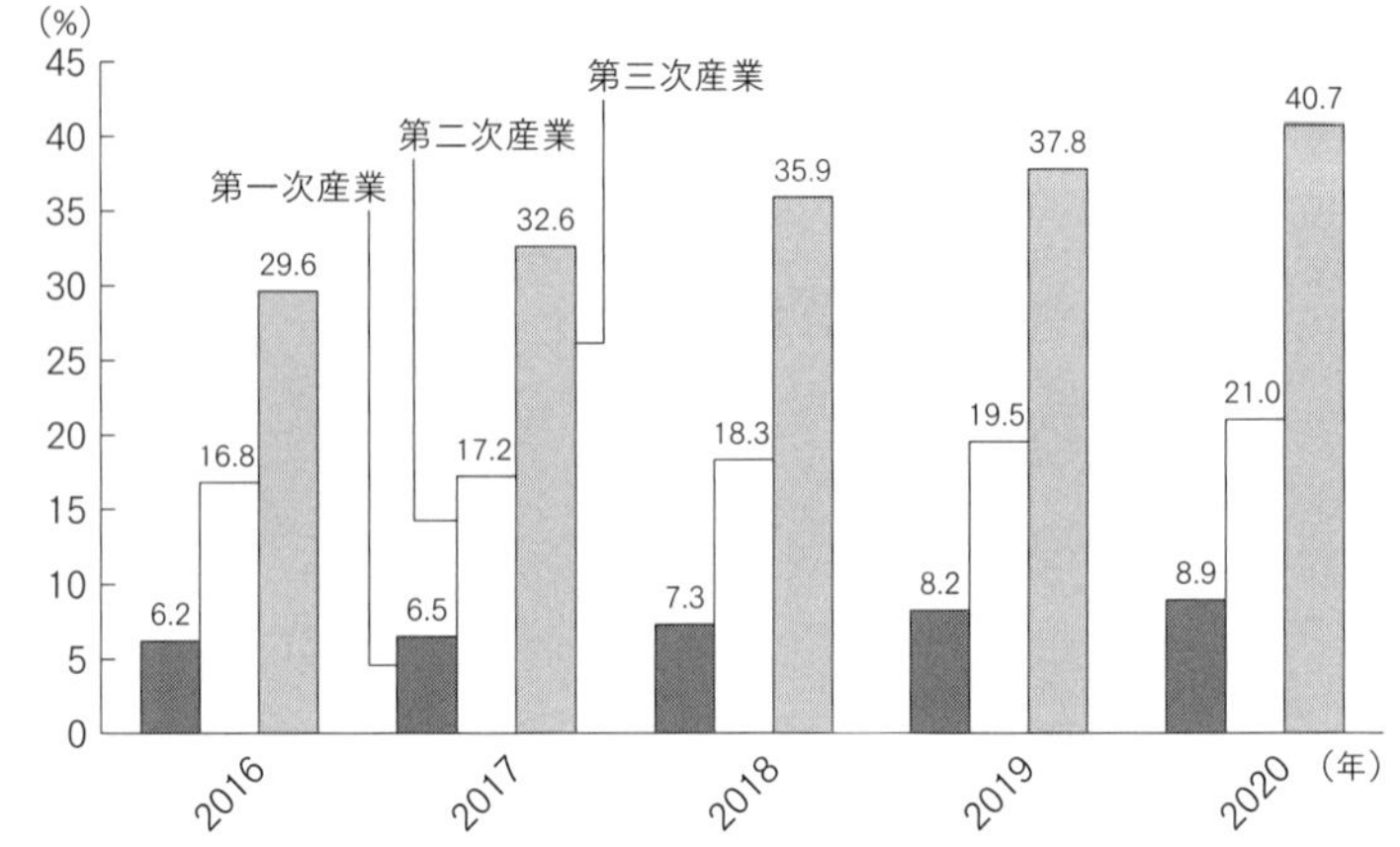

（出所）中国信息通信院を基に筆者作成

（２）サービス業中心のデジタル化の急進展

中国信息通信院のデータで、２０２０年のデジタル化浸透度の産業別の対ＧＤＰ比率を見ると、第三次産業が41％と、第二次産業の21％、第一次産業の９％を大きく上回っている（図表４－２参照）

２０１６年から２０２０年の変化に着目しても、デジタル化浸透度は第三次産業でこの間に11ポイント上昇と、第一次産業（３ポイント上昇）、第二次産業（４ポイント上昇）と比べて顕著に上昇している。２０１０年代の中国のデジタル化は、第三次産業、すなわちサービス業のデジタル化が牽引したと言ってよい。サービス業で何が起こったのか。

ひと言で言えば、それは、プラットフォーマーを中心とするインターネット産業の急成長だ。特にプラットフォーマーが提供するデジタルエコシステムは、中国の消費者向けのサービスを大きく変えた。アリペイ（支付宝）やウィーチャットペイ（微信支付）というメガプラットフォーマーが提供するデジタルの財布がその起点となった。スマホ決済によって、Eコマースだけでなく、飲食店、フードデリバリー、ホテル、タクシー等交通、教育、公共料金支払い、寄付行為など、金銭授受を伴う社会生活のありとあらゆるものがデジタルで決済されるようになった。

デジタル化された取引情報は、ビッグデータとして蓄積された。膨大な取引データは、適切に加工し解析しなければ何の意味もないが、ビッグデータは、AIを活用したディープラーニング等によって効果的に解析され、新たなマーケティングや顧客管理、商品開発のための情報として加工処理された。融資や保険などの金融サービスを行う際の顧客の信用力の判断材料にも利用された。

その後、オンラインがベースとなってつくられた顧客サービスは、オフライン、すなわち実店舗でのサービスとも一体化し、OMO（Online Merges with Offline）と呼ばれる展開を見せるようになった。藤井保文氏は、著書『アフターデジタル2[2]』で、「一般市民は『今はオンライン』と『今はオフライン』という区別を意識せず、そのとき一番便利な方法を選んでいる」と表現している。中国では、他の国に先駆けて、消費者に対してOMOのサービスを提供し始めた。まさに、BtoC（ビジネス・ツウ・コンシューマー）の世界で、中国がリープフロッグを遂げたことを示している。

(3) なぜ中国でリープフロッグ型のデジタル化が進んだか

中国でサービス産業を中心とするリープフロッグ型のデジタル化が進んだ背景として、3点指摘できるだろう。

第一に、政府が民営インターネット企業の発展をサポートする姿勢を取ったことだ。政府のスタンスの背景には、政府の科学技術を重視する姿勢もある。政府は、ニューエコノミーの台頭が経済成長やイノベーションにつながる限りにおいては、それを支持し、創業を奨励した。先進国では、新しい産業を育成するため、レギュラトリー・サンドボックス（「規制の砂場」）、すなわち一定範囲で規制やルールの枠にとらわれず、新技術などの実証実験を行える領域をつくることを行ってきた。

中国の場合、地域を区切ることなく、全国レベルでのレギュラトリー・サンドボックスを行ってきたと言ってよいだろう。これは、何もインターネット産業だけに限るものではない。民営企業が、政府のルールが明確に定まっていない領域で新しいビジネスを開始・拡大し、それを政府が黙認ないし追認する。そうしたことが、中国では、改革開放以降、繰り返されてきた。浙江省のように民営経済が発達した地域で特に顕著に見られた。繰り返し述べてきたとおり、権威的な政府と活発な民間経済の「共犯関係」が成り立ってきたのだ。

なお、中国でのプラットフォーマーの急拡大の理由として、政府が外資企業を締め出して国内産業を保護した、と指摘されることがある。確かに、グーグルは、中国政府による人権関連等事項の自主検閲要求を受け入れられないとして、２０１０年に中国市場から撤退した。フェイスブックやインスタグラム、ＬＩＮＥ等のＳＮＳは、もともと中国では原則として閲覧できない。政府が、どこまで意図的だったかはともかくとして、これらの措置が、国内産業の保護につながった面はあるだろう。

もっとも、外資企業を締め出せば、逆に市場が競争制限的になり、産業発展を阻害することはよくあることだ。ところが、中国では地場のプラットフォーマーが急成長を遂げた。

アリババは、中国の市場特性や決済の不便さなどを熟知して、便利な決済手段であるアリペイを開発し、Eコマース市場を開拓し、自身が圧倒的なシェアを得た。美団、滴滴出行などその他のプラットフォーマーも、中国の経済社会における課題やニーズを的確に把握して、ビジネスを拡大した。これに対して、中国で細々とビジネスを続けていたアマゾンは、熾烈な競争の末に2019年に中国のEコマース事業からの撤退を決めた。こうした事実を踏まえると、外資からの国内産業保護は、地場のプラットフォーマー成長の一つの要因だったとしてもその主たる理由ではない、と考えるべきだろう。むしろ、中国独特の社会経済事情に適合したサービスにおいて民営企業が活発にイノベーションを起こし、それを政府もサポートしたことがやはり大きいと思う。また、バイトダンスの短時間動画配信（TikTok）のように中国発で世界的に成功を収めているプラットフォーマーも存在する。

第二に、中国のインターネット利用者規模が他国と比べて極めて大きいことだ。中国のインターネット利用者は、10億人と世界最大規模だ。米国の3倍超、日本の9倍弱に当たる[3]。インドは、人口は中国とほぼ同じだが、インターネット利用者は5・6億人にとどまる。グローバルに見れば、アリペイの利用者数は12億人、ウィーチャットペイの利用者数は10億人を超えている。

中国のEコマースの規模は、世界最大だ。UNCTAD（国連貿易開発会議）の2021年の報告によると、2019年、世界における消費者向けEコマースにおける中国の世界シェアは32％で世界一だった[4]（図表4―3参照）。利用者の多さやEコマースの巨大な取引量は、取得できるデータの規模の大きさにつながる。それが、様々なビジネスを実行可能にした。データの規模が大きいため、データ解析を通じたマーケティングや商品開発等が十分可能になった。

第三に、既存産業の提供するサービスが非効率で不便だったために、リープフロッグの余地が生ま

図表4-3　消費者向けEコマースの世界シェア（2019年）

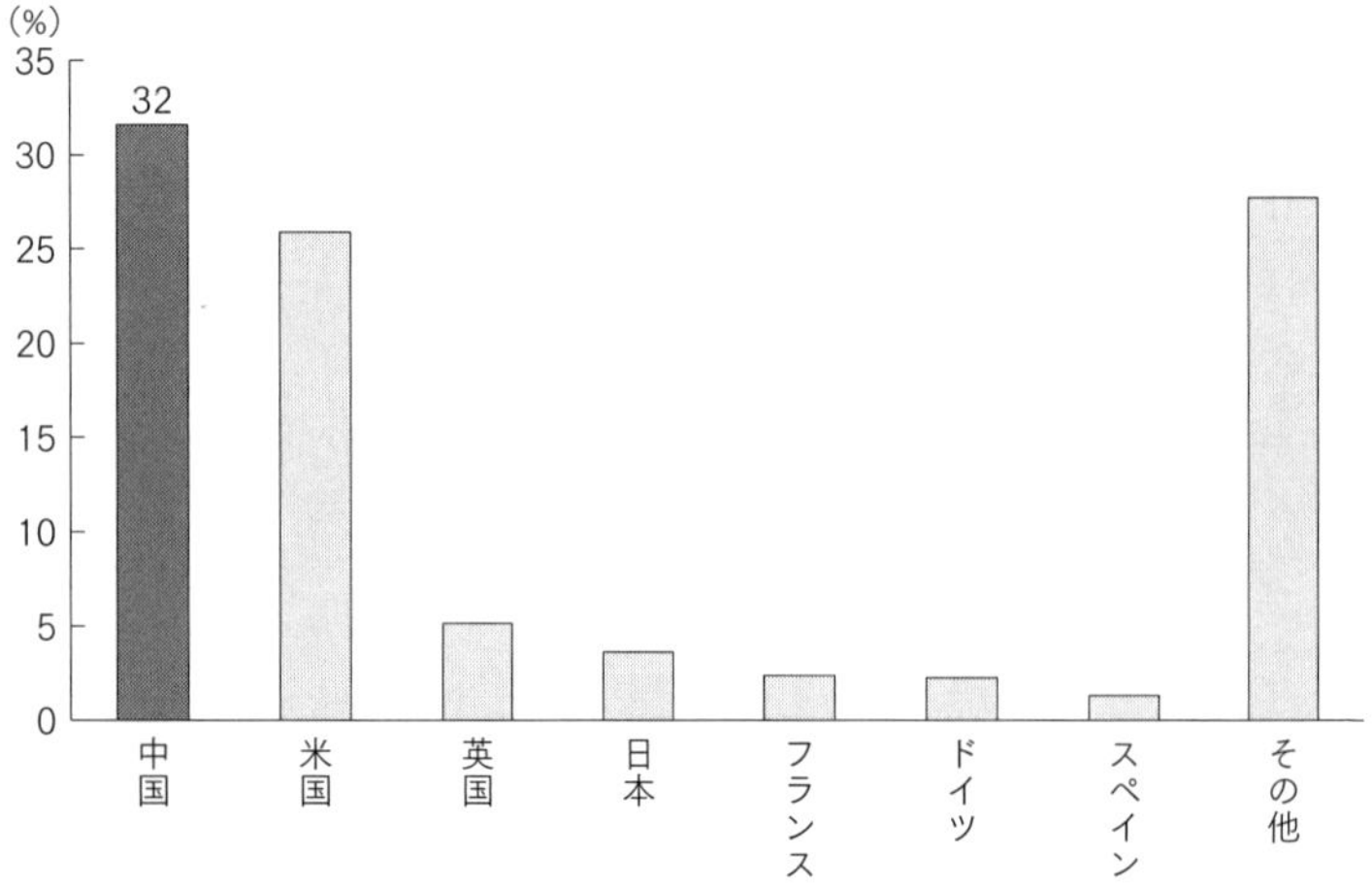

（出所）UNCTAD, "Estimates Of Global E-Commerce 2019 and Preliminary Assessment of Covid-19 Impact on Online Retail 2020," 2021年5月3日
https://unctad.org/system/files/official-document/tn_unctad_ict4d18_en.pdf

れた。例えば、小売業について見てみよう。筆者の経験では、商品にもよるが、日本と全く同じブランド品の場合、大都市の実店舗では、中国のほうが高いと感じられることが少なくない。中国の実店舗型小売には、古くからの慣行で不透明な費用がかかるうえ、近年の不動産価格高騰もあって大都市の店舗賃料が高騰していることが影響していると指摘される[5]。こうしたなかで、既存の流通経路に頼らないEコマースによって商品をより安価に提供する余地が生まれた。

資金決済手段についてもそうだ。中国のアリペイ、ウィーチャットペイが出現する前は、現金決済が広く行われていた、中国の現金は、日本ほど清潔ではなく、偽造紙幣もある程度流通していた。筆者も、現地駐在の際、偽造紙幣を受け取ってしまったことは一度ではなかった。また、中国では、少なくとも10年前くらいまでは、クレジットカードはあまり普及していなかった(近年はクレジットカードの普及も進んでいる)。

Eコマースで商品を購入する際、顧客が先に代金を支払えば、顧客は商品を受け取れないかまたは粗悪品を受け取るリスクがあった。売主が先に商品を配達すれば、売主は代金を回収できないリスクがあった。これを解決したのが、既述のとおり、アリババのアリペイだ。こうした伝統的な決済手段の不便さが、リープフロッグ型のスマホのQRコード決済の急速な普及につながった。

(4)2010年代の経済成長に貢献したデジタル化

中国における2010年代のデジタル化の急拡大は、経済成長にも大きく貢献した。中国経済は、2010年代から減速し始めた。しかし、第1章で紹介した日本銀行のペーパーの分析によれば、成長の減速は主として、資本投入の減速によるものであり、全要素生産性だけを見れば2012年から2019年にかけては、全要素生産性の成長寄与度は、横這いか、ないしはいくぶん上昇している(図表4―4)。このような全要素生産性の成長速度の下げ止まりと、中国におけるデジタル化の急速な進展は時期を同じくしている。

IMFの張龍梅ほかのペーパー[6]によれば、2007年から2017年の間のデジタル化と中国の全要素生産性の成長には統計的に有意な相関関係がある(図表4―5参照)。中国信息通信院の定義に基づき、中国経済の1%ポイントのデジタル化の進展が、0・3%ポイントの全要素生産性の上昇につながったとする。中国で2010年代にデジタル化が進展したことが、中国経済の成長減速をこの

図表4-4　中国の経済成長の推移の分解

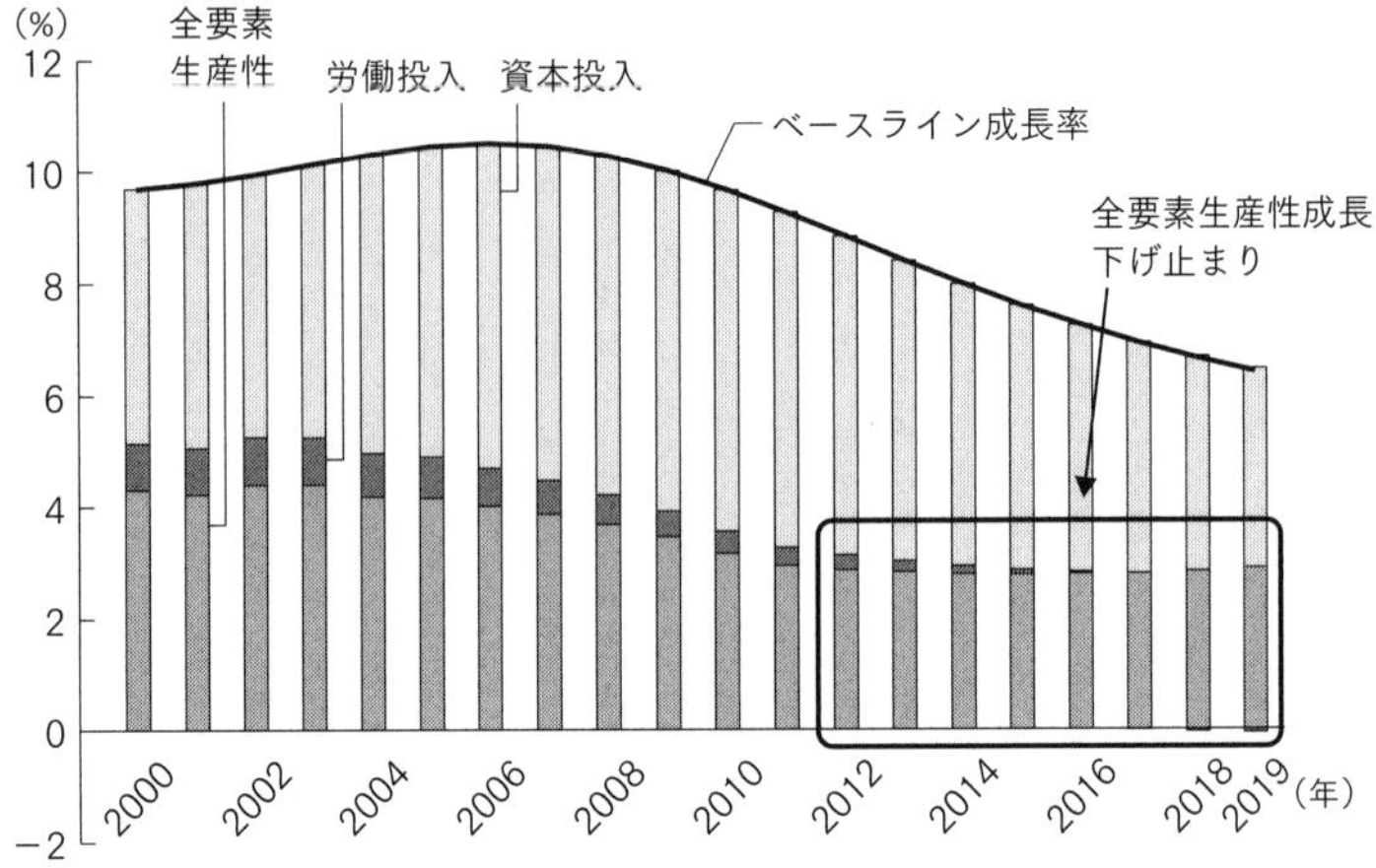

（出所）佐々木貴俊、坂田智哉、向山由依、吉野功一「中国の中長期的な成長力―キャッチアップの持続可能性に関する考察」日本銀行ワーキングペーパーシリーズNo.21-J-9 2020年5月

図表4-5　中国のデジタル化の成長と全要素生産性の成長

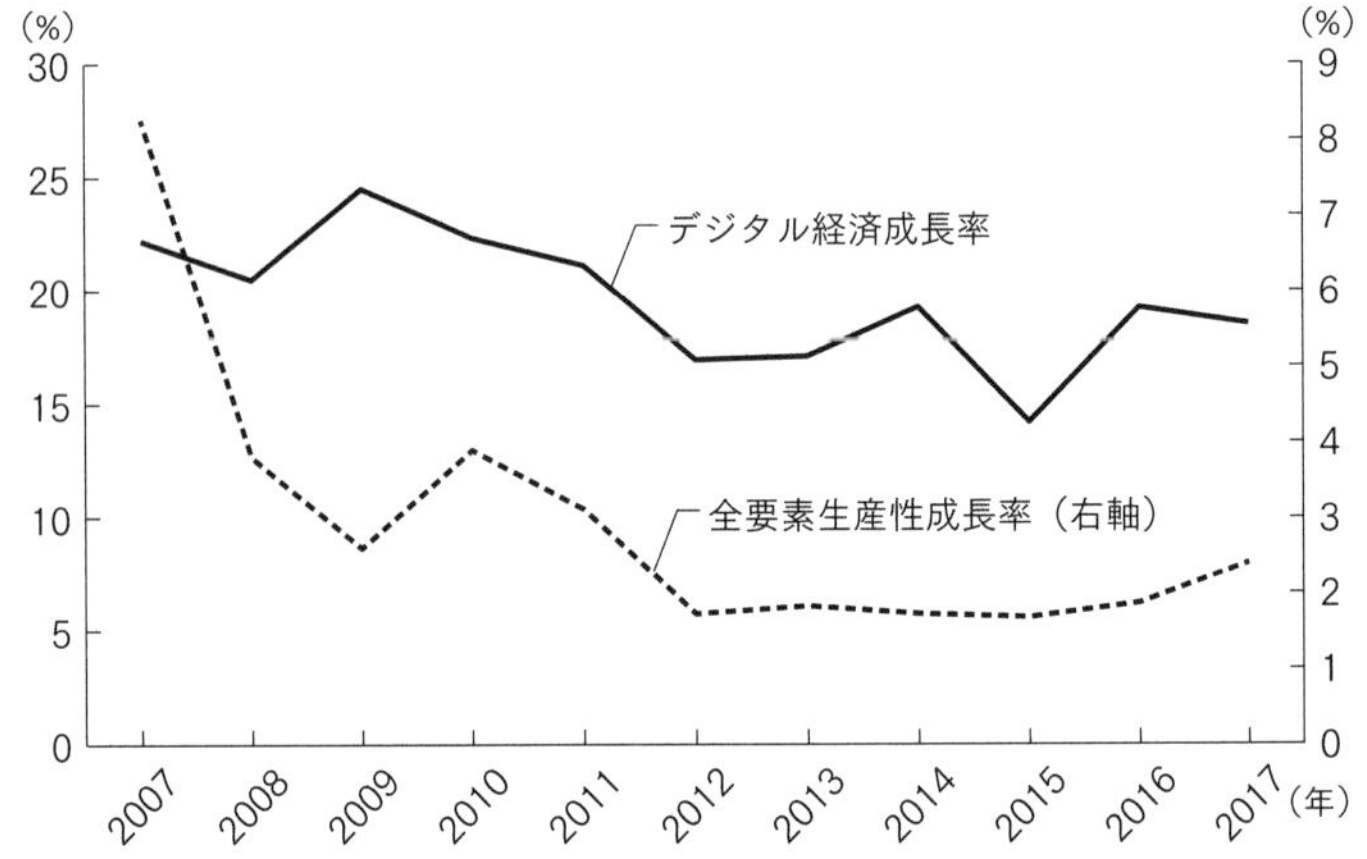

（出所）Longmei Zhang and Sally Chen, "China's Digital Economy: Opportunities and Risks," IMF Working Paper WP/19/16

程度に押しとどめたと言える。

しかし、世界的に見れば、近年デジタル化が急速に進む割には、世界の経済成長率が高まっているわけではない。そのため、デジタル化の経済成長へのインパクトは大きくないとの指摘や、デジタル化による恩恵が十分に計測されていないといった指摘が聞かれている〈7〉。

中国のデジタル化も無料サービスが多く、その恩恵が十分にGDP統計に反映されているわけではないと思われる。それでも、中国でデジタル化が統計上の経済成長に寄与したのは、恐らく、もともと効率が低かったため、デジタル化による取引コストの低下や情報の非対称性の解消により、生産性の大きな上昇が見られたのではないかと、筆者は理解している。

既存の実店舗型の小売店では、オンライン販売へのシフトの打撃を受けているのは事実だ。しかし、中国のデジタル化は、単なるオンライン販売へのシフトにとどまらず、新規の消費需要を掘り起こした。対外経済大学の西村友作教授は著書『キャッシュレス国家』で、スマホ決済を通じて、無人ジムや無人カラオケなどの新規のサービスが生み出されている状況を描いている〈8〉。これらは、デジタル化を起点に、新規の消費需要を掘り起こしたものと言える。

すでに消費者向けサービスの効率性向上はかなり進んだ。このため今後は、デジタル化が経済成長に寄与するためには、消費者向けサービスだけでなく、ビジネス向けサービスの向上、裏を返せば、あらゆる産業でのDXによって生産性が上げられるかが重要となってくるだろう。

2 中国政府のデジタル化に「賭ける」意気込み

(1)デジタル化の重要性に対する政府の意識の高まり

中国政府は、デジタル化が今後の経済成長のカギだと強く認識している。デジタル化に「賭けている」と言ってもよいだろう。2010年代以降の中国のデジタル化の急速な進展は、政府主導というよりも、民営のインターネット企業、とりわけプラットフォーマーによるイノベーションがもたらしたという面が大きい。

しかし、すでに指摘したとおり、政府が、民営インターネット企業のイノベーションと創業をサポートする姿勢を取ったことも重要だった。野村総合研究所の李智慧氏は、近著『チャイナ・イノベーション2』で、中国のデジタル強国戦略には長い歴史があるとして、1978年からの政府によるデジタル化戦略の発展経緯を6段階に分けて解説している。[9] そして、1986年3月の「国家ハイテク研究発展計画」(「863計画」)が、中国のハイテク技術推進に重要な役割を果たし、情報技術発展のきっかけをつくったとする。

科学技術とイノベーションが国家の発展の命脈を握るという中国政府の意識が一貫して存在し、これが2010年代になって中国のデジタル化の急拡大を生んだ土壌になったことは、確かだろう。

ただし、政府は、デジタル化を早くから成長戦略の中核に据えていたわけではないだろう。むしろ、デジタル化が民営企業主導で2010年代に大きく進展していくにつれ、政府は、デジタル化こそが

図表4-6　5カ年計画でのデジタル化に関する記述の変遷

	第13次5カ年計画（2016-2020年）	第14次5カ年計画（2021-2025年）
大項目	第6編ネット経済の空間を広げる	第5編デジタル化の発展加速、デジタル中国の建設
中項目	● IoTによる効率的な情報ネットワークの構築	● デジタル経済の新たな優位性の構築
	● 現代インターネット産業システムの発展	● デジタル社会建設の加速
	● 国家ビッグデータ戦略の実施	● デジタル政府建設の水準向上
		● 良好なデジタル生態系の構築

（出所）中国政府網の情報を基に筆者作成

経済成長のカギだという意識を研ぎ澄ましていったと、筆者は考えている。政府のデジタル化に対する意識の高まりは、5年に一度の「国民経済と社会発展の5カ年計画」、通称「5カ年計画」の中身の変遷に表れている。5カ年計画は、毎回、国家が5年間に主として取り組む課題を20弱の大項目として掲げている。

第12次5カ年計画（2011〜2015年）までは、デジタル化は大項目には入っていなかった。同計画では、大項目の三つ目に「産業のコア競争力向上」が掲げられ、その中で七つの戦略性新興産業の一つとして次世代情報技術産業を取り上げたにとどまっていた。

これに対して、第13次5カ年計画（2016〜2020年）では、大項目の六つ目に「インターネット経済の空間拡大」が掲げられた（図表4－6参照）。政府は、2015年3月の全人代の政府活動報告で、「インターネット＋（プラス）」戦略を打ち出していた。「インターネット＋」戦略は、各産業がインターネットと融合することで、産業のグレードアップを推進する趣旨だ。

この戦略が、第13次5カ年計画にも組み入れられた。第13次5カ年計画では、これ以外にも、高速ネットワークインフラの整備も掲げられた。

そして、第14次5カ年計画（2021～2025年）では、大項目の五つ目に「デジタル化の発展加速、デジタル中国（数字中国）の建設」が掲げられた。デジタル経済の新たな優位性の構築、デジタル社会建設の加速、デジタル政府建設のレベルアップと、経済・社会・政府とあらゆる面でのデジタル化推進が掲げられている。ここに至って政府は、デジタル経済の発展を成長戦略の中核に据えたと言えるだろう。

（2）第14次5カ年計画期間中のデジタル経済発展計画の通知

政府のデジタル化戦略をより包括的かつ詳細に示したのが、2021年12月に国務院から発表された「第14次5カ年計画期間中のデジタル経済発展計画の通知」だ。同通知は、デジタル経済の位置づけについて、「デジタル経済の発展は、新たな科学技術革命と産業変革の新たなチャンスを把握する戦略的選択である」「デジタル経済はデジタル時代の国家総合実力の重要な体現であり、現代化経済体系を構築する重要なエンジンである」とする。

そのうえで、「2025年までに、デジタル経済は全面的な拡大期に向かい、デジタル経済の中核産業の付加価値がGDPに占める割合は10％に達する（2020年7・8％）」と数値目標を掲げた。「通知」において、筆者が特に重要と考える点を3点挙げる。

①デジタルトランスフォーメーション（DX）の推進

デジタル化という概念は、情報通信産業を中心とするデジタル産業そのものの成長とデジタル産業以外の様々な産業におけるデジタル化の浸透の両方を含む。中国のデジタル化の中心となってきたのは、既存産業におけるデジタル化の浸透だった。「通知」は、産業のデジタル化の浸透をさらにレベルアップするため、農業、工業、商業、物流、金融等あらゆる産業でのデジタルトランスフォーメーションすなわちDX（中国語「数字化転型」）の推進の重要性を強調している。

この点は、重要だ。経営共創基盤の冨山和彦会長は、DXの本質は、コーポレートトランスフォーメーション（CX）だとする。「腰を据えて『ヒト』と『カネ』に関わる基本的な会社のカタチ、そこに集う人々の生き方・働き方、さらにはその底流にある価値観や文化まで変革しなくてはなりません。まさにコーポレートトランスフォーメーション（CX）がDXに立ち向かう本質的な解なのです」としている。[10] こうした観点から、「通知」を見ると、「市場サービスと公共サービスの二輪駆動で、技術、資本、人材、データなどの多要素が支えるDXのエコシステムを構築し、企業の『DXしない』『DXできない』『DXする勇気がない』という難題を解決する」としている。この文脈からは、中国政府が、単なる既存業務のデジタル化というレベルではなく、技術・資本・人材・データ全てに対する企業のアプローチを変えさせようとしていることが分かる。**どこまで実践できるかは未知数の部分はあるが、DXの本質を理解しているように見える**のだ。

例えば、金融業のDXについて、中国信息通信院の「中国金融技術生態白書2021」[11]は、「伝統的金融機関は、フィンテック戦略の位置づけを「IT による『できる化』から『ITが牽引する』に転換し、新たな理念のアップグレードと実践の革新を行っている」とする。

例えば、「平安銀行は、データガバナンス、データ・ミドルオフィス、AIプラットフォームの三大ITプロジェクトを推進。ITにより業務のトランスフォーメーションを推進し、財務、リスク管理、運営、マーケティングを含むミドルオフィス・バックオフィス業務の全面的なオンライン化、スマート化を実現している」とする。「ITによる『できる化』」から「ITが牽引する」は、DXの本質だ。おそらく、アントグループなど新興のフィンテック企業に触発されて、伝統的金融機関もDXに大きく舵を切りつつあることは、認識しておいたほうがよいだろう。

②デジタルインフラ：5Gネットワーク敷設とデータセンターの戦略的配備「東数西算」

デジタル経済の発展には、デジタルインフラの整備が欠かせない。デジタルインフラの肝となるのは、高速ネットワークとデータセンターの建設だ。「通知」に示された取り組みは、これまでよりも踏み込んだ内容となっている。

■5G展開の加速と6Gの研究開発

まず、高速ネットワークの整備について、「通知」は、「5Gネットワークインフラの建設を協同で推進し、5G商用展開と規模応用を推進し、第6世代移動通信（6G）ネットワーク技術の備蓄を先読みして配置し、6G技術の研究開発の支持力を強める」としている。

中国では、現在5Gインフラ建設がものすごい勢いで進んでいる。工業信息化部の肖亜慶部長は、2021年3月1日に開催された記者会見において、「中国の5G基地局は71・8万台を超え、スタンドアローン方式でのネットワークは全国の地級市以上の都市をカバーした。5Gに接続する端末数は2億を超え、世界1位となっている」と発表した。その後、5G基地局は2021年末で142・5万台まで増加した。[12]

2021年7月、工業信息化部ほか複数政府部門が連合で公表した「5G応用『揚帆』行動計画(2021－2023年)」[13]は、2023年までに5Gの個人利用者の普及率を4割以上、利用者数5・6億人、ネットワーク交通量5割超を目指すとしている。

2023年までに普及率4割以上というのは日本と大差ないように感じるかもしれない。例えば、野村総合研究所の予測[14]によると、日本国内の携帯電話の5G普及率は、2023年に31%、2025年に56%となる見通しだ。しかし、日本の5Gは既存の4Gインフラを利用したノンスタンドアローン方式だ。同一基地局に4Gのコアネットワークと5Gの基地局の機能を組み合わせることで接続品質を確保するいわば「4Gと5Gのハイブリッド」だ。既存インフラを使うため、普及が容易な半面、5Gの性能を十分に発揮できないとされる。

これに対して、中国は、新たに5G用のネットワークを整備するスタンドアローン方式を採用している。投資額が膨大になるものの、5Gの真の性能発揮が期待できるとされる。つまり、中国では、真の5G化が急速に進んでいるのだ。

■データセンターの戦略的配備：東数西算プロジェクト

データセンター建設については、「計算力・アルゴリズム・データ・応用資源が協同する全国一体化ビッグデータセンター体系の構築を加速する」として、データセンター間の連携・一体化を進める

ことを強調している。注目されるのは、「通知」が東数西算プロジェクトを推進するとしていることだ。

同プロジェクトは、2022年2月から正式にスタートした。国家発展改革委員会〈15〉によれば、現在、データセンターの多くは人口が密集する東部沿海部に配置されているが、次第に土地やエネルギーの制約から大規模なデータセンターの設置が困難になりつつある。一方で、西部は資源が潤沢で、特に再生可能エネルギーが豊富だ。データセンターを発展させ、東部の計算力の需要を受け止める潜在力を備えている。このため、**東部で発生する様々なデータの保存や計算処理において西部を利用するというのが東数西算プロジェクトの目的だ。**

データセンターを戦略的に配備するため、8地域をデータセンターハブとして指定し、大型・超大型データセンターのハブ内への集積を誘導し、データセンタークラスターを形成するとする（図表4－7参照）。ただし、ネットワーク速度の制約もあるため、西部で主として行うのは、バックオフィスでの加工、オフライン分析、データ保存のバックアップなどネットワークへの要求が高くない業務を優先するとする。

東部では、工業インターネット、金融証券、災害予測警告、遠隔医療等ネットワーク通信速度の要求の高い業務を行うという戦略だ。ありとあらゆるデータを解析する計算処理の需要が高まることを踏まえた、データセンターの配備や相互連動性の戦略的配置だ。

図表4-7　東数西算プロジェクトにおける8つのデータセンターハブの配置

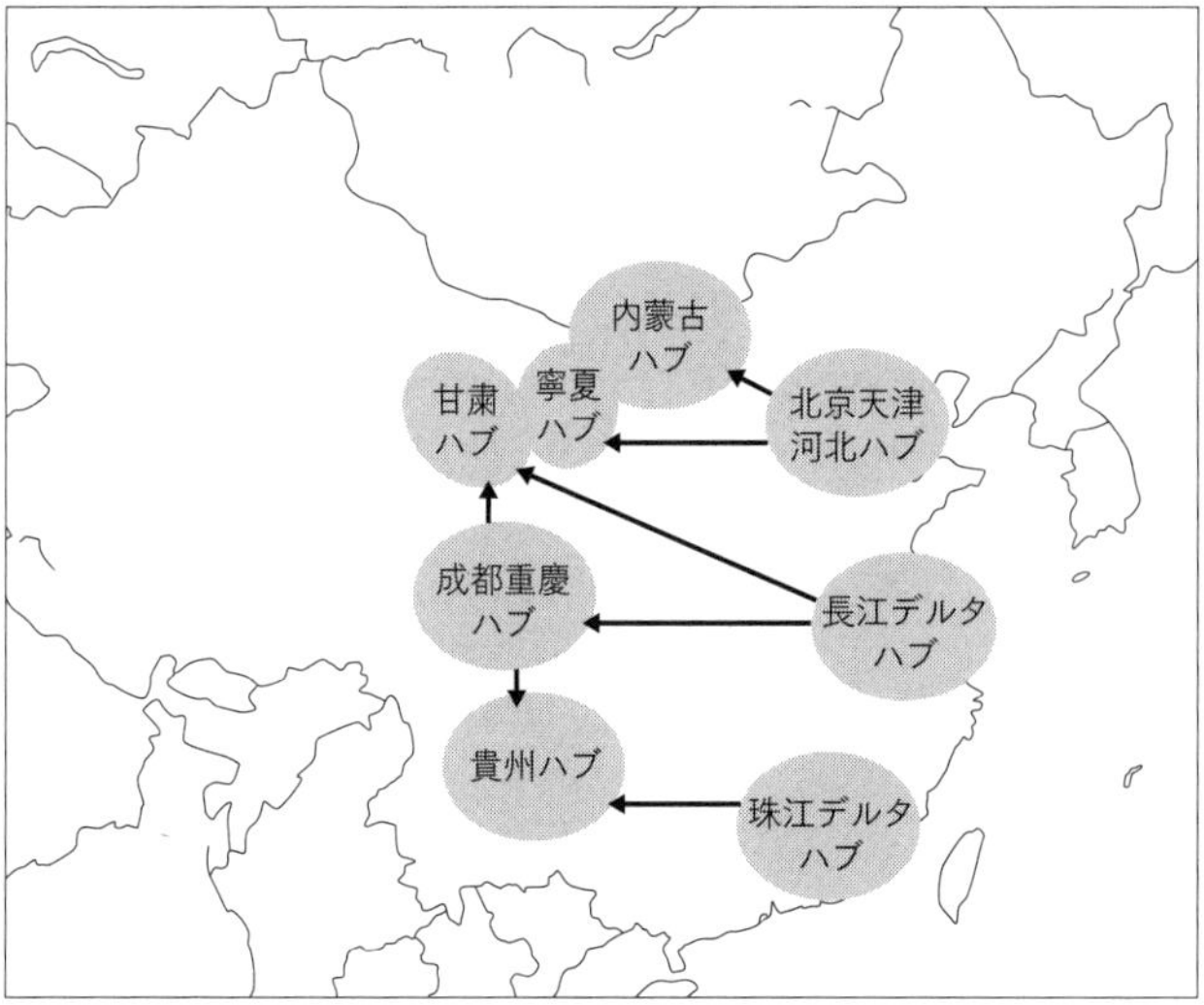

（注）矢印元のセンターのデータ処理を矢印先のセンターが分担。
（出所）国家発展改革委員会を基に筆者作成

③データの生産要素としての最大限活用

「通知」は、「データは、デジタル経済の深化発展のコアエンジンである」としてデータを、労働、資本等と同様に重要な生産要素として認識している。そしてデータを最大限活用するため、市場主体による高品質データの収集と供給、データの市場流通の促進に取り組むとする。

中国では、サイバーセキュリティ法、データセキュリティ法、個人情報保護法のいわゆるデータ・個人情報関連三法に基づき、企業にはデータに対する厳格な管理が求められている。こうした厳しい要求を守らせる一方で、市場主体がデータを収集しそれを有効に活用することはむしろ推奨している。しかも、条件を付したうえでデータが市場で流通することを推奨するとしている。人材や資本が市場で取引されるように、データも重要な生産要素としてその供給を確保し、市場で取引されることが望ましいと考えている。

筆者は、日本で、「中国は、国家がデータを独占して統治に利用しようとしている。アリババ等のプラットフォーマーが国家を上回るデータを握っていることに対する危機感から、これら企業に対する統制強化を進めている」といった見方を聞くことがある。確かに、巨大になり過ぎたプラットフォーマーに対する政府・共産党の警戒感の強まりは間違いなくある。

しかしながら、政府・共産党は、14億人の経済社会生活のあらゆるデータを国家が独占し、常時管理することができるとは考えていないし、市場経済のメカニズムをうまく回していくうえで、そうすることが望ましいとも思っていない。それは、この「通知」を見れば分かる。

また、「通知」は、データ資源の供給と市場流通を進めるうえで、データ規格や通信プロトコル等の標準化を進めるとしている。なお、データ規格の標準化にとどまらず、あらゆる標準化は、中国が近年推し進める重要な政策の一つだ。2021年10月、政府は「国家標準化発展綱要」を定めた。中国政府は、産業だけでなく、経済社会全般においてネットワーク化が進むなか、プロトコルや規格を標準化することが戦略的に重要だと強く認識している。

問題は本当に、データを厳格に管理しつつ、標準化し、市場で流通させて、生産要素としてうまく活用できるシステムをつくれるのかだ。筆者は、この点に関しては懸念している。この問題は、中国に限った問題ではないが、中国では今までデータ管理の規制が緩かったことが、プラットフォーマーの急成長につながったという面は否定できない。したがって、適正な規制は重要だが、規制が行き過ぎる可能性もあるだろう。

例えば、プラットフォーマーのデータ管理に対する要求を厳しくし過ぎて、ビッグデータの収集と解析という彼らのビジネスモデルの根幹に影響しないだろうか。中国人民銀行は、アントグループに対して、決済サービスと融資サービスを分離するよう求めている。アントグループは、決済サービスで得た取引データを、これまでのように自由には融資判断に使えなくなるのではないか。

易綱中国人民銀行総裁は、2021年10月の講演で、プラットフォーマーのデータ利用について、「より正確なデータ権の確認、より便利なデータ取引、より合理的なデータ利用の実現を模索する」としている。政府もまだ模索している段階なのだ。

▼COLUMN 3

中国の標準化戦略

中国が「中国標準2035」を掲げ、中国標準の国際標準化を目指していると報道されることがある。[16] この点について、東京大学丸川知雄教授は、『中国標準2035』のまぼろし」[17]と題する論考で、そんな政策は存在せず、お蔵入りした研究だと喝破している。丸川教授が指摘するとおり、「中国標準2035」は2020年1月にお蔵入りし、代わりに「国家標準化発展綱要」が作られた。

「中国標準2035」がお蔵入りになったのは、おそらく、海外での警戒感を惹起しないようにとの配慮もあるのではないかと筆者は想像している。

「中国製造2025」について、中国の技術台頭の野望だとして米国をはじめとする海外諸国の警戒感が高まった後、近年、中国政府の公式文書で「中国製造2025」が取り上げられなくなったのと同じ文脈で解釈できるのではないか。

そうだとしても、メディア報道等では、中国標準の国際標準化という方向ばかりに中国の標準化戦略の力点が置かれているきらいがある。中国の標準化戦略をもっとバランス良く理解する必要がある。丸川教授が同様に指摘するように、「国家標準化発展綱要」の主旨は、政府主導の標準づくりから、市場と協力して標準を作成する方向に転換すること、標準化を産業貿易中心から経済社会の全般に広げていくこと、国内と国際の双方向で標準化を促進すること、標準化の数を追うのでなく質を追求することなどだ。国内標準において積極的に国際標準を利用し、国際標準の国内標準への転化率を85%にするとしている。

国内で市場と協力して標準を作成するという方向性は正しく、それはデジタル化を進めるうえでも、重要な役割を発揮するだろう。

3 中国のデジタル経済は今後も高成長を続けるのか

(1) 中国のデジタル経済の高成長はまだ続く

これまでの中国のデジタル化の発展と中国政府のデジタル化に賭ける戦略について見てきたが、果たして、中国のデジタル化が、中国政府が目論むように、今後も「全面的な拡大を続ける」のだろうか。結論から言えば、筆者は、中国のデジタル経済の急速な発展は少なくとも5～10年は続くだろうと見ている。

その理由は、以下の五つだ。

①国全体で見ればデジタル化の程度が先進国に比べれば低く、かつ、国内でも地域格差が大きいため、伸び代が大きいこと

②政府のデジタル経済発展に対する戦略が明確かつ具体的であること

③高速ネットワークやデータサーバー等のデジタルインフラの急拡大が進むこと

④民間のテック企業は政府の規制強化を受けて方向修正を図りながらも、活力を持ち続けると見られること

⑤新型コロナが終息した後も、コロナ禍で加速したデジタル化の勢いが続くと見られること

デジタル化の伸び代についてもう少し説明しよう。中国信息通信院によると、２０２０年の中国のデジタル経済比率は英国、米国、ドイツ等先進国に比べるとまだ低い（図表４－８参照）。読者の多くは、中国のデジタル化はかなり進んでいるという先入観を持たれているかもしれないが、それは沿海部の大都市のことだ。中国全土を見ると、地域によってデジタル化のレベルにかなりばらつきがある。省別のデジタル経済の対ＧＤＰ比率で見ると、北京、上海が50％台、その他の沿海部省や重慶、湖北が40％台、その他の多くの省が20～30％台とかなり格差がある。内陸の多くの地域では、デジタル化の余地がかなり大きいのだ。

ただし、今後も、デジタル経済が急拡大するといっても、その中身は２０１０年代と異なってくる

図表4-8　世界のデジタル経済規模の対GDP比率

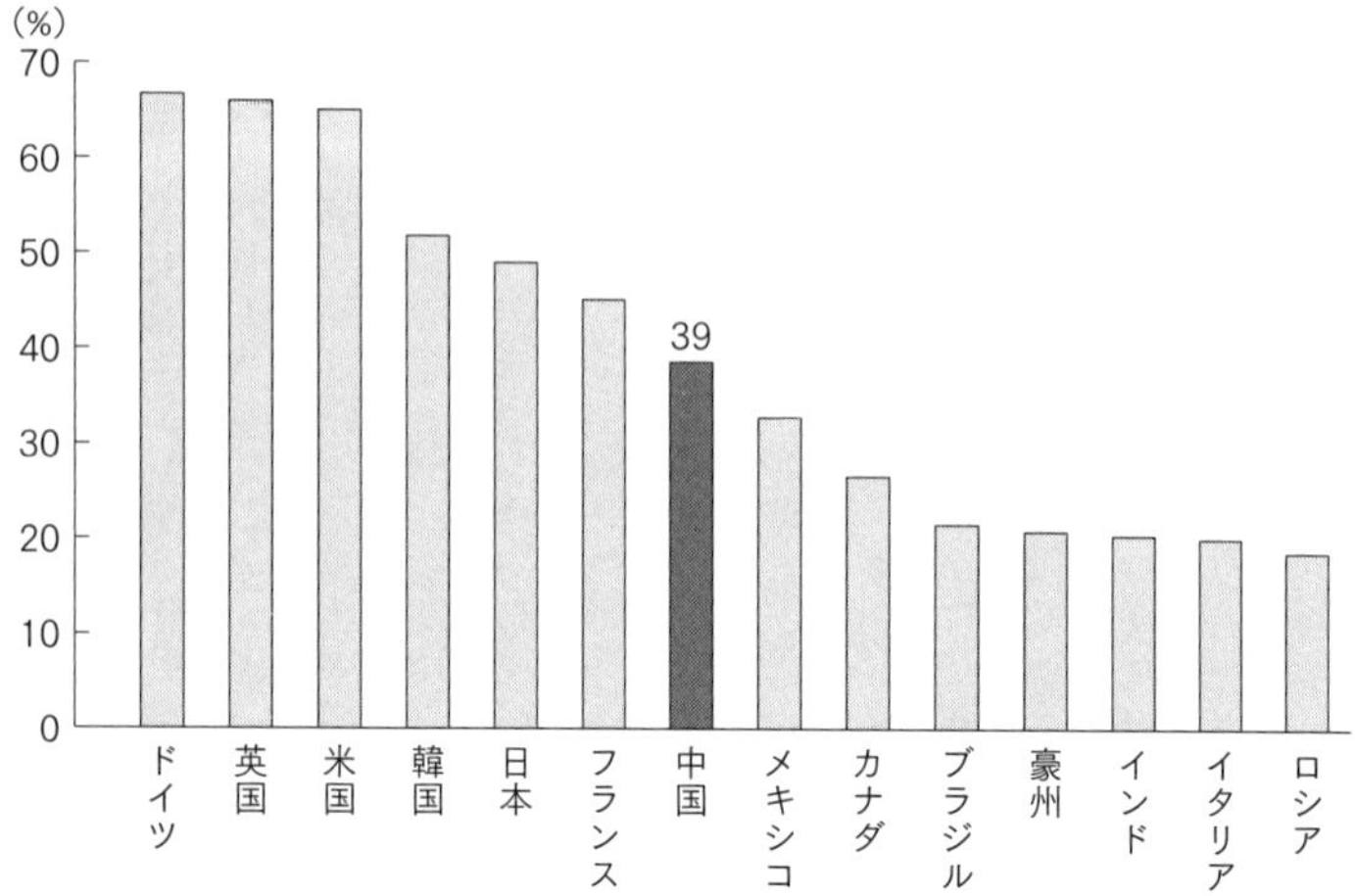

（注）中国信通院報告から比率データの取れる国（ドイツ、英国、米国、韓国、中国）以外は、筆者が世界銀行のGDPデータを使って比率を計算。
（出所）中国信息通信研究院を基に筆者作成

だろう。すなわち、消費者向け（BtoC）のデジタルビジネスの成長は鈍化し、安定成長に移行する一方で、企業向け（BtoB）のデジタルビジネスが急速に伸びを高めていくだろう。

(2) BtoC型のデジタルビジネスの成長は鈍化し、安定成長へ

プラットフォーマーが主導してきたBtoCのサービスの成長が鈍化し、安定成長に移行すると見るのは、以下の理由による。

①すでにBtoC型のデジタルビジネスがある程度行き渡りつつあること

どのような市場も、当初の急拡大期を経て、市場規模が一定以上に大きくなると、成長ペースは鈍化していくのが一般的だ。2010年代、アリババ等のEコマースやテンセント

図表4-9　中国のオンライン小売売上高の推移

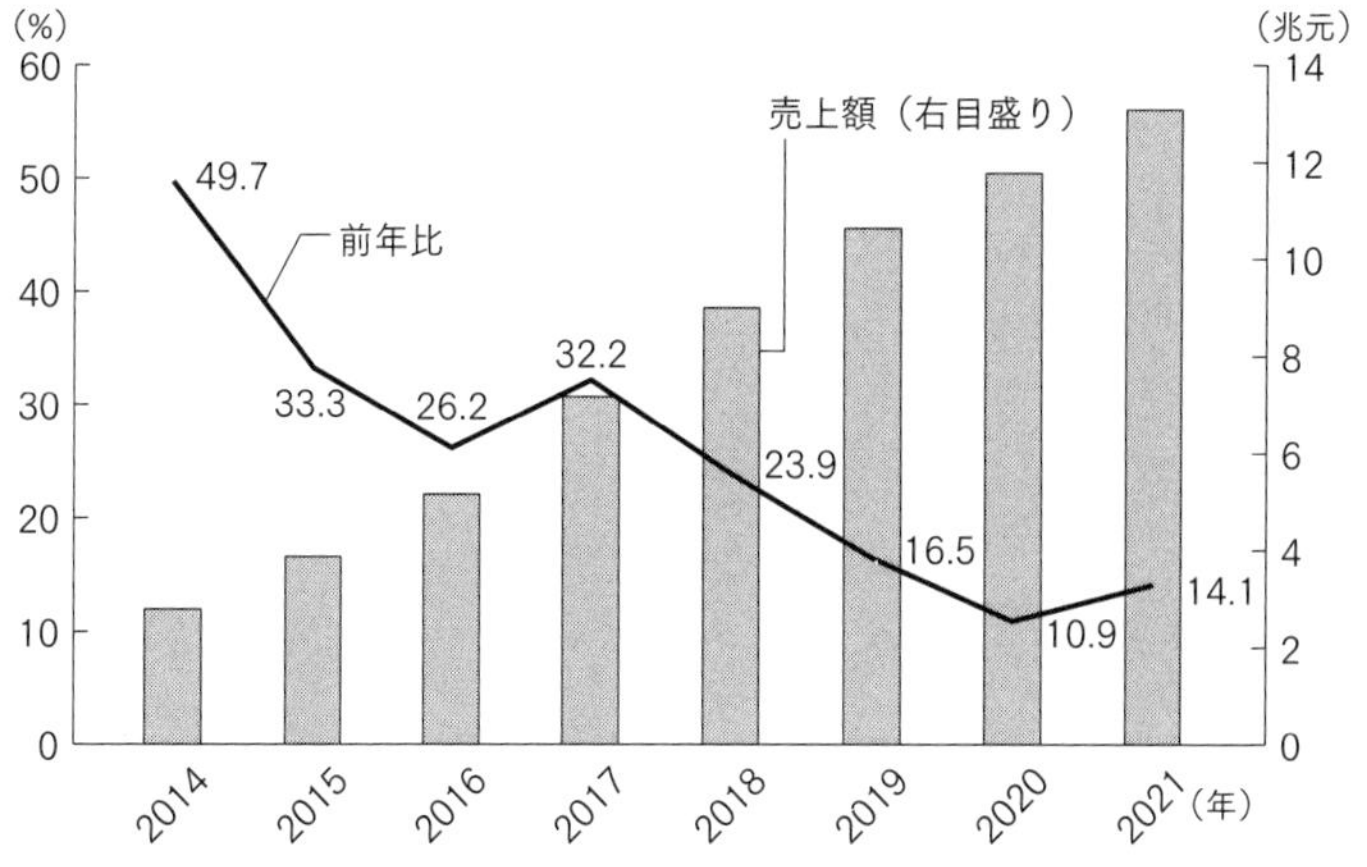

（出所）国家統計局を基に筆者作成

等のゲームが急成長し、続いて、モバイク等のシェアサイクル、滴滴出行の配車サービス、美団等のフードデリバリー、バイトダンスのTikTokなど様々なサービスが花開いた。2020年頃からはライブコマースも流行した。このように次々と新しいサービスが出てきたが、市場全体としてはサービスがかなり行き渡り、量より質が重視されるようになってきた。

オンライン小売売上高は、小売売上高全体に比べれば高い伸びで推移しているが、伸び率は明らかに鈍化している（図表4－9参照）。また、毎年話題となる11月11日の「独身の日」のオンライン売上高も、2021年はアリババのT－Mallの売上高が前年比8・5％と、初めて1桁台の低い伸びとなった。市場はすでに初期の急成長段階を終えたと見られる。それでも、第2章で述べたとおり、今後、低所得者層から中間所得層で人口が着実に増えていくことを考えれば、成熟期に入ったという評価は適切ではない。今後も、安定成長が見込めるだろう。

②規制強化の影響を受けること

プラットフォーマーに対しては、２０２０年頃から、独占禁止、個人情報保護やデータ安全、金融リスクの防止といった様々な観点から、規制が相次いで強化されている。これらの規制の多くは、これまで規制が甘過ぎた点を補強している面があり、市場の適切な競争と持続的成長の面からは導入が望ましいものが多い。

しかし、プラットフォーマーにしてみれば、業務が様々な制約を受けることが避けられないほか、規制に対応するための追加的コストがかかる。さらに、米中双方が安全保障の観点から、中国のテック企業の米国株式市場での上場、資金調達を規制しようと動いている。テック企業の新株発行（ＩＰＯ）は、香港市場にある程度シフトしていくと見られるが、資金調達面でもこれまでほど順調にはいかないだろう。

ただし、政府・共産党はプラットフォーマーを起点に起きてきたデジタルイノベーションを潰すつもりはないという点は認識しておくべきだ。２０２１年12月に政府関連部門が共同で発出した「プラットフォーム経済の規範的で健全かつ持続的な発展の推進に関する若干の意見[18]」は、プラットフォーマーに対する規制を整備するとともに、イノベーションやグローバルな競争力向上をサポートするとしている。政府としても、プラットフォーマーやテック企業が健全に発展することは望んでいるのだ。

（3）BtoB型のデジタルビジネスは成長が加速する

一方で、今後BtoB型のデジタルビジネスは、高い成長が見込めるだろう。製造業、農業、対事業者向けサービス業のＤＸは今後大きく伸びるだろう。これまでサービス業のデジタル化に比較して、製造業と農業のデジタル化が立ち遅れてきた（図表４－２参照）。その分、伸び代が大きい。

政府がBtoB型のデジタルビジネスの発展を特に重要視している点がサポート材料になる。「第14次５カ年計画期間中のデジタル経済発展計画の通知」が、あらゆる産業のＤＸの推進を重視していると述べた。これは、企業のＤＸをサポートするＢtoＢ型のデジタルビジネス拡大につながる。ＢtoＢ型のデジタルビジネスとして製造業、農業から重要と思われる工業インターネットとドローンによるスマート農業を説明する。

①工業インターネット

筆者は、中国の製造業のＤＸで最も重要な概念が「工業インターネット」だと考えている。工業インターネット（Industrial Internet）の概念は、もともと、米国で２０１２年にゼネラル・エレクトリック社（ＧＥ）が、センサーなどのモノとモノをデジタルネットワークでつなげることで、モノを自律的に作動させる仕組みとして提唱したものだ。米国では企業のコンソーシアムとして発展している。同様の取り組みとして、ドイツではインダストリー４・０が、日本ではソサエティー５・０がそれぞれの政府主体で提唱されている。工業インターネットは、第四次産業革命のカギを握ると言われている。

工業インターネットに賭ける中国政府の取り組みの勢いは目覚ましいものがある。政府は、「工業インターネット発展行動計画（2018〜2020年）」「工業インターネット創新行動発展行動計画（2021〜2023年）」を策定し、官民一体でその拡大に取り組んできた。政府シンクタンク中国工業インターネット研究院によれば、2021年の工業インターネットの規模は、4・1兆元（約75兆円）、前年比15・6％増加する見込みだ。[19]「第14次5カ年計画期間中のデジタル経済発展計画の通知」は、工業インターネットプラットフォームの利用普及率が2020年の14・7％から2025年に45％まで上昇することを目標に掲げている。

工業信息化部は、5Gを活用した工業インターネットの活用を普及させるために活用事例を2度にわたり例示している。そこには、各産業で、大手の電信会社やテック企業と企業が協力して5Gと工業インターネットを活用して工場の生産性を引き上げた例が数多く示されている。

一例を挙げると、通信機器メーカーのZTEは中国電信と協力し、江蘇省で5G技術を利用し工場エリアのスマート物流を実現した。工場内で5Gネットワークを構築し、5Gモジュールを集積したAGV（無人搬送車）積載プラットフォームを自社で研究開発した。ZTE南京浜江工場は、既存の通信が不安定になる問題を解消し、資材搬送の完全な無人化を実現し、工場エリア内の資材回転効率を15％向上させたとしている。

中国の工業インターネット発展への姿勢には、製造業をデジタル化で強くするという強い意志を感じる。第14次5カ年計画は、これまで低下してきた製造業の対GDPウエイト（2020年31％）を基本的に維持するとしている。強い製造業を持つことは、米中ハイテク摩擦に対応していくためにも、経済の減速を食い止めるためにも重要だ。ただし、労働人口は減っていく方向だし、人件費も上がっている。中国政府は、これを解決するカギを工業インターネットに求めていると筆者は見ている。

移動通信業者の世界的な業界団体であるＧＳＭＡのチーフ・テクノロジー・オフィサーは、「中国は工業のＩｏＴに大きく賭けており、インターネット接続を通じて製造プロセスを簡素化・自動化し、生産性と効率性を向上させている。政府の積極的な支持の下で、中国は世界のリーダーになるだろう」としている。[20]

中国の工業インターネットの発展は、日本の製造業にとっては、ますます競争力をつけた中国の企業に立ち向かう必要がでてくるという意味では脅威だ。日本の製造業も、ＤＸを急がなければならない。同時に、工業インターネットの構築に関わる様々なサプライヤー、例えば、産業用ロボットやＩｏＴに関わる制御機器・通信機器の販売にとっては大きなビジネスチャンスでもあるだろう。

②ドローンを使ったスマート農業

中国では、農村における人手不足が深刻化しており、スマート農業のニーズが高まっている。特に、農業用ドローンを使ったスマート農業が広がり始めている。ドローンを使って、農薬や肥料、種をまく。その際、データを活用して効果的な散布が可能になる。

報道によれば、農業用ドローン専業の極飛科技（ＸＡＧ）の２０２０年の売上は前年の３・５倍に、ドローン最大手のＤＪＩによれば、同社の農業用ドローンが使われている耕地面積は２０２０年に延べ３４００万ヘクタールに達し、前年の２・２２倍に増加した。[21]政府の補助金も農業用ドローンを使

中国での農業用ドローン（提供：CFOTO／共同通信イメージズ）

ったスマート農業の追い風となっているようだ。農業用ドローンの不具合など問題も表面化しているようだ[22]が、急速な普及は続いている。

筆者の見るところ、中国ではまずはやらせてみるというスタンスが、農業用ドローンの急速な普及につながっているのだと思う。日本の場合は、農業用ドローンの運行には航空法上の許可が必要になるなど、ハードルが高い。この点について、筆者が、農林水産省の関係者と話した際、「農業用ドローンも日本が中国に紹介した六次化産業（一次産業・二次産業・三次産業）構想も、中国のほうが先を進んでいる状況です。日本が中国に教えるという姿勢ではなく、日本が中国から学ぶという姿勢も必要だと感じます」と述べていたのが印象的だった。

（4）テック企業による製造業、農業のDX支援強化

①政府のプラットフォーマーに対する期待

前出の「プラットフォーム経済の規範的で健全かつ持続的な発展の推進に関する若干の意見」は、プラットフ

ォーマーが製造業と農業のＤＸをサポートする役割を強調している。製造業のＤＸについては、「プラットフォーム企業が市場・データの優位性に依拠し、生産・製造段階に能力を付与し、需要に応じてカスタマイズした生産・販売を行う、新型製造モデルを発展させることを支持する」としている。

また、農業のＤＸについては、「プラットフォーム企業のスマート農業でのイノベーション・発展を奨励し、栽培業、牧畜業、漁業などの分野のデジタル化を推進し、農業生産、加工、販売、物流などの産業チェーンの各段階のデジタル化レベルを引き上げ、農産物品質のトレーサビリティシステムを健全化し、ブランド化、トレーサビリティシステムにより農産物の品質・価格が向上することを支持する」としている。

実際、プラットフォーマーをはじめとするテック企業は、ＢtoＢ型のビジネスに対する政府の規制強化もあって、ここへきてＢtoＢ型のビジネスへの力の入れ具合を強めている。アリババとファーウェイを例に挙げよう。

②アリババのＢtoＢビジネス

アリババは、２０１８年に新しい製造モデルを採用したデジタル工場「迅犀デジタル工場」をアパレル工場として立ち上げた。ビッグデータに基づいてリアルタイムで得た消費者のニーズの変化に迅速に対応できるような生産を可能にする工場だ。工場設立からまだ3年しか経っていないが、すでに２０００社以上のアパレル企業にサービスを提供している。[23]

また、製造業のＤＸのサポートとしては、アリババのクラウドサービスは、工業インターネットのプラットフォームとして、国内トップの17％のシェアを有する。[24] 同プラットフォームと、製造、Eコマース、サプライチェーン、金融、物流など多方面での能力を統合するサービスを提供している。2021年6月、アリババは、工業インターネット推進のためのブロックチェーン高速通信網の構築を発表した。さらに、2022年1月、政府シンクタンクである中国工業互聯網研究院と協同で、中小製造業のDX等のサービスを協力して行うプロジェクトを発表した。

農業分野では、2019年10月、デジタル農業事業部を設立し、全国に1000カ所のデジタル農業基地を設置し、農業産業のデジタル化を進めてきた。2020年6月には、生鮮品取引サービスプラットフォーム「蜂耘」を立ち上げている。農家は「蜂耘」を通じて独自の農産物情報を発信できるようになり、買い取り業者はそれを見て、オンラインで直接引き合いができるようになった。[25]

③ファーウェイのBtoBビジネス

ファーウェイは、通信機器やスマホ等を製造するハイテク企業だ。消費者向けには、一時スマホの販売台数で世界第2位になったが、その後、米国からの制裁によって最先端の半導体の調達に支障が生じ、スマホ事業からの後退を余儀なくされている。そうしたなかで、同社の得意分野でもあるBtoBビジネスに今まで以上に注力している。

ファーウェイも、アリババ同様、工業インターネットのプラットフォーム事業に注力している。しかし、これにとどまらず、企業のDXを幅広くサポートしている。注力している事業の一例として、電力網のスマート化のサポートを挙げよう。

同社は、南方電網と共同でイノベーションセンターを設立し、電力事業のＤＸを推進している。中でも、送電網の保守は人手のかかる危険な作業だったが、ドローンによって電線の状況を常時監視して、監視状況をデータに取り込み、ＡＩが異常を感知する仕組みをつくった。深圳市の１８００カ所以上のポールに設置されたオンラインモニタリング装置にＡＩが次々と搭載されており、将来的にこの数はさらに３０００カ所に増加すると報じられている。〈26〉

（5）今後のデジタル化の経済成長へのインパクト

筆者は、今後5〜10年はデジタル化の急速な進展が続くと見ていると述べた。ＩＭＦの前出ペーパーも同様の見方をしている。中国信息通信院の定義によるデジタル化のＧＤＰ比率は２０２６年には、50％近くまで上昇すると予想している（図表４－10参照）。

図表４－11は、ＩＭＦのペーパーが、中国の今後のデジタル経済が高速成長、中速成長、低速成長のそれぞれのケースにおいて、経済全体の成長率の軌道がどれだけ違うか予測したものだ。ＩＭＦは高速成長を基本シナリオに置いており、２０２６年の経済成長率は５・２％としている。デジタル経済の高速成長は、経済成長の減速を緩めることはできても、成長を再び押し上げることまではできないとしている。筆者も同感だ。第１章で述べたとおり、貯蓄率低下による資本投入の減速を打ち消すだけの全要素生産性の上昇を期待するのは厳しいだろう。

図表4-10　IMFによる中国のデジタル化予測

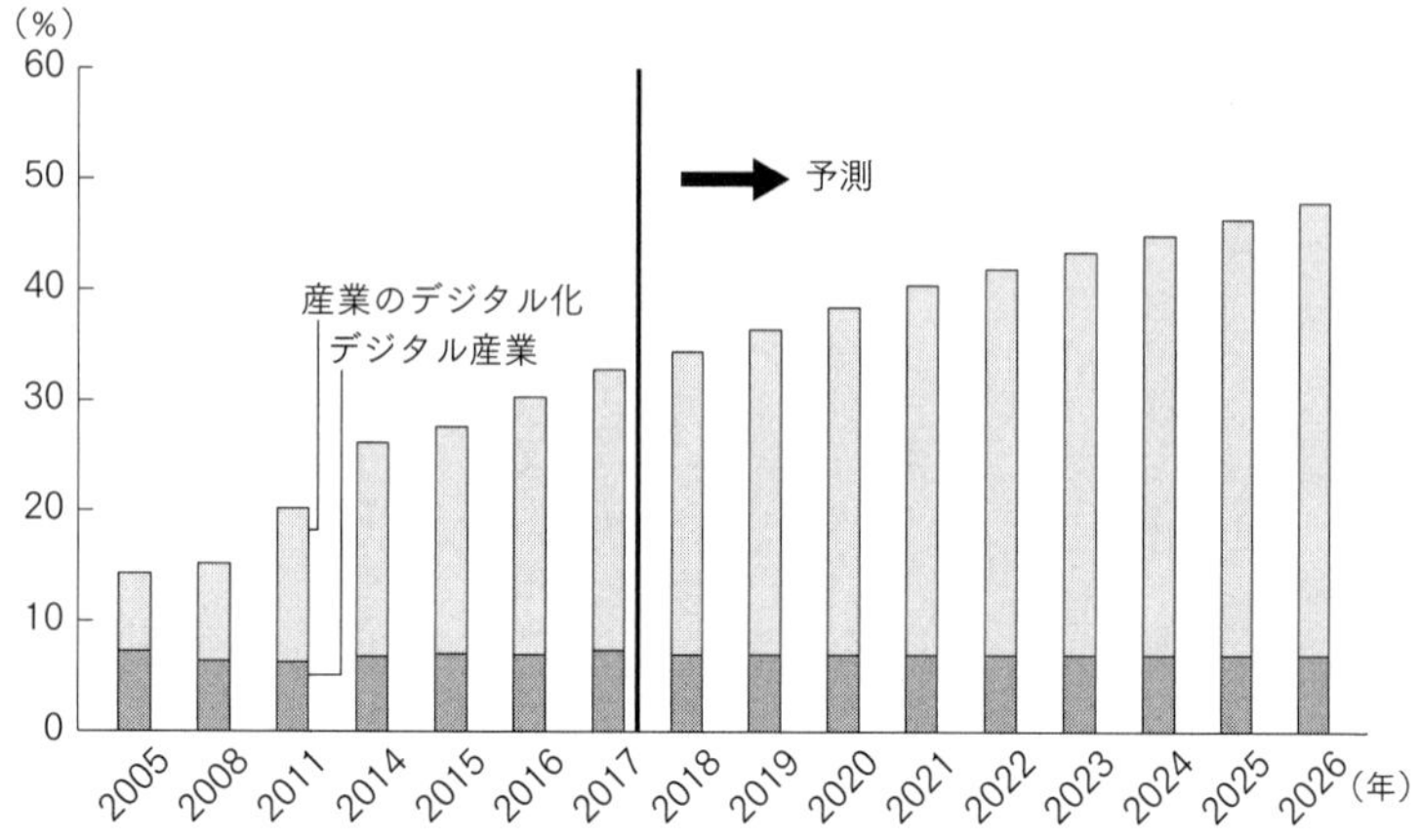

（出所）Longmei Zhang and Sally Chen, "China's Digital Economy: Opportunities and Risks," IMF Working Paper WP/19/16を基に筆者作成

図表4-11　IMFによるデジタル化のシナリオ別の経済成長予測

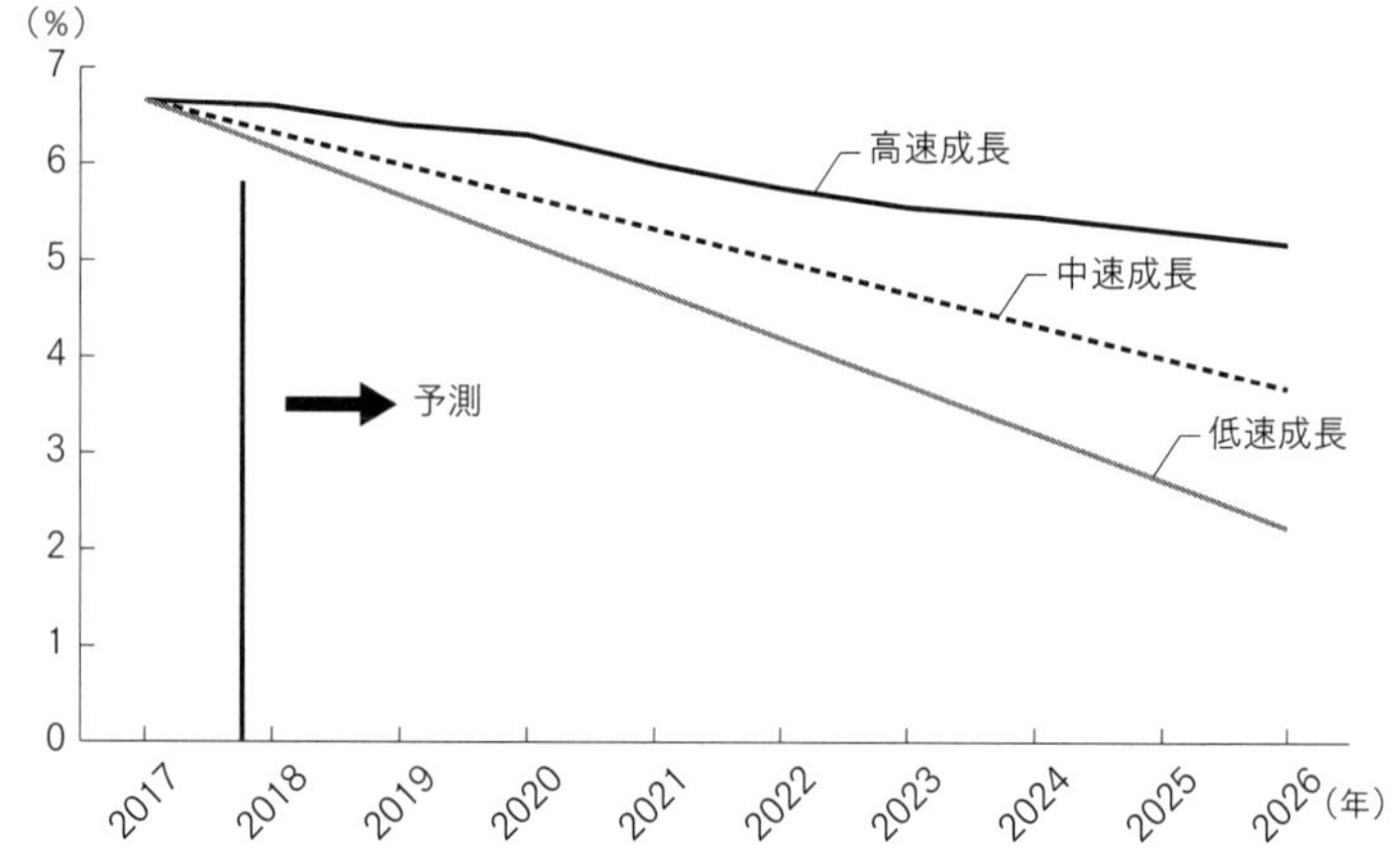

（出所）Longmei Zhang and Sally Chen, "China's Digital Economy: Opportunities and Risks," IMF Working Paper WP/19/16を基に筆者作成

(6)デジタル化が減速するリスク

ＩＭＦのペーパーは、今後デジタル化が減速し中速成長、低速成長にシフトダウンした場合の経済成長へのインパクトも試算しており、それぞれ2026年時点の経済成長率はそれぞれ3・7%、2・2%としている（図表4－11）。デジタル経済の高速成長シナリオに比べて、成長はかなり減速する姿となる。中国のデジタル化が減速するのは、どのようなケースだろうか。

一つは、米中対立が激化して、米中のハイテク産業がデカップリングするようなケースだろう。中国はハイテク製品の自立自強を目指すが、半導体やその部品などを含め全てを自前で生産するのは難しい。米中の民間テック企業の連携や人材交流も全くなくなれば、デジタルイノベーションへの影響は小さくないだろう。

第8章で述べるが、ＩＭＦの別のワーキングペーパーは、米中がハイテク分野で完全にデカップリングした場合、中国のＧＤＰを10年累積で4%程度下押しすると試算している〈27〉。ただし、この場合、米国も無傷ではなく、ＧＤＰが3%程度下押しされる。筆者は、米国のハイテク企業が中国市場を失うことは、米国産業の競争力にとっても極めて大きな痛手となるため、ハイテク分野の完全なデカップリングの可能性は低いと見ているが、リスクとしては意識する必要がある。

もう一つは、プラットフォーマーをはじめとする民間テック企業への締め付けの際限ない強化だ。民間テック企業への規制に一定の合理性はある。規制の背景には、独占禁止や個人データ保護があり、大きくなり過ぎた民営テック企業の無秩序な拡大を制止するという点で、習近平政権の共同富裕政策とも深く関係している。しかし、締め付け過ぎるとデジタルイノベーションを萎縮させる。

２０２２年３月の国務院金融安定発展委員会は、「プラットフォーム経済の安定した健全な発展を促進し、国際競争力を高めなければならない」としているが、同月にテンセントが反マネーロンダリング違反で巨額の罰金の可能性やテック大手企業の人員削減が報じられる〈28〉など、規制強化の流れが止まったとは判断できない。注視し続ける必要がある。

（7）デジタル化を共同富裕につなげられるのか

中国政府は、デジタル化を共同富裕推進の方向に導こうとしている。しかし、これには課題もある。共同富裕は、経済のパイを拡大させる面と、パイを公平に分配する面の二つの側面を持つ。デジタル化が経済成長を促進することはパイの拡大には有効だ。一方で、パイの分配に関しては、デジタル化は格差を縮小する方向にも拡大させる方向に働きうる。

農村部などを含めて5Gなどのデジタルインフラが整備されれば、農村の生活改善につながる。デジタル金融技術を通じて、より広い層が金融にアクセスできる金融包摂を推進することもできる。その一方で、雇用面では、デジタル化は、デジタル人材とそうでない人材の所得格差を拡大させる可能性がある。また、プラットフォーム経済は、勝者総取りになりやすく独占を生みやすいという性質を内在している。

中国でビジネスを行ううえでは、プラットフォーマー規制もそうだが、中国政府が、デジタル化によって共同富裕推進の方向に導く政策を打ち出す、ということを念頭に置く必要があるだろう。

まとめ

以上、政府によるトップダウンの方針とプラットフォーマー等テック企業の取り組みの実例を織り交ぜながら、中国のデジタル化の現状と展望を見てきた。繰り返しになるが、筆者は、中国のデジタル化の急速な発展は当分続くと見ている。それは、政府のトップダウンでの方針が明確であることと、民営テック企業も含めた企業のデジタル化に向けた本気度を感じているからだ。中国のベンチャーキャピタルには記録的な投資資金が入り込んでおり、それは、消費者向けテックからハードテックに向かいつつある。これを、BtoCからBtoBへの流れと置き換えてもよい。民営テック企業は政府のスタンスを見ながら、しぶとくビジネスを方向転換させつつ、ビジネスを拡大しているのだ。

ただし、米中ハイテク産業のデカップリングや民営テック企業への行き過ぎた規制強化の継続といったリスクにも注視が必要だ。また、中国政府が、デジタル化を共同富裕推進にもつなげようとしている点も念頭に置く必要がある。

第5章

脱炭素と経済成長は両立するか？

習近平国家主席は、２０２０年9月の国連総会で、２０３０年までに二酸化炭素（CO_2）排出量をピークアウトさせること（カーボンピークアウト）、２０６０年までにCO_2排出量と吸収量の差し引きでのCO_2排出量ゼロ、すなわちカーボンニュートラルを実現する目標を表明した。中国はCO_2の排出量世界最大の国であり、その中国が、カーボンニュートラルを「国際公約」としたことは、内外に大きな注目を浴びた。

「高い経済成長を続け、最大の炭素排出国である中国が、本気でカーボンニュートラルを実現するつもりなのか」「実現する成算はあるのか」「脱炭素は中国の経済成長の制約要因とならないのか」といった疑問が生じるのは当然だ。本章では、その答えを探ることにする。

1　２０６０年のカーボンニュートラルを宣言した背景

中国は、それまでカーボンニュートラル宣言には慎重で、２０１５年に設定した脱炭素目標では、２０３０年前後のカーボンピークアウトやＧＤＰ単位当たりのCO_2排出量の２００５年対比65%を引き下げ等にとどまっていた。２０２０年9月の中国のカーボンニュートラル宣言は、新たに２０６０年までの実質カーボンニュートラルを宣言した点で大きく踏み込んだほか、カーボンピークアウトの時期を、従来の「２０３０年前後」から「２０３０年までに」ピークアウトさせるとした点でも、踏み込んだ内容となっている。

中国が、国連総会の場で、カーボンニュートラル目標を「国際公約」のかたちで打ち出したのは、

図表5-1　主要国のカーボンニュートラルに対する目標設定状況

	中期目標	長期目標
EU	2030年少なくとも▲55%（1990年比）	2050年カーボンニュートラル
英国	2030年までに少なくとも▲68%（1990年比）	2050年少なくともカーボンニュートラル
米国	2030年までに▲50-52%（2005年比）	2050年カーボンニュートラル
中国	2030年までにカーボンピークアウト GDP当たり排出量を2005年比▲65%超	2060年カーボンニュートラル
日本	2030年度までに▲46%（2013年度比）	2050年カーボンニュートラル

（出所）公表情報を基に筆者作成

自らが「人類共同運命体」を提唱している大国として、地球上の共通課題の解決に責任を果たす姿勢を示す意味合いが強いと見られる。当時、米中対立が高まるなかで、米国のトランプ政権はパリ協定から離脱していた。そうした状況で、国際社会に中国の存在感をアピールする狙いがあったであろう。先進主要国が２０５０年までのカーボンニュートラルを約束しているのに対して、中国は10年遅れの２０６０年としている（図表５－１）。

この点について、李俊峰国家応対気候変化戦略研究和国際合作中心首任主任は、「中国は発展途上国ではあるが、２０５０年には全面的に現代化を実現する国家だ。将来の目標を決める際、完全に発展途上国基準とするのも、完全に先進国並みの基準とするのも適切ではない。このため、実質カーボンニュートラルの時期を一般の先進国に比べ10年遅く設定した」旨を解説している。[1]

中国のカーボンニュートラル宣言には、習近平政権の国内政治面での考慮も働いていると見られる。習近平国家主席は、2021年3月15日の党中央財経委員会で、「緑色・低炭素の『質の高い発展』の道を揺らぐことなく歩まなければならない」と述べている。習近平政権は、中国が、2020年に全面的な小康社会を実現し、新しい発展段階に入ったと位置づけている。新しい発展段階においては、「質の高い発展」を歩む必要があり、それには緑色・低炭素の発展が不可欠だとアピールする狙いだ。

緑色・低炭素の発展は習近平政権が目指す共同富裕とも関連する。中国は現在、浙江省を共同富裕のモデル区に指定し、様々な試行を行っている。モデル区での位置づけの一つが、「文明的で調和がとれ美しい故郷の展示地域」だ。「緑の水・青い山こそが金山・銀山である」という理念を実践し、美しく住みやすい生活環境を作り上げるとしている。共同富裕、すなわち皆で豊かになるということは、美しく住みやすい環境を作り上げることも含まれているのだ。

このように、**中国のカーボンニュートラル宣言に政治的意図があるにせよ、内外に目標を宣言する以上、安易に空手形を打つことはできない。**経済社会生活と両立するかたちで実現可能である必要がある。中国政府には成算があると考えるべきだ。金振ほか（2021）[2]は、「中国が脱炭素成長戦略への転換に至った政治決断の背景には、『脱炭素社会の実現は国益につながる』という認識の定着化が挙げられる」と指摘する。

後述するとおり、世界中が脱炭素に向かうことは、世界最大の再生可能エネルギー産業を有する中国の追い風になるほか、世界の自動車産業のＥＶシフトも世界最大のＥＶサプライチェーンを有する中国に有利に働く。さらに、脱炭素の取り組みは、既存産業の構造転換とレベルアップにもつながる。

つまり、中国は、経済的に見ても実行可能な目標である、という点に自信を持てたので、カーボンニュートラル宣言に踏み切ったのだ。

脱炭素で経済成長を狙う中国の考えは、政府の5カ年計画に掲げられた環境保護・脱炭素関連の目標の変化に表れている。脱炭素・環境保護について、第13次5カ年計画（2016〜2020年）では、大項目として「生態環境改善の加速」が掲げられ、その中の一項目に環境保護産業の発展が示されていた。

これに対して、第14次5カ年計画（2021〜2025年）は、大項目に「緑色発展の推進」が掲げられ、経済発展方式のグリーントランスフォーメーション（GX）が強調されている。GXとは、CO_2を主体とする温室効果ガスを発生させないグリーンエネルギーに転換することで、経済や社会を変革し、成長につなげることを意味する。

つまり、脱炭素を経済成長につなげていこうという考えがより明確になっている。そして、中国の「緑色発展」戦略は、これから述べるとおり、絵に描いた餅ではなく、周到に考えられた戦略と言える。

2　中国政府の目算

(1) 宣言の背景に政府シンクタンク合同での研究プロジェクトの存在

中国は2060年までのカーボンニュートラル達成に向けどのようなロードマップを描いているの

か。現時点では、2060年までの公式なロードマップは示されていない。しかし、理論的バックボーンとなったと思われる研究が存在する。元国家環境保護総局長、国家発展改革委員会副主任（大臣級）の解振華中国気候変動特使が筆頭となった中国低碳発展戦略与転型路径研究プロジェクト（以下「研究プロジェクト」）だ。

解振華によれば、研究プロジェクトチームは、清華大学気候変化与持続発展研究院を筆頭に国家信息中心、中国社会科学院、中国科学院ほか24の政府シンクタンクのメンバーが集まって、立ち上げられた。2019年から2020年前半にかけて研究が行われ、2050年までの中国の低炭素発展戦略、道筋、技術、政策提言を提出した。その後、対外的には、概括的な報告結果が2020年10月に清華大学によって発表され、詳細は、一冊の書籍となって2021年8月に出版された[3]。

書籍には、中国の政府系シンクタンクが総力を挙げて研究した包括的な脱炭素戦略が示されている。おそらく、中国政府は、対外発表前に同報告の提出を受け、それを吟味したうえで、2060年までのカーボンニュートラル達成は可能と判断し、2020年9月の宣言に踏み切ったのだろう。

（2）研究プロジェクトの脱炭素シミュレーション

研究プロジェクトでは、四つのシナリオを置いて、2050年までの脱炭素の道筋をシミュレーションしている。四つのシナリオは、以下のとおりだ。

- 政策シナリオ：従来のGDP単位当たりのCO_2排出量削減ペースを維持する（年平均▲4％）

シナリオ

- 強化シナリオ：より積極的な政策を取り、GDP単位当たりのCO_2排出削減ペースを引き上げる（年平均▲4・5％）シナリオ
- 2度シナリオ：国連気候変動枠組条約の2050年までの世界の気温上昇を産業革命以前から2度以内に抑える目標に適合したシナリオ
- 1・5度シナリオ：国連気候変動枠組条約の2050年までの世界の気温上昇を産業革命以前から1・5度以内に抑える目標に適合したシナリオ。2050年にカーボンニュートラル達成

結果として、中国政府は、1・5度シナリオよりも10年遅い2060年までのカーボンニュートラル達成を目標に設定した。研究プロジェクトチームのメンバーでもあった祝宝良国家信息中心チーフエコノミストは講演[4]で、2060年のカーボンニュートラル達成は、四つのシナリオで言えば、2度シナリオと1・5度シナリオの中間ぐらいの目標だ、としている。おそらく、中国政府は、1・5度シナリオは、経済面への影響などを考えるとハードルが高いと考え、1・5度シナリオと2度シナリオの中間くらいに目標を設定したのではないか。

研究プロジェクトのシミュレーションで見たCO_2排出量の四つのシナリオ別のシミュレーション結果は、図表5－2のとおりだ。2050年のCO_2の排出量は、1・5度シナリオでほぼゼロ、2度シナリオでは2020年の4分の1まで減少する。重要な点は、1・5度シナリオ、2度シナリオとも、2030年にカーボンピークアウトする程度では不十分で、2030年よりかなり前にカーボ

図表5-2　研究プロジェクトのCO_2純排出量の
シナリオ別シミュレーション結果

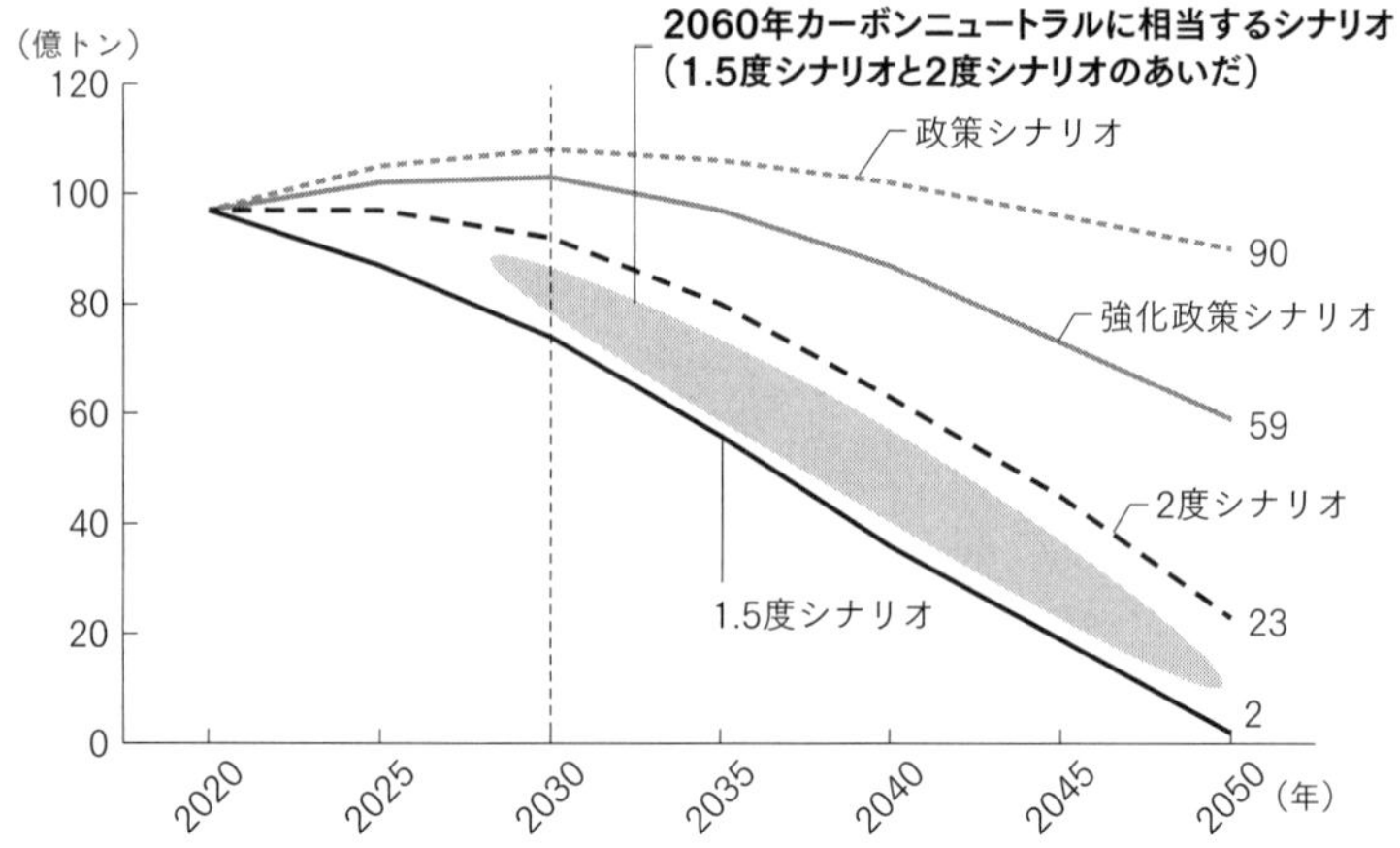

（出所）中国長期低碳発展戦略与転型路径研究課題組「読懂碳中和：中国2020－2050年低碳発展行動路線図」を基に筆者作成

ンピークアウトが必要になるという点だ。おそらく、２０３０年までのカーボンピークアウトを表向きは掲げつつ、実際にはそれ以上のペースで脱炭素を急ぐつもりだろう。

日本製鉄の橋本英二社長は、２０２１年５月の記者会見で、（中国は２０３０年まではCO_2削減はせずに、２０６０年に向けて大幅削減するという方針を打ち出しているが）「鉄鋼業に対する中央政府の指示は、足元からカーボンニュートラルに向けて本格検討せよということになっている。今回の輸出入に関する税制変更を見ても、それははっきりしている」としている。[5]

実は、中国にとって、２０３０年までのカーボンピークアウト達成は、高いハードルではなさそうだ。中国のCO_2排出量の年平均増加率は、２０００〜２００５年12・７％、２００５〜２０１０年６・０％、２０１０〜２０１５年２・６％、２０１５〜２０２０年１・３％と着

図表5-3　研究プロジェクトの非化石エネルギーの一次エネルギー消費比率予測

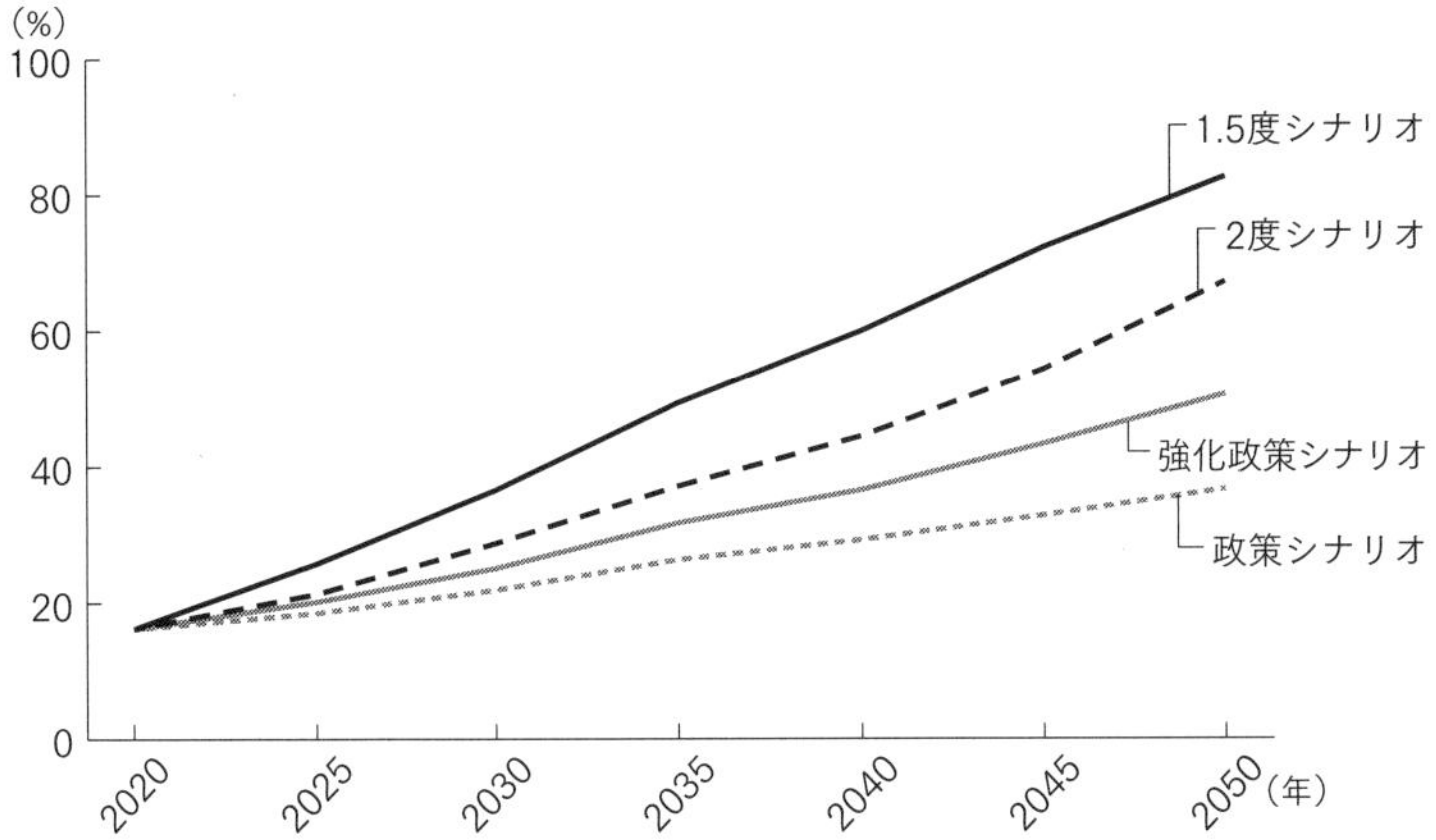

（出所）中国長期低碳発展戦略与転型路径研究課題組「読懂碳中和：中国2020－2050年低碳発展行動路線図」を基に筆者作成

実に低下している。２０２１年９月にＩＥＡ（国際エネルギー機関）が発表した、「中国のエネルギーセクターのカーボンニュートラルへのロードマップ」と題するレポート[6]も、「中国のCO_2排出量は増加しているが、２０３０年以前のピークアウトが視野に入っている」としたうえで、早めにカーボンピークアウトを達成することが、「２０３０年以降の排出削減負担を軽減する」と指摘する。中国政府は、内外への目標設定とは別に、おそらく２０３０年よりも何年か前にカーボンピークアウトを実現させるつもりだろう。

　図表５―３は、研究プロジェクトによる非化石エネルギーの一次エネルギーに占める消費比率の予測だ。これを見れば、カーボンニュートラルへの主な道筋は、再生可能エネルギーを中心とする非化石エネルギーの拡大にあることが分かる。非化石エネルギーの一次エネルギーに

図表5-4　研究プロジェクトの2050年時点の電力容量構成比予測

（%）

	2度シナリオ	1.5度シナリオ
石炭	1.9	0.5
石炭CCS	1.5	3.5
天然ガス	3.5	3.0
原子力	5.8	4.9
再生可能エネルギー	87.4	88.1
水力	7.3	6.3
陸上風力	39.5	39.3
洋上風力	1.6	2.6
太陽光	38.4	39.2
バイオマス	0.1	0.0
BECCS	0.6	0.8

（出所）中国長期低碳発展戦略与転型路径研究課題組「読懂碳中和：中国2020－2050年低碳発展行動路線図」を基に筆者作成

占める消費比率は２０２０年の16％から２０５０年には２度シナリオで67％、１・５度シナリオで83％まで上昇する予測となっている。

図表５－４は、研究プロジェクトが予測する２度シナリオ、１・５度シナリオ下の２０５０年時点の電力容量構成比だ。いずれのシナリオでも、再生可能エネルギーが９割弱と電力の主力を占める。風力と太陽光がそれぞれ４割前後を占めている。

(3)研究プロジェクトのシミュレーションは現実的か?

肝心なのは、研究プロジェクトのシミュレーション結果が現実的かどうかだ。２０３０年までのカーボンピークアウトはさほど難しくないとしても、問題は2060年までのカーボンニュートラル達成ができるかどうかだ。この点、中国に有利なのは、再生可能エネルギーの拡大余地が大きい点だ。再生可能エネルギーのコストが石炭火力のコストを下回る状況が見えてきているほか、西北の砂漠地域に大規模に太陽光パネルや風力発電施設を設置することが可能なためだ。

諸外国と比べて中国は再生可能エネルギー拡大のアドバンテージがあるとしても、2060年のカーボンニュートラル達成は容易な目標ではない。研究プロジェクトに参加した祝宝良・国家信息中心チーフエコノミストは、2021年11月の講演で、「2060年の実質カーボンニュートラルの達成には、技術的に大きなブレークスルーが必要になる[7]」としている。

中国国有の投資銀行である中金公司の研究[8]によると、次世代技術として、今後中国が求める技術的ブレークスルーは、再生可能エネルギーの分散型電源システム、CCS、水素エネルギーなどだ。再生可能エネルギーの分散型電源システムとは、生産した再生可能エネルギーを消費地に分散貯留するシステムを指す。CCSとは、Carbon dioxide Capture and Storage の略で、発電所や化学工場などから排出されたCO_2を、他の気体から分離して集め、地中深くに貯留する技術を指す。BECCSはバイオマス発電で発生したCO_2を地中に貯留する技術のことだ。

中国政府は、現在の技術の延長線上だけでは2060年までのカーボンニュートラル達成が高いハードルであることは認識している。そのため、現在の技術水準の延長線で先までの計画を立てるのではなく、今後、イノベーションが起こっていくことに期待しているのだろう。

後述するとおりイノベーションを引き出すために市場メカニズムを利用しようとしている点も特徴

だ。今後30〜40年の間に、世界的に見れば技術的ブレークスルーが起こる可能性は十分あると筆者は考える。特に、中国よりも10年早く実質カーボンニュートラルを達成する必要のある先進国で先行的に研究開発が進む技術もあるだろう。中国が、先進国よりも10年遅く実質カーボンニュートラル時期を設定したのは、そうした先進国の技術的ブレークスルーを後追いできる、といった現実的な考慮もあるのではないか。

前出のＩＥＡのレポートも、「２０６０年までにカーボンニュートラルに到達できるかどうかは、クリーンエネルギーのイノベーションを大きく加速できるかにかかっている」としたうえで、「中国は、多くの強みによって、カーボンニュートラルへの独自の移行を成功させ、同時に、技術とエネルギー政策立案における国際的なリーダーシップを示すのに適したポジションにある」としている。

つまり、中国の２０６０年の実質カーボンニュートラルは再生可能エネルギーの活用でかなりの程度までは行けるが、達成には技術的ブレークスルーが必要。中国は、それも踏まえて、達成時期を先進国対比10年遅くして、先進国の技術的ブレークスルーを後追いすることも見据えた、というのが現時点での筆者の見立てだ。

3 中国の脱炭素戦略：四つのポイント

脱炭素を経済成長と両立させる、あるいは脱炭素を経済成長のテコにするというのが中国の脱炭素戦略だとした。ここでは、中国の脱炭素戦略において筆者なりに重要だと思う四つのポイントを挙げたい。

①世界一の競争力の再生可能エネルギーへの代替
②経済社会全体でのGX推進
③石炭産業の座礁資産化防止に配慮
④市場メカニズムをテコにした脱炭素の技術革新推進

（1）世界一の競争力の再生可能エネルギーへの代替

第一のカギは再生可能エネルギーだ。中国は、太陽光と風力の二大再生可能エネルギーで世界一のシェアを誇る。太陽光と風力を合わせた再生可能エネルギー設備の世界シェアでは、中国は2020年末で32%と圧倒的な世界一だ（図表5－5）。

中国の高いシェアを支えているのは、中国メーカーの圧倒的なコスト競争力を背景とする再生可能エネルギーの価格の安さだ。中国の再生可能エネルギーの発電コストは低下を続けており、前述の研究プロジェクトは、第14次5カ年計画（2021～2025年）中に太陽光と陸上風力の発電コストが、世界的にも安いと言われる中国の石炭火力の発電コストを下回ると予測している。

金振ほか（2021）によると、中国製ポリシリコン、太陽電池、太陽電池モジュールの世界シェアは、それぞれ、67%、79%、71%を占めており、世界200カ国に輸出している。中国産風力発電設備の製造量は、世界全体の41%を占めている。つまり、世界が脱炭素に取り組み、再生可能エネル

図表5-5　再生可能エネルギー設備の世界シェアの推移

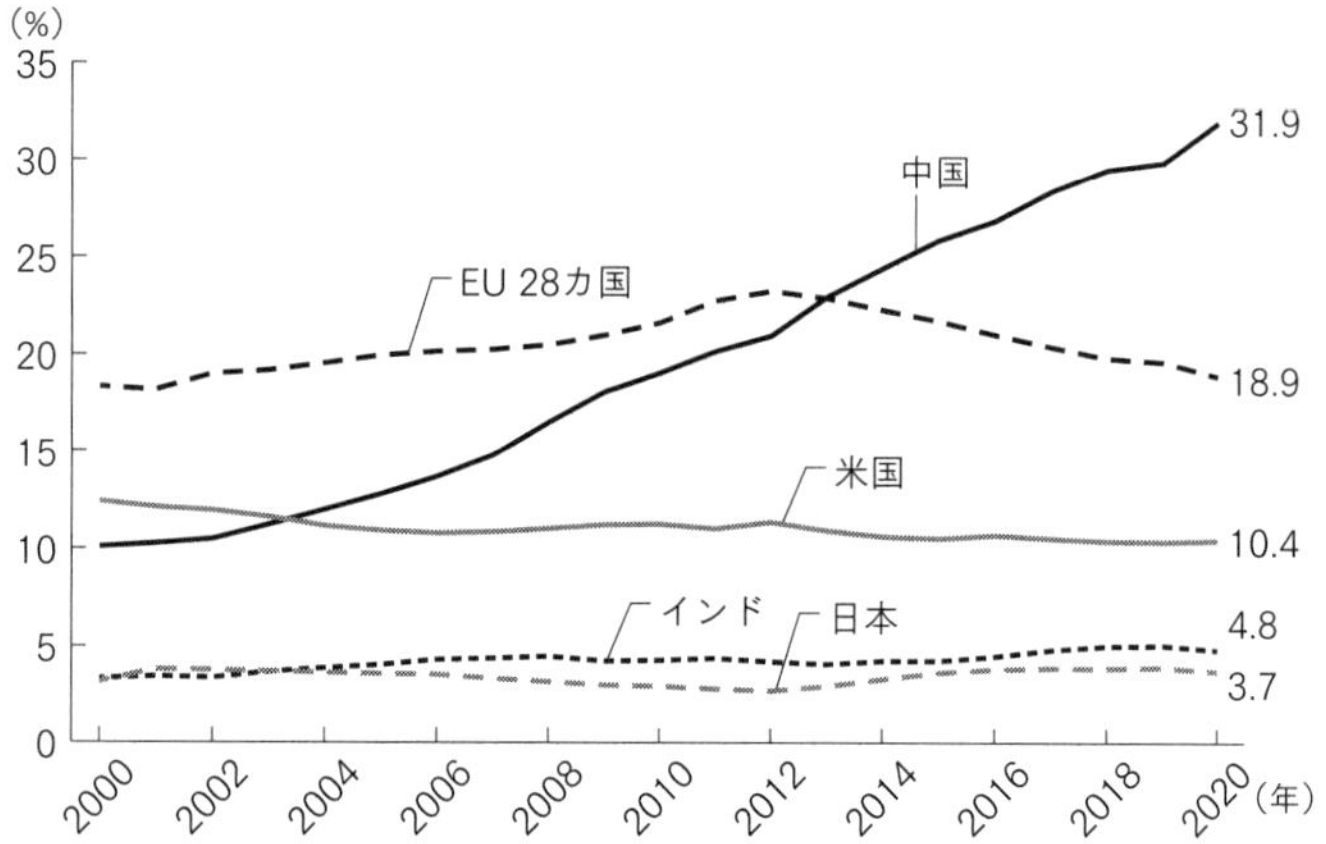

（出所）IREAを基に筆者作成

ギーへシフトすればするほど、価格競争力のある中国の製品が売れることになる。

井熊均ほか（２０２１）[9]は、太陽光パネルにおいて中国メーカーがこれほど競争力を得たのは、日本や欧州で技術が確立していた単結晶や多結晶シリコン系パネルを「半導体製造装置メーカーが提供する製造装置を使って」大量生産することに専念したからだ、と指摘。苛烈な中国国内市場での競争が、グローバル競争力を持つ企業を生み出したとする。これに加えて、海外で欧州や日本、中国国内で導入されたＦＩＴ（固定価格買取り制度）をうまく活用して販売を伸ばしたとする。筆者も同感だ。

中国の太陽光パネル市場は、２０１０年代半ばの頃は、典型的な過剰生産能力業種だった。２０１４年に中国で初めて社債の債務不履行を起こした上海超日も太陽光パネルメーカーだったことは、象徴的な事例と言える。そうした優勝劣敗の厳しい市場において、淘汰・再編が進み、コスト競争力に優れる会社だけが生き残り、世界市場でもシェアを上げていった。

太陽光だけではない。風力発電や洋上風力発電でも今後世界で新設導入される設備の過半を中国企業が占めている。中国メーカーの圧倒的なコスト競争力と国内市場での厳しい競争状況を踏まえると、太陽光と風力発電における中国メーカー優位性は今後も続くと見ておくべきだろう。

習近平国家主席は、２０２０年12月の世界気候サミットで、風力および太陽光発電設備容量を２０２０年の５・３億キロワットから２０３０年には12億キロワット以上に拡大する目標を公表した。そして、２０２１年10月には国連生物多様性条約国会議で、「第１期の設備容量約１億キロワットのプロジェクトは順調に着工した」と明らかにした。１億キロワットは、日本の再生可能エネルギーの総容量に匹敵する。中国は、桁違いの勢いで再生可能エネルギー設備の建設を加速している。

なお、再生可能エネルギーの拡大にあたっては、課題もある。金振ほか（２０２１）は、送電網設備の整備とバックアップ電源確保による安定供給の二つが課題だと指摘する。中国で大量に再生可能エネルギーを生産できるのは、西北部の砂漠地帯だ。その一方、大量に電力を消費するのは東部沿海部であり、両地域の間に一度に大量の送電が可能な超高圧の送電網の整備が必要になる。

また、太陽光、風力とも発電量は天候の変化の影響を大きく受けるため、バックアップ電力（火力、水力がメイン）や蓄電池を整備し、電力を安定供給することが必要になる。中国もこれらの課題は十分認識しており、超高圧送電網とバックアップ電力の整備に急ピッチで取り組んでいる。

ここには日本企業の商機もあるだろう。超高圧送電網に使われる、電気を通す高品質の電磁鋼板は、日本の鉄鋼メーカーが競争力を持っている分野だ。また、電磁鋼板は、ＥＶのモーターの材料でもある。また、再生可能エネルギーを蓄える蓄電池には、EV蓄電池を再利用することが考えられる。トヨタは、神戸市においてJERAなどと共同で蓄電池用に再利用する事業を開始した。[10] EVの蓄電池の再生可能エネルギー用蓄電池としての再利用モデルを日本企業が確立できれば、それを中国にも展開することができるだろう。

(2)経済社会全体でのグリーントランスフォーメーション(GX)推進

①GXで経済社会の変革を狙う

第二のカギはGXだ。習近平国家主席は、2021年11月11日のAPECビジネスサミットにおいて、「我々は経済発展の中でGXを促進し、GXの中でより大きな発展を実現しなければならない」とし、経済成長とGXを同時に進めていく決意を示した。中国の狙いは、脱炭素にテコにして、あらゆる産業が高効率でクリーンなかたちにアップグレードすることだ。日本では、1970年代、2度の石油危機を受け、官民一体で省エネ方針を掲げ、経済社会が低エネルギー、高効率の体質に変革していった。中国は、これと同じことを、脱炭素を通じて実現しようとしている。図表5-6は、第14次5カ年計画が示した中国のGXの内容だ。

②製造業のグリーン化:急ぎ過ぎると不良資産化のリスクも

GXで、特に重要なのは製造業だ。中国の用途別のCO_2排出量を見ると、2019年時点で、電力の40%に次いで工業は29%と大きな割合を占めている(図表5-7)。特に素材産業を中心に高エ

図表5-6　第14次5カ年計画で示された中国のGXの内容

- 高エネルギー消費・高汚染物質排出設備の一方的な発展の断固抑制
- 石炭などの化石エネルギーのクリーンで高効率な利用の推進
- 鉄鋼、石油化学、建材などの業界のグリーン化改造の推進
- 大口貨物と中長距離貨物の道路輸送から鉄道、水路輸送への転換加速
- 都市バスと物流配送車両の電動化推進
- グリーン産業の拡大、グリーンイノベーションの推進
- グリーン製品の標準化体系構築と省エネ家電・節水器具の普及メカニズムの整備
- グリーンライフ創出行動の展開

（出所）第14次5カ年計画を基に筆者作成

図表5-7　中国の用途別CO_2排出量の推移

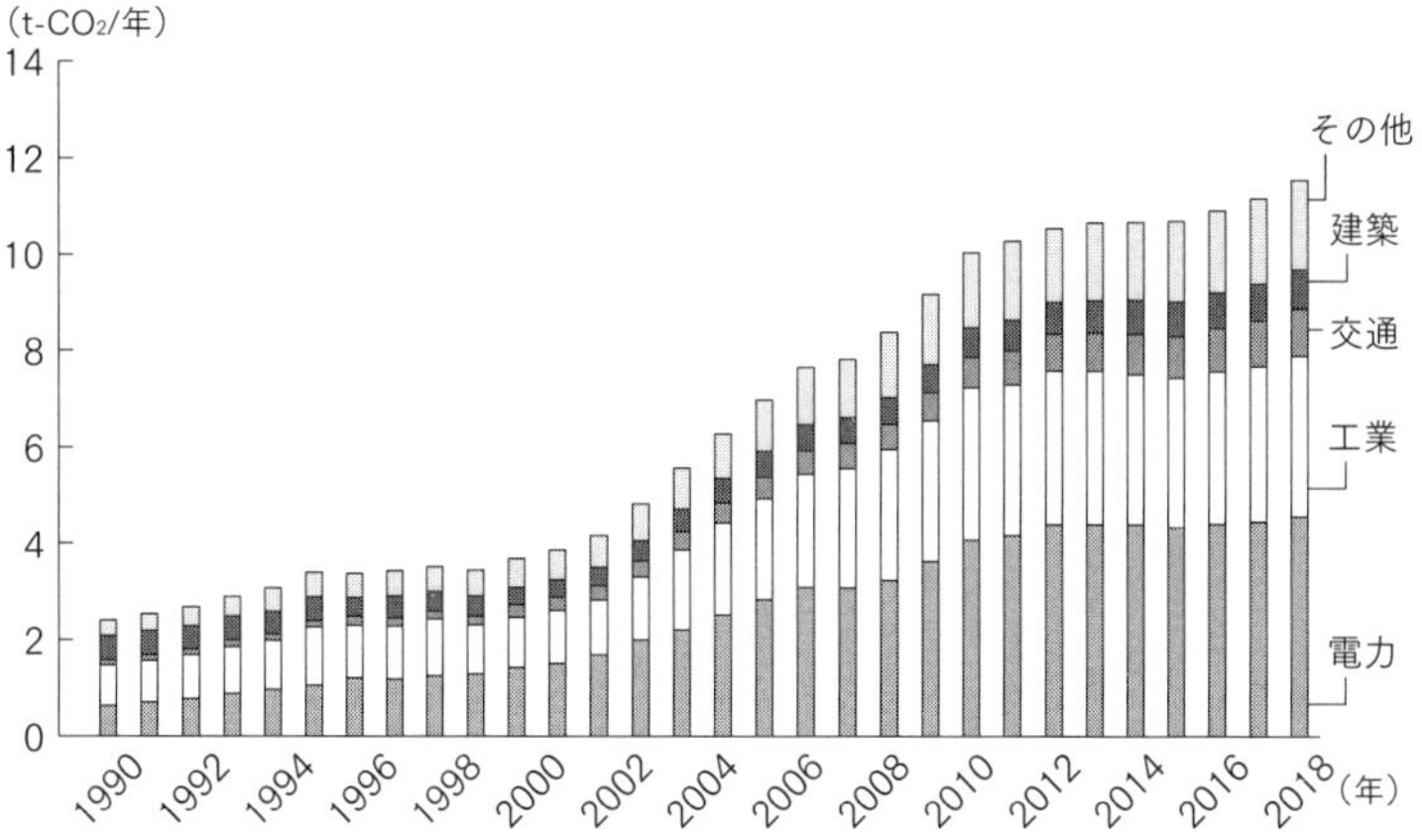

（出所）EDGARを基に筆者作成

ネルギー消費・高汚染物質排出設備を淘汰していく方針だ。２０２１年5月、政府の環境生態部は、各地方で計画を立てて淘汰・更新を進め、新規増加は厳格に抑制する方針を明らかにしている。なお、高エネルギー・高汚染物質排出設備の淘汰のプロセスがスムーズにいかなければ、経済や金融システムへの影響の増大につながりうる点には注意が必要だ。ＩＭＦは、中国において、CO_2排出の多い産業は、利息と短期債務の支払い額が利益と流動資産額を上回っているため、多くの企業が流動性リスクに直面していると警告している。[11] 中国政府は、その点も認識しており、例えば、２０２１年7月30日の党政治局会議は、脱炭素の「運動式活動」を戒めている。それでも、後述する石炭資産の座礁化リスクと合わせて留意する必要がある。

③ＥＶシフトの急速な進展：新たな経済成長のポイントにも

２０２１年10月に発表された国務院の「２０３０年までのカーボンピークアウトの行動計画」は、「立ち遅れた生産能力からの撤退を加速するとともに、戦略的新興産業の発展に力を入れる」としている。このように製造業のＧＸでは、エネルギーや炭素排出の少ない戦略的新興産業を発展させることも、中国政府の狙いだ。中国政府は、戦略的新興産業として、ＡＩや5Ｇ、ビッグデータ解析等の次世代デジタル技術、スマート製造産業、新素材、バイオ、新エネ自動車などを指定している。なかでも、脱炭素と関係が深いのは、新エネ自動車、とりわけバッテリー駆動式の電気自動車（ＥＶ）産業だ。

そのＥＶの普及が中国で一気に進みつつある。２０２１年、中国のＥＶの販売台数は２９１万台と

図表5-8　中国のバッテリー駆動式電気自動車（EV）の販売台数推移

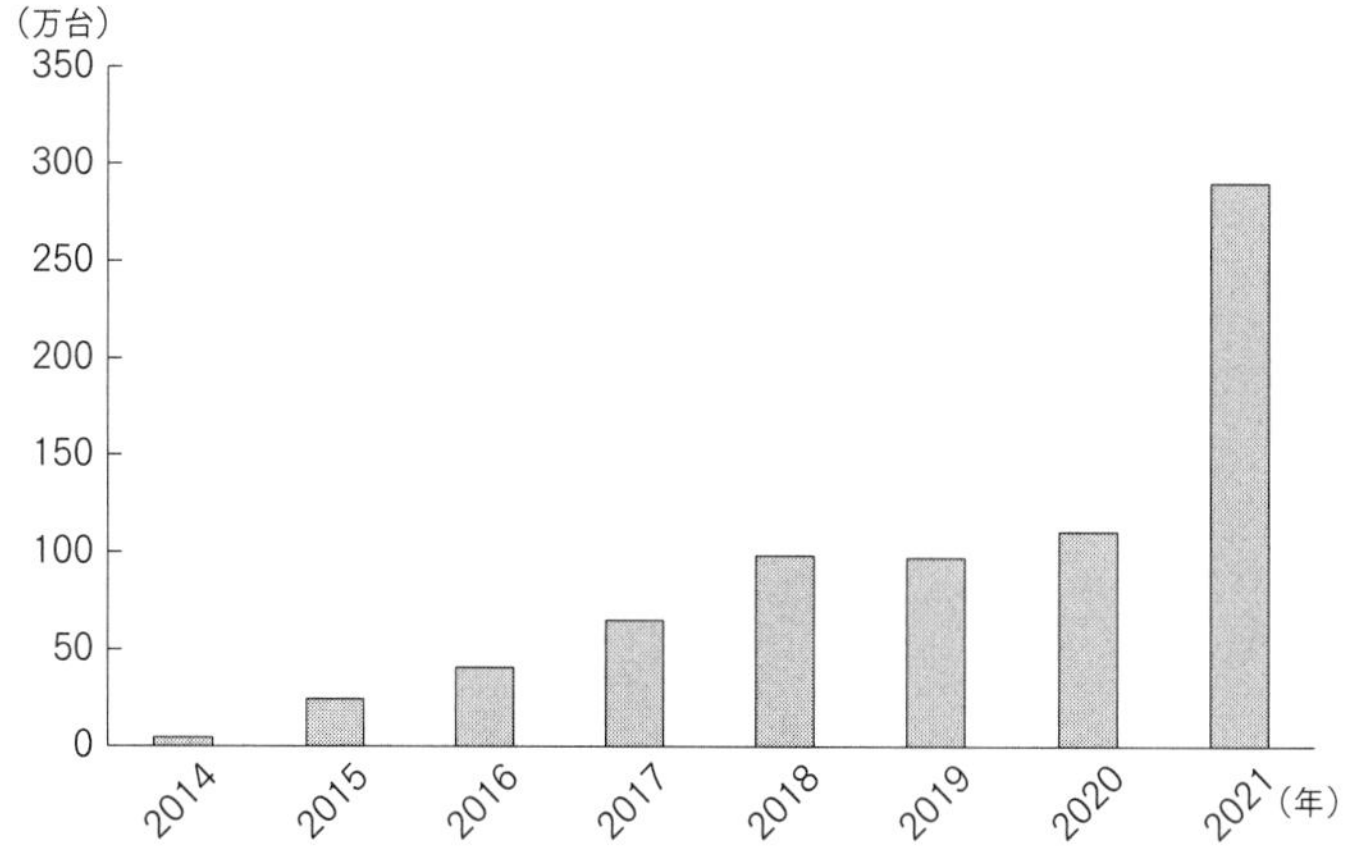

（出所）中国工業汽車協会発表の報道等を基に筆者作成

２０２０年の２・６倍に急拡大した（図表５－８参照）。プラグイン・ハイブリッドを含まないバッテリー駆動式電気自動車に限れば、世界の半分を優に超えるＥＶが中国で売れたことになる。

ＥＶの普及は、中国政府にとっても悲願だった。中国では、販売台数の大半を占めるガソリン車では、日本や欧米の自動車メーカーとの合弁企業が優位を占める。中国地場メーカーも徐々に力をつけ、販売シェアを伸ばしてきたが、日本や欧米勢との差は縮め切れていない。内燃機関を含むサプライチェーン全体の力量の差があるからだ。中国政府は、ＥＶが、外資系優勢のガソリン車中心の中国自動車市場のゲームチェンジャーになりうるものと期待し、手厚い補助金で支援してきた。

補助金の助けもあって、ＢＹＤをはじめ中国地場メーカーが電気自動車を手掛け、ＥＶ販売台数は２０２０年には１００万台まで増えた。ただ、補助金額が年々減少してきたことや安全基準などの規制強化もあり、２０１９年には販売台数が減少に転じるなど頭打ち感が一時的に出ていた。それが、２０２１年になって爆発的に拡大した。なぜか？

中国におけるサプライヤーも含むＥＶ製造の能力が向上し、コストパフォーマンスで見て消費者の眼にかなう魅力ある車種を販売できるようになったことが、最大の理由だ。中国には、世界最大の自動車蓄電池メーカーであるＣＡＴＬをはじめ、川上から川下まで世界で最も充実したＥＶサプライチェーンが整備されていることが大きい。大都市でのナンバープレート発給の面でガソリン車に比べてＥＶが優遇されていること、都市部での充電スタンドの整備が進んだことも、ＥＶ販売を後押ししている。

政府の規制も、ＥＶシフトを後押ししている。政府は、新エネ車生産台数と燃費改善クレジットをポイント化し、完成車メーカーに対し新エネ車への注力を求めている。デュアルクレジット制と呼ばれる規制だ。ポイントは企業間で取引ができる仕組みになっており、新エネ車の生産台数割合が政府の要求に満たない企業は、同割合の高い企業からポイントを購入せざるを得ない。求められる新エネ車生産台数と燃費改善のポイントは年々厳しくなっており、各社は、ＥＶを中心とした新エネ車にこぞって注力するようになっている。

中国のＥＶ販売で伸びが目立つのは、中高価格帯ゾーンと低価格帯ゾーンの車種だ。中高価格帯では、テスラのほか、地場系では従来からＥＶに強いＢＹＤに加えて、ＮＩＯ、小鵬といった新興企業の勢いが増している。これら新興企業には、アリババ、テンセントといった大手テック企業も出資している。ＮＩＯは、テック企業ならではの顧客体験重視のサービスが強みだ。一方、超小型車では、上汽GM五菱が販売する五菱宏光MINIが日本円で50万円という超低価格で人気だ。地方の中小都市、農村のニーズを捉えた商品だ。

中国のEV販売の拡大は今後も続き、2022年は500万台を超えると見られる。これは、日本の全自動車の年間販売台数を上回る規模感だ。2020年10月、中国汽車工程学会は、中国政府の指導の下、2025年の自動車生産台数3200万台の2割を、2035年には同4000万台の5割を、それぞれ新エネ車とするロードマップを発表した。新エネ車の95%は、EVとする計画だ。

EVシフトは、中国の新たな成長ポイントになるだろう。コストパフォーマンスに優れた中国のEVやEV蓄電池の世界への輸出はすでに急増しており、今後も拡大していくのは間違いないだろう。2021年の中国のEV輸出は、前年比2・6倍の50万台と急増した。〈12〉欧州向けが中心だが、日本にも商用EVの輸出が始まっている。〈13〉

ただし、**EVシフトがCO_2排出削減にすぐ結びつくわけではない。**むしろ、石炭火力のウエイトが6割弱の現在の中国の電源構成では、EVへのシフトはかえってCO_2排出を増やす方向に作用する。しかし、2030年以降電源構成が大きく非化石エネルギーにシフトするプロセスでは、EV化がCO_2削減に大きく寄与するのは間違いない。中国では再生可能エネルギーへの大規模なシフトの道筋が見えているからこそ、EVシフトができるとも言えるだろう。

日本の完成車メーカー、サプライヤーにとって、中国のEVシフトはチャレンジでもあり、チャンスでもある。チャレンジは、もちろん内燃機関のサプライヤーを含め、これまでのガソリン車での優位性が活かせなくなることだ。中国メーカーの日本国内への商用EVの輸出も2022年から始まる。

中国市場だけでなく国内市場でも競合が始まりつつある。

一方、チャンスの一つは、ハイブリッド車の販売拡大だ。前述のロードマップでは、2035年の自動車生産台数の残り半分の2000万台はハイブリッド車となる予定であり、2021年の59万台から大幅に増える計画だ。ハイブリッド車は、日本メーカーの得意技であり、また、内燃機関も残るためサプライヤーのビジネスも残る。ただし、2035年以降はハイブリッド車にも徐々に規制がかかり、最終的には販売が減少していくと見られるため、長期的な変化にどう対応するかは大きな課題となる。

もう一つのチャンスは、前述した蓄電池の再利用だ。現在、中国ではEVの使用済み蓄電池の中古電池としての再利用と資源回収のシステムが未整備だ。業界関係者によるとEVバッテリーの8割程度が非正規ルートで取引され、再利用は限定的で、小規模施設で不適切かつ非効率にリチウム等の資源が回収されているとされる。環境保護の面だけでなく、資源利用の面からも問題だ。

ガソリン車において、日本車は、過去数年間中国市場でシェアを上げてきた。それは、中国で中古市場が拡大し、品質が長持ちすることから中古価格が高い日本車が好まれる傾向が強まってきたことが重要な要因だ。もし、日本勢が、中古蓄電池の多目的な再利用の枠組みをうまく整備できれば、日本のEVの中古車としての価値を上げることにつながる。さらにこうした枠組みを世界最大の中国市場で確立できれば、世界のEV市場でも有利に勝負できるかもしれない。

(3)石炭資産の座礁化防止への配慮

中国が再生可能エネルギーへシフトしていくなかで、懸念されるのは、中国の石炭資産の座礁化だ。中国はエネルギー消費量の6割弱を石炭に依存している世界最大の石炭消費国だからだ。石炭から再生可能エネルギーへのシフトは順調に進むのだろうか。筆者の結論を先に述べれば、2030年以降に相応規模の座礁資産の発生は免れないが、経済規模対比で考えれば十分吸収可能だろうと見ている。

まず認識しておくべきは、少なくとも2030年までは石炭火力発電容量の大規模な削減は計画されていないということだ。政府が2021年10月に発表した「2030年までのカーボンピークアウトの行動計画」では、「国家エネルギー安全保障と経済発展を最低ラインとし、時間を稼いで新エネルギーへの代替を徐々に実現し、エネルギーの低炭素へのモデルチェンジの安定した移行を推進する」としている。急激な石炭エネルギーの代替が経済に与える影響や座礁資産化を回避しようという認識が窺える。

ただし、2030年以降は脱石炭火力の動きは加速する見通しであり、そのプロセスで一部の石炭火力設備の座礁資産化は免れないだろう。この点を、前述の研究プロジェクトの試算で見ていこう。研究プロジェクトが試算した、1・5度シナリオと2度シナリオの2つのシナリオ下での石炭火力容量の推移が図表5－9だ。2020年から2030年にかけては、石炭火力の容量の減少幅はさほど大きくないが、2030年以降は更新期限の到来しない若い設備の廃棄も進むと予測している。

石炭火力は再生可能エネルギーのバックアップ電源として一部残るが、その規模は2050年には現在の10分の1以下になる予測だ。研究プロジェクトは、石炭火力発電設備の削減は、主として更新

図表5-9　清華大学プロジェクトの石炭火力発電容量の予測

（GWh）

	2017年	2020年	2030年	2035年	2040年	2050年
2度シナリオ	981	1,100	1,015	935	655	108
1.5度シナリオ			992	836	308	35

（出所）中国長期低碳発展戦略与転型路径研究課題組「読懂碳中和：中国2020－2050年低碳発展行動路線図」を基に筆者作成

期限の到来した設備の廃棄によって進められるが、一定程度の座礁資産化は免れないとしている。

研究プロジェクトは、２０１８～２０５０年の間に、石炭火力の座礁化により、「２度シナリオ」で１０４８億元、「１・５度シナリオ」で６５５１億元の損失が発生すると予測する。１・５度シナリオでの損失は、現在のＧＤＰ規模対比で見れば０・６％に当たり、これを30年以上かけて負担していくことになる。不良資産化が一気に起これば、経済や金融システムへの影響も無視できない。しかし、時間をかけて処理を進めれば、中国経済に与える影響はマクロ的には軽微と判断できるだろう。

（４）市場メカニズムを活用した脱炭素技術ブレークスルーへの期待

前述したとおり、２０６０年までの実質カーボンニュートラル達成には、現行技術の延長ではない技術的なブレークスルーが必要になる。国家信息中心の祝宝良チーフエコノミストは、「炭素排出権取引市場やエネルギー市場の役割を十分活用し、競争を促進し、技術革新を推進すべき」としている。(14)中国は、イノベーションを推進するインセンティブとして市場メカニズムの活用を考えているのだ。市場メカニズムの活用で期待されるのは炭素排出権取引市場とグリーンファイナンスだ。

①２０２１年７月にスタートした全国統一の炭素排出権取引市場

２０１１年、中国は北京、天津、上海、重慶、湖北、広東および深圳の七つの省・市で炭素排出権取引の試行業務を開始していた。そして、２０１７年12月、国家発展改革委員会は、「全国炭素排出権取引市場建設方案（電力業界）」を発表、電力業界だけに限定するかたちで、先行的に全国統一の炭素排出権取引を行う方針を打ち出した。そして、２０２１年７月から、全国統一のオンライン取引市場が上海で開始された。電力業界の重点排出機関２１６２社が参加し、約45億トンのCO_2排出量をカバーする、世界最大規模の炭素市場となった。

同市場の開設後、２０２１年末までの半年間の取引額は炭素排出権１・７９億トン、76・６１億元だった。現時点では取引額はさほど大きくないが、政府は今後、炭素権取引に参加する業界のカバー範囲と取引主体の範囲を拡大する方針だ。市場メカニズムを通じた企業へのインセンティブ付けをテコにして、イノベーションを促すというのは正攻法だろう。

ＥＶ産業では、中国政府が導入したデュアルクレジット制の下、新エネ車生産のポイントを売買する市場取引がインセンティブ付けとなってＥＶ産業のイノベーションが促進された。今後、炭素排出規制の強化とともに炭素排出権取引の参加主体を電力関係以外の企業にも拡げていけば、イノベーションの後押しにつながると見られる。

②中国のグリーンファイナンスへの取り組み

市場メカニズムを活用したインセンティブ付けという意味では、金融を通じて脱炭素への投資を促すグリーンファイナンスも重要だ。中国のグリーンファイナンスが勢いづいたのは、2016年だ。この年、中国がG20の議長国となった。財政金融トラックの一大アジェンダとして、議長国の中国主導でグリーンファイナンスが組み入れられた。グリーンファイナンス推進は、杭州で開かれたG20サミットのコミュニケでも提唱された。

これに合わせ、中国人民銀行はじめ政府7部門は、2016年8月に「グリーンファイナンス体系の構築に関する指導意見」を公表した。同意見がトップダウンの中国のグリーンファイナンスの青写真となった。その後、中国では、グリーンボンド発行が進み、2021年末の発行残高は1・16兆元と、米国に次ぎ世界第2位となっている。また、政府は金融機関に対してグリーンプロジェクトへの融資を奨励しており、中国人民銀行統計によれば2021年末のグリーン関連貸出残高は15・9兆元、前年比33%増と、貸出全体の伸びを22%ポイントも上回って急増している。グリーン関連貸出のうち、直接・間接に脱炭素につながるプロジェクト向けが残高の3分の2を占めた。

また、中国は海外からの投資も呼び込むため、グリーンボンドに関する分類方法であるタクソノミーの海外との融合を図ろうとしている。2021年11月、中国とEUは、コモングランドタクソノミーを発表した。グリーンの定義とも言えるタクソノミーで中国とEUがすり合わせを行えば、それが国際標準になっていく可能性もある。中国はしたたかに、グリーンファイナンスへの取り組みを進めているのだ。

▼COLUMN 4

2021年秋の電力不足は再来するのか？

2021年秋、中国各所で電力不足が発生した。江蘇省や広東省といった製造業の集積地で、計画停電が行われ、中国国内の生産への影響にとどまらず、すでに供給制約に直面していた世界のサプライチェーンへの懸念材料となった。中国の電力不足の背景には、二つの点で中国の脱炭素の取り組みが影響した。

第一に、政府が掲げた脱炭素関連目標との関係だ。中国政府は、脱炭素推進のため、GDP当たりのエネルギー消費量とCO_2排出量の削減レベルを国レベルで設定し、これを地方政府に「二つの制御目標」として割り当てている。2021年は、新型コロナからの回復局面で世界的にモノ需要が回復した。このため、「世界の工場」である中国の輸出が急増し、サービス業よりも電力を消費する製造業の活動が活発化した。このため、2021年上期の電力消費は前年比16％増とGDPの伸び（同14％）を上回った。

中国では電力の6割弱を石炭火力に依存しているため、電力消費の増加は、エネルギー消費、CO_2排出に直結する。「二つの制御目標」指標の進捗が芳しくないことを懸念し、国家発展改革委員会は、2021年8月、各省の目標達成状況の中間ラップを公表した。製造業の集積地である広東省、江蘇省を含む9省は、目標を大きく下回る高い警告レベルとした。慌てた地方政府は、計画停電などの措置に踏み切った。

第二に、政府の脱炭素の取り組みと石炭供給の関係だ。政府は、本文で述べたとおり、エネルギー効率が悪く、環境基準に適さない鉱山の閉鎖・

停止を進めてきた。2022年になって石炭需要が急増したものの、閉鎖・停止した鉱山の稼働には時間がかかり、すぐに石炭供給を増やしづらい状況に陥った。間が悪いことに、外交的な摩擦の関係から豪州の原料炭輸入を禁止していたことも影響した。電力会社の石炭火力発電の稼働率は6割程度とまだ余裕があるが、石炭供給が滞ったことで電力供給に支障が生じた。

その後、電力不足に慌てた政府は、閉鎖していた炭鉱を再開したほか、豪州を含む海外からの石炭輸入を増やした。政府は、「二つの制御目標」について、「管理の弾力性を適切に高める」とし、国家の重大プロジェクトについてはエネルギー・CO_2消費についてノルマを減免することとした。これらの措置により、電力不足はその後和らぎ、2022年春節頃には基本的には解消した。

つまり、2021年秋の電力不足は、脱炭素が政治アジェンダとなったなかで、中央と地方の政府が脱炭素を急ぎ過ぎた結果、起こった一時的現象だ。2021年7月の共産党政治局会議は、「運動的な脱炭素への取り組みを是正しなければならない」とし、2021年12月の中央経済工作会議は、脱炭素は「一度にまとめて行動して実現できるというものではない」とした。

政府のこれらの方針の下、今後は電力の安定供給に支障の出ないよう配慮がされるだろう。それでも、今後、電源構成が変化していくなかで、電力の需給バランスが一時的に崩れるリスクは残ると考えておいたほうがよいだろう。

4　中国の脱炭素戦略に死角はないか？

(1) 経済成長への影響

中国の脱炭素の取り組みが中国の経済成長に与える影響はどうだろうか。中金公司は、2060年までの脱炭素に必要なグリーン投資需要は139兆元と試算している。中国の2021年時点のGDP規模の1・2倍に該当する。[15] これだけの莫大な投資コストに見合うだけ、GXを通じて生産性を上げることができるか、再生可能エネルギーやEVその他環境産業の成長など産業の成長を見込めるかが、経済成長への影響を左右するだろう。

中国政府は、脱炭素への取り組みは、経済成長にとってマイナスにならない、うまくやればプラスになりうると考えているようだ。祝宝良国家信息中心チーフエコノミストは、「カーボンピークアウト・ニュートラル目標、特に2030年までの炭素ピークアウト目標の達成においては、現在の先進国が歩んできた道や、彼らのシミュレーション分析を参考にすると、中国の経済にはほとんど影響がない。むしろ、経済のグリーン化、新エネルギーの発展は我が国の発展のチャンスとなる可能性がある」とする。

(2) リスク要素

中国政府の戦略どおりに進めば、経済成長への影響は確かに小さいだろう。しかし、リスクもある。

以下、2点指摘しておこう。

①脱炭素の自己目的化による経済成長への下押しの可能性

COLUMN4で述べたとおり、脱炭素自体が過度に政治目的化することが経済成長に軋みをもたらす可能性は今後も否定できない。政府は、この点については2021年秋の電力不足を通じてかなり学んだのは間違いない。例えば、鉄鋼業界について言えば、カーボンピークアウトの時期について、中国政府が目標を2025年から2030年に延期したことが明らかになった。脱炭素の自己目的化を避けるためとされている。[16] それでも、今後も無理な脱炭素推進が経済成長の下押しにつながる可能性には注意が必要だろう。

②技術的ブレークスルーが期待どおりに進まない可能性

祝宝良氏は、「新エネルギーの発展が、(清華大学等のプロジェクトグループの)シナリオの想定する目標を達成できなければ、炭素削減は経済にマイナスの影響を与える」とする。CCSなどまだ未確立な技術でブレークスルーがどれだけ起こせるかは不透明な面も多い。ただし、これは世界のどの国にも言えることだ。

③資源・エネルギー価格の高騰の経済成長への負荷

もう一つは、世界の脱炭素への取り組みが資源・エネルギー価格を押し上げる可能性だ。2021

年来の資源・エネルギー価格の上昇には、各国が進めている脱炭素の取り組みも大きく影響しており、長期化する可能性がある。脱炭素推進のため石炭や石油の生産が抑えられるなか、新型コロナ禍からの経済活動が回復したことで資源・エネルギー価格が上昇した。加えて、2022年2月からのロシアのウクライナ侵攻によって原油価格は大きく上昇している。

資源・エネルギー輸入国である中国にとって、資源・エネルギーの価格上昇は、経済的な負荷となる。特に、輸入依存度の高い原油価格の高騰は中国経済に影響を与える。大まかに言えば原油価格の1割上昇は、中国のGDPを0・1ポイント押し下げると見られる〈17〉。

米国機関EIAが2022年3月8日に公表した予測では、原油WTI平均価格（1バレル）は2021年の68ドルに対し、2022年101ドルとなっている。単純計算すれば0・5ポイントほど中国経済を下押しする計算だ。EIAは原油価格が2023年85ドルに下落すると予測しており、決して一本調子で原油価格が上昇するとは見ていないものの、不確実性は大きい。

まとめ

以上まとめると、中国の2030年までのカーボンピークアウト、2060年までのカーボンニュートラルという目標は、政治的意味合いが強いのは確かだが、成算があって設定した目標でもある。カーボンニュートラル達成のシミュレーションや戦略はよく練られており、2050年段階では、中国が圧倒的なコスト競争力を有する再生可能エネルギーが電力容量の9割近くまで上昇することが想定されている。

2060年までのカーボンニュートラル実現にあたっては、技術的なブレークスルーが必要になる。中国は、カーボンニュートラル達成時期を先進国に比べて10年遅く設定することで、先進国における技術進歩も取り込みながら、自身の技術進歩を目指そうという現実的な選択をしている。

炭素排出権取引市場とグリーンファイナンスをテコに市場メカニズムをイノベーションにつなげようとしている。うまくいけば、経済成長への影響は小さく抑えつつ、脱炭素を実現できる可能性は相応に高い。国際的競争力の高い再生可能エネルギー産業やEV産業の拡大は、中国が狙っている製造業の経済ウエイトをなるべく維持しようという方針にも追い風になるだろう。

ただし、脱炭素の自己目的化が経済の下押しにつながらないか、本当に技術的なブレークスルーを実現できるのか、また、世界が脱炭素に向かうプロセスで資源・エネルギー価格が上昇し、中国経済を下押ししないか、といった点には留意が必要だ。

第6章

金融と不動産のリスクの在処《ありか》

中国減速の深層「共同富裕」時代のリスクとチャンス

中国経済が改革開放以降40年以上にわたり目覚ましい発展を続けてこられた主たる原動力が、改革開放後の市場メカニズム導入と対外開放によるものであることは、第1章で確認した。ただ、この間、中国が大規模な金融危機を回避してきたことも、成長持続の背景として忘れてはならないだろう。日本のバブル崩壊もその一例だが、経済金融危機を契機に経済停滞に陥ることは、世界各国で見られてきたからだ。

中国の企業・家計の債務の対GDP比率は、リーマンショックを端緒とする世界金融危機後に急速に上昇し、バブル崩壊を経験した日本やスペインの過去最高水準並みに達している。国際的な経験に照らせば、危険水準にあると言ってもよい。本章では、中国で今後も大規模な金融危機を回避できるのか、仮に金融危機が起きるとすれば、リスクはどこにあるのかを考察する。

1 中国の金融リスクの全体像

(1) 中国に内在する過剰債務を生みやすい構造

中国には過剰債務を生みやすい構造があり、これが金融リスクの蓄積につながっている。その背景は以下のとおりだ。

①負債性調達主体の資金調達構造

中国の企業や家計の資金調達構造は、間接金融が主体であり、負債性調達のウエイトがかなり高い。

図表6-1　中国の非政府部門の資金調達残高のウエイト（社会融資規模統計）

（%）

	負債性調達				株式
		借入	シャドーバンキング	社債	
2002年末	95.4	83.1	4.1	0.4	4.6
2013年末	96.9	69.8	17.6	8.6	3.1
2021年末	96.4	71.8	7.0	11.5	3.6

（注）シャドーバンキングは、委託貸出、信託貸出、未割引の銀行引受手形の合計。社債は資産担保証券を含む。
（出所）CEICを基に筆者作成

中国人民銀行が発表する社会融資規模統計から企業・家計の資金調達の内訳を計算したのが図表6－1だ。2021年末の残高のうち負債性調達の比率が全体の96％にのぼる。負債性調達の中でも借入が72％と最も多い。銀行からの融資が受けられない事業者などに銀行以外が貸し付けを行うシャドーバンキングのシェアは2013年には一時的に高まったが、2021年には低下している。政府がシャドーバンキングに対する規制を強化したためだ。そして、社債のシェアが、近年着実に上昇している。

その一方で、株式での調達比率は4％前後でこの20年間ほとんど変わらない。政府は、資本市場を発展させ、株式での調達比率を引き上げようと取り組んできたが、負債性調達が中心の構造は変わっていないのが実態だ。

②人為的低金利政策

経済が発展途上の段階では、投資を促進する観点から、金利水準を規制して人為的低金利政策を採用する国は少なくない。日本でも、戦後の高度成長期は、人為的低金利政策を取

図表6-2　貸出実効金利（ストックベース）と名目成長率の推移

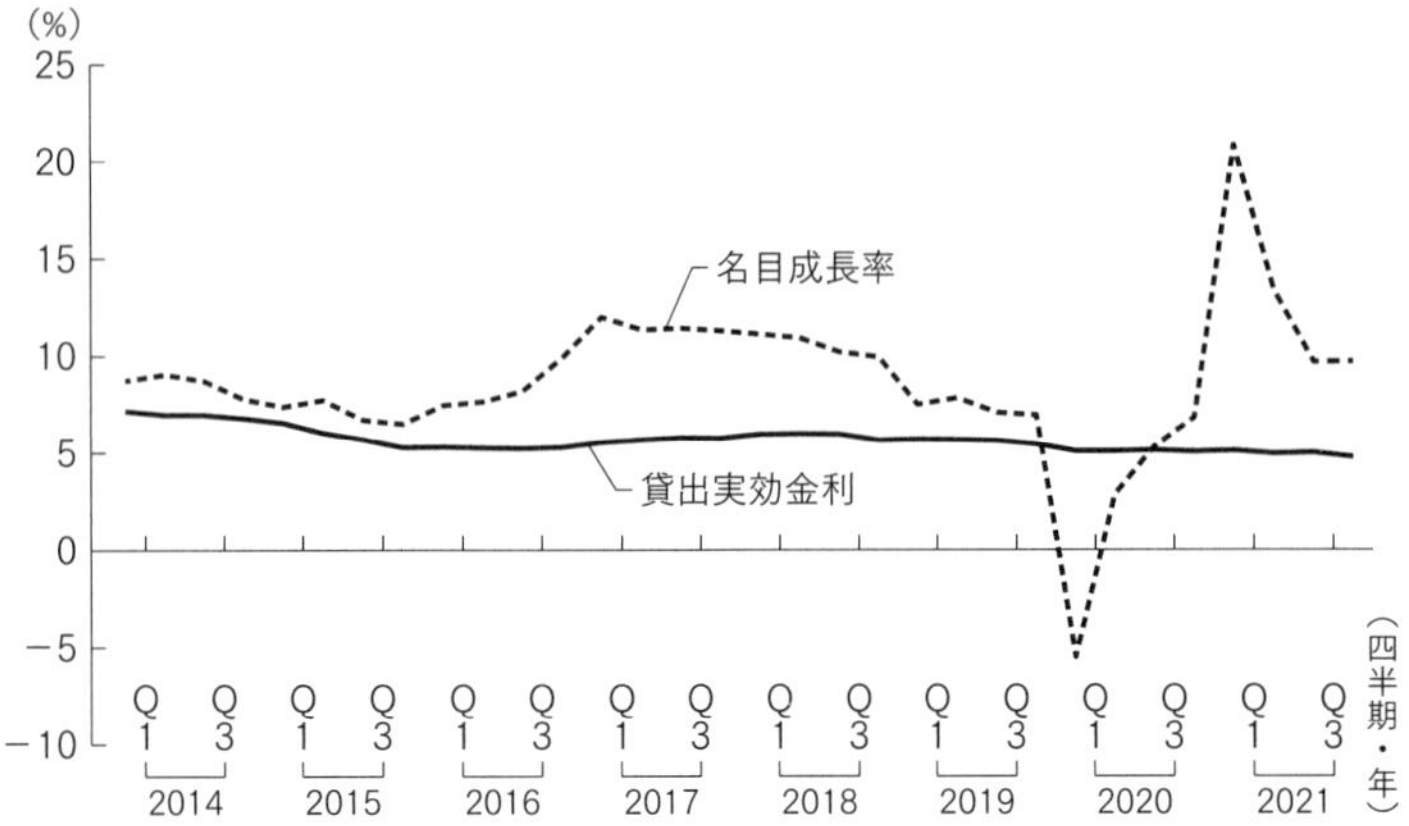

（出所）中国人民銀行、国家統計局を基に筆者作成

っていた。中国も、預金や貸出金利を規制して人為的低金利政策を採用してきた。中国政府は、２０１５年10月に預金金利の付利への制限を撤廃した。現在では貸出・預金金利は、銀行が経営判断で自由に設定できることとなっている。

もっとも、中国人民銀行は、窓口指導（あるいはマクロプルーデンス評価）を通じて、銀行の金利設定に依然影響力を持っている。人為的低金利政策は続いているのだ。図表６－２は、名目成長率と銀行の貸出実効金利（ストック）の推移を示している。２０１４年以降の貸出実効金利の水準は、新型コロナ危機があった２０２０年を除けばほぼ一貫して投資収益率の近似値とも言える名目成長率を下回って推移してきた。これは、金利水準が低位に抑えられている事実を示唆する。

金利が低位に抑えられているために金融市場には超過資金需要が存在する。中国の中央銀行である中国人民銀行は、窓口指導を駆使して限られた信用割当を行っている。現在でもこの構図は残っている。超過資金需要があるからこそ、中国人民銀行の窓口指導を回避するためのチャネル、すなわちシャドーバンキングが次々に生まれたとも言える。いずれにしても、人為的に金利が低く抑えられていることが、過剰負債を生みやすくしている。

③地方政府の経済発展へのインセンティブ

中国共産党幹部の出世争いは激烈だ。少なくとも、胡錦濤政権までは、地方幹部にとっては、自身の管轄する地域をどれだけ経済発展に導けるかが出世に直結していた。このため、地方政府の幹部は、あの手この手で投資を呼び込み、経済発展を成し遂げようと必死に取り組んできた。このような地方政府間の経済成長競争は、中国の高度成長の原動力の一つとなった。しかし、同時に、過剰投資、およびそれと表裏一体の過剰負債を生みやすい素地をつくった。

この状況は、習近平政権になってから、かなり変化してきた。習近平国家主席は、繰り返し「GDPで英雄を語ることは最早ない」と強調した。地方政府幹部の評価方式も、環境改善や民生（人民の生活）など様々な要素を勘案される方式に変更された。習近平政権が強化した反腐敗運動の強化も、地方政府の幹部を、リスクを取らない方向に変化させた。それでも、後述のとおり地方融資平台を通じた地方債務の拡大には歯止めがかかっていない。現在でも、地方政府の経済発展へのインセンティブの存在が、過剰債務を助長しやすくしている。

④「政府の暗黙の保証」への期待

中国の政府・共産党の経済に対するコントロール力が強いことはこれまでも述べてきたとおりだ。コントロール力の強さは、「経済を大崩れさせない」という意味で重要な役割を果たしてきた。しかし、コントロール力の強さこそが、「何か問題が起これば、政府が助けてくれるだろう」という「政府の暗黙の保証」に対する期待を市場に生み出してきたことも事実だ。筆者は、理財商品（ハイリスクな金融商品）で損をした人たちが、金融当局の建物の前で抗議を行う様子を何度か見てきた。最終的には「政府が何とかしてくれるだろう」という意識は、個人に限らず企業や金融機関にも広くある。政府の「暗黙の保証」への期待だ。中国語ではこれを「剛性兌付」と呼んでいる。「剛性兌付」を期待するからこそ、一部の融資平台や企業など、リスクの相対的に高い先にも、資金が円滑に届けられてきた。典型的なモラルハザードであり、これが過剰債務問題を助長したのは確かだ。上海交通大学の朱寧教授は、その著書[1]において、バブルは「暗黙の保証」によってセットされた時限爆弾だと警告している。

(2) リーマンショック前には一旦安定を確保していた中国の金融リスク

次に、中国の金融システムの30年間を振り返ろう（図表6－3参照）。

１９９０年代後半から２０００年代前半にかけては、国有商業銀行が大量の国有企業向け不良債権を抱え、金融システムはかなり脆弱だった。国有商業銀行は、もともとは国家専業銀行だった。例えば、中国工商銀行は、工業や商業を行う企業向けに、中国銀行は外為専門銀行として海外貿易を行う

図表6-3　中国の金融システム改革の推移

1990年代	国家専業銀行について、政策性金融機能を分離したうえで（政策性銀行を設立）、商業銀行に機能転換（1995年） 国有商業銀行への財政資金による資本注入
2000年代	国有商業銀行の不良債権の金融資産管理公司（AMC）への分離（1999～2000年） 人民銀行から銀行監督部門を分離、銀行業監督管理委員会を設立（2003年） 四大国有商業銀行に順次公的資本を注入。株式会社化を経て、内外市場で上場（2004～2010年）
2010年代	民営銀行に設立認可を付与（2015年） 国務院金融安定発展委員会を設立（2017年） 銀行業監督管理委員会と保険監督管理委員会を統合（2018年）

（出所）公表情報から筆者作成

企業向けにそれぞれ融資を行っていた。

融資の中には政策金融的なものがかなり含まれていた。１９９５年に商業銀行法が施行されるとともに、国家開発銀行や中国輸出入銀行等の政策性銀行が政策金融を担い、国有商業銀行は純粋なビジネスベースの融資に特化することになった。しかし、体制移行期の国にはよくあることだが、当時、借り手である国有企業は国有商業銀行の融資を「第二の財政資金」程度にしか認識せず、返済の意思は総じて弱かった。体制移行期の経済に見られる「ソフトな予算制約」問題が深刻だった。

中国人民銀行によれば、２００１年末の四大国有商業銀行の不良債権比率は25％だったが、当時、国際的な格付け会社のS&Pは、「四大国有商業銀行の不良債権比率は50％程度」[2]と推測していた。中国政府は、国有商業銀行の不良債権を別途設立した金融資産管理公司に移管し、処理を進めるとともに、国有商業銀行に対しては資本注入を行った。また、公司法（中国版

図表6-4　中国の主要銀行の不良債権比率、自己資本比率の推移

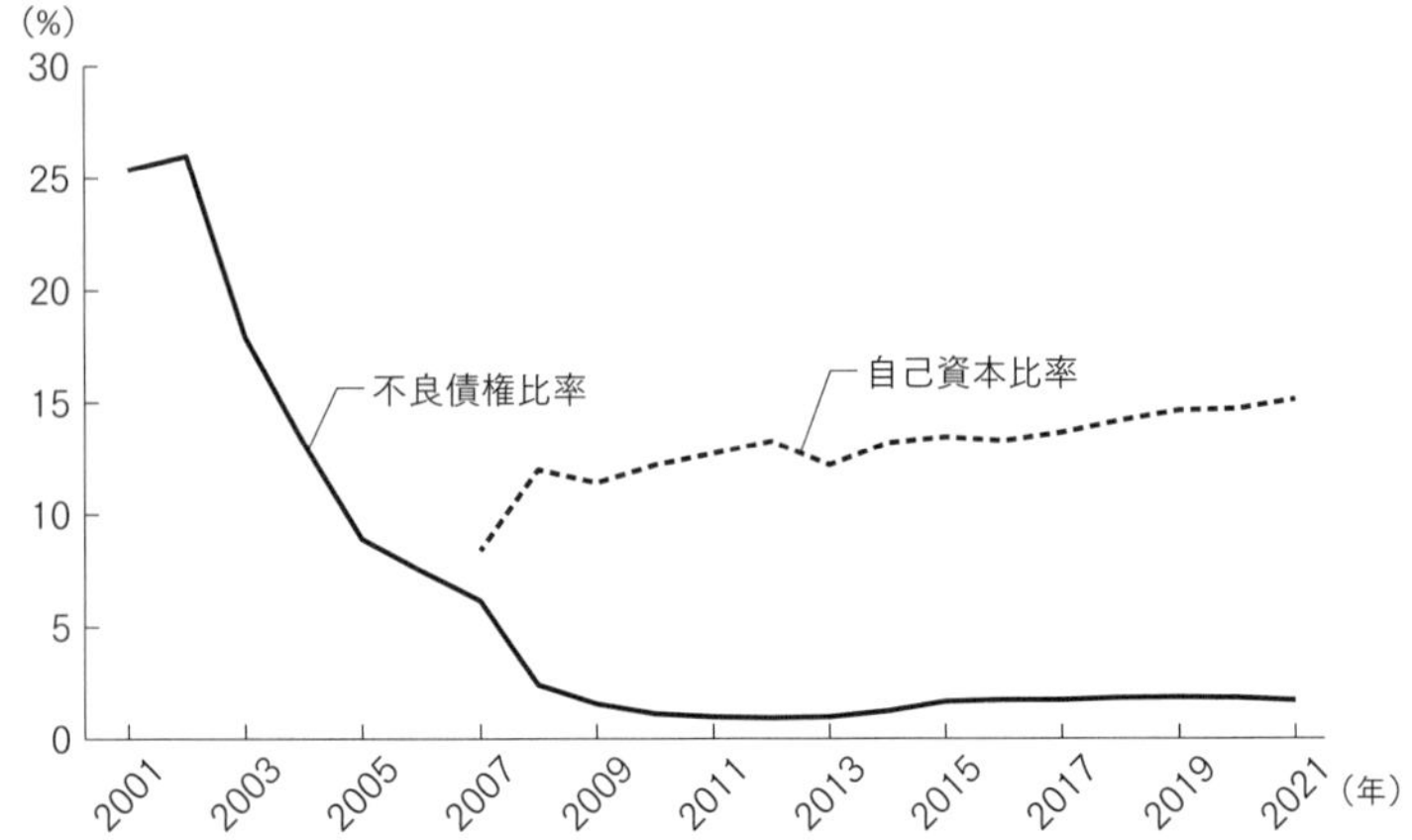

（注）2001年、2002年の不良債権比率は四大国有商業銀行。
（出所）中国銀行保険監督管理委員会や公開情報を基に筆者作成

会社法）に基づき、国有商業銀行を株式会社化するガバナンス改革も実施した。その後、条件の整った国有商業銀行は、次々と上場を果たしていった。

折しも、中国経済はＷＴＯ加盟後の２桁成長に沸いていたことや担保となった不動産の価格も上昇の一途を辿ったこともあり、国有商業銀行から移管された不良債権の処理も順調に進んだ。２００８年の世界金融危機発生前には、中国の不良債権問題はかなりの程度解決され、金融システムは一旦安定を確保していた（図表６－４参照）。

(3)リーマンショック後急拡大した信用と蓄積された金融リスク

２００８年、米国のリーマン・ブラザーズ証券の経営破綻に端を発する世界金融危機が発生した。いわゆるリーマンショックだ。第１章で述べたとおり、当時の中国経済は外需依存度が高かったので、中国政府はかなり慌てた。大規模な景気刺激策を早期に実行する方針を決めた。金融政策では、これまで設定していた銀行に対する貸出限度額管理を撤廃し、銀行に対して貸出を積極化するよう大号令をかけた。銀行はこれに応じ、2009年の人民元貸出の増加額は9・6兆元と2008年の2・3倍に急増した。

その主な貸出先は、企業向けのほか、地方政府の融資平台向けだった。融資平台とは、地方政府が出資した地方政府に関連するプロジェクトの資金調達とそれに基づく投資を行う投融資ビークルだ。後述するが、中国の地方政府は、当時債券発行や債務保証を行うことを法的に禁じられていた。このため、地方政府は融資平台を活用して資金調達を拡大した。日本で言えば、第三セクターの問題によく似ているが、その規模感は日本の第三セクターをはるかに上回る。中国経済は、信用拡大に支えられた投資の増加によって外需の落ち込みをカバーし、景気底割れを回避した。

しかし、急激な信用拡大は、借り手のバランスシート悪化という大きな代償を伴った。企業と家計の債務残高の名目GDPに対する比率で示されるマクロレバレッジは、2000年代は概ね横這いで推移していたが、世界金融危機後に急上昇した（図表6－5参照）。企業と家計別の債務内訳を見ると2010年代前半の急上昇は、企業債務の上昇によってもたらされたことが分かる。

世界金融危機後、拡大したのは銀行貸出だけではなかった。図表6－6が示すとおり、非銀行信用（シャドーバンキング・社債など）、保険市場、株式市場など全てが急速に膨張した。

景気が回復し始めると、政府は、貸出急増を警戒して政策を転換した。中国人民銀行は、銀行に対して貸出を抑制するよう窓口指導を強化した。それでも、銀行は、信託会社などのノンバンクと協働

図表6-5　中国のマクロレバレッジ（企業・家計部門の負債の対名目GDP比率）

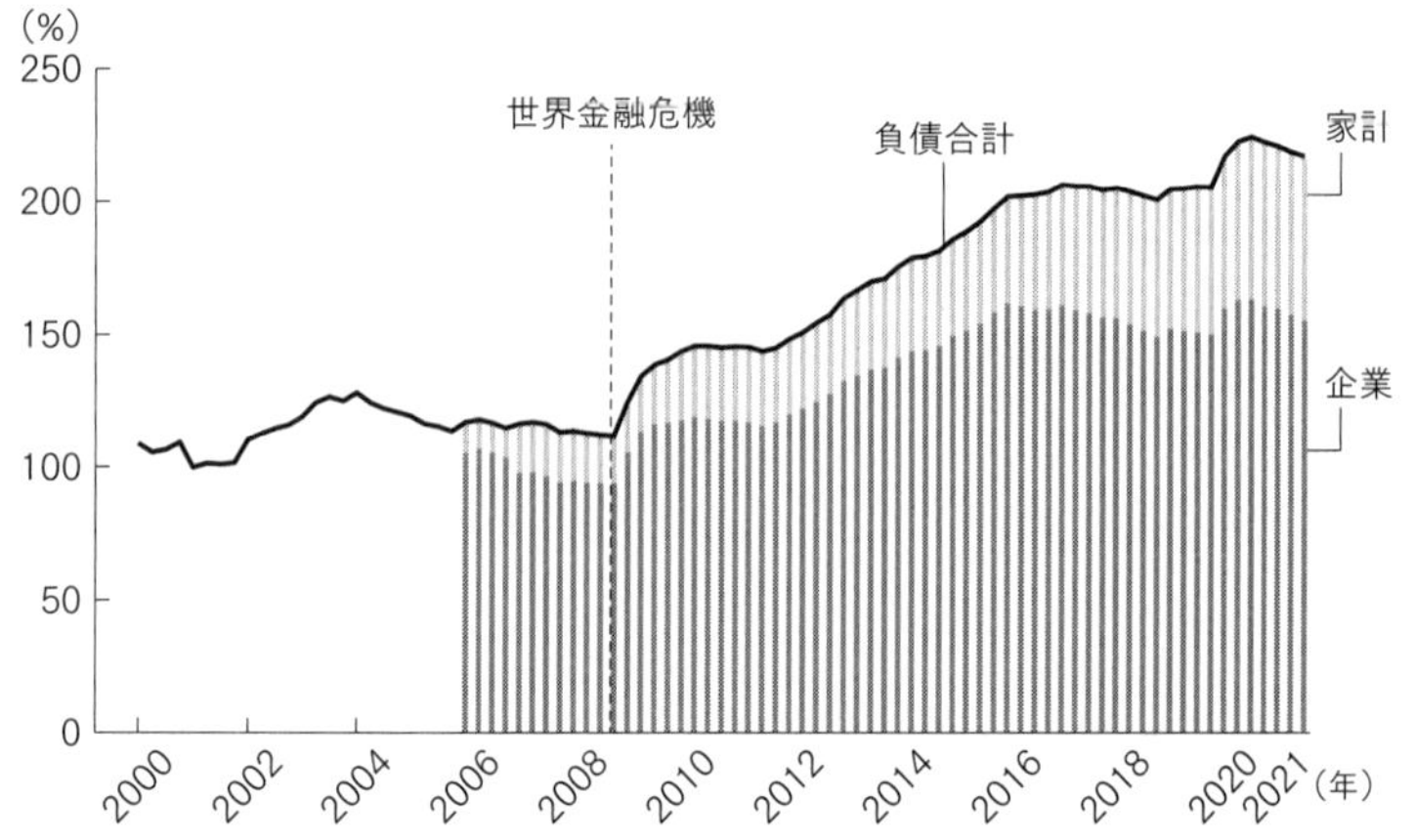

（出所）BISを基に筆者作成

図表6-6　各種金融資産の2008年からの急拡大

		銀行貸出	非銀行貸出	保険資産	株式時価総額
対名目GDP比	2008年	102%	10%	10%	38%
	2021年	173%	36%	22%	80%
2021年／2008年		6.1倍	13.3倍	7.5倍	7.5倍

（出所）BIS、中国銀行保険監督管理委員会、上海証券取引所、深圳証券取引所、国家統計局を基に筆者作成

して次々と貸出代替手段（中国版シャドーバンキング）を生み出した。このためマクロレバレッジの上昇には歯止めがかからなかった。

国際決済銀行（BIS）は、マクロレバレッジとそのトレンド（クレジットギャップ）の9%以上の乖離の存在は、先行き3年以内の危機発生の早期警戒指標だとしている[3]。過去の金融危機のデータに当てはめると、クレジットギャップの9%以上の乖離は8割

図表6-7　中国のマクロレバレッジ（企業・債務負債対GDP比率）とトレンド

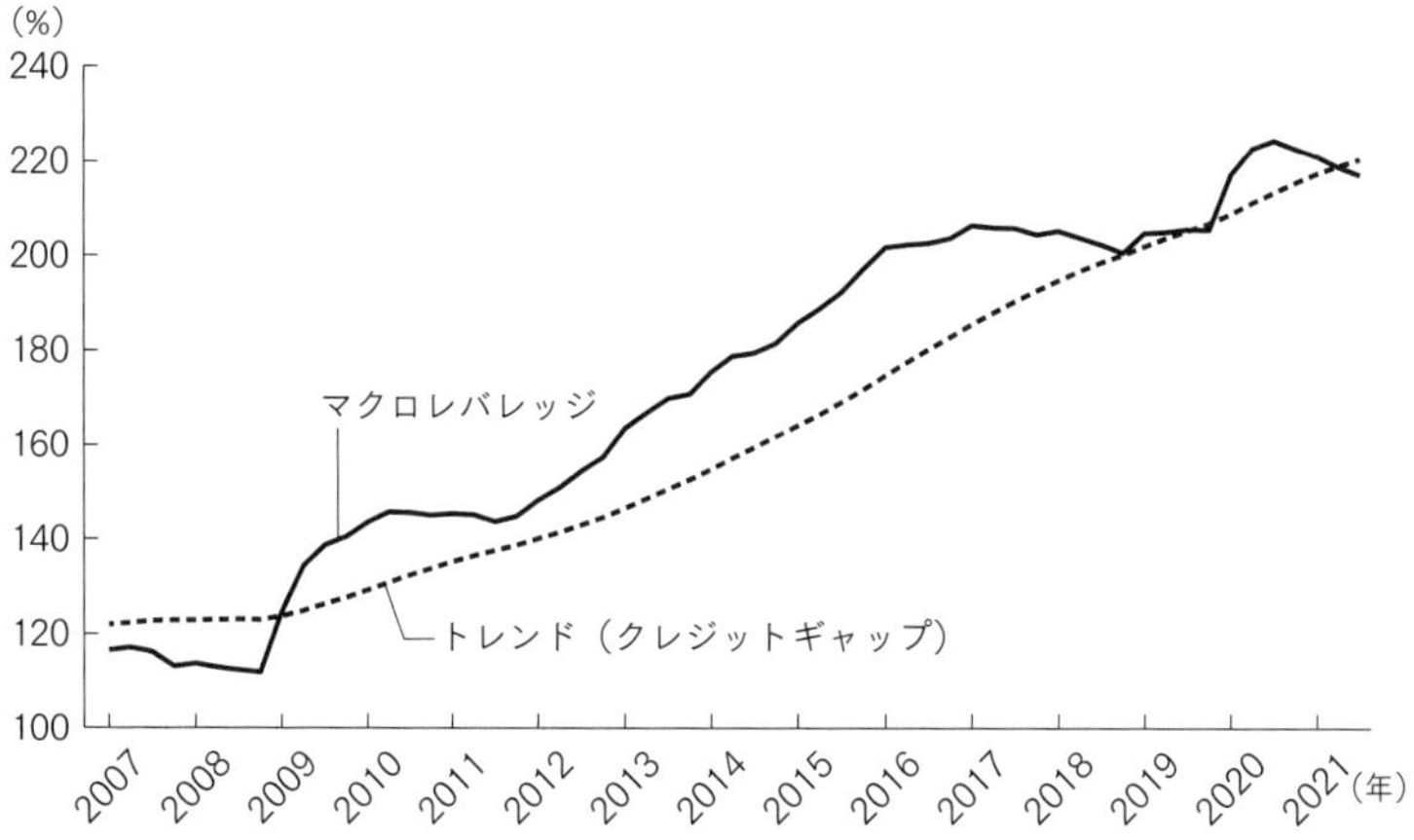

（出所）BISを基に筆者作成

の金融危機を予知できたとするものだ。しかし、中国はその乖離が９％を超える状態が６年間続いた（図表６—７参照）。

事態を重く見た政府は、２０１７年から、債務の抑え込みすなわちデレバレッジに本腰を入れ、シャドーバンキングの取り締まりを強化した。こうした取り組みにより、マクロレバレッジの上昇は一旦止まった。もっとも、２０２０年には、新型コロナ危機に対応するため金融緩和に再び舵を切ったため、マクロレバレッジは再び上昇した。現在でも中国のマクロレバレッジは、不動産バブル崩壊時の日本やスペインのピーク時とほぼ同水準であり、かなり高い（図表６—８参照）。ＩＭＦの中国に対する年次評価報告書（２０２１）[4]は、「債務水準の再上昇を踏まえると、中国の金融リスクへの対応は急を要する」と警告している。

以上のように国際的に比較すると、中国の企業・家計の債務水準は危険水域にあるように見える。一

図表6-8　主要国のマクロレバレッジの推移

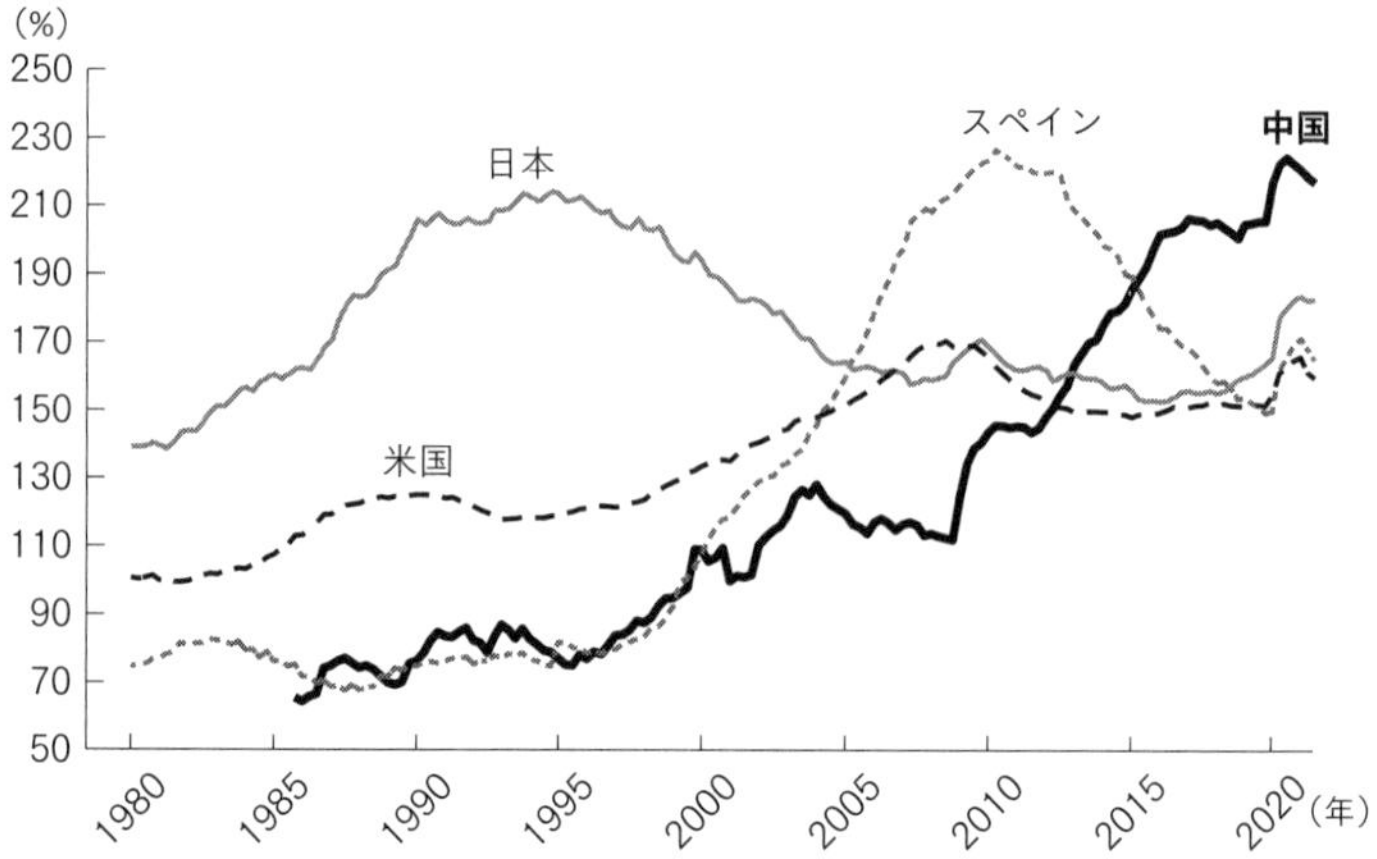

（出所）BISを基に筆者作成

図表6-9　中国の金融リスクの概念図

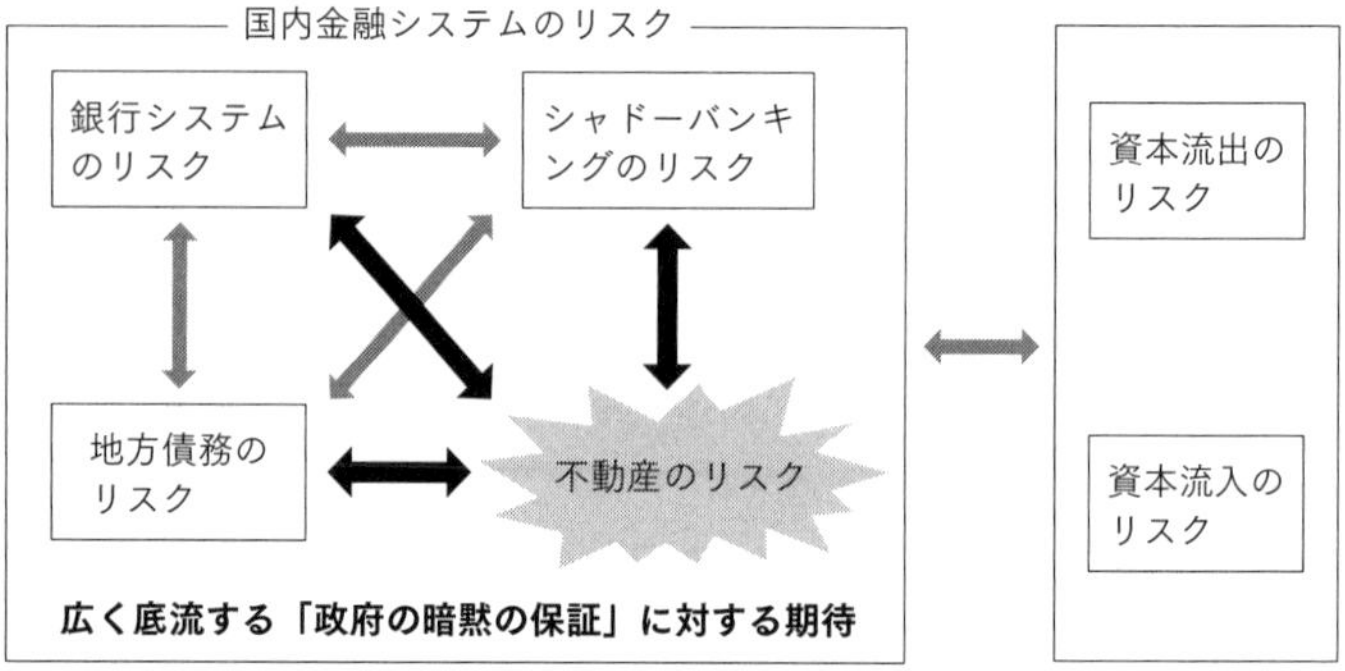

（出所）筆者作成

方で、中国の金融システムの脆弱性と金融危機の懸念はこれまで何度も指摘されてきたにもかかわらず、中国は大規模な金融危機を回避してきた。問題は、今後も、中国の金融システムは、危機を回避できるかどうかだ。

図表6－9に中国の金融リスクの概念図を示した。20年ほど前は、中国の金融リスクは、ほぼ銀行システムのリスクに集中していた。しかし、現在では、中国の金融リスクは、国内では、銀行システムのリスク、地方債務のリスク、シャドーバンキングのリスク、不動産のリスクが相互に深く連関している。また、この20年間で、金融面でも中国国内と国外との結びつきが強まった。内外の資金の流出入を通じて、リスクが増幅される恐れも高まった。

図表6－9に示した個別のリスク別に検討を加えたうえで、最後に大規模な金融危機発生を回避できるかどうか、筆者の見方を述べたい。

2 銀行システムのリスク

以下では、銀行システム、シャドーバンキング、地方の隠れ債務、不動産、資本流出の各リスクについて、評価を行う。

(1) 世界最大規模の銀行システム

中国の銀行セクターの規模は巨大だ。その規模感を『The Banker』誌の世界の銀行の総資産ラン

図表6-10　世界の銀行の総資産ランキング

2004年末

順位	銀行名	総資産残高（10億ドル）
1	UBS	1,533
2	Citigroup	1,484
3	Mizuho Financial Group（2005/3月末）	1,296
4	HSBC Holdings	1,277
5	Credit Agricole Groupe	1,243
23	ICBC（中国工商銀行）	685
32	Bank of China（中国銀行）	516
35	China Construction Bank（中国建設銀行）	472
89	Bank of Communications（交通銀行）	138

2020年末

順位	銀行名	総資産残高（10億ドル）
1	ICBC（中国工商銀行）	5,106
2	China Construction Bank（中国建設銀行）	4,308
3	Agricultural Bank of China（中国農業銀行）	4,166
4	Bank of China（中国銀行）	3,737
5	JP Morgan Chase Bank	3,386
6	Mitsubishi UFJ Financial Group	3,247
20	Bank of Communications（交通銀行）	1,638

（出所）『The Banker』2005年7月号、2021年7月号を基に筆者作成

キングで確認しよう（図表6―10参照）。2020年末の世界の銀行の資産ランキングで、上位1位から4位までを中国の四大国有商業銀行が独占している。中国の四大国有商業銀行のランキングは、2004年末時点では全て20位台以下だったから、中国の銀行セクターが短期間で世界的な存在感を急速に高めたことが分かる。

本章の冒頭で述べたとおり、**銀行システムは中国の金融の中心に位置する。**シャドーバンキングや社債、株式による資金調達が増えたといっても、企業・家計の資金調達に占める金融機関からの借入のウエイトは72％を占める。中国の金融リスクを評価するには、まずは銀行システムのリスクを評価する必要がある。

(2) 不良債権の動向

銀行システムのリスク評価にあたって、まず、銀行の資産内容、とりわけ不良債権の状況に着目するのは自然だろう。政府が公表する銀行の不良債権の信憑性には過去から疑念が持たれてきた。確かに、2000年代初頭の頃は、中国の商業銀行が公表する不良債権比率はあまり信用できるものではなかった。

しかし、中国の銀行の不良債権分類基準およびその運用は、政府の厳しい指導や、株式上場に伴い海外の会計監査法人のチェックを受け続けて、過去に比べれば格段に厳格化したのも事実だ。筆者は、20年以上、中国の大手の国有商業銀行や株式制商業銀行の経営者や職員と交流してきた。この間に、当初は政府官僚のようだった彼らの銀行経営やリスク管理に対する能力と知識が著しく向上したこと

図表6-11　主要銀行の不良債権と要注意債権

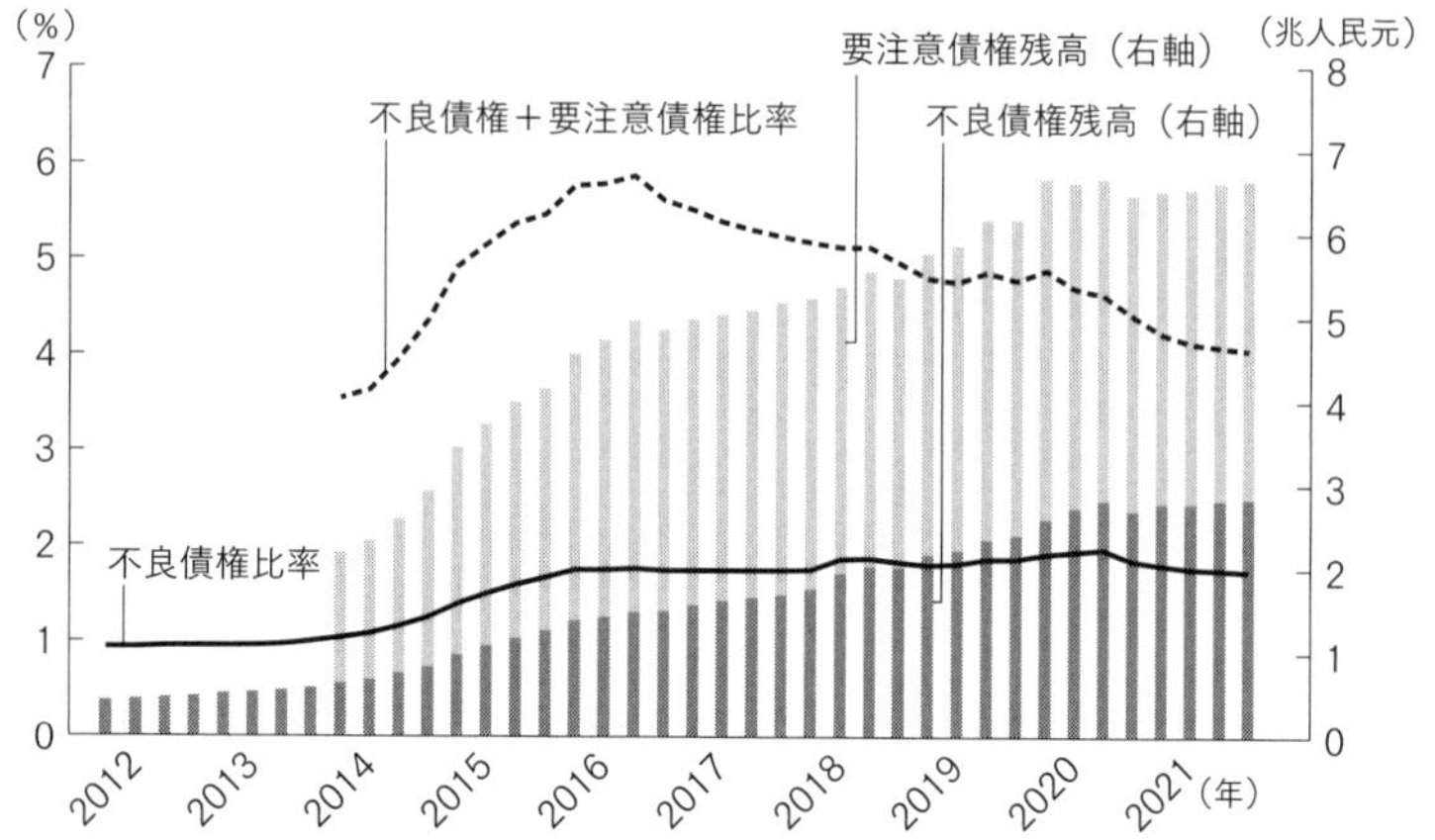

（出所）中国銀行保険監督管理委員会を基に筆者作成

を実感している。

ＩＭＦの中国の金融セクター評価プログラム報告（２０１７年）[5]は、中国の銀行の不良債権分類について、①90日以上の延滞債権が不良債権と分類されていない例があること、②担保が十分に確保されていれば不良債権ではなく要注意債権と分類されている例があることなど、いくつかの問題点を指摘した。ＩＭＦの指摘を受けたのち、中国政府は、銀行の不良債権分類において90日以上の延滞債権は、不良債権と分類するようガイドラインを変更した[6]。ただ、90日以上延滞債権と不良債権のずれは小さかったため、不良債権額が大きく増えることはなかった。

以上を踏まえると、不良債権比率のデータには一定の信頼を置いてよいだろう。加えて、不良債権予備軍である要注意債権額まで含めて評価すれば、中国の銀行の貸出資産の質を大まかに把握することは可能だ。不良債権と要注意債権の比率の推移を確認しよう（図表６－11参照）。主要商業銀行の不良債

図表6-12　主要銀行の不良債権処理額

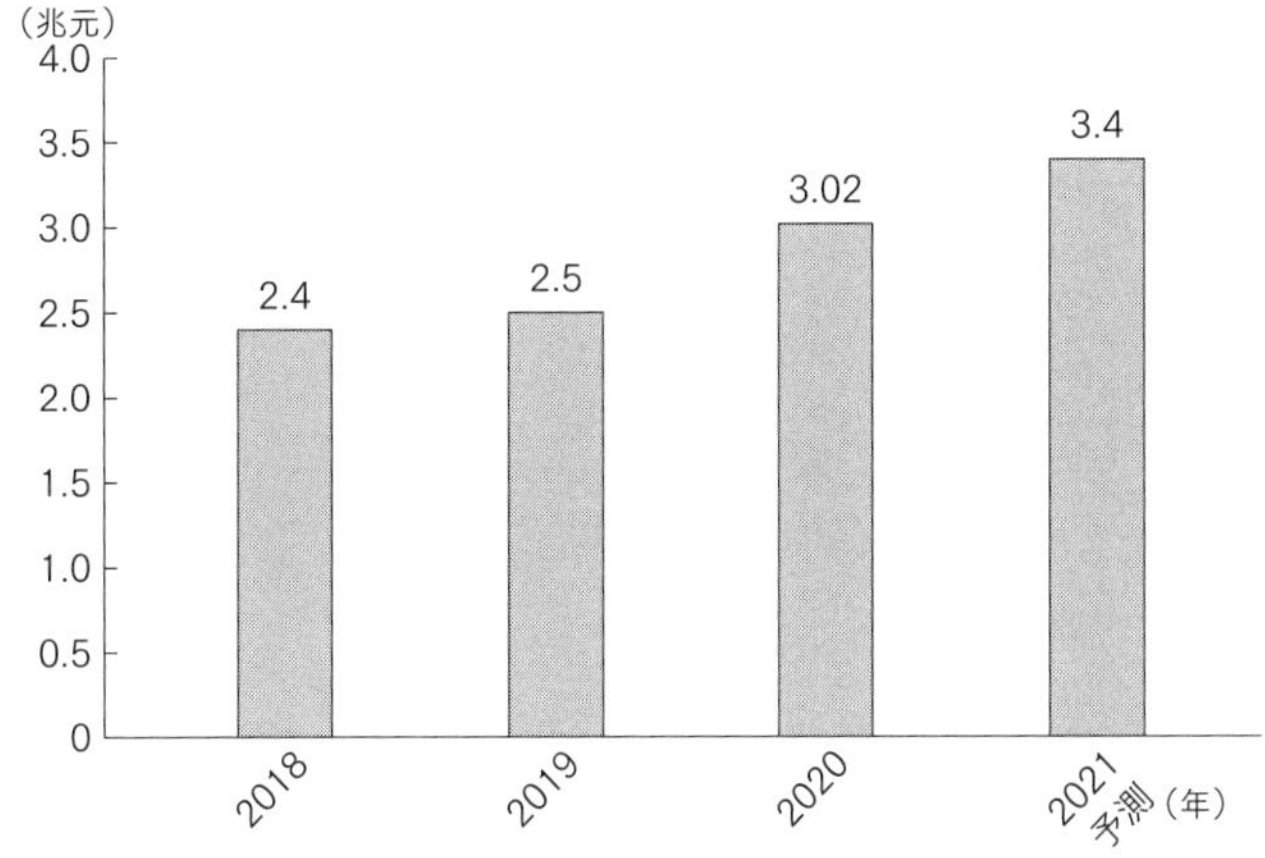

(出所) 銀行業保険監督管理委員会の記者会見発言を基に筆者作成

権比率は、2010年代の初め頃は1%程度だったが、その後2016年には2%弱まで上昇、以後はほぼ横這いで推移している。不良債権と要注意債権を加えた比率は、2014年3月末の3・5%から2016年には6%弱まで上昇した後、低下に転じ、2021年末は4・0%だった。

(3) 加速する不良債権処理

銀行の不良債権比率は2016年以降横這いを続けているが、不良債権の新規発生が抑えられているわけではない。実際には、中国の成長減速や産業構造調整を背景に、新規の不良債権発生は増加している。新規不良債権の発生以上に銀行が不良債権処理を加速しているため、**不良債権比率の上昇が抑えられているに過ぎない。**中国銀行保険監督管理委員会発表によれば、2020年の銀行の不良債権処理額は3兆元(日本円で約50兆円)と、2020年末の不良債権残高2・7兆元を上回る規模だった(図表

6―12参照)。

ちなみに、中国の不良債権の処理の仕組みは過去20年間でかなり整備された。1999年に国有商業銀行の不良債権処理のために設立された全国レベルの四つの不良債権処理専門の資産管理公司に加え、地方レベルでの資産管理公司も2014年から相次いで設立された。現在、63の不良債権処理のための資産管理公司が存在する〔7〕。不良債権処理市場では、彼らが競売によって不良債権を買い取り、内容次第で再生させるもの、資産処分するものなどに分けて不良債権の処理を行っている。不良債権の流通市場には、外資機関も参入している。

(4) 中国の銀行の利益水準と貸倒引当金水準の高さ

このように大規模に不良債権処理を進められるのは、不良債権処理の原資となる銀行の利益と貸倒引当金の水準が高いためだ。特に、重要なのは銀行の利益率の高さだ。中国の銀行業の収益性は、国際的に見ても高い。図表6―13は、『The Banker』誌のデータを基に筆者が計算した銀行のROA(総資産利益率)の国際比較だ。中国の銀行は米国の銀行と同水準の0・9%と高い。米国の銀行は手数料ビジネスに強みを持つのに対し、中国の銀行は、2・1%と大きな資金利鞘が高い収益性を生んでいる。この点は、日本の銀行の小さい総資金利鞘(2020年度0・16%〈中央値〉)〔8〕とは、相当の違いがある。

中国の銀行の資金利鞘が大きいのは、金利の絶対水準が高いこともあるが、中国政府が、過度な金利競争を控えるよう銀行に指導を行っていることが効いている。中国の預金と貸出金利に対する規制

図表6-13　銀行の資本・総資産・税引前利益の国際比較（2020年）

（10億ドル）

	Tier1資本	総資産	税引前利益	ROA（%）
中国	2,957	38,536	348	0.90
米国	1,583	20,111	173	0.86
ユーロ圏	1,621	31,535	61	0.19
日本	717	15,064	41	0.27
英国	438	8,696	18	0.21

（注）ROAは税引前利益／総資産で計算。
（出所）『The Banker』ホームページを基に筆者作成

は、２０１５年10月の預金金利の自由化をもって表向きは撤廃された。しかし、実際には、銀行を監督する中国人民銀行は、マクロ・プルデンシャル・アセスメント（ＭＰＡ）と称する個別の銀行の評価メカニズムを通じて、銀行が預金金利の引上げ競争を行わないようにきめ細かく指導を行ってきた。

また、銀行業界に対しては、自主的に預金付利の上限を設けるように誘導している[9]。中国政府は、金利自由化が、過当競争による利鞘の縮小を招き、これによって中小の銀行の経営が脆弱化しないよう、監督管理を強化してきた。このようにして守られてきた銀行の分厚い収益が、不良債権処理の原資として活用されているのだ。

もう一つの不良債権処理の原資は貸倒引当金だ。不良債権残高を貸倒引当金と比較してみよう（図表６－14参照）。２０２１年12月末時点で、不良債権残高２・８兆元に対して貸倒引当金残高はその１・９倍の５・６兆元だった。前述のとおり、２０００年代の初めの頃、中国の銀行の不良債権問題はかなり深刻だった。中国政府は、将来不良債権問題が再び深刻化した場合に備えて、中国経済が好調で銀行収益が伸

図表6-14　銀行の不良債権・要注意債権残高と貸倒引当金、コアTier1残高の比較（2021年末）

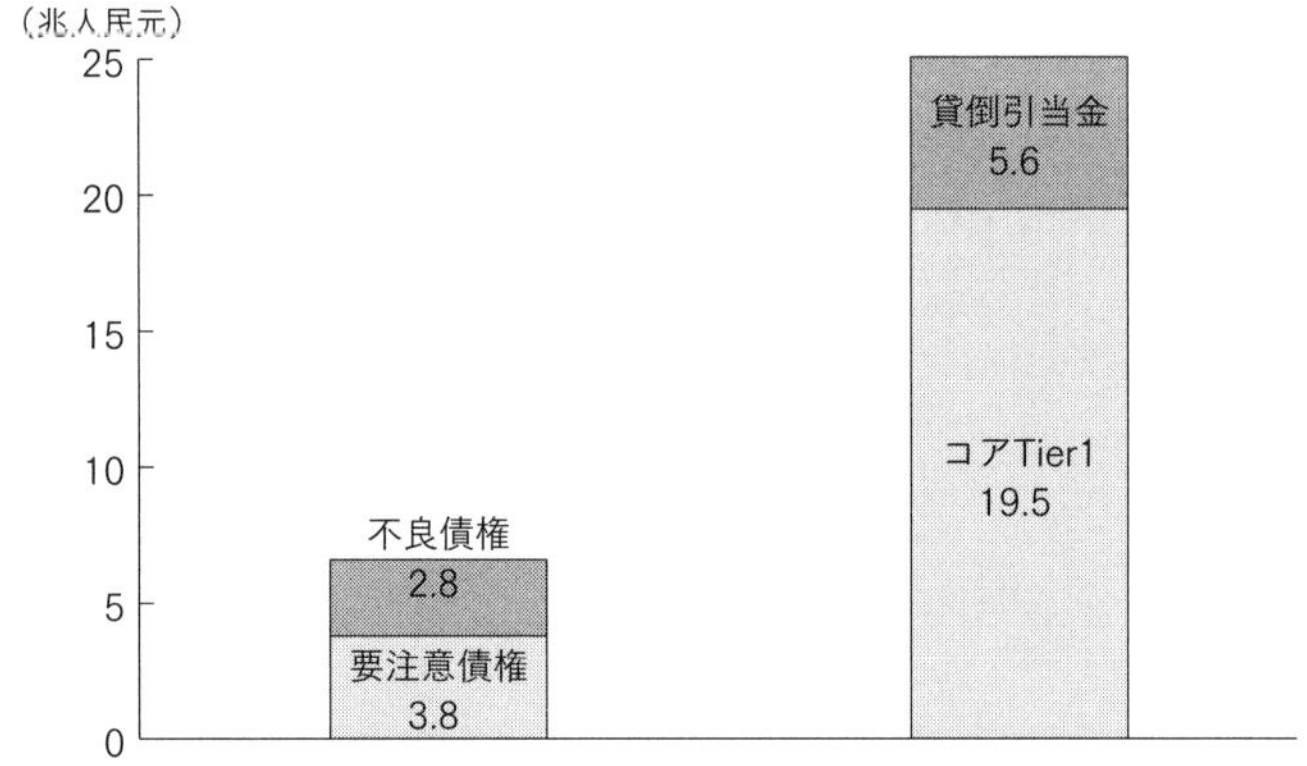

（出所）銀行保険監督管理委員会を基に筆者作成

びている間に貸倒引当金をなるべく積ませたほうがよいと考えた。

政府の指導により、銀行は、２０１０年代初頭まで積極的に貸倒引当金を積み立てた。２０１２年末には、銀行の貸倒引当金は不良債権残高の３倍に到達していた。その後、銀行の新規不良債権が増えると、これを取り崩し始めた。取り崩されたとはいえ、**不良債権の約2倍の貸倒引当金がある。**貸倒引当金は、要注意債権（３・８兆元）まではカバーしていないが、狭義の中核自己資本（コアＴｉｅｒ１）が19・5兆元であることを踏まえれば、銀行業全体として見れば、不良債権増加に対する備えはまずは堅固だと言えるだろう。

(5) 地方の中小銀行のリスクには要注意

もっとも、以上は銀行業全体の話だ。地方には、リスクの高い中小銀行も少なくない。全国に１３４ある都市商業銀行は、日本で言えば地方銀行に相当する。都市商業銀行の大半は、地方政府またはその所有する

図表6-15　都市商業銀行、農村金融機関の資産規模（左）と不良債権比率の推移

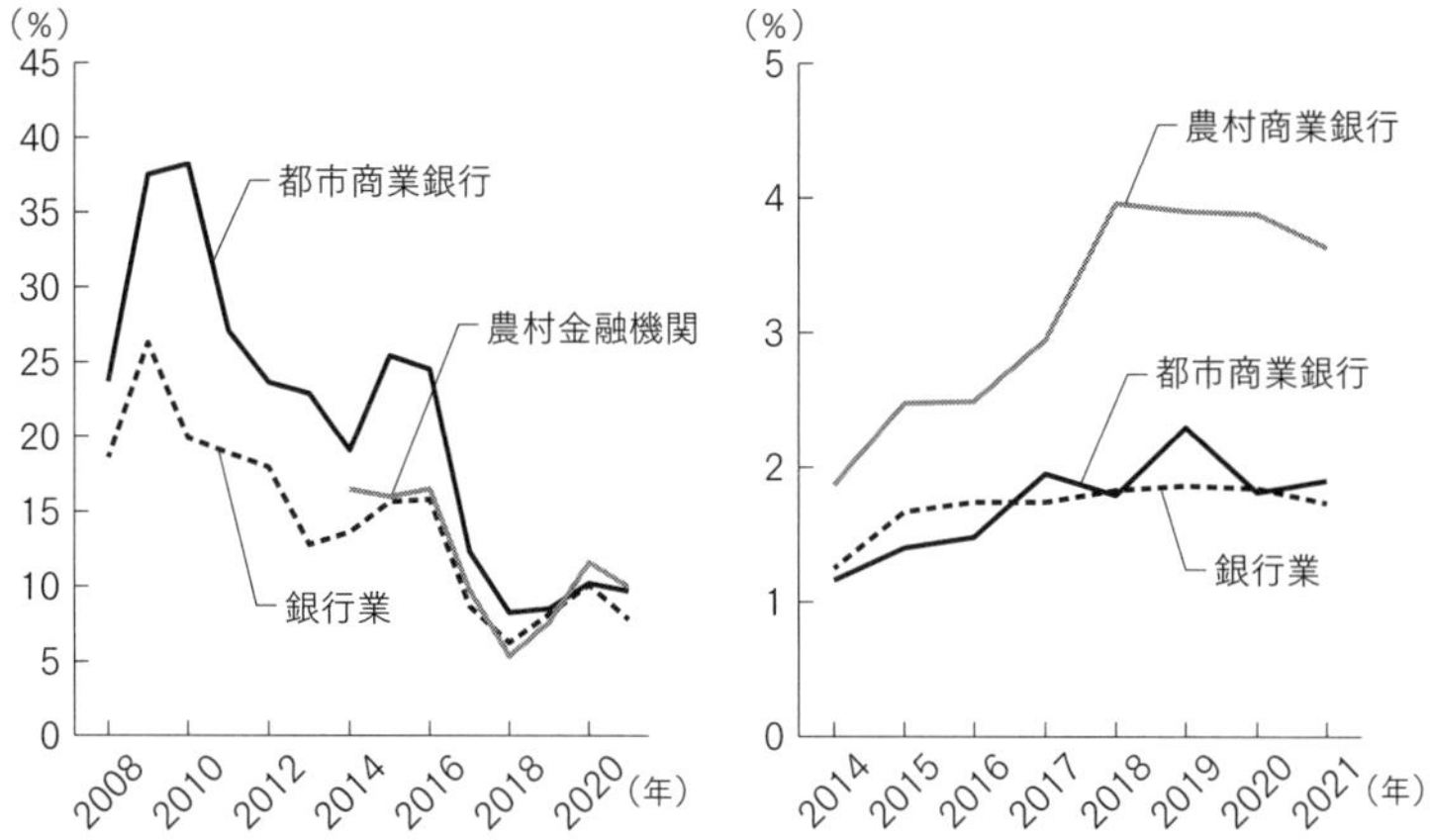

（出所）中国銀行保険監督管理委員会を基に筆者作成

国有企業が主たる出資者となっている。このため、後述する地方債務の資金の出し手となっている銀行も多い。資産拡大意欲が強く、北京や上海といった大都市に進出した都市商業銀行も多い。

日本では、バブル期に、地方銀行の一部が東京や大阪に進出して、不動産やノンバンク融資を拡大し、バブル崩壊後に経営破綻に追い込まれた。２０１２年から２０１５年にかけて北京に駐在していた筆者は、当時、北京や上海で資産を急拡大する地方の都市商業銀行の姿を見て、日本のバブル期の一部の地方銀行の姿とダブるものを感じた。中国政府もさすがにリスクが高いと感じたのだろう。２０１８年12月、中国政府は、都市商業銀行に対し自身の営業区域と異なる省での支店開設を禁止した。

図表６―15のとおり、過去数年間の都市商業銀行の資産規模の伸びは銀行業全体をかなり上回っている。このほか、地方には３００を超える農村金融機関も存在する。都市商業銀行、農村金融機関とも

に中小、零細企業向け貸出が多い。特に、農村商業銀行の不良債権比率は４％弱と高い。

２０１９年には、ついに、三つの地方の銀行が、経営破綻や経営困難に陥った。このうち、内蒙古自治区を本拠とする包商銀行は、中国で初めて預金保険制度[10]の適用を受けて破綻処理が行われた。中国の預金保険制度では、50万元以上の預金は全額保護とならず、ペイオフ対象となる。しかし、包商銀行のケースでは、法令がそのまま適用されたわけではない。個人預金は全額保護されたほか、法人預金も大半は全額保護された。５０００万元以上の法人債権のみが全額保護の対象から外れたが、中国人民銀行発表によれば、債権全体の99・９８％が保護された。

もっとも、包商銀行の経営破綻を受けた市場での懸念の広がりは、政府の想定以上に大きかったようだ。政府は、その後、経営困難に陥った恒豊銀行[11]（本拠は山東省）、錦州銀行（本拠は遼寧省）に対しては、預金保険制度の適用ではなく、国有商業銀行による買収や国有ファンド等による出資といった手法で対応した。中国政府が、危機を回避する際の一つの強みは、国有銀行や国有企業を手駒として使えるところだ。

包商銀行のケースで預金保険制度の適用実績ができたことは、政府の「暗黙の保証」への期待を解消する意味で、重要な一歩だったと評価できる。その一方、恒豊銀行、錦州銀行のケースを見ると、政府の「暗黙の保証」に対する市場の期待を打ち消し、秩序だった金融機関の破綻処理を進めることが容易でないことも改めて確認された。

現時点で、中小銀行の経営の健全性はどの程度なのだろう。中国人民銀行は、２０１８年以降、全国４０００超の金融機関の経営の健全性についての格付け評価を定期的に実施している。同格付けで

図表6-16　中国人民銀行による金融機関格付け・格付け別金融機関数比率

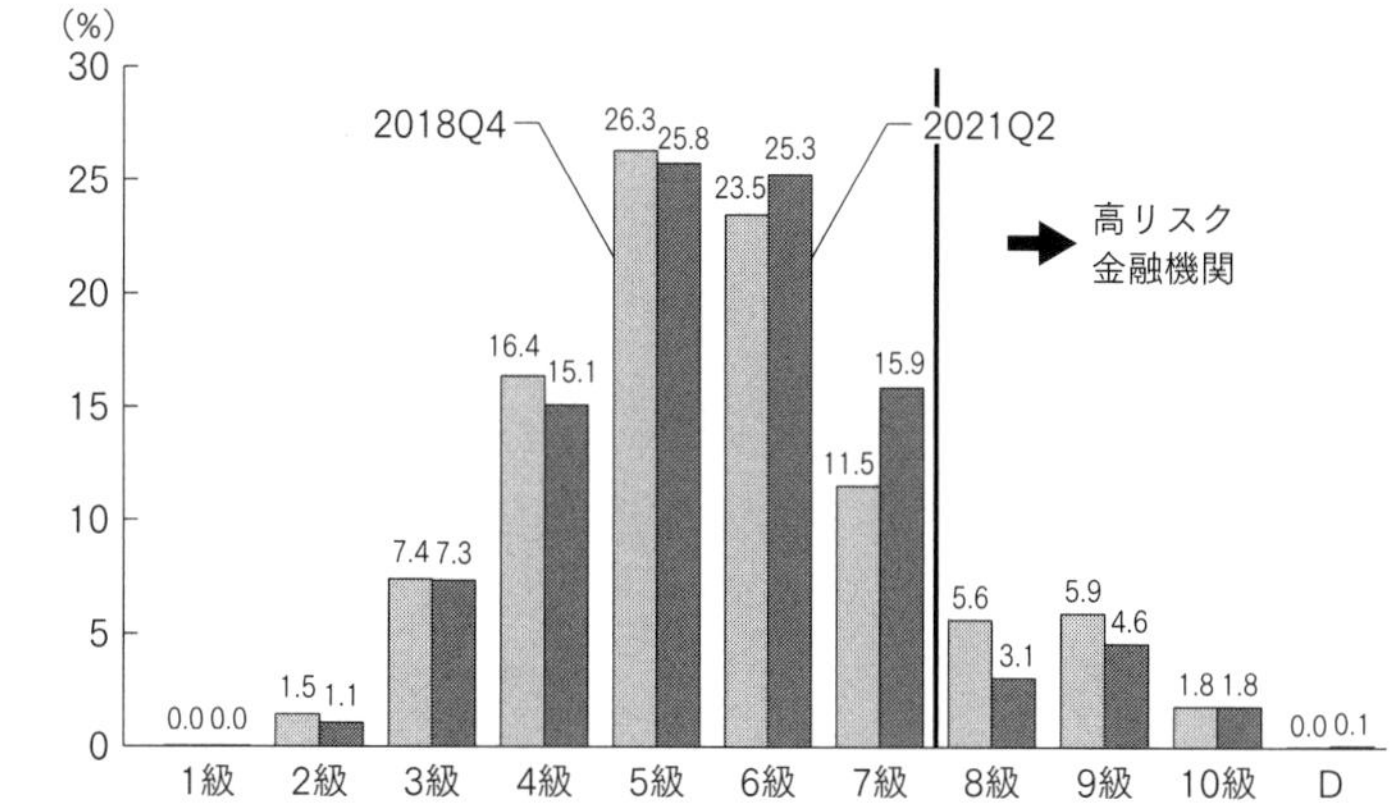

（出所）中国人民銀行「金融安定報告」（2019、2021）を基に筆者作成

高リスクと判定された金融機関数の比率は、2018年第4四半期をピークにやや低下しているものの、2021年第2四半期時点で10%にのぼる（図表6―16参照）。中国国内の経済状況には地域差が大きい。地域の経済状況の悪化の影響を受けている金融機関も少なからずあるだろう。後述するが、地方債務問題が比較的深刻なのは、東北地区・華北地区などだ。これら地域の中小銀行のリスクには注視が必要だろう。

2019年、中国政府は、金融当局や大手国有商業銀行の幹部7人を地方の省の副省長にあてた。地方の金融リスクに対処させるためだ。中国政府は、2020年に発行した地方債のうち2000億元は、地方の中小銀行の資本増強に充当するとした。地方政府が債券を発行した資金を銀行への出資に使うというのは異例だ。それだけ、地方の中小銀行の経営問題に中央政府が懸念を持っている証左だ。

また、中小銀行の主要な融資先は中小・零細企業だ。2020年以降新型コロナの際に政府の指導により中小・零細企業向け貸出の返済猶予措置が取られていたが、こうした猶予措置は今後取り払われていく予定だ。中小企業向けの不良債権が増えることが予想される。

郭樹清中国銀行保険監督管理委員会主席は、2021年6月の講演で以下のとおり述べている。

「感染拡大の影響を受けた中小・零細企業向け融資の元利金の返済を猶予してきたことで、一定割合が最終的には不良化する見通しだ。一部の地方では、不動産のバブル化・金融化傾向が深刻で、相当数の融資平台の債務返済圧力が非常に大きい。一部の大・中型企業の債務不履行の割合が上昇し、銀行の信用リスクが高まっている。一部の中小金融機関はさらに厳しい状況に直面している。金融機関に対し、不良資産をより迅速かつより多く処理できるように、資産分類を行い、引当金の計上を強化するよう促していかなければならない」

地方の中小銀行のうち、経営困難に陥る先が今後も出てくる可能性は相応に高い。これに対し、中国政府は、システミックリスクを顕在化させないことを最優先し、これまでに行ったような預金保険制度、国有銀行による買収などを駆使して、個別に対処し、乗り切っていこうとするだろう。2022年の全人代政府活動報告は、金融安定保障基金を創設するとした。同基金も中小銀行の個別処理に活用されるものと予想される。

3　シャドーバンキングのリスク

(1) 中国版シャドーバンキング：貸出代替としての特殊性

シャドーバンキングという言葉は、一般には銀行以外の証券会社やノンバンクが行う金融仲介業務を指す。しかし、中国のシャドーバンキングは、貸出代替商品という性格が強い。前述のとおり、世界金融危機後の信用の急速な拡大過程において、膨張したのがシャドーバンキングだ。中国人民銀行は、銀行貸出の増加ペースが急過ぎることに警戒し、窓口指導を強化した。特に、不動産や建設会社、融資平台向け貸出を抑制するよう厳しく要請した。

銀行は、中国人民銀行による窓口指導を回避するため、信託会社、証券会社、保険会社、私募基金などのノンバンクと協働した。実質的には銀行がアレンジしつつ、ノンバンクによる貸出または社債の購入といったかたちで、不動産会社や地方融資平台の旺盛な借入ニーズに対応した。その仕組みは、図表6－17のとおりだ。

シャドーバンキングで資金調達を行う際、預金の代替に使われているのが理財商品だ。理財商品は、銀行が売り出すものもあれば、証券会社や保険会社などが販売するものもある。理財商品で調達された資金は、信託会社などを通じて、不動産会社や融資平台をはじめとする国有企業に貸し出されるか、または彼らが発行した社債に投資される。理財商品は、預金に比べて予想利回りが高いけれど、元本保証がないタイプのものが多かった。

図表6-17　中国のシャドーバンキングの概念図

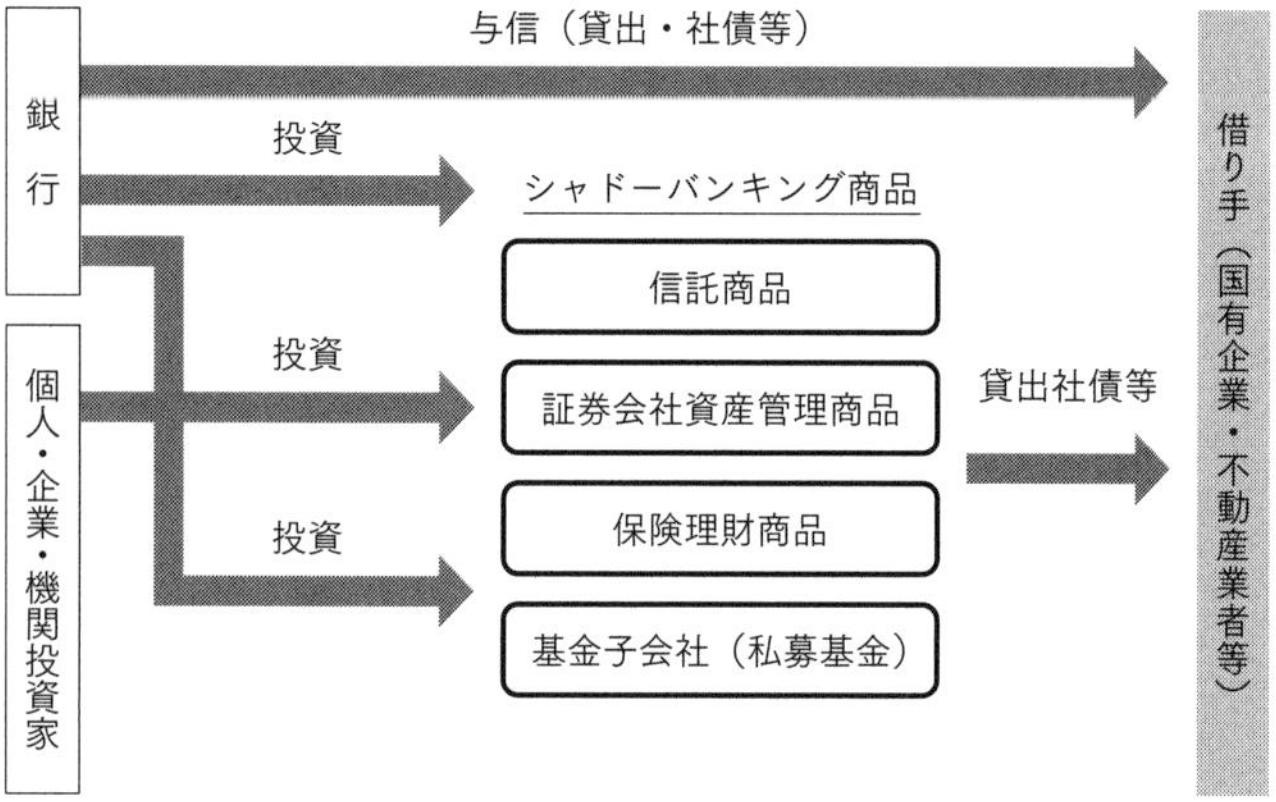

（出所）筆者作成

しかし、理財商品の購入者の多くは、政府の「暗黙の保証」を期待し、預金よりも利回りの高い理財商品を好んで購入した。銀行のオンバランス業務の規制に比べると、当初のシャドーバンキングに対する規制は甘かった。このため、資金がシャドーバンキングのルートを通じて不動産や融資平台に流れ、リスクが蓄積していったのだ。

(2) 政府の規制によるシャドーバンキングの減少

中国政府は、シャドーバンキングのリスクを深刻に受け止め、規制強化を順次進めてきた。もっとも、当初は、シャドー金融商品別に規制を強化したため、「もぐらたたき」のように次々と貸出代替商品が開発され、十分な抑止効果が得られなかった。当時、中国の金融監督は管轄が複数の金融当局に分散しており、当局間での規制の不整合も明らかになった。

これを踏まえ、中国政府は、２０１８年、資産管理

図表6-18　企業・家計の負債性調達年間増減の推移（社会融資規模統計）

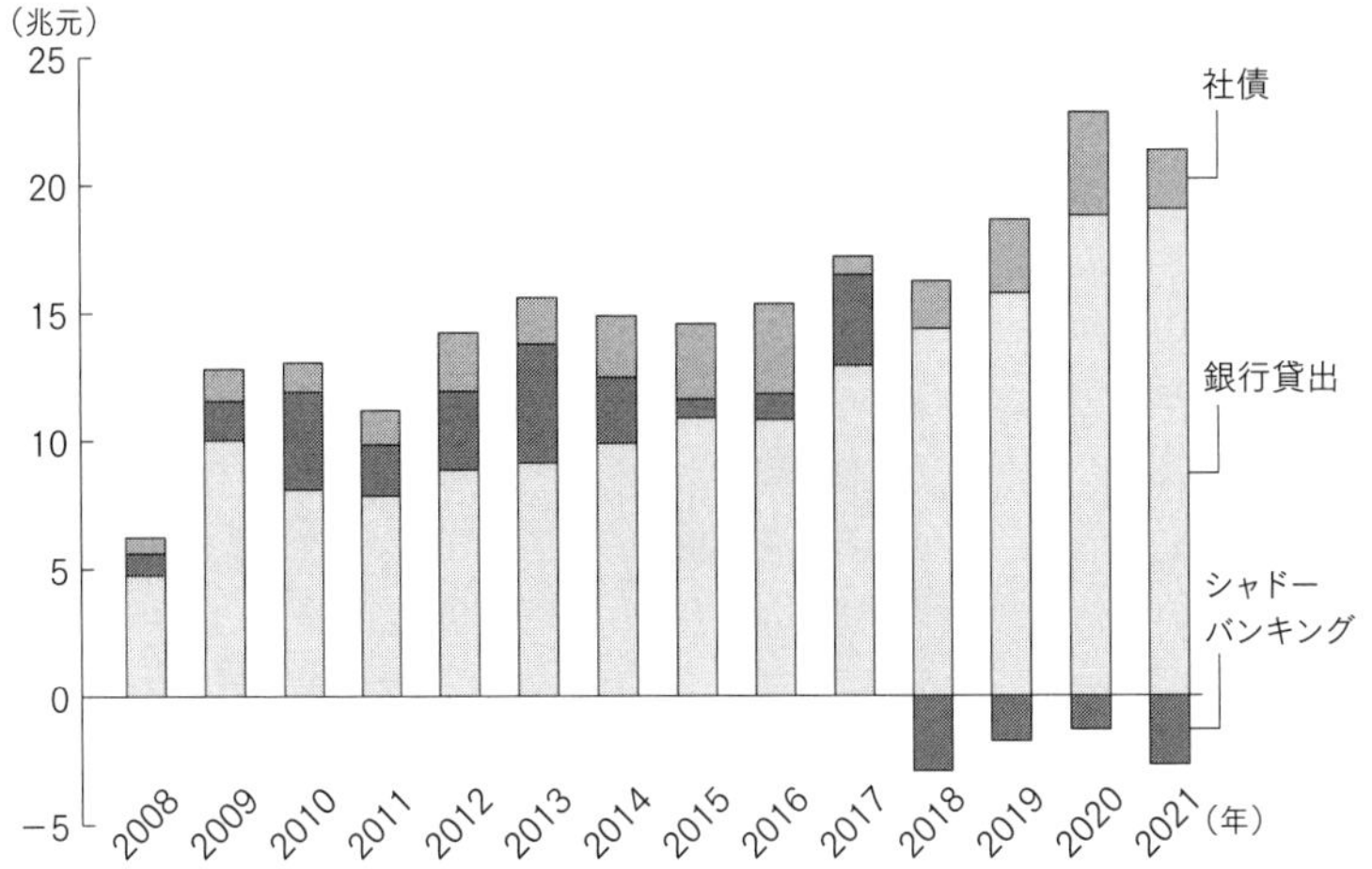

（注）社会融資規模年末残高の増減で計算。
（出所）CEICを基に筆者作成

に関する銀行・証券・保険等の業態横断的な規制を導入した。同規制は、理財商品の資金調達と運用の期間ミスマッチの禁止、複数の理財商品の資金をプールして、様々な運用対象に振り向けるいわゆる資金プーリングの禁止、元本保証の禁止、といった内容だった。

同時に２０１７年から２０１８年にかけて金融監督体制も改革した。複数の金融監督当局の上位に国務院金融安定発展委員会を設立し、複数の金融当局の監督管理の整合性を取り、政策を統一化する役割を担わせた。また、銀行と保険の監督機関も統合し、中国銀行保険監督管理委員会が設立された。

一連の取り組みは、総じて功を奏したと評価してよいだろう。中国人民銀行の社会融資規模統計の増減で見ると２０１８年以降、シャドーバンキングは減少を続けている（図表６－18）。それでも、２０２１年６月、郭樹清中国銀行保険監督管理委員会主席は、「シャドーバンキングの規模はピーク時から20兆元減少したが、依然大きい。復活を厳に防ぐ必要がある」としている。政府の警戒感は引き続き強い。

▼COLUMN 5

2013年6月のインターバンク金利の高騰

理財商品の購入者は、個人や企業だけではなかった。銀行間での資金の出し取りを行うインターバンク市場で短期資金を調達して、理財商品で運用して利鞘を稼ぐ銀行も少なくなかった。

インターバンク市場の資金がシャドーバンキングに大量に流れていることを警戒した中国人民銀行は、2013年6月、インターバンクでの資金供給を幾分絞り気味にした。折しも、市場では6月の税金支払いで、ただでさえ流動性が不足しやすいタイミングだった。思いどおりにインターバンク市場で資金を調達できない一部の銀行のあせりもあって、インターバンク金利は急上昇した。

中国人民銀行は、金融市場全体では十分な流動性が確保されている旨を公表したが、市場に漂う疑心暗鬼は簡単には解消しなかった。インターバンクの金利は一時13%台まで急騰し、世界が中国の金融市場の動向に固唾をのんだ。

その後、中国人民銀行は、国有商業銀行に資金放出を要請し、公開市場操作を通じて資金を供給、市場は平静を取り戻した。2013年6月のインターバンク金利の高騰は、中国の金融システムの市場化が進み、金融リスクが市場を通じて増幅する可能性を感じさせる出来事だった。

4 地方債務のリスク

（1）地方の隠れ債務——融資平台債務はいかに拡大したか

中国の法律は、かつて地方政府が自身で借入や債務保証行為を行うことを禁じていた。地方政府が、1990年代前半に独自に資金調達を行い、投資を膨張させた結果、景気過熱や深刻なインフレを招いた反省が、法律の背景にはある。

しかし、地方政府は、法律をかいくぐり、自らが出資して設立した投融資ビークルである融資平台や地方政府出資の国有企業を通じて資金を調達し、地方経済の発展を図ってきた。特に、世界金融危機時に景気刺激の大号令がかかると、各地方は競って融資平台を活用し、投資を拡大させた。当然ながら、融資平台の債務は急増した。

窓口指導により銀行借入に制約が課されると、融資平台は、シャドーバンキング経由の借入を増やしたほか、債券発行も増やした。融資平台の債務は形式的には地方政府の債務ではないが、資金の出し手には、地方政府の「暗黙の保証」に対する期待が存在していることは否めない。だからこそ、融資平台は資金調達をこれほど拡大できたのだ。

（2）地方債発行が可能になった後も深刻な地方債務問題

中央政府は、地方の隠れ債務が野放図に膨張するのを避けるため、地方政府の債券発行を認めるか

図表6-19　IMFレポートによる中国の政府債務の見積もり（対名目GDP対比）

	2015	2016	2017	2018	2019	2020	2026予測
中央政府公式債務	15	16	16	16	17	20	25
地方政府公式債務	21	21	20	20	22	25	35
地方融資平台債務（含む偶発債務）	18	27	32	34	35	39	56
その他政府債務（含む偶発債務）	1	3	5	6	8	9	14
政府債務合計	55	67	73	77	81	93	129
政府債務合計（除く偶発債務）	42	48	52	54	57	66	94

（出所）IMF "People's Republic of China 2021 Article IV Consultation Staff Report"（2022年1月）IMF Country Report No. 22/21

わりに、債券発行額に枠をはめて管理するほうがよいと考えた。２０１４年に法律を改正し、地方政府は、自身のリスクで地方債を発行することが可能になった。もっとも、以下の３点を踏まえれば、地方債務のリスクは現在でも深刻だ。

第一に、**地方の隠れ債務が十分に抑制されているとは言い難い**。ＩＭＦの中国に対する年次評価報告（２０２２）によると、地方政府の表面債務の対ＧＤＰ比率は２割台で比較的安定しているのに対し、融資平台債務の対ＧＤＰ比率は２０１５年の18％から２０２０年の39％に上昇している（図表６―19）。

地方債の発行限度は、中央政府がコントロールしているため、地方政府は自由に債券発行を増やすことはできない。このため、地方政府は現在でも融資平台を活用しているのが実態だ。中国政府は、地方債が発行可能となった後の融資平台債務は、純粋な企業の債務であり、地方政府に保証責

図表6-20　地方債利回りの対国債スプレッド

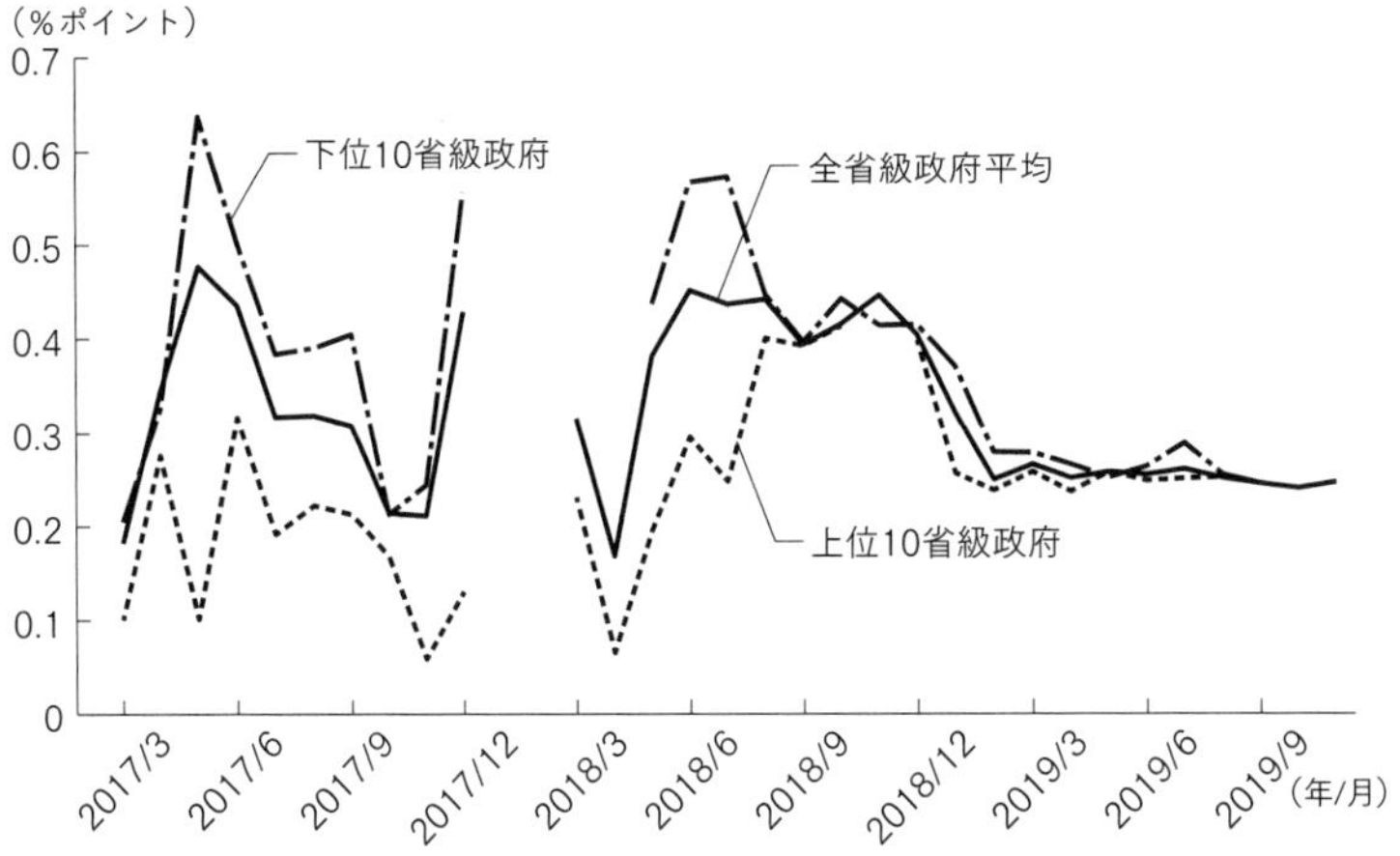

（出所）西村友作ほか「中国地方政府債券の発行市場における市場メカニズム」日本銀行ワーキングペーパーシリーズNo.21-J-14、2021年11月

任はないとしている。しかし、融資平台債務がこれだけのペースで増え続けられているということは、市場が、融資平台に対する地方政府の何らかのサポートを依然期待し続けていることを意味している。

第二に、法律で発行が認められた地方債にも、政府の「暗黙の保証」の問題が内在する。対外経済貿易大学の西村友作教授と日本銀行北京事務所スタッフの共著のワーキングペーパー（２０２１）[12]は、地方債の対国債スプレッドを分析し、２０１８年９月以降、省別のスプレッド格差が消失した事実を基に、財政部がプライシングに関与した可能性を指摘している（図表６－20参照）。同ペーパーは、中国の財政部が、２０１８年８月、地方債発行消化を促進するため、地方債の引受金融機関に対し、国債の利回りを少なくとも０・４％ポイント上回るスプレッドを確保して引き受けてよいとの「指導」を行ったとされるとしている。

明らかに信用力格差の存在する異なる省の間で地方債のスプレッドの格差が消失したことは、地方債にも中央政府の「暗黙の保証」がある、と市場が期待していることを意味する。「暗黙の保証」に対する期待があるからこそ、地方債の発行消化は円滑に進む。しかし、それはモラルハザードを助長し、地方債務のリスクに歯止めがかかりにくいことを意味する。

第三に、**地方債務問題には地域格差が大きい**。ＩＭＦがグローバル金融システム安定報告（２０２１）[13]で推計した省別の地方債務の対ＧＤＰ比率を見ると（図表６－21参照）、地域差はかなり大きい。一部の省では、省のＧＤＰに対する債務水準がかなり高く、リスクの深刻さが窺われる。

このような地方債務水準の地域格差には、地方財政を取り巻く経済環境の違いも影響している。図表６－22は、省別の２０１５年から２０１９年の４年間の常住人口、財政一般予算収入、名目ＧＤＰの年平均増加率を示している。２０２０年は新型コロナ感染症の影響を強く受けるので除いた。これを見ると、東北地方や華北地方では人口が減少している省が多く、名目ＧＤＰ成長率も総じて低い。東北地方はこれに加えて財政収入も低調だ。これに対して、東部沿海地域では、人口が純流入するなか、財政収入の伸びも比較的高い。経済が停滞し、債務レベルも高い地域には注意が必要だ。

中国政府も、地方債務リスクが深刻であり、対処が急務であることは十分認識している。２０２１年４月の共産党中央政治局会議は、「地方の党・政府の主要幹部が責任を負う財政・金融リスク処理メカニズムを構築しなければならない」とした。同年12月の中央経済工作会議は、「地方政府の隠れ債務の増加を断固として抑制する」とした。

しかし、地方政府には、地方債務問題の解決と同時に景気が減速するなかで景気安定化のための内

図表6-21　省別地方債務の対GDP比率

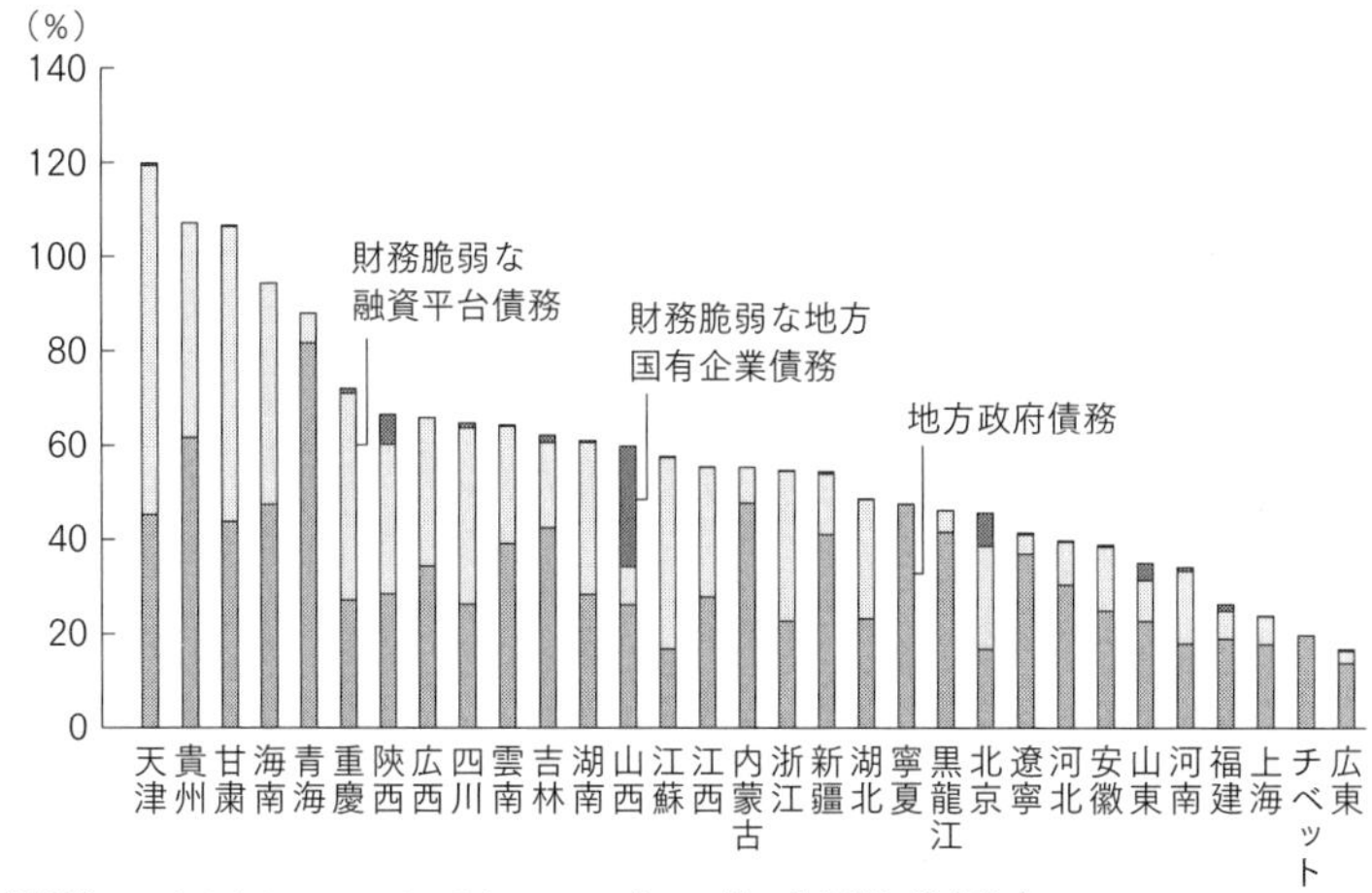

（出所）IMF"Global Financial Stability Report" 2021年10月を基に筆者作成

図表6-22　省別の常住人口、財政一般予算収入、名目GDPの年平均増加率（2015～2019年）

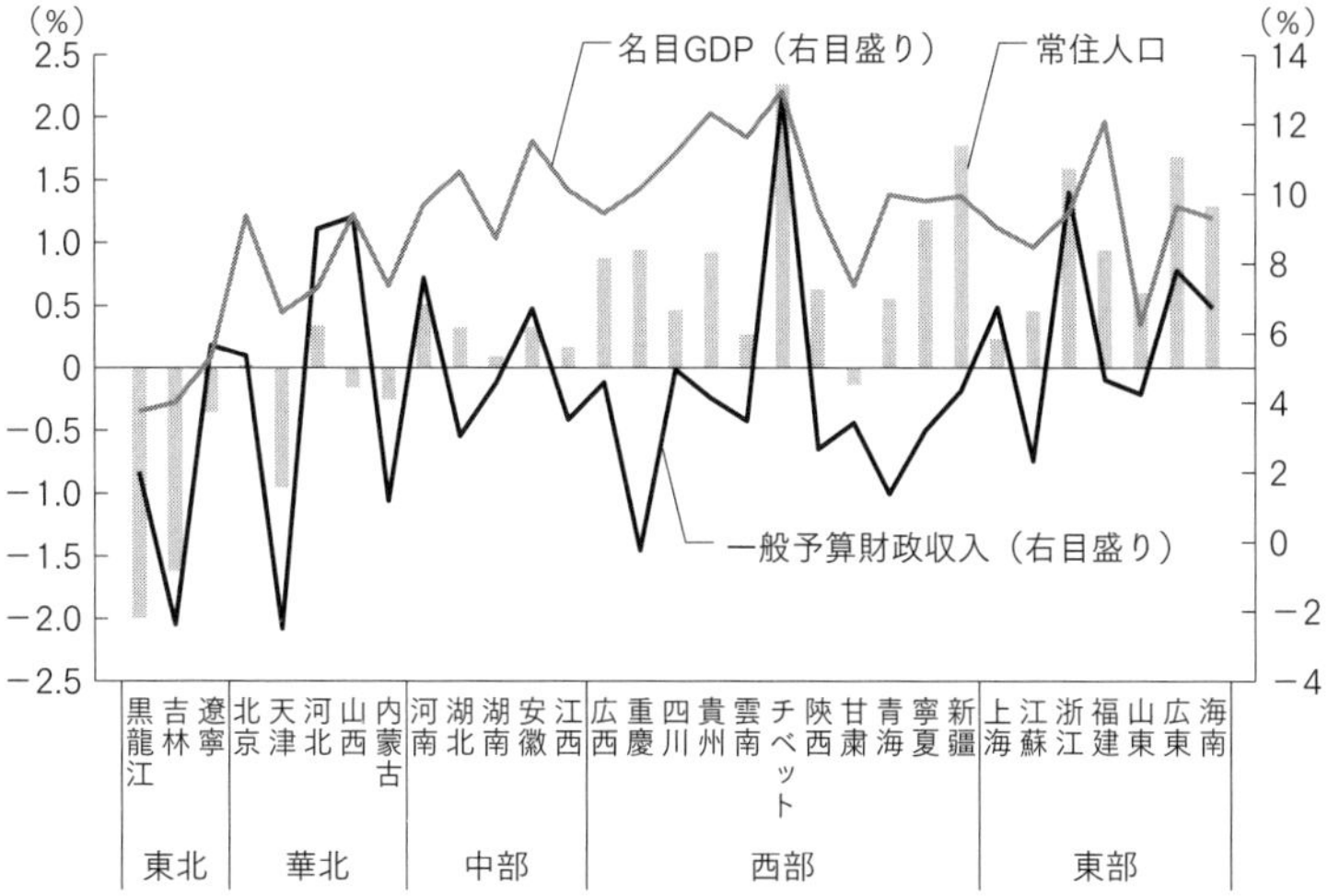

（出所）国家統計局を基に筆者作成

需拡大も求められている。景気安定と地方債務リスク解消のジレンマを抱えているのだ。2021年12月、黒龍江省の鶴崗市政府が債務リストラを行う方針が明らかになった。[14]前述のとおり、東北地方は、人口減少、経済減速、財政収入の伸び悩みに苦しんでいる。

今後、地方政府が出資する融資平台の債務を含む広義地方債務の返済が、一部の地方政府で滞り始める可能性は否定できない。中央政府は、それに対して、全国的な連鎖、すなわちシステミックリスクにつながる懸念がある場合に限定して介入し、ソフトランディングを目指すだろう。

5 不動産のリスク

(1) 中国経済にとっての不動産の重要性

不動産は中国経済にとって極めて重要だ。汪涛、張寧(2021)[15]は、不動産業と建設業がGDPに占めるウエイトは12%、そこから波及する間接的な影響も勘案すると、GDPの25%を占めると推定している。ハーバード大教授のケネス・ロゴフ他は、2020年の論文"Peak China Housing"[16]で、不動産の影響は関連産業も含めるとGDPの29%に及び、不動産の活動が20%減少すると、GDPが5〜10%減少する可能性があると試算している。

不動産は、家計の保有する最大の財産だ。「中国家庭財富調査報告2019」では、2018年の都市部住民の財産のうち、住宅の純価値(住宅の市場価値から住宅ローンの残債額を除いた値)は家計財産の71%を占めている。[17]過去20数年間基本的には住宅価格は上昇し続けてきている。一方で、株式市場は大きな上昇下落を繰り返してきた。中国の家計にとっては住宅購入こそが財産保全の最良の方策だ、という感覚が強い。しかも、中国には日本の固定資産税に当たる不動産保有税も相続税もない。このため、投資のために2軒目、3軒目を購入している家計は少なくない。

不動産向け貸出は、銀行やシャドーバンキングの重要な構成要素だ。２０２１年9月末の不動産関連貸出（住宅ローン＋開発業者向け貸出）は、金融機関の人民元貸出の27％を占める。これに不動産担保貸出を加えると銀行貸出に占めるウエイトはさらに大きくなる。中国銀行保険監督管理委員会の郭樹清主席は、２０２０年12月の寄稿文で、不動産に関連する銀行貸出のウエイトは39％としている。〈18〉**不動産は、地方財政とも深く関わる。**不動産関連税収と土地譲渡金ネット収入は、２０２０年の地方政府の財政収入の約3分の1を占める。

つまり、不動産は、前述した銀行システム、シャドーバンキング、地方債務の各リスクと密接に連関しているのである。不動産市場において全国規模の大規模な調整が起こると、金融システムへの影響は甚大になるだろう。

（2）中国の住宅市場の急速な発展

中国の不動産市場では、7割が住宅市場、3割が商業不動産市場であり、住宅市場が重要だ。実は、中国の商品住宅市場の歴史は比較的新しい。１９９０年代以前は、政府や国有企業が住宅を職員に提供していたからだ。１９９０年代の終わり頃の住宅制度改革によって、政府や国有企業による分配住宅制度が廃止され、既存の公有住宅が職員に低価格で払い下げられた。また、個人購入による新築商品住宅の取得も始まった。それから中国の住宅市場は、わずか二十数年間で、急成長を遂げてきた。高い経済成長、生産年齢人口の増加や急速に進む都市化がそれを後押しした。

しかし、この間、住宅価格の高騰が続き、大都市では、住宅価格が一般庶民の手の届かない水準まで上昇し、中国政府は対処に苦慮し続けてきた。中国政府は、住宅価格の上昇が急過ぎると考えた場面では、不動産に対する規制を強化した。銀行に対して不動産向け貸出を絞るよう指導を強化したり、住宅ローンの最低頭金比率に対する規制を引き上げたり、さらには2軒目以降の住宅購入を制限したりして、住宅市場の過熱を止めようとした。住宅購入の制限をかいくぐるため、夫婦が偽装離婚して別々に住宅を購入するといった事例まで出てきた。

政府の規制強化によって、市場が停滞する時期もあった。しかし、政府は、景気が減速する局面では、景気下支えのために住宅に関する規制を緩めた。その度に、住宅市場は再び活況を呈し、住宅価格は以前にもまして高騰した。中国の住宅市場は、このサイクルを繰り返してきた。

図表6―23は、国家統計局が発表する中国の住宅価格の推移を、都市分類別に示したものだ。中国では、都市の格、魅力を基に、都市を一線級、二線級、三線級、四線級に分類する慣例がある。政府が定めたものではなく、企業がマーケティングや不動産開発の際に使う概念として浸透してきたものだ。一線級都市は、北京・上海・広州・深圳の四つの超大型都市、二線級都市は、概ね各省の省都かそれ並みの大型都市、三線級都市はそれより一段劣るレベルといった具合だ。

国家統計局統計によると、中国の商品住宅価格の全国平均は、1999年から2020年にかけて5・4倍となった。特に、一線級都市はこの期間に9・7倍と価格上昇が著しい。

図表6-23　中国の商品住宅価格の推移

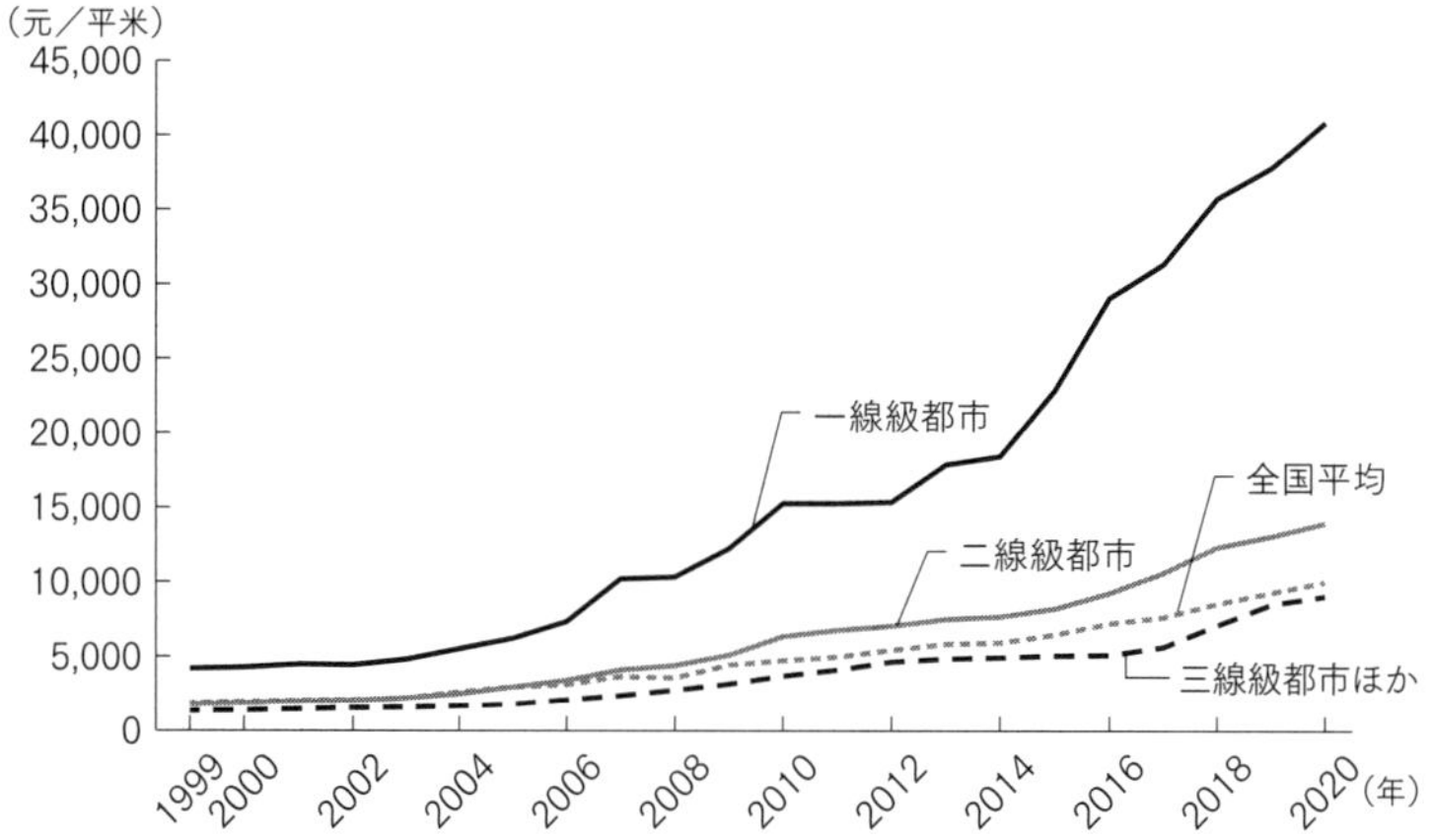

（注）国家統計局全国35都市住宅価格データ（年次）を基に、“Peak China Housing”（2020）の手法と同様に筆者計算。
（出所）CEICを基に筆者作成

中国の一線級都市の住宅価格の年収倍率は、他国の主要都市と比較しても高い。北京が52倍、深圳、上海が44倍、広州が35倍といった具合だ（図表6―24）。

（3）2021年後半以降の不動産市場の冷え込み

習近平政権は、「住宅は住むもので、投機のためのものではない」との方針の下、不動産市場に対する継続的な引き締め策を取った。ここでも、共同富裕がキーワードだ。習近平政権が推進する共同富裕の観点からは、住宅はみんなが住めるものにしなければならない。これまで、住宅価格高騰を抑え込めなかったため、今度こそは、これまでの二の舞いは演じず、多少景気が悪くなっても政策を大きく緩和させず、住宅価格を安定させようとしてきた。

それと同時に公的住宅、特に公的賃貸住宅の

図表6-24　世界主要都市の住宅価格の年収倍率（2022年）

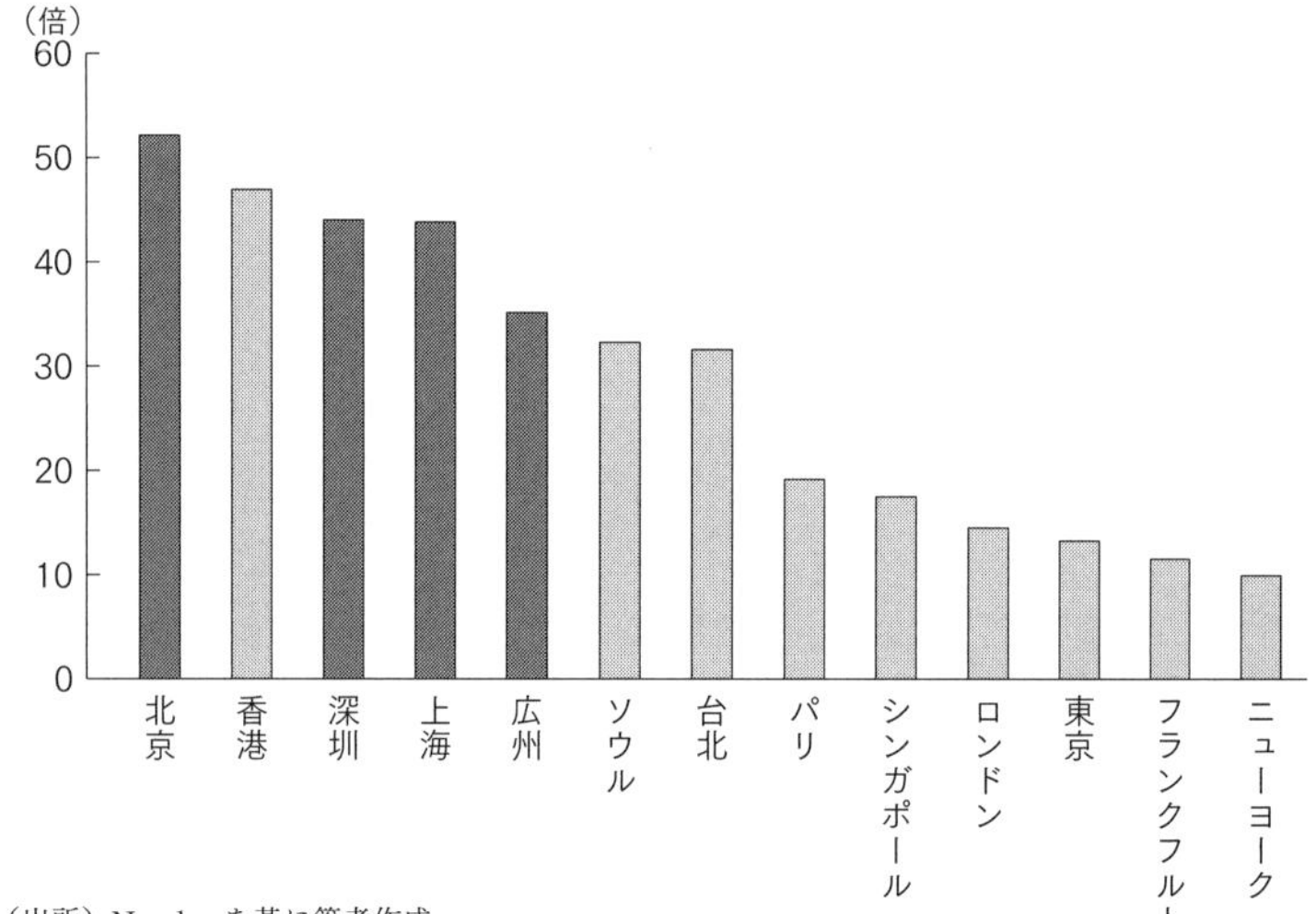

（出所）Numbeoを基に筆者作成

供給を増やすことで、都市部で拡大する住宅需要に対応しようとしてきた。中国では持ち家志向が強く、賃貸住宅市場の発展が遅れてきた。これを是正しようとしたのだ。

２０２０年後半以降、新型コロナ危機対応のための金融緩和を受けて住宅市場が再び活況を呈し、住宅価格が高騰し始めた。政府は、不動産市場の引き締めに本腰を入れ始めた。まず、２０２０年8月、不動産デベロッパー（以下「デベロッパー」）に対する「三つのレッドライン」政策を導入した。負債比率に関する三つの指標で見て、当局の求める警戒レベルに該当した項目数に応じて、デベロッパーの有利子負債の調達に制約を設けた（図表６－25）。

また、２０２０年12月、金融機関に対して不動産貸出への集中度を制限する規制を導入した。住宅ローンを含む不動産貸出全体の総貸出に占める比率と住宅ローンの総貸出に占める比率の

図表6-25　デベロッパーに対する「3つのレッドライン」政策

3つの負債関連比率
資産負債比率＞70% （注）前受け金等を除くベース
純負債自己資本比率＞100%
現預金／短期有利子負債≦100%

該当項目数	年間の有利子負債の増加率上限
1項目該当	10%以内
2項目該当	5%以内
3項目該当	増加不可

（出所）中国の報道情報を基に筆者作成

図表6-26　商業銀行に対する不動産貸出規制

	不動産貸出残高比率上限	住宅ローン残高比率上限
大型銀行	40.0%	32.5%
中型銀行	27.5%	20.0%
小型銀行	22.5%	17.5%
農村合作機構	17.5%	12.5%
村鎮銀行	12.5%	7.5%

（注1）2020年12月末時点で超過幅が2%ポイント以内の場合は2年、2%ポイント以上の場合は4年の移行期間を設ける。
（注2）地方の銀行については、地方政府が上下2.5%ポイントの範囲で要求水準を調整可能。
（出所）中国人民銀行を基に筆者作成

双方に、業態別に上限を設け、移行期間中にその範囲内に収まるよう求めるものだ（図表6－26）。

規制実施後、デベロッパーの資金繰りは総じて厳しくなった。銀行のデベロッパーへの融資スタンスが慎重になったほか、デベロッパー自身もデレバレッジに注力した。また、住宅の買い手である家計の住宅ローンに対する金融機関の審査も慎重化した。業界関係者によると、住宅ローンの審査に半年以上かかることも多くなった。これにより、銀行の不動産開発貸出に急

図表6-27　銀行の不動産関連貸出前年比の推移

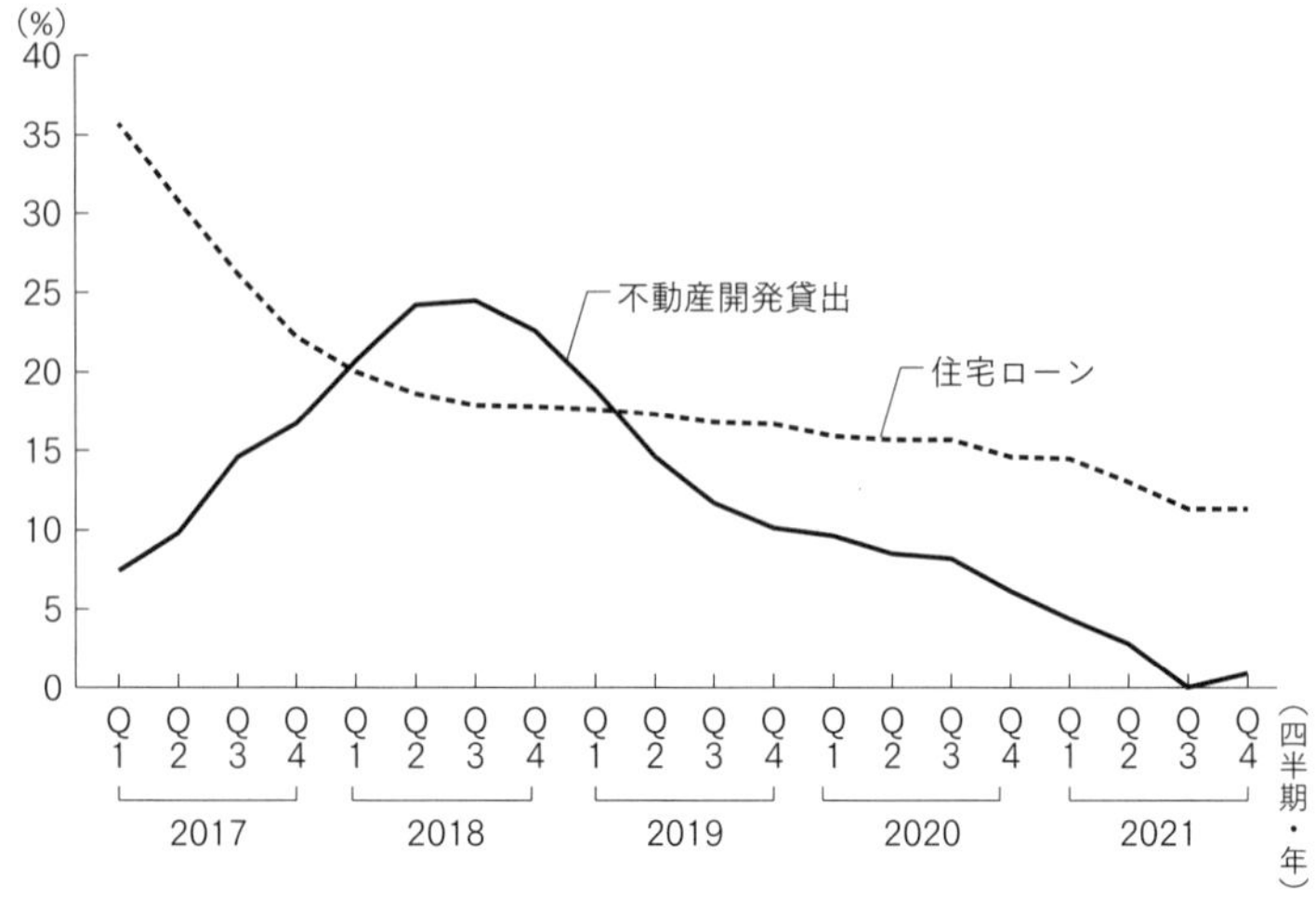

（出所）中国人民銀行を基に筆者作成

ブレーキがかかり、住宅ローンの伸びも減速した（図表6－27）。

デベロッパーの資金繰りの厳しさは2021年半ばから表面化した。まず、過剰負債を抱えていた中国最大手の恒大集団が資金繰り難に直面した。恒大集団は、海外でオフショアドル建債券も発行していること、1・9兆元（日本円で約32兆円）という巨大な負債を抱えていることから、国際金融市場では特に懸念が高まった。現在、政府が関与するかたちで債務リストラと再建策が検討されている。

恒大集団だけでなく、他のデベロッパーも、デレバレッジの必要性から、新たな土地の調達を控えざるを得なくなった。このため、デベロッパーによる不動産開発投資や新規住宅販売の供給が抑制された。一方、住宅ローンの審査厳格化により需要も影響を受けた。住宅の供給面と需要面双方が打撃を受けたことで、2021

図表6-28　中国70都市の新築商品住宅価格の上昇・横這い・下落比率推移

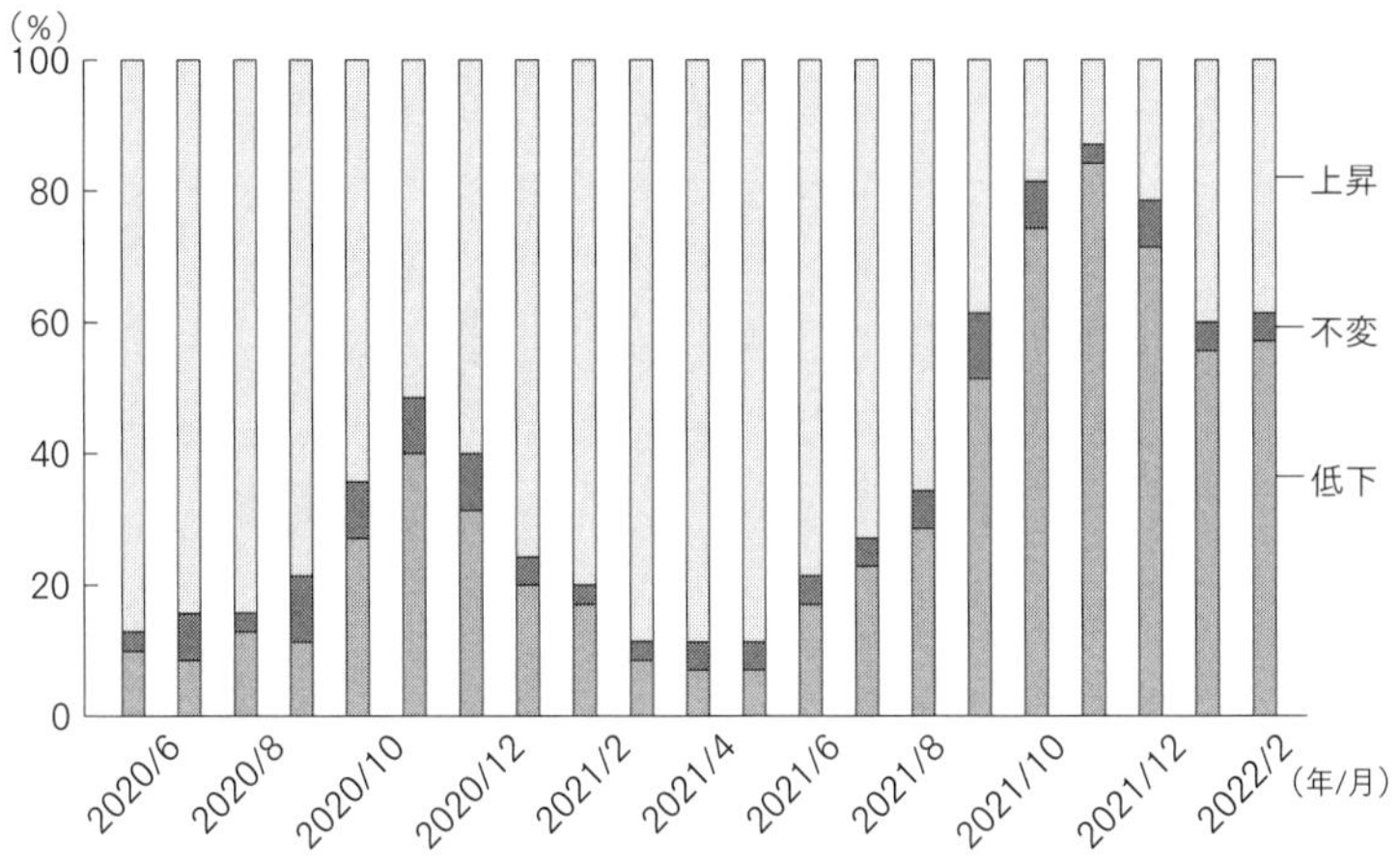

（注）直近は2022年2月
（出所）国家統計局を基に筆者作成

年後半以降、住宅の投資、販売、価格の全てが急速に冷え込んだ。２０２１年12月の不動産開発投資は前年比14％減、住宅販売面積は同16％減となった。[19] 新築住宅価格は、主要70都市中７割超の都市で下落した（図表６―28）。いずれも、年前半の好調さからすれば急速な悪化だ。

不動産市場の冷え込みは、地方財政にも影響を与えている。地方政府の土地譲渡金収入前年比は２０２１年８月以降、減少の一途を辿っている（図表６―29参照）。地方政府の土地譲渡金収入は、土地取得コストを勘案しないグロスで見れば、地方財政収入の約４割を占める。前述したとおり、不動産市場が冷え込むと様々な面に影響が出てくるのだ。

（4）不動産に対する引き締め策の緩和

事態を重く見た中国政府は、２０２１年10月以降、不動産に対する引き締め策を緩め始めた。

図表6-29　地方政府の土地譲渡金収入前年比の推移

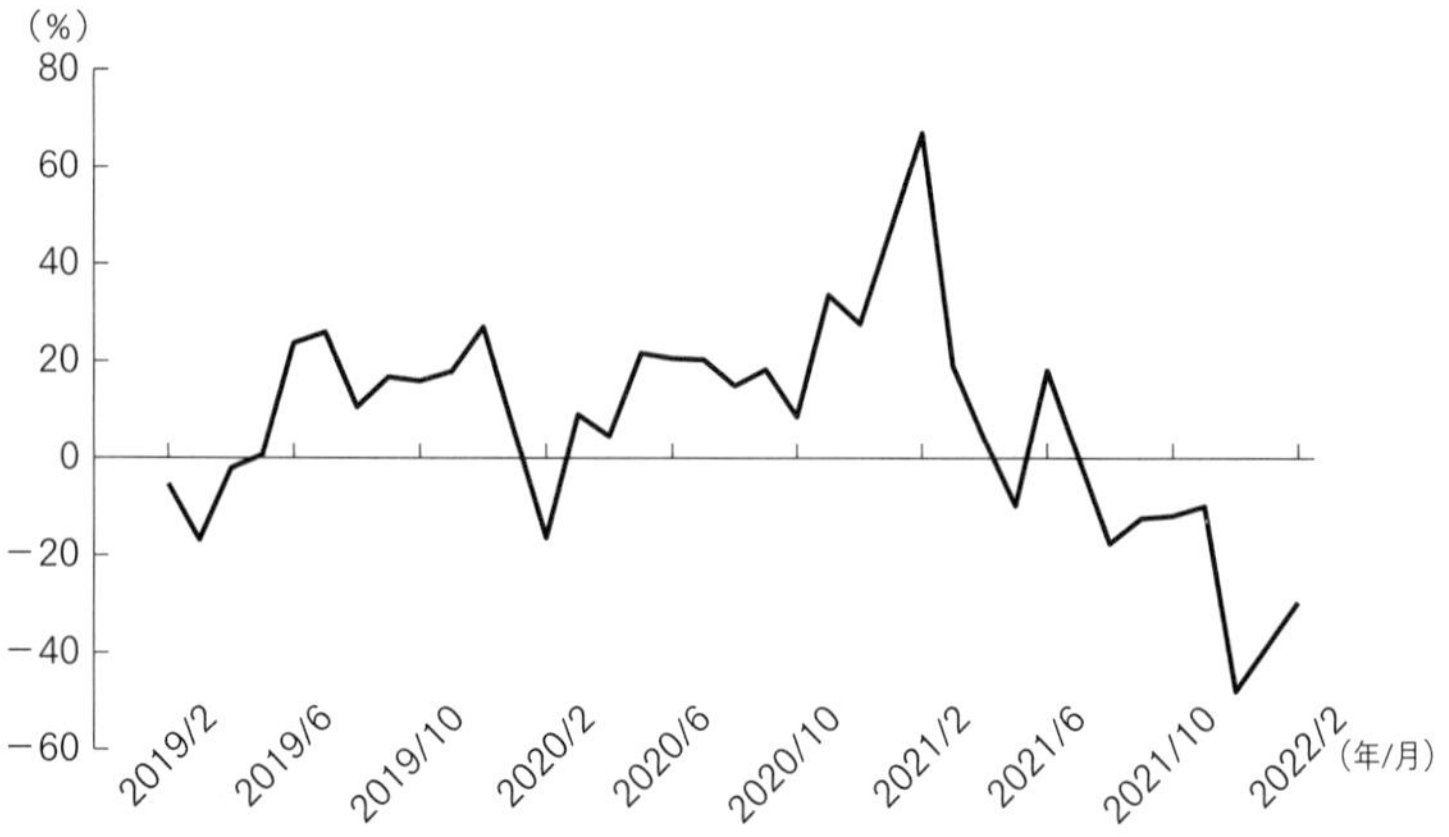

(注) 直近は2022年1－2月
(出所) 財政部を基に筆者作成

政府は、金融機関に対しデベロッパーや住宅ローンの合理的な資金需要に応えるよう指導した。10月20日、潘功勝中国人民銀行副行長は、金融セクターのリスク選好度が過度に収縮する行為を徐々に矯正してきたとし、「金融セクターは関連セクターに積極的に協力して不動産市場の健全な発展を維持する」とした[20]。

また、デベロッパーの米ドル社債の利息支払いのための外国送金手続きの緩和や、国内社債発行の条件緩和などの動きも見られている。さらに、12月にはデベロッパーがM&Aを行う場合に実施する借入は、三つのレッドラインで計算する有利子負債には含まないとした[21]。これらの措置は、政府の不動産に対する基本的なスタンスを変更するものではないが、部分的緩和だと言えるだろう。

さらに、2022年入り後は、地方都市において、住宅ローンの最低頭金規制の引き下げの動きが広がりつつある。

(5)不動産市場の調整の金融システムへの影響

今回の不動産市場の調整の金融リスクに与える影響についてどのように見るべきか。まず、恒大集団単体の経営破綻が銀行システムに与える影響は限定的だろう。恒大集団の有利子負債は、２０２１年6月末で０・６兆元と中国の金融機関の国内貸出１９３兆元(２０２１年11月末)の０・３％程度に過ぎない。今後、政府も介入するかたちで、債務リストラが進んでいくと見られる。ただし、個人や企業、海外投資家といった様々な債権者が中国全土と国外に散らばっており、処理には時間がかかるだろう。

問題は、他のデベロッパーにどこまで影響が波及するかである。現在、恒大集団だけでなく、一部の大手や中堅デベロッパーの流動性危機や経営難が明らかになりつつある。大手では負債総額が１兆元近いとされる融創が経営難から財務諸表の公開を延期しているほか、準大手・中堅の佳兆業、陽光城、花様年等の債務返済困難化も明らかになっている。

易綱中国人民銀行行長は、２０２１年10月20日「リスクが他の不動産業者に伝染しないようにする必要がある」と明言した。政府関係者が再三言及しているのは、「システミックリスクを顕在化させないという最低線を死守する」という方針だ。２０２１年10月以降、デベロッパーの借り換え資金への貸出が円滑に行われ始めたほか、11月以降デベロッパーの社債発行も急増した。大手デベロッパーの経営に対する政府の監視も強まっている。デベロッパーの大規模な連鎖破綻という事態は当面回避されるであろう。

もっとも、政府の住宅に対する基本方針は、習近平国家主席が提唱する共同富裕に関わるだけに、全面的な緩和策は考えづらい。また、足元の資金繰りが若干緩和しても、デベロッパーの土地の仕入れが遅れているため、販売に先行する不動産の新規着工面積が減少している（2022年1～2月前年同期比▲12%）。需要の強い一線級、二線級の都市では売り物件自体が増えてこない。このため、少なくとも2022年の前半は不動産市場の低調さは続く見通しだ。

それでも、中国において不動産市場の大規模な調整を契機とする金融危機を回避しうる支援材料はいくつかある。中国がバブル期の日本と異なるのは、以下の4点だ。

第一に、都市化の余地が大きい。都市人口比率は65%でこれは日本の1962年頃に相当する。都市化が住宅需要を一定程度下支えするだろう。

第二に、銀行の不動産担保に対する評価、いわゆる担保の掛け目が総じて保守的だ。筆者が、中国の銀行数行に行った聞き取り調査では、銀行の担保掛け目は4～7割との回答であった。これは、銀行の不動産に対する担保評価が甘く、担保の掛け目を100%とする例さえ見られた日本のバブル期の状況とは異なる。住宅価格が全国的に3割程度下がるくらいまでは、少なくとも銀行システムは持ちこたえられるはずだ。

第三に、日本とは異なり中国政府は土地の供給をコントロールできる。ただし、地方政府が土地の供給を絞れば、土地売却収入が細り、地方の財政収入を減少させる。土地供給のコントロールは簡単ではないのも事実だ。それでも、供給の蛇口を持っていることは大きい。

第四に、家計の住宅ローンのレバレッジが低い。これには政府が住宅ローンに対する最低頭金規制を導入していることが寄与している。地方によって異なるが、1軒目の住宅購入の最低頭金は3割とされているケースが多い。

中国の大都市における住宅価格の年収倍率の高さは懸念材料には違いない。しかし、中国では格差が非常に大きいため、大都市の住宅を購入できる高所得者層が存在する。彼らにとっては購入可能なレベルなのだ。第2章で述べたとおり、上位1％（人口で言えば900万人）の都市の家計の平均純資産は約5000万元（日本円で9億円）、上位1～10％（人口で言えば8000万人）の家計の平均純資産は約1000万元（日本円で1・8億円）だ。日本人よりもよほど裕福だ。彼らからすれば、保有する住宅を売却して、より広くて快適な都心の住宅を買うことは十分可能だ。

これらの要素を勘案すれば、中国が不動産市場での全国レベルでの大幅な調整とそれを契機とした金融危機を回避できる可能性は相応に高いと筆者は考える。

(6) 中長期的な住宅需要の減少の可能性

それでも心配はある。すでに中長期的な住宅需要に変化が起こりつつあり、今後1軒目の住宅需要は減少に向かう見通しにあるのだ。第3章で述べたとおり、1軒目の住宅の主力購入人口である25～34歳の人口は2017年にピークを打ち、減少に転じている。国連予測によれば、2017年のピークから2030年までに7000万人減少する見通しだ。需要の減少に対して、供給を調整できれば、大規模な価格調整は回避できるだろうが、リスクがあるのは間違いない。

その意味で筆者は、中国の不動産の大規模な調整のリスクに対しては、今後10年間程度は特に注視が必要だと考えている。そして、不動産が金融の様々なリスク、すなわち、銀行システム、シャドーバンキング、地方債務と密接に連関していることから、不動産のリスクは、金融システムにとって今後10年間の最大のリスクだ。

6 資本流出のリスク

資金が海外に流出する資本流出のリスクにも注意が必要だ。中国の金融市場の対外開放が徐々に進んでいるため、国内の金融システムへの不安が、資本流出により増幅される可能性があるのだ。

(1)2015~2017年初の中国の資本流出

資本流出のリスクが中国の金融システムに大きな影響を与える可能性を浮き彫りにしたのは、2015年から2017年初の資本流出だ。契機となったのは、2015年8月の中国の人民元相場メカニズムの変更だ。8月11日、中国政府は、毎日公表する人民元相場の中間値の発表方式を変更した。これまで中間値は、マーケットメーカーの報告する為替相場の平均値で決めていたが、以後マーケットメーカーが報告する相場は前日終値を参考にすることとされた。人民元の対ドル相場を実勢に近付ける趣旨だ。

当時、中国は、人民元の国際化を急いでいた。その一環として中国の通貨である人民元がIMFのSDR(特別引出権)の対象通貨に組み入れられることを目指していた。IMFのSDR対象通貨は、それまで米ドル、欧州ユーロ、日本円、英ポンドの4種類しかなく、これに選ばれることは人民元の

図表6-30　中国の外貨準備残高と人民元対ドル中間値の推移

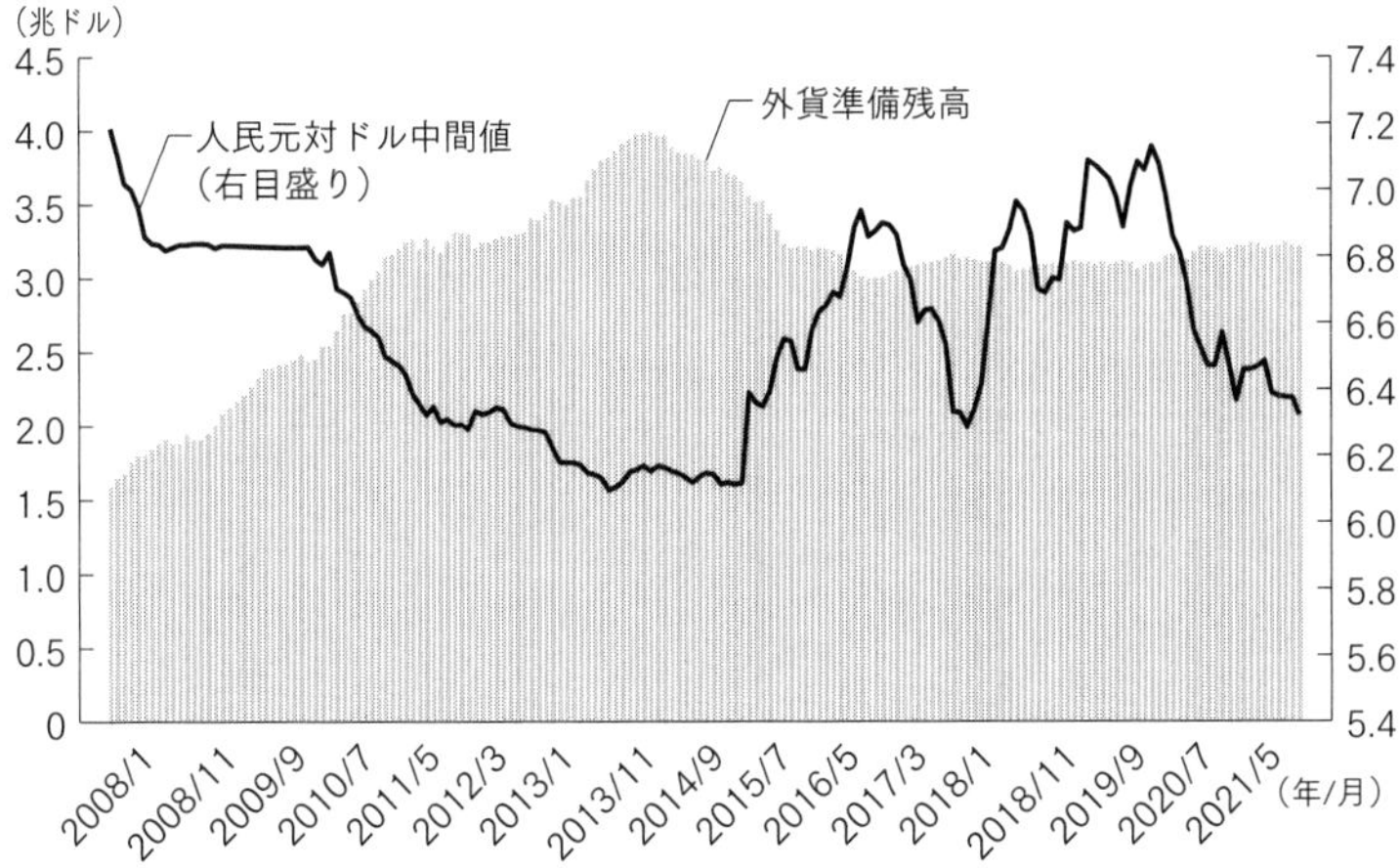

(注) 直近は2022年2月。
(出所) 中国国家外貨管理局を基に筆者作成

国際化の大きな一歩と考えられていた。ＩＭＦは、人民元をＳＤＲに組み入れるにあたって、中国が一層の資本移動の自由化を進め、為替レートの決定を一段と市場メカニズムに近づけることを求めた。中国人民銀行は、ＩＭＦのこうした要請を受けて、前述のように中間値の決定方式を市場の実勢を反映する方式に変更したのだ。

しかし、これは２％の人民元相場切り下げを意味した。折しも、中国経済の減速を懸念していた市場には、「中国政府が景気減速を懸念して、輸出促進のため人民元相場を切り下げたのではないか」との憶測が広まった。すでに進んでいた資本流出が拡大し、人民元相場の下落が進んだ。

中国人民銀行は、人民元相場の下落傾向に歯止めをかけるため、保有していた外貨準備を使って、米ドル売り人民元買い介入を行った。ピークでは、４兆ドルにのぼった中国の外貨準備は、為替介入によって約１兆ドル減少した（図表６－30参照）。

図表6-31　中国の国際収支（対名目GDP比率）の推移

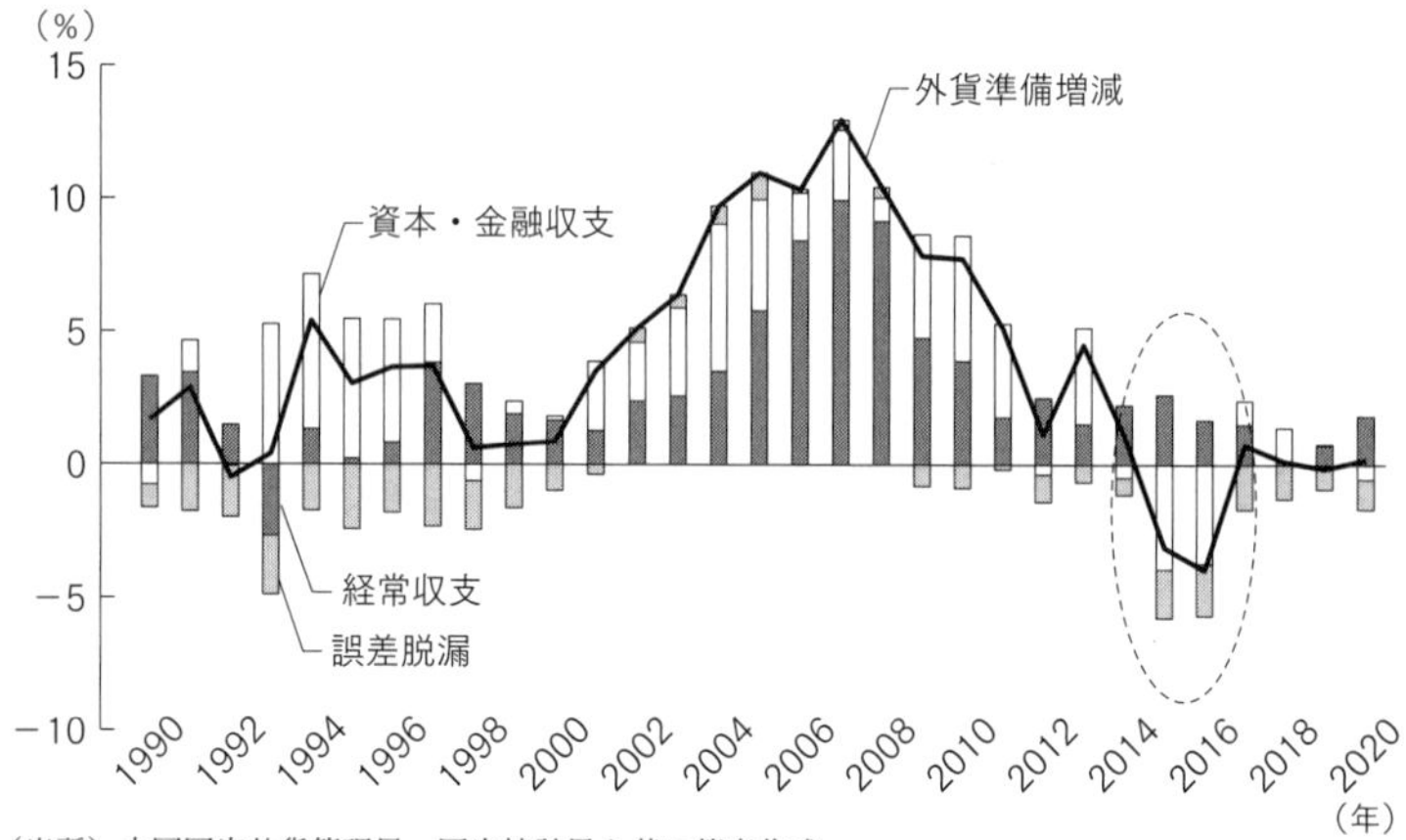

（出所）中国国家外貨管理局、国家統計局を基に筆者作成

それだけでなく、中国人民銀行とその傘下で為替管理を行う外貨管理局は、資本流出防止に懸命となり、様々な行政指導を駆使して実質的には資本規制を強化した。中国政府は当時、表向き資本規制の強化を認めていなかった。

しかし、潘功勝中国人民銀行副行長は、２０１９年１月の寄稿文で「２０１５年末から２０１７年初めにかけ、国内外の複数の要素の総合的な影響を受けて、資本の大規模な流出、外貨準備の持続的な低下、人民元切り下げ圧力の増大という深刻な負のスパイラルが何度か現れた。外貨管理部門は関連部門と共同で、一連の外貨市場安定の総合的措置を講じた」と率直に述べている[22]。当時、日本企業からは、中国からの経常取引に関する送金が滞っているという声が多く聞かれた。

国際収支統計で見ると、２０１５年と２０１６年の資本・金融収支の赤字の対ＧＤＰ比率は４％にのぼった（図表６－31）。

図表6-32　国際収支統計の誤差脱漏項目（4四半期後方移動平均）の推移

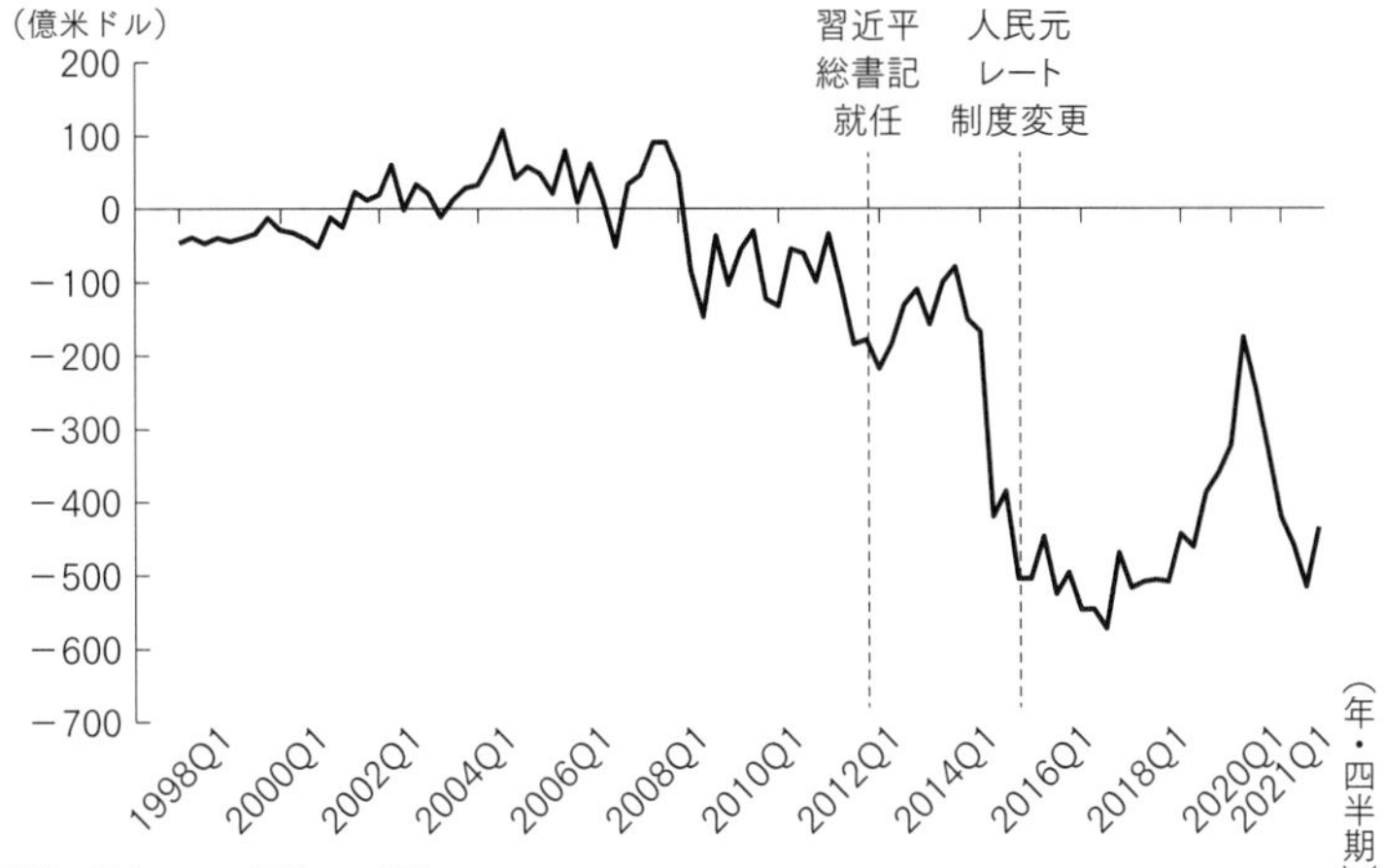

（注）直近は2021年第三四半期。
（出所）中国国家外貨管理局を基に筆者作成

（2）資本逃避のスケールの大きさを示す国際収支統計の誤差脱漏

資本・金融収支以外にも注目されるのは、誤差脱漏項目のマイナス幅が名目ＧＤＰの２％にも上ることだ。国際収支統計上の誤差脱漏は、個別項目と全体の収支の不一致を調整する項目だ。中国のように資本規制が厳しい国では、この項目は、当局が把握しない違法なかたちでの資本逃避の大きさを反映していると考えられる。

図表6―32のとおり、国際収支統計の誤差脱漏（4四半期後方移動平均）は、習近平国家主席が共産党総書記に就任する２０１２年秋の前後から毎四半期１００億～２００億ドル規模で推移していた。政治リスクを回避するため、あるいは腐敗取り締まりのための国内での締め付けを回避するための資本逃避が起こっていたのではないかと推測される。そして、誤差脱漏の規模は２０１５年以降四半期あたり５００億ドル規模に拡大した。

その後、多少縮小した時期もあるが、現在でも誤差脱漏の規模は毎四半期200億～500億ドル規模にのぼる。恐らく、中国の富裕層は、政治リスクに敏感で、自身の保有する資産の一部をリスクヘッジの観点から海外資産で持っておきたいという意向が強いのだろう。

(3) 資本流入を促進するための国内金融市場の開放

中国政府による資本規制の効果が徐々に顕れたほか、その後の中国の景気の安定化もあり、資本流出は2017年に入るとほぼ落ち着いていった。それに伴い、中国国内からの送金に対する厳しい行政指導も緩和されていった。

2015～2017年初の資本流出によって、中国政府は資本流出の怖さを知ることとなった。そのためか、その後、中国政府は、資本取引の自由化に対してはやや慎重になった印象だ。2013年11月の第18回三中全会では、「人民元の資本項目での兌換推進を加速する」としていたが、2016年3月の第13次5カ年計画（2016～2020年）は、「円滑かつ秩序だって人民元の資本項目における兌換を進める」と変更した。

さらに、2021年3月の第14次5カ年計画（2021～2025年）では、資本取引の自由化には直接の言及は見られなかった。人民元の国際化に関するスタンスもトーンダウンした。第13次5カ年計画は、人民元の国際化について「穏やかに推進する」としていたが、第14次5カ年計画では、「穏やかかつ慎重に推進する」と「慎重に」という言葉を加えている。

また、資本の流出と流入のうち、特に流入政策が優先されている印象だ。第14次5カ年計画では、

図表6-33　中国の対内投資（対GDP比率）の推移

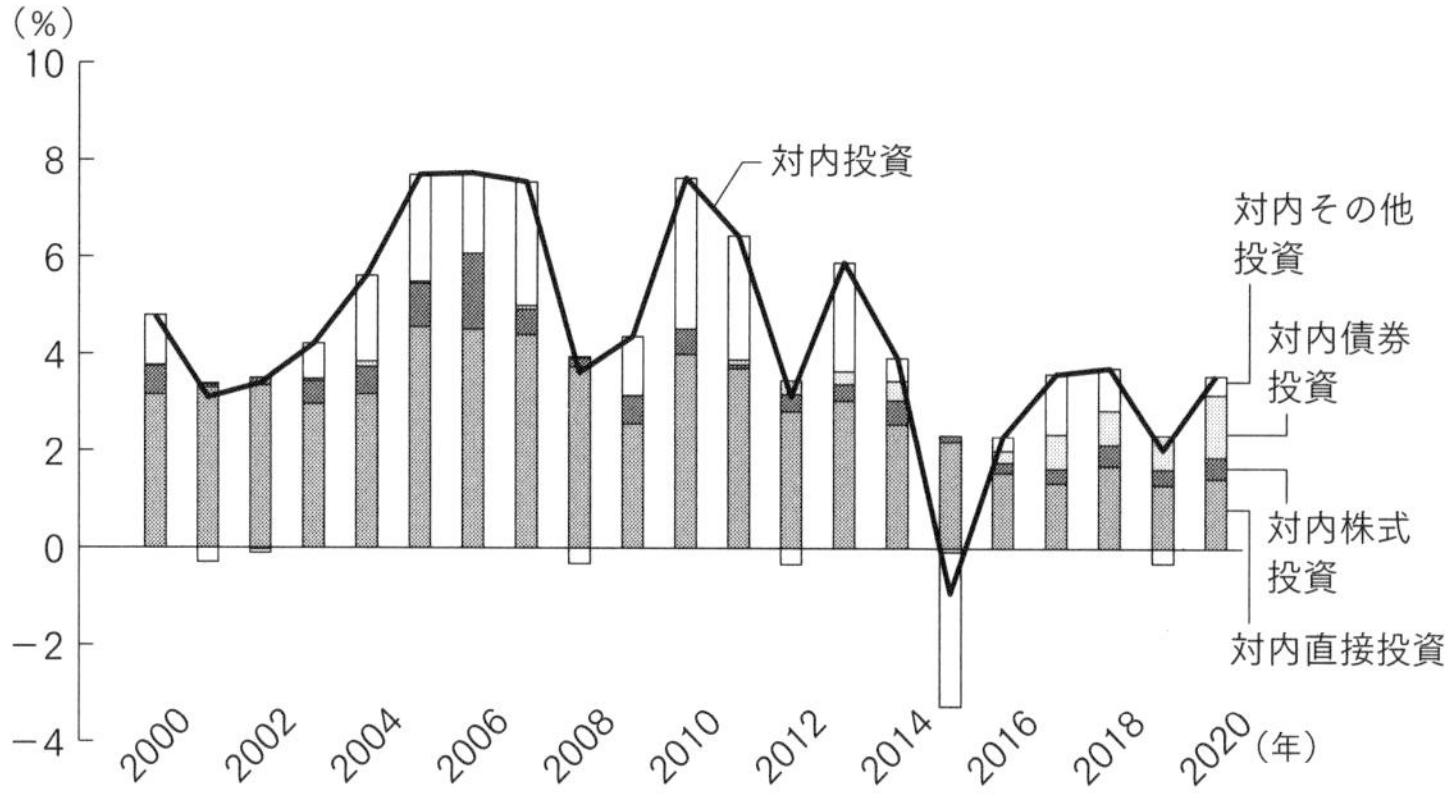

（出所）中国国家外貨管理局、国家統計局を基に筆者作成

資本流入の促進に力を入れる方針が強く出ている。「銀行・証券・保険・ファンド・先物等の金融分野の開放を穏当に推進し、国内外資本市場の相互接続を深化させ、適格国外投資家制度を健全化する」としている。

この方針どおりに、**外国投資家の対内証券投資に関する規制緩和が進んでいる**。中国株式や債券が国際的な株や債券のインデックスに組み入れられていることもあり、外国投資家の中国への証券投資は順調に増えている（図表6－33）。特に、債券市場への資本流入は目立っている。中国国債の格付けは、A＋（S＆Pによる）と先進国並みであるうえに、利回りは3％弱と高く、世界的な低金利のなかで投資家の人気につながっている。

（4）中国の外貨準備水準の十分性と今後の資本流出リスクの焦点

現時点で、中国の外貨準備水準は、資本流出リスクに対して十分と言えるだろうか。ＩＭＦは、外貨準備の十分性について、資本移動の自由がある場合とない場合で異なるとしている。資本規制がなく、資本移動が自由であれば、経済ショックに伴い資本流出がより進みやすいからだ。そして中国の場合は、資本移動はある程度自由化されたものの、依然厳しい資本規制が残っている。２０２１年1月に公表したＩＭＦの中国の評価レポートは、２０１９年末の中国の外貨準備水準は、資本規制がないとすれば、望ましい水準の85％、資本規制が存在するとすれば望ましい水準の１３６％、と定量的に評価した。そのうえで、ＩＭＦは、「外貨準備水準は資本流出リスクに対して十分だ」と評価している。

筆者も、中国の外貨準備は資本流出リスクに対して十分だと考える。特に、中国は、資本流出が懸念される場面になれば、マクロプルーデンスの観点から資本規制を臨機応変に強化する能力がある。全国８２７カ所に配置された外貨管理局の支局が動員され、資本規制を強化するだろう。中国でビジネスをする外資企業にとってはたまったものではないが、中国のマクロコントロールの特徴とも言える。

もっとも、対内証券投資の開放が進んでいくことで、資本流出のリスクが高まっていくのも事実だ。証券投資は、直接投資に比べて「逃げ足が速い」資金だからだ。２０２２年2月のロシアのウクライナ侵攻後、中国の株・債券から大規模な資金流出が見られたとの報道もある。一時的な反応かもしれないが、外国投資家が地政学的リスクから中国を敬遠する動きがどの程度続くか要注意だ。また、前述のとおり、誤差脱漏の対ＧＤＰ比率で見て年間１％程度の赤字が続いており、資本逃避はそれなりの規模で続いている。国内の金融システムへの不安が資本流出により増幅されるリスクにも、引き続き注意が必要だ。

7　大規模な金融経済危機を回避できるのか？

以上、中国の金融システムのリスクについて、重要と考えられるリスクを俯瞰してきた。そのうえで、中国は、大規模な金融経済危機を回避できるのか、考えたい。結論から言えば、筆者は、中国には、金融ストレス事象はいくつか起こっても、大規模な金融経済危機を回避する可能性が相応に高いと考えている。

(1)日本のバブル期との比較

ここでは、日本で1990年代に発生したようなバブル崩壊と金融危機を回避できるのか、という観点から、現在の中国とバブル期の日本を比較する。中国で金融危機の可能性に否定的な主張の根拠には、①中国の債務は主に国内貯蓄で調達されていること、②経常収支が黒字であること、③政府のコントロール力が高いこと、などがしばしば挙げられる。しかし、これら三つの点は、バブル期の日本にもほぼ当てはまっていた。現在の中国を過去の日本と比較したときに、中国が金融危機を回避できると言えるだろうか。

筆者は、この点では、①現在の中国経済が日本のバブル期よりも「若い」こと、②中国政府のコントロール力がバブル期の日本よりも強いこと、の2点が重要だと考えている。

①中国経済の潜在成長率が高い――日本のバブル期よりも「若い」

バブル期の日本と現在の中国の最大の相違点は、現在の中国経済が、バブル期の日本経済よりも、経済の発展段階から見て「若い」という点だ。この点は、第1章で述べたとおりだ。中国の経済の発展段階は、総合的に見れば日本の1970年代半ばから後半に近い。中国経済は、減速はしているといっても潜在成長率は5～6％ある。一国の経済成長は、借入主体にとって、債務を返済するキャッシュフローのもとになる。

中国のマクロ経済政策に影響力のある余永定中国社会科学院研究員は、2019年11月の論考で「中国の企業債務のGDP比率は2017年で160％と高いが、パニックになる必要はない。……近年は企業債務の増加も減速している。レバレッジの低下傾向を確かにする最良の方法は、企業債務の借り換えを拒まないことだ。借り換えを拒めば、潜在的に流動性不足を引き起こし、不要な企業破綻を起こす。むしろ、企業に債務問題から脱出するチャンスを与えるべきだ。そのためには、より高い成長が必要だ」とした〈23〉。

過剰債務問題の解決にあたって、経済成長率維持の重要性を強調している。余永定氏が主張するように、中国の潜在成長率が比較的高いことは、マクロレバレッジの分母のGDPを大きくする余地が比較的大きいことを意味する。

日本では、1990年代の不動産バブル崩壊は、経済に長期間にわたり深く影響を及ぼした。これには、様々な理由が考えられるが、日本の経済発展段階が成熟した時期に差し掛かっていたことも一因だと考えられる。日本はこれより前、1973年に列島改造論を背景とする不動産価格急騰の後、石油危機等の影響から1974年に不動産価格の下落と経済の停滞を経験した。しかし、当時は日本の潜在成長率が高かったことが緩衝材となって不動産価格下落と経済の停滞は、短期間かつ軽微で終わった。中国経済の発展段階が「若い」ことは、経済的ショックに対する対応の余地の大きさを示唆していると考えられる。

ただし、中国の潜在成長率は今後徐々に低下していくと見られる。これは金融危機回避のバッファーが小さくなることを意味する。その意味では、衝撃を吸収する緩衝材が小さくなっていく点には留意が必要だ。

②政府の金融・経済に対するコントロール力が強い

1980年代後半から1990年代、日本政府は、金融自由化や規制緩和など、徐々に経済・金融に対するコントロールを緩めようとした時期だった。これに対して、現在の中国は、改革開放を推進しつつも、中国独特の国家体制を背景とした、政府の金融・経済に対するコントロール力は確保していこうとしている。この中国式の政府のコントロール力の強さは、金融危機回避には役立つと見られる。

中国政府のコントロール力の強さは、三つの面で表現できるだろう。

第一に、**中国政府・共産党の組織の末端まで指示を行き届かせ、政策を動かす能力の高さだ。**経済政策は、政府の組織網と、それと表裏一体で動く共産党の組織網を通じて実施される。宮本雄二元駐中国大使は、その著書で共産党の組織網を、「党中央という頭脳のもと、党組織という神経系統を使って末端まで指示どおりに動く仕組みがつくられているのだ」と表現されている。[24]

中国政府は、そのコントロール力を金融・経済運営にも発揮して、今まで何度か危機を未然に回避してきた。例えば、２０１５年８月の人民元の対米ドル為替レート切り下げ後に見られた大規模な資本流出に対しては、全国一斉に資本規制を強化して資本流出を防ぎ、通貨危機に至る前に切り抜けた。

筆者は、中国の金融政策の手段である窓口指導の有効性とその限界を２０１０年に指摘していた。[25]貸出量に直接働きかける窓口指導は中国で有効に機能しているが、日本の経験を踏まえると、いずれ限界が来る。金利自由化を進め、公開市場操作による金利調節を主体にした金融政策に転換したほうがよいという気持ちで書いたものだった。日本で１９８０年代後半のバブル期に、日本銀行が窓口指導を強化して円貸出の増加抑制に努めたが、資金が内外様々な経路を通じて流れ、信用拡大を有効に制御できなかったことを踏まえたものだった。

実際に、その後、中国ではシャドーバンキングが拡大し、香港経由での調達も増加した。しかし、中国政府は、シャドーバンキングに対する規制を強化して、その後抑え込みに成功した。資本規制は、今でも有効に機能している。そして、中国人民銀行は、公開市場操作のウエイトは高めつつも、現在でも窓口指導（あるいはその変化形であるマクロ・プルデンシャル評価）を大いに活用している。

宮本元大使は、著書の中で、「中国共産党の統治能力を過少評価していた」「中国共産党も不断にその統治能力を高めていたのだ」とされている。筆者も、中国政府の経済運営面での統治能力を過少評価していたと言わざるを得ない。

第二に、**自国と他国の経験と教訓を真摯に学び経済運営に活かそうとする姿勢だ**。中国政府は、40

年余りの改革開放の過程で、試行錯誤を繰り返し、経済を破綻させないように制御する経験と能力を蓄えてきた。急ぎ過ぎた人民元の国際化により2015～2017年初に資本流出を招いたことは、彼らの大きな教訓となった。しかし、これを教訓として、マクロプルーデンス規制の枠組みを整備した。

また、中国政府は、政策策定の際、諸外国の経験と教訓を真摯に学び、政策に活かしてきた。特に、日本の経験と教訓については、中国政府関係者は詳しく研究している。筆者は、中国の政府関係者や学者から、日本のバブル形成と崩壊、金融自由化等についての経験と教訓について度々尋ねられてきた。その熱心さには舌を巻くくらいだ。

第三に、**中国政府の保有する国有資産の規模の大きさ**だ。中国政府は、土地や国有企業への出資資本など多額の国有資産を有しており、いざというときにこれを動員できる。政府系シンクタンクである国家金融与発展実験室の推計によれば、2019年末、中国政府が保有する国有土地と国有金融資産の価値は、名目GDPの1・7倍に該当する。〈26〉実際にこれまでも国有企業などを動員して処理にあたってきた。

2019年の経営が困難化した錦州銀行や恒豊銀行への対処の際、国有銀行や国有ファンドを動員したと述べた。これ以外にも、2021年は金融コングロマリットである華融金融資産管理公司の救済にも、国有の金融機関を動員した。第2章で述べたとおり、国有企業が資源を持ち過ぎていることは、経済効率の点から言えば大問題だ。しかし、危機時に国有企業を動員したり、保有している国有土地を活用したりできるのは、中国ならではの強みとも言えるのだ。

中国政府の経済への過度な介入が、経済効率を阻害している例は多い。筆者は、中国には市場メカニズムがより有効に機能する方向での経済改革が必要だと考えている。特に、民営経済のウエイトはもっと上昇していくべきだ。それでも、政府の金融・経済に対するコントロール力の強さは、少なくとも「守り」の面、すなわち、金融危機回避には有効に作用するだろう。

(2)政府のコントロール能力がモラルハザードを助長――「暗黙の保証」への対処

もっとも、中国政府の金融・経済のコントロール力の強さは、市場に甘えを生んでいるのも確かだ。本章で何度か指摘したとおり、金融というリスクを伴う行為のあちこちに、政府の「暗黙の保証」に対する過度な期待があり、モラルハザードを助長している。政府は、経済に悪影響を及ぼさないかたちで徐々に「暗黙の保証」への期待を解消することに取り組んできた。

例えば、社債市場で言えば、2014年に初めての民営企業によるデフォルトの発生を容認した。その後、国有企業のデフォルトも徐々に容認してきた。2019年には包商銀行の経営破綻に対して預金保険制度を適用し、わずかだが法人債権者には損失も発生した。政府の「暗黙の保証」に対する期待も徐々に変化しつつある。それでも、政府に対する過度な期待がモラルハザードを生む構図は根本的に変わったとは言えない。

恐らく、「暗黙の保証」で生まれたバブルを、丁寧につぶしながら、ソフトランディングを狙っているのだろうが、これがナローパスであることも事実だ。

（3）不動産のリスクは「灰色のサイ」

また、中国の金融リスクは、国有商業銀行の不良債権問題にほぼ集中していた20年前と比べると、金融セクターは肥大化し、複雑化、多様化した。中国政府のコントロール能力が向上しているといっても、対処が難しくなっているのも事実だ。

複雑に絡み合う金融リスクにおいて、**カギとなるのは不動産のリスクだ。**不動産は、銀行システム、シャドーバンキング、地方債務に深く関わっており、不動産市場が大規模に調整すれば、その影響は金融システム全体に及ぶことは避けられない。特に、今後10年間は、人口動態から住宅実需が減少しうる局面にあるため注視が必要だ。

郭樹清中国銀行保険監督管理委員会主席は、2021年12月の寄稿文で**「不動産は我が国の金融リスクに関する最大の灰色のサイだ」**とした。灰色のサイとは、高い確率で大きな問題が起こると認識されているにもかかわらず軽視されがちなリスクのことを指す。ブラックスワンが、事前にほとんど予想できず、起きたときの衝撃が大きいリスクを指すのとの対比で用いられる。そして、不動産市場は２０２１年半ば以降冷え込んだ状態が続いている。

仮に、市場の冷え込みが予想以上に長引くようなら、国民の不動産市場に対する期待が変化し、人口動態を背景とした中長期的な住宅需要減退につながって、大規模な調整を招く可能性も無視できない。中国の金融・不動産において、今後も絶対危機は起きないと断言はできないし、逆に大規模危機が必ず起こると決めつけるのも問題だ。複雑に絡み合うリスク要素を丁寧にフォローしていくことが重要なのだ。

まとめ

以上見てきたとおり、中国では、リーマンショック後の信用の急拡大によって金融リスクが蓄積されてきた。中国では、銀行システム、シャドーバンキング、地方債務、不動産、資本流出の各リスクが複雑に連関している。当面は、地方の中小銀行のリスク、経済状態の厳しい地方の債務リスク、不動産のリスクに、特に注意が必要だ。

バブル期の日本と比較すると、中国は経済発展段階が若いことや政府のコントロール力が強いことなど大規模な金融経済危機を回避しうる要素がある。

もっとも、政府のコントロール力の強さが「暗黙の保証」に対する期待からモラルハザードを助長している構図から脱却できていない。そして、最大のリスクは、不動産のリスクだ。不動産の実需に影響する結婚適齢期人口層の減少が確実な中で、不動産市場をいかにソフトランディングできるかが最大の焦点となるだろう。

第7章

米中対立とデカップリングの懸念

中国減速の深層 「共同富裕」時代のリスクとチャンス

1　米国の対中スタンスの急激な変化と長期化必至の米中対立

(1)オバマ政権後期からトランプ政権にかけての米国の対中スタンス

本書のテーマは、中国経済の中長期的な見通しに関する論点を検討し、いくつかのシナリオを示すことだ。そのうえで、避けて通れないのが米中対立とその中国経済への影響だ。本章では、主として米中対立の経済面への影響、特にサプライチェーンや中国の経済成長への影響についての、筆者なりの見立てを述べることにする。

まず、米中の対立と競争関係は構造的であり、長期化は必至であるという点については大方の異論のないところだろう。こうした見方は今では、米中両国だけでなく、我が国を含む第三国を含め広く共有されていると言ってよい。

米国は、1979年の国交回復以降、長年にわたり紆余曲折はありつつも、政治・経済・文化など様々な面で中国に対して関与(engagement)政策を取ってきた。関与政策が変わり始めたのは、オバマ政権の半ば頃からだ。米国は、中国の経済的・軍事的台頭への警戒を強め、アジア・ピボット(アジア回帰)と呼ばれる政策に転換していった。習近平政権が、米国との「新型大国関係」を持ちかけたのに対し、これを認めない姿勢を示した。この頃は、警戒感の強まりというレベルだった。

米中対立が劇的に先鋭化したのは、トランプ政権以降だ。トランプ大統領自身は、当初、制裁関税を手段とした中国との貿易戦争をしかけ、交渉を通じて自国が利益を得ることに重点を置いていたように見える。しかし、トランプ大統領の厳しい対中姿勢が、ある意味で、ウエークアップコールとなり、米国のポリシーサークルにおいて、経済・安全保障・科学技術・人権などあらゆる領域で、中国に対する厳しい見方が急速に高まった。

そして、トランプ政権は、２０１７年12月発表した国家安全保障戦略において、米中関係を念頭に「大国間の競争の新時代」と表現した。さらに、２０１８年10月のマイク・ペンス副大統領のハドソン研究所でのスピーチは、経済・軍事・人権・世界や米国内での影響拡大など広範な問題について、中国共産党を非難し、米国として中国に立ち向かう姿勢を示した。ペンス副大統領の演説は、米国が、**中国に対する関与政策から決別し、対立・競争を主とするスタンスに変化した**ことを印象づけるものとなった。

米国の急激なスタンス変更の背景には、中国の急速な経済発展によって世界における経済的、軍事**的プレゼンスでいずれ中国が追い着き、米国は追い越されるのではないか**、という切迫感が強まったことがある。[1] この点は、米国が日本の経済的台頭に警戒し、１９８０年代に貿易通商摩擦が発生した経緯に似ている面はある。ちなみに、ピーク時には日本の経済規模は米国の7割まで迫った。[2] 現在の中国の経済規模がちょうど米国の7割だ。

しかし、中国に対する警戒感は、同盟国で米国の安全保障の傘下にあった日本とは比較にならない。２０２１年のシカゴカウンシルの世論調査によると、経済面で中国が米国を上回っているという見方（40％）が、下回っているという見方（27％）を上回った。軍事力については、米国が優位との見方が多いものの、中国のほうが軍事力で上回るとの回答比率は２０１９年調査対比7ポイント上昇し、

18%となった〈3〉。

もう一つ、米国の中国に対するスタンスの急転換の背景を挙げるとすれば、中国の民主化に対する期待の消失だろう。米国は、対中関与政策を取り続ければ、いずれ中国は民主的な方向に政治体制が変わると期待していた。しかし、習近平政権になってからの中国の変化はむしろ党内民主の後退、国家主席の任期撤廃など、逆方向に進んだ。これも米国を幻滅させた。

中国に対する厳しい見方の急速な高まりを背景に、トランプ政権の対中アジェンダは、貿易・通商中心から、科学技術、安全保障、人権問題などに広がっていった。これに伴い、米国の中国を念頭に置いた経済面での措置の内容も多様化していった。

2018年から2019年にかけての4度にわたる制裁関税の発動に加え、2018年8月には、中国製通信・監視関連企業製品等の政府調達を禁止する内容を含んだ国防権限法2019と外国企業の対外投資審査を強化する外国投資リスク審査現代化法(FIRRMA)が成立した。安全保障と先端科学技術の中国への移転阻止がその趣旨だ。

2019年からは、輸出管理規則上のエンティティリストに指定する中国企業数を大幅に増やした。また、人権問題に関しては、2020年6月にウイグル人権法、同7月に香港自治法が成立した。それぞれ、ウイグルでの人権侵害、香港自治侵害に関わる機関や個人への制裁措置が趣旨だ。

ただし、こうしたなかでも、紆余曲折を経て、2020年1月に米中は貿易通商交渉の第一段階合意に漕ぎつけた。第一段階合意の内容(図表7−1参照)は、中国が、米国からの輸入を大幅に拡大すること、知的財産権保護・技術移転禁止を順守すること、金融市場を開放すること等だ。片方で殴

図表7-1　米国通商代表部（USTR）が公表した米中第一段階合意の主な内容

貿易の拡大	中国は経済を開放し、貿易体制を向上するための構造的な変革に着手する。中国は今後2年間で2017年に比べ、米国からのモノやサービスの輸入を2,000億ドル（約22兆円）以上増やす。
知的財産	中国における知的財産の保護と執行を強化する。
技術移転	中国が市場アクセスや行政承認または利益の受け取りを条件に、外国企業に技術移転の圧力をかけることを禁じる。
農産品	中国は年平均400億ドルの米農産品や海産物を購入、輸入する。今後2年間では少なくとも800億ドルを輸入する。これに上乗せし、中国は今後2年間で年50億ドルの農産品購入に努める。
金融サービス	中国は証券サービスにおいて2020年4月1日までに外資の出資規制を撤廃し、米証券業者の機会を拡大する。米国企業の中国市場への無差別のアクセスを保証する。
相互評価と紛争解決	今回の合意の実行を協議するため、米中両国は「貿易枠組みグループ」を立ち上げる。

（出所）米国通商代表部（USTR）、日本経済新聞報道を基に筆者作成

り合いをしながらも交渉が合意に至ったという事実は、完全なデカップリングという姿とは違うものだ、という点は理解しておくべきだろう。

(2) バイデン政権のスタンス

２０２１年１月、米国の政権が、民主党バイデン政権に移行しても、米国の中国に対する競争的、対立的スタンスは基本的に変わっていない。ブリンケン国務長官は、２０２１年１月の上院指名公聴会で、「トランプ大統領の手法に異論はあるが、対中圧力を強める基本姿勢は正しかった」と証言した。バイデン大統領は、２０２１年２月の外交演説で、中国に対するスタンスを明らかにした。

キーワードは、三つのＣで表される

Competition（競争）、Confrontation（対立）とCooperation（協調）だ。「我々は最大の競争（Competition）相手である中国による我々の繁栄、安全保障、民主主義の価値観への挑戦に立ち向かう（Confrontation）」とした。同時に、「我々は米国の利益に合致する状況で北京と協力する（Cooperation）ことを望んでいる」とした。メインは競争と対立で、協力はあくまで一部という位置づけだ。また、「同盟国やパートナーと協力し、国際機関における役割を改める」としている。この点は、トランプ政権とは大きく異なる。

バイデン政権が中国に対して厳しいスタンスで臨むのは、それが米国の総意をほぼ反映しているからだ。政権基盤の盤石でないバイデン政権にとって、対中強硬路線は、内政のためにも必要な戦略だ。

本書を執筆している2022年4月現在、米国内部ではリベラルと保守の両極化が進み、多くの国内事案について、共和党と民主党の合意を得ることが難しくなっている。民主党は、下院では過半数を確保している。しかし、上院では民主党・共和党の議席数が同数で、投票が同数の場合に副大統領が決められるというルールによって、かろうじて多数派となる不安定な状況だ。バイデン大統領の支持率も、2021年8月の米軍アフガン撤退以来、低下傾向だ。

こんな苦しい状況のなか、少なくとも中国に対する強硬な政策には、超党派の支持が得られる。様々な世論調査でも、中国に対する国民感情は、過去数年で大幅に悪化している（図表7―2参照）。ピューリサーチセンターの2021年2月の調査によれば、「経済関係に悪影響が出ても、中国での人権推進を求めることを優先すべき」との意見は、民主党寄り、共和党寄りいずれでも多数派となった。[4] 議会や世論の動向を踏まえると、中国と安易に協調的なスタンスを取ることはできないのだ。

図表7-2　米国民の中国に対する見方：「好意的」とする回答比率

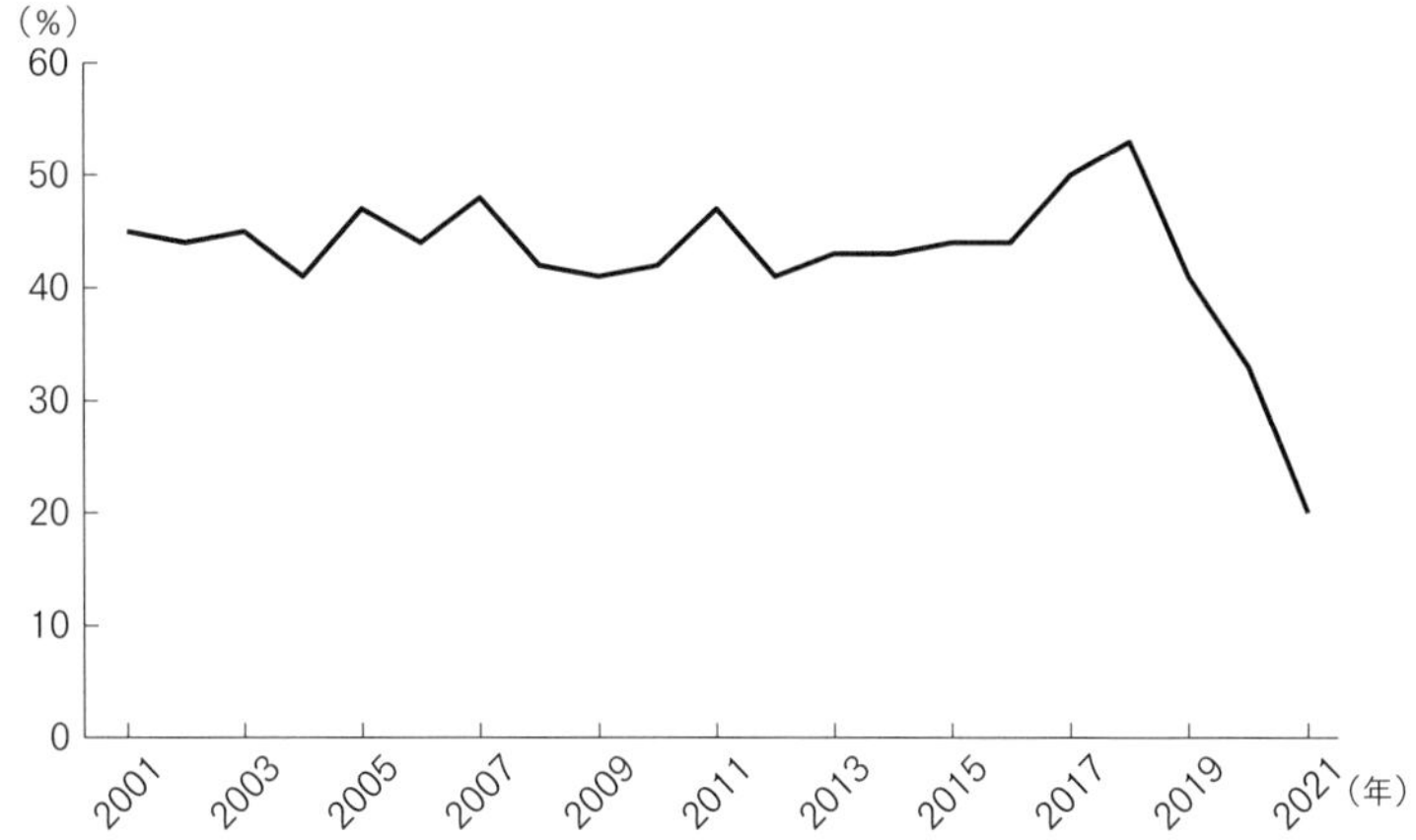

（出所）Gallupを基に筆者作成

バイデン政権に移行しても、中国に対する経済面の措置では、厳しい内容のものが次々と打ち出されている。輸出管理規則上のエンティティリストに指定される中国企業の範囲がさらに拡大している。２０２１年12月に可決した国防権限法２０２２は、サイバーセキュリティ対応強化、産業基盤と国内サプライチェーン構築等に予算措置を行うとした。２０２２年2月にはイノベーション・競争法案が下院で可決され、すでに類似法案を可決済みの上院との調整が行われる予定だ。同法は、安全保障の観点から半導体等のサプライチェーンの米国国内への回帰を促す内容を含む。

さらに、２０２１年12月に成立したウイグル輸入禁止法は、新疆ウイグル産品は強制労働によるものと推定し、輸入を差し止めるという厳しい内容だ。現在の米国議会の雰囲気からすると、安全保障や人権保護の観点からの中国に対する厳しい措置は今後も続くと見ておくべきだろう。

こうした情勢から、米国は中国との完全デカップリングを志向しているように見えるかもしれない。しかし、現在でもトランプ政権時に合意した貿易通商に関する第一段階合意を破棄しているわけではない点にも留意が必要だ。米国ピーターソン研究所によれば、中国は第一段階合意で2020～2021年の2年間で米国から2000億ドル相当の輸入を増やすと約束したにもかかわらず、輸入額は約束した額の57%に過ぎなかったとしている。[5] 中国が約束を守れなかった状況でもバイデン政権は、第一段階合意を破棄していないという事実は押さえておくべきだ。

2 中国の米国への対応

(1) 長期的な米中対立に持久戦で臨む中国

米国の攻勢に対する中国側の対応はどうか。中国は、米国トランプ政権発足の当初は、トランプ大統領は、民主主義や人権といった理念で動くわけではなく、交渉で一定の譲歩をすれば、うまく対応できると踏んでいた節がある。しかし、その後、米国政権だけでなく、議会も超党派で中国に対する厳しい見方を強め、米国民の反中感情が強まり、米国の中国への対応が制裁関税以外に広がった。これを受け、中国は、米中対立の構図は長期的なものだと悟った。

中国としては、彼我の総合的な国力に格差があることを踏まえると、現段階で米国と正面衝突することは、得策ではない。このため、持久戦で勝負しようというのが基本スタンスだ。持久戦論は、毛沢東が日中戦争（中国の言い方では「抗日戦争」）にあたって使ったスローガンだ。当時、毛沢東は、国力にまさる日本軍に対する正しいスタンスとして、中国は必ず負けるので早めに和睦すべきという必敗論と短期決戦で蹴散らすべきとの速勝論を退けた。

そのうえで、「今後の抗戦では、挫折、退却、裏切り、一時的局部的な妥協など多くの不利な条件が生まれる可能性がある。この抗戦は、苦難に満ちた持久戦になることを見て取るべきである」とした。拙速に走らず、時間をかけて少しずつ状況を変えていけば必ず日本に勝てるとした。

現在の米国への対応でも、持久戦論の考え方を取っている[6]。現時点で総合的な国力で米国との格差はあるにしても、中国の経済発展の速度は、米国を上回る。時間は中国に味方するので、持久戦で勝負しようということだ。

中国の持久戦的なスタンスは、米国の中国に関連する経済措置に対する、中国としての対抗措置およびその運用にも表れている。制裁関税のかけ合いのときもそうだったが、**中国は米国側の一方的な措置に対しては、対抗措置を打ち出している。しかしながら、中国側の対抗措置およびその運用は、米国の措置を上回ることはなく、総じていえばローキーだ。**

例えば、2019年5月以降、米国政府はファーウェイ等中国企業を輸出管理規則上のエンティティリストに指定した。エンティティリストに指定されている中国企業は現在では、100社を超える。これに対して、中国政府は、2020年9月に信頼できないエンティティリスト規定を公布し、中国の国家主権、企業、個人に危害をおよぼす外国企業、個人その他組織に対して今後中国での活動に対する禁止措置を実施する可能性を示唆した[7]。ただし、現時点ではリストに指定された企業や個人は存在しない。

また、米国は、2020年6月に香港自治法を制定し、香港の自治侵害に加わったとしてキャリー・ラム香港行政長官ほか24名に対し資産凍結などの措置を実施した。これに対し、中国は、2021年6月に反外国制裁法を制定、外国からの制裁に基づき中国を抑圧する個人へのビザ停止、法人・個人への資産凍結等を定めた。同法に基づき、前商務長官のウィルバー・ロス氏など7名が制裁措置の適用を受けた。恐らくロス氏ほかが中国に資産を有していることはほとんど考えられず、象徴的な意味合いが強かったと見られる。

つまり、持久戦に持ち込むため、カウンターパンチを繰り出す構えを見せつつ、正面衝突は避けているのだ（図表7―3参照）。

(2) 双循環の一面は「抱きつき」戦略：国内市場の対外開放を推進

中国側から見れば、持久戦を続ける間は、経済成長の勢いを確保する必要がある。そのためには国外、とりわけ米国との貿易投資関係の、完全なデカップリングは避けなければならない。そのために中国が取っている戦略が、双循環だ。

双循環は、国内循環と国際循環の二つの循環を意味する。2020年頃から、習近平国家主席が、重要講話で繰り返し強調してきた。第14次5カ年計画は、「国内大循環を主体とし、国内・国際の双循環を相互に促進する新たな発展局面の構築を加速する」としている。習近平は、2020年11月に『人民日報』で発表した解説[8]で、「伝統的な国際循環は明らかに弱まっている。内需拡大を出発点とし、より多くの生産・分配・流通・消費を国内市場に求める必要がある」とした。双循環は、米中対立な

図表7-3　米国の対中経済措置と中国側の対抗措置の例

	制裁の内容	運用状況
米国の対中経済措置	**国防権限法2019**（2018年8月）特定企業製品の政府調達を禁止	ファーウェイ・ZTE等特定5社等を排除
	輸出管理規則上のエンティティ・リスト（2019年5月～）第三国からの再輸出も禁止	ファーウェイはじめ中国の100社以上を順次指定
	中国軍の所有・支配下にある企業リスト（2020年6月～、2021年6月範囲拡大）	中国企業を指定
	香港自治法（2020年6月）香港自治侵害に関わった金融機関、個人への資産凍結、ドルアクセスのブロック等	中国と香港の当局者個人24人を指定
中国側の対抗措置	**国家技術安全管理リスト**（2019年6月）ハイテク技術の中国国外への輸出を管理・制限	リスト未公表
	信頼できないエンティティリスト（2020年9月）中国の国家主権、企業、個人に危害をおよぼす外国実体への措置	リスト未公表
	遮断弁法（2021年1月）米国の法律の違法な域外適用に従うことを禁止	未適用
	反外国制裁法（2021年6月）外国からの制裁に基づき中国を抑圧する法個人へのビザ停止、資産凍結等	ロス前商務長官等7名に適用。今後香港も適用対象（報道）

（出所）公表情報を基に筆者作成

どもありグローバル化の勢いが弱まっているという認識の下、内需拡大による国内経済に焦点を当てるのが狙いの一つだ。

しかし、双循環のもう一つの狙いも重要だ。習近平国家主席は、「巨大な国内循環を円滑に回すことでグローバルなリソースを更に引き寄せ、国内需要を満たすとともに、国産の技術レベルを引き上げて、国際的な経済協力や競争に参加する優位性を確保する」としている。内需の大きさという国内市場の魅力によって外資企業を引き寄せる。これによりデカップリングを回避し、国内企業の技術的キャッチアップをスムーズにして、国際的な競争力をつけるという戦略だ。分かりやすく言えば、「抱きつき」戦略だ。抱きついていれば簡単にデカップリングされない。

デカップリングを回避するためには、国内市場をこれまで以上に対外開放していく必要がある。国内市場の対外開放は、まさに米国が貿易通商交渉で中国に要求してきたことでもある。このため、中国は外資企業に対する国内市場の開放を加速してきた。２０１８年から、毎年上海において輸入博覧会を開催しているのも、国内市場を開放し、輸入を促進する狙いだ。２０１９年3月には、外商投資法が制定された。同法は、外資企業の参入段階での内国民待遇、外資の投資可能領域のネガティブリスト化、技術移転強要の禁止などを定めており、外資企業の中国への投資をさらに促進することを狙うものだ。

(3)部分的デカップリングを見越した「自立自強」も志向

「抱きつき」戦略だけで、うまくいくほど甘くないことは、中国も理解している。科学技術と軍事は密接不可分であり、米国やその同盟国は、安全保障上の懸念がある技術が中国に移転しないよう、様々な遮断措置を強化するだろう。それに備えるためには、先端科学技術分野での自立が必要だ、とも考えている。

第14次５カ年計画は、「科学技術の『自立自強』を国家発展戦略とする」としたうえで、「人工知能、量子情報、半導体、生命健康、脳科学、バイオ、宇宙科学、深地層深海等に照準を合わせる」とした。また、研究開発費を毎年7％以上増やすとした。自力での技術開発にこれまで以上に注力する方針だ。また、第14次5カ年計画が、「製造業のウエイトを基本的に安定させる」とした点も、注目される。これまで、製造業のGDP比率は趨勢的に低下を続けてきた。これも、モノの製造に関する自立を意識したものと言えるだろう。

▼COLUMN 6

双循環と一帯一路イニシアティブの見直し

中国が双循環を推進するのは、一帯一路イニシアティブの方針見直しとも関係があると筆者は見ている。一帯一路とは、ユーラシア大陸を東西に結ぶ陸路のユーラシア経済帯と21世紀の海のシルクロードを指す。中国が提唱する国際協力のイニシアティブだ。一帯一路イニシアティブは、習近平国家主席によって2013年秋に初めて提唱され、国家イニシアティブとして一時は大きく盛り上がった。

当時、中国が一帯一路を提唱したのには、内需が減速し、過剰設備問題が深刻化するなか、海外需要にビジネスチャンスを見出すという意味があった。また、当時、TPPによって米国を中心に太平洋を跨いだ経済協力が進もうとするなか、中国としてはユーラシア大陸を中心に経済協力を進めたいという意図もあっただろう。

一帯一路イニシアティブが、中国と新興諸国との経済関係を促進した面は間違いなくあるだろう。

ユーラシア大陸を結ぶ交通インフラは鉄道網や航空網などかなり充実した。しかし、その一方、一帯一路には様々な批判があるのも確かだ。中国による過剰な融資が、一部の途上国に対して持続可能でないかたちで行われ、途上国を「債務の罠」に陥れているとの批判が強まった。また、一帯一路プロジェクトにあたる中国企業が、環境面、安全面、税制面、雇用面などで、沿線国の規制や法律を無視ないし軽視するかたちで事業を進めているとの批判もある。[9]

　中国としても、融資が焦げ付くことは損失を生むわけであり、これまでのやり方に対する反省もあったのではないか。2019年5月、財政部は、「一帯一路債務持続可能性の枠組み」を発表した。

2020年10月の第19回五中全会では、一帯一路の質の高い発展のため、「企業を主体とし、市場を指向することを堅持し、国際慣例と債務持続可能の原則に従い、多元化した投融資システムを健全化する」とした。一帯一路を推進する方針に変わりはないものの、今後は速度よりも質を重視するという趣旨だ。一種の方針見直しとも言えるだろう。

　一帯一路の方針見直しとともに、改めて国内市場を見れば、まだまだ国内需要を拡大し発展させる余地はある。そうした文脈で、国内の内陸部を含め内需を拡大させることに改めて政策の力点が向いた。これが国内循環を主体とした双循環を打ち出した意味だと筆者は考えている。

3 米中のデカップリングは進んでいるのか？

以上、米中双方のスタンスを確認した。では、デカップリングは進んでいるのだろうか。進んでいるとしてどの程度進んでいるのだろうか。結論から言えば、一部では、デカップリング的様相を呈しつつも、足元の米中の貿易や投資は多くの面で拡大している。

(1)米中貿易は顕著に回復

まず、米中の貿易額を両国の輸入額の合算で見ると、[10] 2021年の米中のモノの貿易額(米ドル建て)前年比は20%増と大きく拡大した。2021年の世界貿易量の伸びが9・3%増であったこと(2022年1月時点のIMFの世界経済見通しでの見込み)と比べても高い伸びだ。

米中貿易の四半期前年比の推移を見ると(図表7—4参照)、金額ベースでは貿易戦争が激化した2018年第4四半期から前年を割り込み、新型コロナ危機が発生した2020年前半までは前年割れが続いた。しかし、2020年後半からは、両国経済のコロナ危機からの回復を映じて、高い伸びで推移している。特に、中国の米国からの輸入額は、2020年+10%、2021年+33%と、中国の全世界からの輸入額(2020年▲1%、2021年+30%)の伸びを上回って推移している。米中貿易の状況は、デカップリングという状況にはほど遠い。

(2)米中間の直接投資:中国の対米投資は急減の一方、米国の対中投資は堅調

次に米中間の直接投資の推移を見よう。各国政府発表の直接投資統計は、タックスヘイブンや香港経由のものが含まれており、必ずしも実態を反映していない。米調査会社のロジウム・グループは、米中間の直接投資を個別案件の実質的な出資関係を基に独自に集計している。

図表7-4　米中貿易額（米ドル建て）前年比の推移

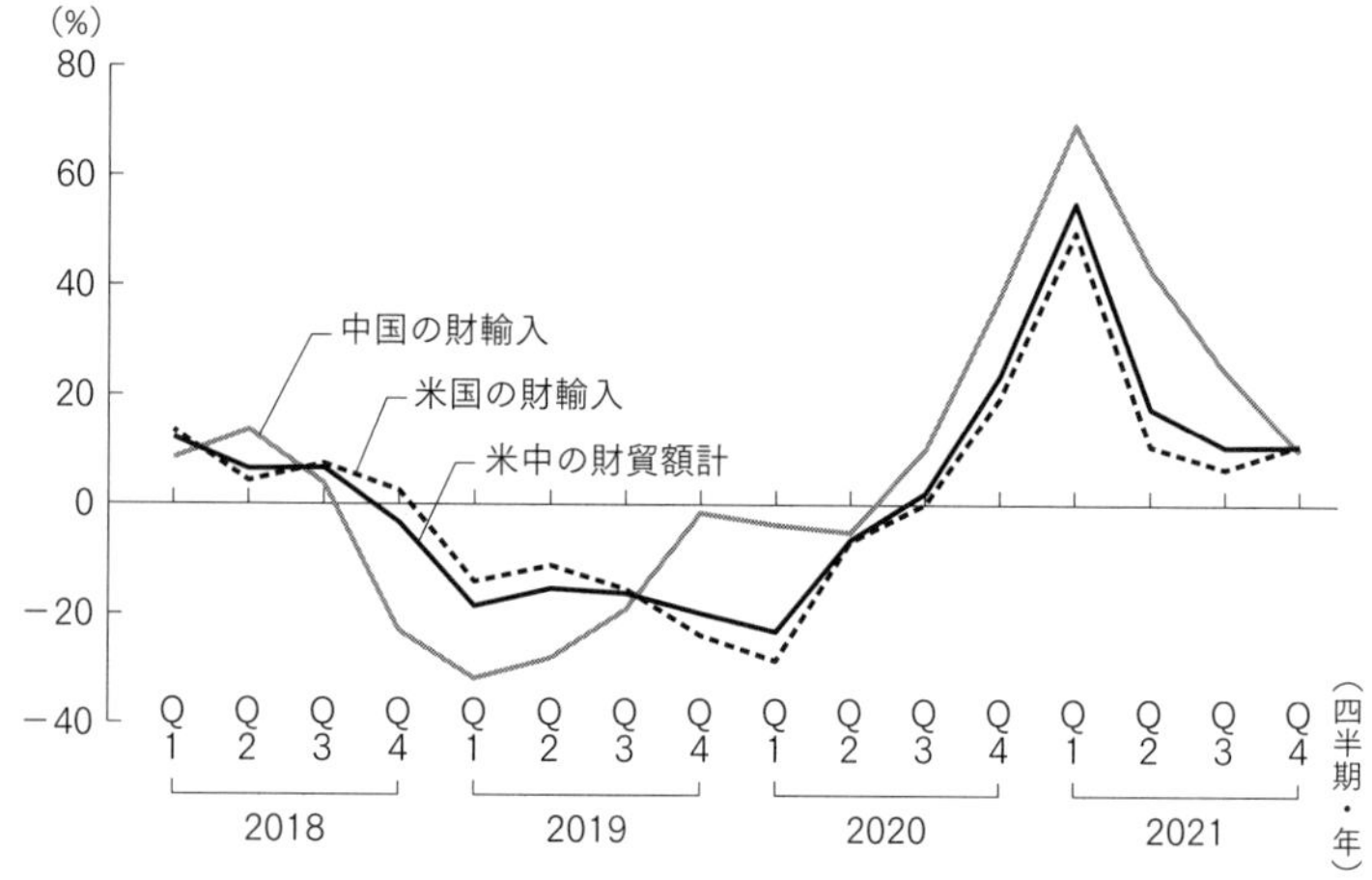

（出所）CEICを基に筆者作成

　同社統計[11]によると（図表７―５参照）、中国の対米直接投資は、２０１６年、２０１７年に急伸した後、２０１８年からは大きく減少している。減少したのには２つの理由がある。第一に、２０１８年に外国投資リスク審査現代化法が成立したが、その少し前からすでに、米国政府が、中国企業による米ハイテク企業の買収案件の審査を厳格化したこと。第二に、中国政府も、資本流出を抑制するため、中国企業による海外の不動産や娯楽業への投資に関する規制を強化したことだ。

　産業別に見ても、２０１８年以降、投資が大きく減少したのは、半導体などのＩＣＴ産業や不動産や娯楽・メディア・教育といった業種だ。２０１８年以降の中国の対米投資のレベルは低いままだ。２０１８年以降の中国の対米投資の大幅な減少には、明らかに米中デカップリングの一面が顕れている。

　一方、米国の中国に対する直接投資額は総じて

図表7-5　中国から米国への対外直接投資額の推移

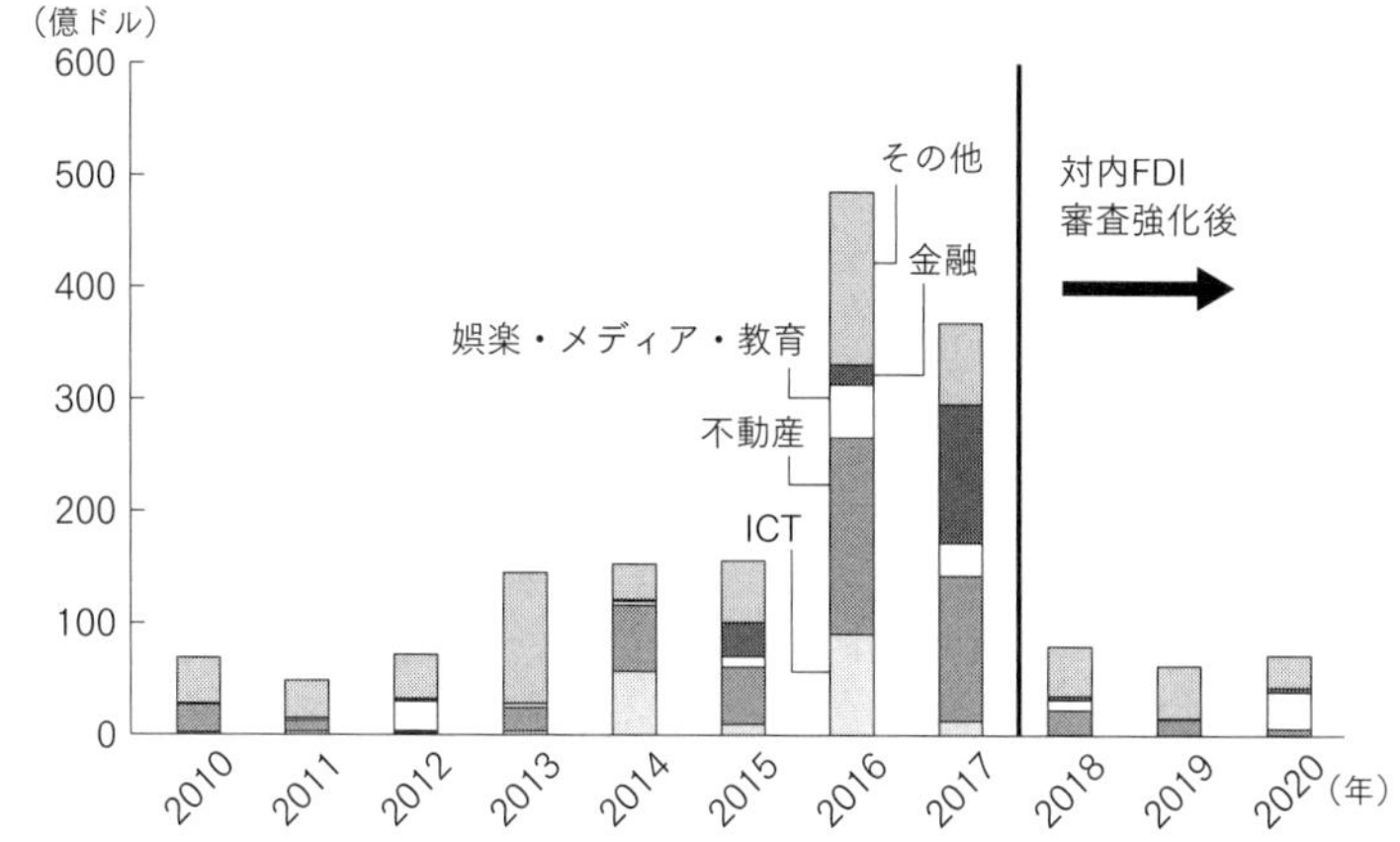

（出所）ロジウム・グループを基に筆者作成

堅調だ。２０２０年の投資額は、新型コロナの影響を受けて前年比▲33％となった（図表７－６参照）。しかし、減少幅は、２０２０年の世界の直接投資額の減少幅（前年比▲35％）[12]と同程度だ。ロジウム・グループのレポートによれば、２０２１年は、金融、自動車などで投資が増加しており、全体として回復する傾向としている。ただし、半導体を含むＩＣＴ産業の中国への投資はここ数年はっきり減少トレンドを辿っている。

また、２０２１年9月に発表された在中国米国商工会議所のビジネス調査によれば、**２０２１年は6割の米国企業が前年比投資を拡大するとしている。**２０２０年の調査でわずか2割だったので比率は大きく上昇した。同ビジネス調査結果の概要をまとめたのが図表７－７だ。米国企業は中国でのビジネスを積極的に拡大しようとしていることが分かる。

特に積極姿勢が最近目立っているのは、米国の

図表7-6　米国から中国への対外直接投資の推移

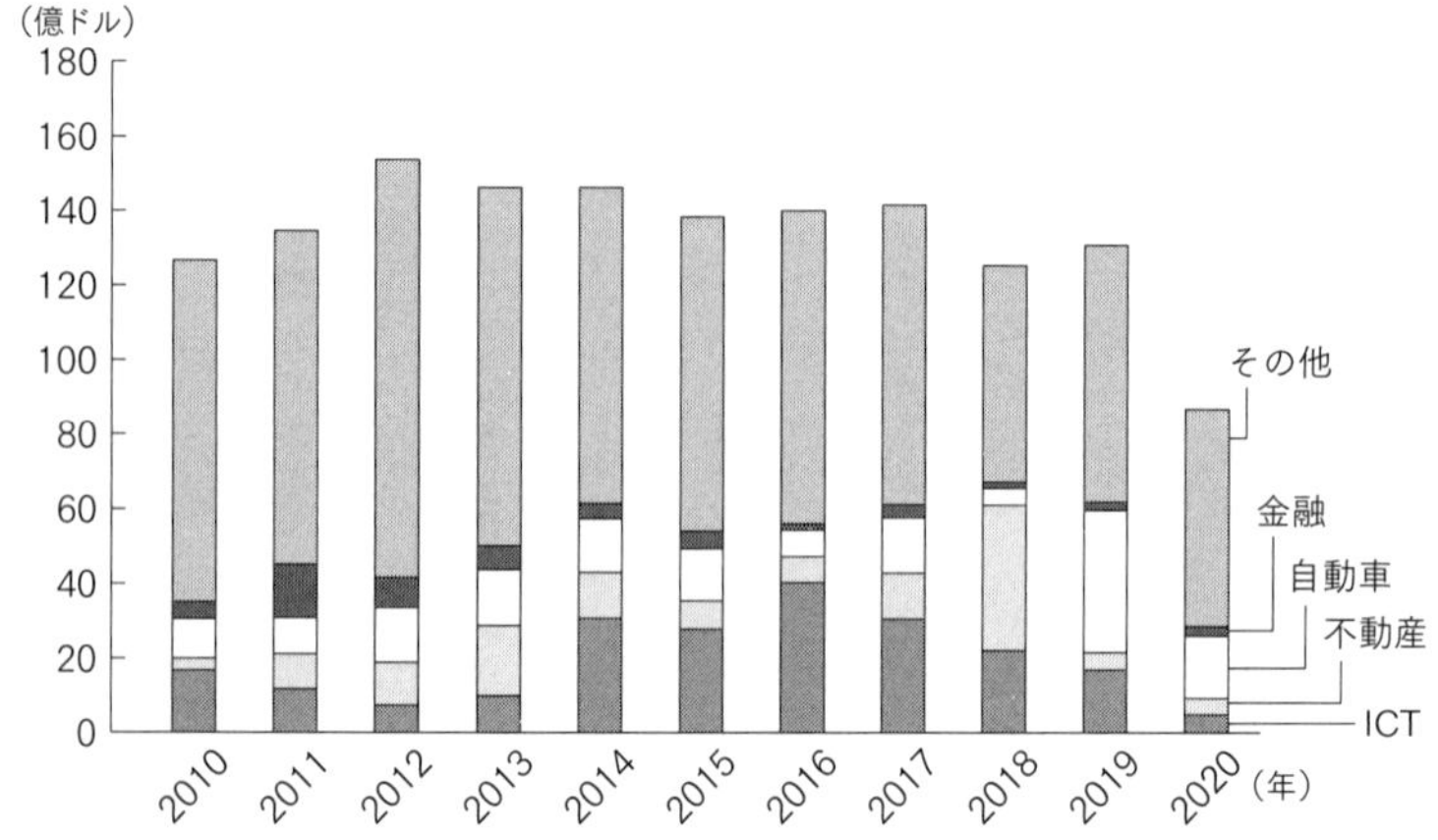

(出所) ロジウム・グループを基に筆者作成

図表7-7　2021年9月の在中国米国商工会議所ビジネス環境調査の概要

- 6割が2021年に投資を拡大したと回答（2020年は2割）。
- 78％が長期的な中国市場に楽観的と回答。コロナ以前の水準を回復。
- 約7割が今後3〜5年間の中国での収益増加が自社の世界的成長を超えると予想。
- 55％近くが今後3〜5年の米中関係改善が自社ビジネスに利益をもたらすと予想。
- 51％が、今後3 〜 5年の中国の消費者市場の成長が彼らに利益をもたらすと予想。
- 製造業のうち、72％は今後3年以内に中国から生産を移す予定はないと回答。生産を移す予定の28％の大半は一部移管、全生産を中国から移転するのは1.6％。
- 直面する問題は、渡航往来とEコマースでの中国企業との競争の激化。小売業の55％が、地場ライバル企業が自社よりも優れたデジタル戦略を持っていると回答。
- 70％は、地場企業が商品・サービスを市場に出すのが速いと回答。

(出所)『Forbes オンライン』(2021年9月23日) を基に筆者作成

図表7-8　米国金融機関による最近の中国進出事例

	時期	進出内容
アメックス	2018年11月	決済サービス会社の設立認可を取得
マスターカード	2020年2月	決済サービス会社の設立認可を取得
モルガンスタンレー	2020年3月	証券会社の過半出資の認可を獲得
ゴールドマンサックス	2020年3月	証券会社の過半出資の認可を獲得
JPモルガン	2020年6月	全額出資の先物取引会社を設立
JPモルガン	2020年11月	証券子会社への出資比率を71%に引き上げ
ブラックロック	2021年5月	過半出資の資産運用会社の認可を取得

（出所）公表情報を基に筆者作成

金融業界だ。米中の第一段階合意において、金融市場の開放が約束され、米国の金融機関はこれを受けて外資が過半を占める、カード会社、投資銀行、資産管理会社等の設立を相次いで認可している（図表7－8参照）。

（3）中国企業の米国上場は今後減少し、香港上場・大陸回帰へ

もう一つの側面は、中国企業の米国上場の動向だ。結論から言えば、中国企業の米国上場は今後減少していく見通しで、この面ではデカップリングが進むだろう。

中国企業、特にテック企業は資金調達と世界的知名度向上のため、これまで米国上場を積極的に利用してきた。中国政府が厳しい資本規制を敷いているため、中国企業が米国で上場する際には、特殊な手法が取られてきた。VIE（Variable Interest Entities、変動持分事業体）と呼ばれる仕組みを使って、ケイマン諸島

など第三国に設立した持ち株会社を米国に上場させ、上場で得た資金は、持株会社が、子会社等を通じて、中国本土の本社が手に入れる手法だ。

しかし、米国では、2020年12月に外国企業説明責任法が成立した。同法は、米国に上場する外国企業に対し、外国政府の支配下にないことの証明や、米当局による会計監査状況の検査を義務づけるもので、応じない場合は上場廃止となる。米証券取引委員会（SEC）は、2021年12月、同法の情報開示項目に関する細則の策定を完了、開示要件を強化した。一方、中国政府も、データ安全の観点から中国企業の米国上場に対して規制を強化している。配車サービスの滴滴出行が米国上場直後に国内データの流出懸念から中国政府の調査を受け、その後、滴滴出行は米国上場廃止手続きに着手した。[13] 2022年1月、中国政府はインターネット企業の海外上場を規制する新規則を発表した。

2022年3月、国務院金融安定発展委員会は、「中国企業株式については、現在、中米双方の監督当局が良好な意思疎通を維持し、すでに積極的な進展を遂げ、具体的な協力案の形成に取り組んでいる。中国政府は引き続き各種企業の国外上場を支援している」とした。少なくとも、中国側には中国企業株の米国上場を完全になくすつもりはなさそうだ。

それでも、米中双方の規制強化により、少なくとも中国企業の新規上場については米国から香港上場にシフトするか、一部大陸上場に回帰していく傾向が強まるのではないか。

(4) 部分的デカップリングも米中の貿易投資関係は依然密接

以上まとめると、米中の貿易投資関係は、ICT産業を中心に中国の対米直接投資が減少しているほか、今後、中国企業の米国上場も香港上場等へシフトしていく見通しだ。部分的なデカップリングはすでに進みつつある。もっとも、米中貿易は、旺盛に回復しており、米国の中国への直接投資は堅調だ。全面的なデカップリングにはほど遠い。

▼COLUMN 7

欧州企業の対中ビジネススタンス

欧州は、各国とも中国との経済関係強化に積極的に取り組んできた。ただし、過去数年で、中国の軍事的台頭への警戒感を強めている。また、このところ新疆ウイグル自治区での少数民族問題など中国政府の人権対応への批判を強めている。2021年5月には、人権問題もあって、中欧がすでに大筋で合意していた中欧包括的投資協定の欧州議会での批准が停止した。ロシアのウクライナ侵攻とそれに対する中国のスタンスも、中欧関係に影響する可能性が高いだろう。

そうしたなかでも、欧州企業は中国ビジネスへのスタンスは依然積極的だ。EUの在中国商会が2021年6月に発表したビジネス調査によれば、59%が「中国にもっと投資したいと考えている」と回答、前年比8ポイント上昇した。また、「市場から撤退したい」と回答した企業割合は9%と調査開始以来最低になった。サプライチェーンについては、一段と中国国内に、または完全に中国国内に、と答える割合が60%と、既存ないし新規投資の一部または全部を中国の外にと回答する割合の15%を大きく上回った。

ビジネス上の懸念として、新型コロナ、世界経済減速に次いで三つ目に米中対立が来ており、欧州企業も日本企業と同様に板挟みを懸念している。しかし、欧州は、日本に比べれば東アジアの地政学的リスクから少し遠いポジションにいることもあり、日本企業より迷いなく中国の国内市場でのビジネスチャンスをものにしようと考える傾向が強いのではないか。

4 米中デカップリングの行方と中国経済への影響

(1)米国のスタンスにある二重性

米国の中国に対する強硬姿勢と米中間の貿易投資の活発な動きのあいだにはギャップがあるように見える。このギャップをどのように解釈すればよいか。筆者は、そもそも、米国のスタンスには二重性があると理解している。米国は、一方では、中国の台頭抑止や安全保障上の懸念から、ハイテク製品・サービスの中国への輸出を禁止し、中国企業による米国のハイテク企業の買収を阻止している。

しかし、もう一方では、中国に市場開放と不公正慣行の是正を求め、中国への米国製品・サービスの輸出拡大と中国での米国企業の収益拡大を求めている。いずれも、米国の利益のためだが、両者は米中の貿易投資関係を引き離すか（デカップリング）、接近させるか（カップリング）という意味では、ベクトルが反対を向いている。米国の対中スタンスにはこの二重性が常に存在してきた。

(2) 二重性の矛盾が顕れる事例――半導体関連製品・サービス

当然のことながら、この二重性の矛盾は、時に表面化する。典型例は、ハイテク製品の代表格である米国の半導体関連製品・サービスの中国への輸出だ。米国政府は、ファーウェイと中国の半導体製造企業である中芯国際集成電路製造(SMIC)を輸出管理規則上のエンティティリストに指定し、米国の半導体関連製品・サービスの販売を禁じた。

しかし、輸出管理規則には、エンティティリストに指定されても適用除外申請をして認められれば、例外的に輸出が可能になる仕組みがある。米国商務省が議会の求めを受けて明らかにしたところによれば、ファーウェイとSMICの輸出規制に対する例外認可申請のうち、ファーウェイ向けについては69%が、SMIC向けについては91%が例外的に輸出を認められていた[14]。

米国政府としては、半導体の最先端技術は中国側に移転させたくない。その一方で、中国は、世界の半導体の需要の4分の1を占める米国と並ぶ半導体の需要国だ。米国半導体産業が中国での販売を喪失し、打撃を受けるのは避けたい。このため、米国は最先端の超微細なロジック半導体の設計・製造技術が中国に移転しないよう輸出を止める一方で、汎用性のある半導体の製品・サービスについては、米国半導体企業の利益のため輸出を許可しているのだ。

米国の半導体企業は、米国政府にさかんにロビイングを行い、ビジネスに影響が出ないようしたたかに立ち回っている。米国の半導体協会であるSIAは、安全保障上の懸念は理解できるとしつつ、米国の半導体企業にとって中国への販売が消失すれば、収益やキャッシュフローに著しく影響し、研究開発投資資金が生み出せず、グローバルな競争で不利になるとする報告書を発表している[15]。米国政府は、あまり喧伝しないが、米国の利益になる範囲においては、ハイテク技術である半導体でさえも、中国に輸出することを認めている。この事実は押さえておくべきだろう。

(3) 部分的デカップリングはあっても完全デカップリングはない

筆者は、米国の対中スタンスの二重性は今後も続くと見ている。そして、その限りにおいては、米中の経済貿易関係が、一部でデカップリングすることはあっても、完全にデカップリングすることはないだろう、と考えている。ハイテク製品以外の多くの製品・サービスにかかる貿易投資は今後も密接な関係を続けるだろう。

この際、部分的デカップリングの範囲と程度が極めて重要だ。軍事転用可能性の高いハイテク製品に関する貿易や投資は、今後デカップリングしていく可能性が高い。といっても、半導体産業でさえ、上記のように米中で完全にデカップリングすることは考えにくい。

どの程度のデカップリングが現実のものとなるのか、不確実なのも事実だ。現在、米国議会では、米国企業の対中直接投資を制限する規制導入を求める動きが見られている。[16] 現時点では法案可決の目途は立っていないが、その動静にも注目が必要だろう。

(4) ロシアのウクライナ侵攻の米中経済関係への影響

2022年2月下旬にロシアのウクライナ侵攻が始まった。ロシアの侵略行為を受け、日米欧の西側諸国は強力な経済制裁を実施した。経済制裁と関係なく、西側企業の多くは、ロシア関連のビジネスの一時停止や中止、撤退を決めた。これに対して、中国は国連での安保理や総会の対ロシア非難決議を棄権し、中立的立場を強調している。しかし、侵略国であるロシアとウクライナの間で中立的立場を取ることで、西側諸国からは、ロシア寄りだと批判的に見られつつある。3月18日、バイデン大統領は習近平国家主席とのビデオ会議で中国がロシアに実質的な支援を行った場合の結果を説明し、中国を牽制した。

中国としては、ロシア側に完全に立って、中ロで世界から孤立することは避けたい一方で、ロシアが完全に敗退して著しく衰退することも、パワーバランスから好ましくないと考えているのだろう。そのため、どうしても曖昧なスタンスを取らざるを得ないのだろう。今後の展開次第だが、米中対立を高める方向に作用する懸念は強い。そうなれば、**米中経済関係がデカップリングする範囲が拡大する可能性もある。**

中国とのビジネスを行う海外企業にとっても悩ましい状況だ。ロシアのウクライナ侵攻の際に、企業が制裁措置を待たずに自主的に対ロビジネスを停止、縮小を決めたのは、レピュテーションリスクを懸念した面が多分にあるだろう。これを踏まえると、中国に対する国際世論次第では、中国ビジネスについて、レピュテーションリスクを一段と気にせざるを得ない可能性があるということだ。

とはいえ、現時点で、中国ビジネスを縮小・撤退させることは、グローバル企業にとっては、世界的な市場競争力の観点から考えれば、すぐには取りえない選択だ。ロシアのウクライナ侵攻後、世界の企業は中国ビジネスについても、一段と地政学的リスクを意識して、情報収集を進めつつ、ビジネスに臨む必要があるだろう。

(5)中国経済への影響

米国は中国の技術的台頭を阻止するための策を次々に打ちつつあるし、今後も強化していくだろう。中国にとっては、キャッチアップをするという後発国の優位性を活かすうえでは不利だ。しかし、米国も、貿易投資関係を完全に断ち切ることは、自国経済への打撃が大き過ぎるのでやっておらず、今後もやらないだろう。それは、日本や欧州等他の先進国も同じだ。貿易投資関係が維持されている限り、後発国の優位性を生かした中国の貿易投資関係を通じた技術的なキャッチアップは、ペースが緩やかになったとしても続くだろう。

また、中国の「自立自強」、すなわち、自力での技術進歩も徐々に進むだろう。この点でも、米国は、大学、研究機関等の人材交流を通じた科学技術の移転阻止のための方策を強化している。こうした措置は、中国の技術的台頭の抑制にそれなりの効果はあるだろう。しかし、中国国内には、質と量を兼ね備えた自力での技術進歩、イノベーションを進める仕組みが構築されつつある。

中国は、引用数の多いトップ10論文の数で世界一となり、自然科学分野でも8分野中5分野で首位となっている[17]。中国の国際特許出願は、2019年に世界一となり、2021年まで3年連続首位である[18]。

中国をはじめとする海外の不正な技術移転の阻止を主張する米国の独立諮問グループによるジェイソン・レポート[19]も、「人工知能や極超音速など、米国の国家安全保障にとってますます重要になる分野で中国が世界のリーダーであることは疑いの余地がない」としている。また、中国は2021〜2025年の間も研究開発費を7%以上ずつ増やす計画だ。

これらを踏まえると、中国経済の成長に重要な、全要素生産性の成長は、米中対立を背景とする部分的なデカップリング、科学技術の移転阻止の取り組みの影響を受ける。それでも、完全なデカップリングは実現せず、自力でのイノベーションの余地もあるため、中国の技術進歩は相応には継続する、と見ておくべきだろう。

▼COLUMN 8

半導体産業のグローバルサプライチェーン

半導体産業のサプライチェーンは、世界中に広がっている（図表7－9参照）。付加価値ウエイトの高い半導体設計では、米国が高いシェアを有し、特にロジック半導体設計では圧倒的シェアだ。韓国はメモリ半導体の設計や製造のシェアが高い。台湾は、TSMCを有しロジック半導体製造のシェアでは世界最大だ。日本勢のシェアが高いのは、信越化学やSUMCOをはじめとするシリコンウエハー等の半導体素材、東京エレクトロンやスクリーンの半導体製造装置、パワー半導体やソニーのCMOSセンターの光学半導体などだ。

中国は、付加価値ウエイトが高くない半導体製造の後工程のシェアが高いものの、設計や製造の中核工程でのシェアは高くない。中国は、ロジック、メモリ半導体の設計・製造を担う自国企業の育成に躍起だ。しかし、現時点では、最先端半導体製造までには5～6年の差があると言われている。米国だけでなく、韓国、台湾も含め、技術流出や人材流出には細心の注意を払っており、中国

図表7-9　半導体産業のグローバルな工程別シェア（2019年）

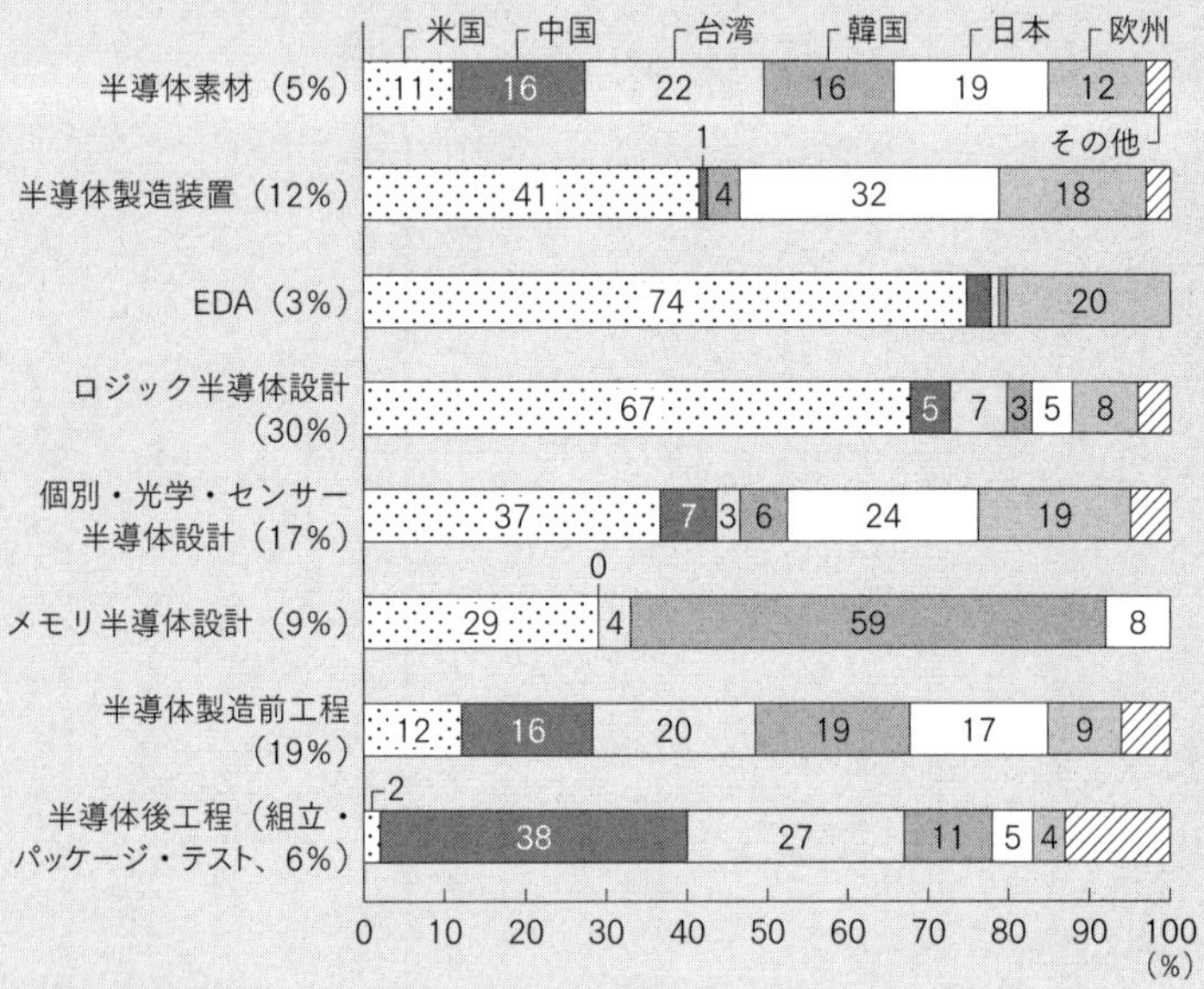

（注）各工程の括弧内は半導体全体に占める付加価値。
（出所）Boston Consulting & SIA "Strengthening the global semiconductor supply chain in an uncertain era" を基に筆者作成

もキャッチアップに苦慮している。[20]メモリ半導体製造の清華紫光は資金調達難から、2020年11月、発行債券のデフォルトを起こした。中国企業は、汎用レベルの半導体の設計・製造能力は高めるにしても、最先端レベルへのキャッチアップは簡単ではないだろう。

5 日本の取るべきスタンス

（1）米中対立下での日本の対中ビジネスへのスタンスの現状

これまでに述べた米中対立の経済面への影響の考察を踏まえ、日本の対中ビジネスの取るべきスタンスを考えたい。まずは、現時点で、日本企業が対中ビジネスについてどのような意識を持っているかを、JBIC（国際協力銀行）のアンケート調査結果から見ていこう。

JBICの海外事業を行う製造業に対する調査[21]によると（図表7―10参照）、目先3年程度の有望な事業展開先として中国は2021年47％が有望と回答、同割合は世界で第1位だった。時系列推移を見ると、2000年代の高い割合からは下落している。その主な理由は、人件費の高騰で生産地としての魅力が相対的に後退したこと、2012年の尖閣諸島国有化を巡る日中関係の悪化が政治リスクとして強く意識され2013年に有望度が急速に低下したこと、等だ。

それでも、有望な事業先としてインドと1位・2位を分け合う展開が続いている。中国を有望と回答した理由では、現地マーケットの成長性（67％）、現地マーケットの現状規模（66％）が上位の理由となっており、市場としての魅力が好感されている。**米中対立がここ数年激化するなかでも、中国の有望度が底堅く推移している点は、注目される。**

なお、近年有望先として米国の比率が上昇している。2021年度の有望度は、中国、インドに次ぐ第3位だった。有望理由の上位に現地マーケットの現状規模（74％）、成長性（56％）が挙げられ

図表7-10　中期的（今後3年程度）に有望な事業展開先（JBIC）

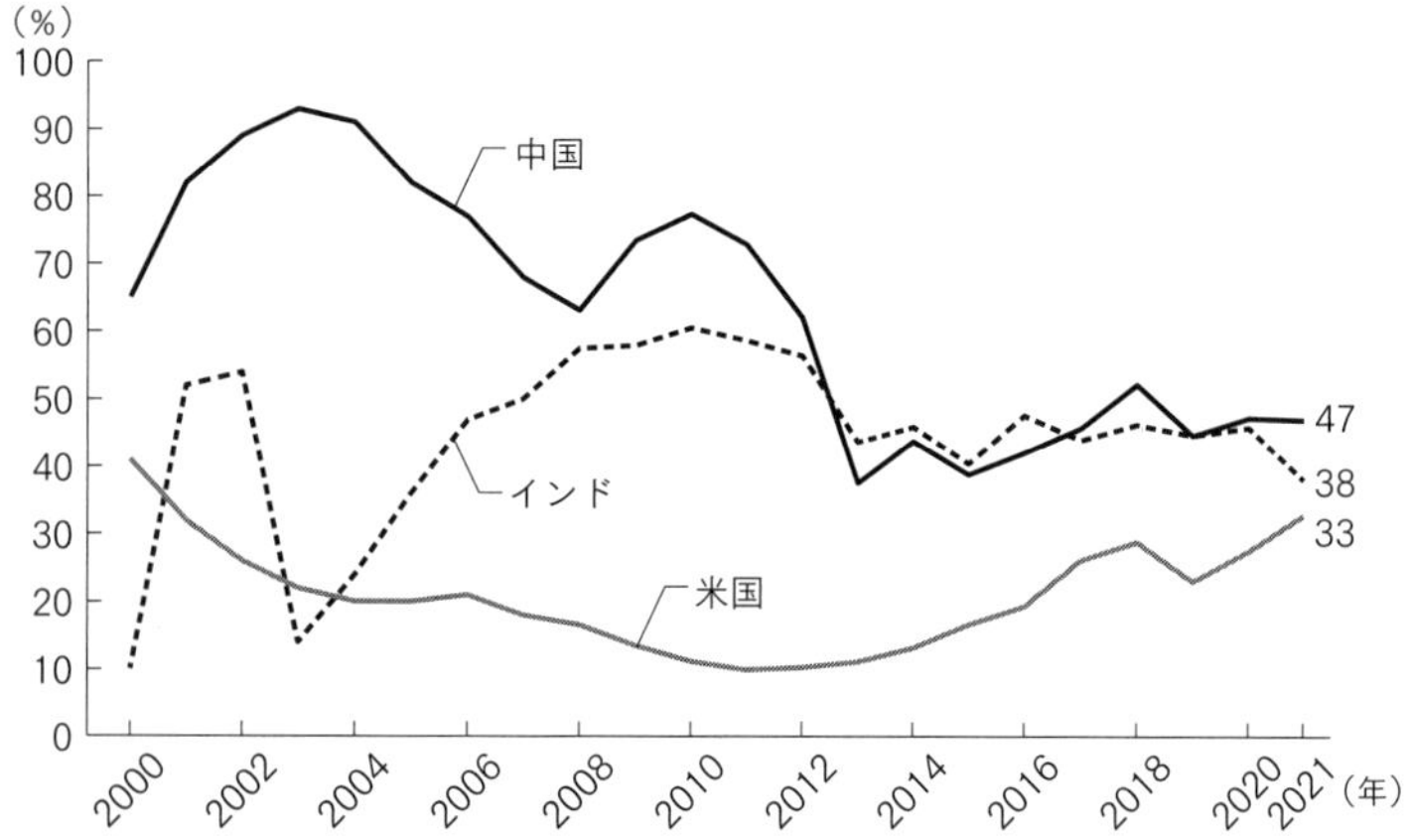

（出所）JBIC「わが国製造業企業の海外事業展開に関する調査報告」各年度版を基に筆者作成

図表7-11　デカップリングへの対応（JBIC）

（回答社数396）

	2020年	2022年
米国と中国の事業はすでに切り離している	65	91
米国と中国の事業を切り離す方向で動いている	14	11
米国と中国の事業は切り離したいが未着手・様子見	34	38
米国と中国の事業を切り離す必要はない	29	41
とくに議論になっていない	254	215

（出所）JBIC「わが国製造業企業の海外事業展開に関する調査報告　2021年度」を基に筆者作成

ている。日本企業にとって、中国、米国ともに重要な市場と認識されていることがよく分かる。

ＪＢＩＣ調査から、米中デカップリングへの日本企業の対応を見ると（図表7－11参照）、２０２０年・２０２１年連続回答した３９６社のうち、「米国と中国の事業はすでに切り離している」と回答した社数が、65社から91社（比率22％）に増えた。米中デカップリングの影響を受けやすい業種では、米中でサプライチェーンを分ける工夫が進んでいるようだ。一方で、「米国と中国の事業を切り離す必要はない」「とくに議論になっていない」との回答が65％を占めている。デカップリングの懸念を感じていない業種に属する企業だと想像される。

(2) 日本企業の取るべきスタンス

上記のとおり、ＪＢＩＣ調査からは、日本企業は米中対立の中でも中国事業に対してこれまでの積極スタンスを維持していることが窺えた。ただし、米中対立構造が長期化するなか、対中ビジネスを進める環境はこれまで以上に難しくなっているのも事実だ。日本企業のスタンスとして、筆者が考えることを3点挙げたい。

①自社事業の特性に応じたサプライチェーン強靭化策を考える

世界が究極のグローバル化に走ったハイパーグローバリゼーションの時代は終わりを迎えつつある。米中対立はその背景の一つだが、それだけではない。自然災害や新型コロナ等の感染症のリスク、ロシアのウクライナ侵攻等の地政学的なリスクを頭に入れてサプライチェーンを構築しなければなら

図表7-12　グローバル製造業が考える生産の強靭性（resilience）強化策

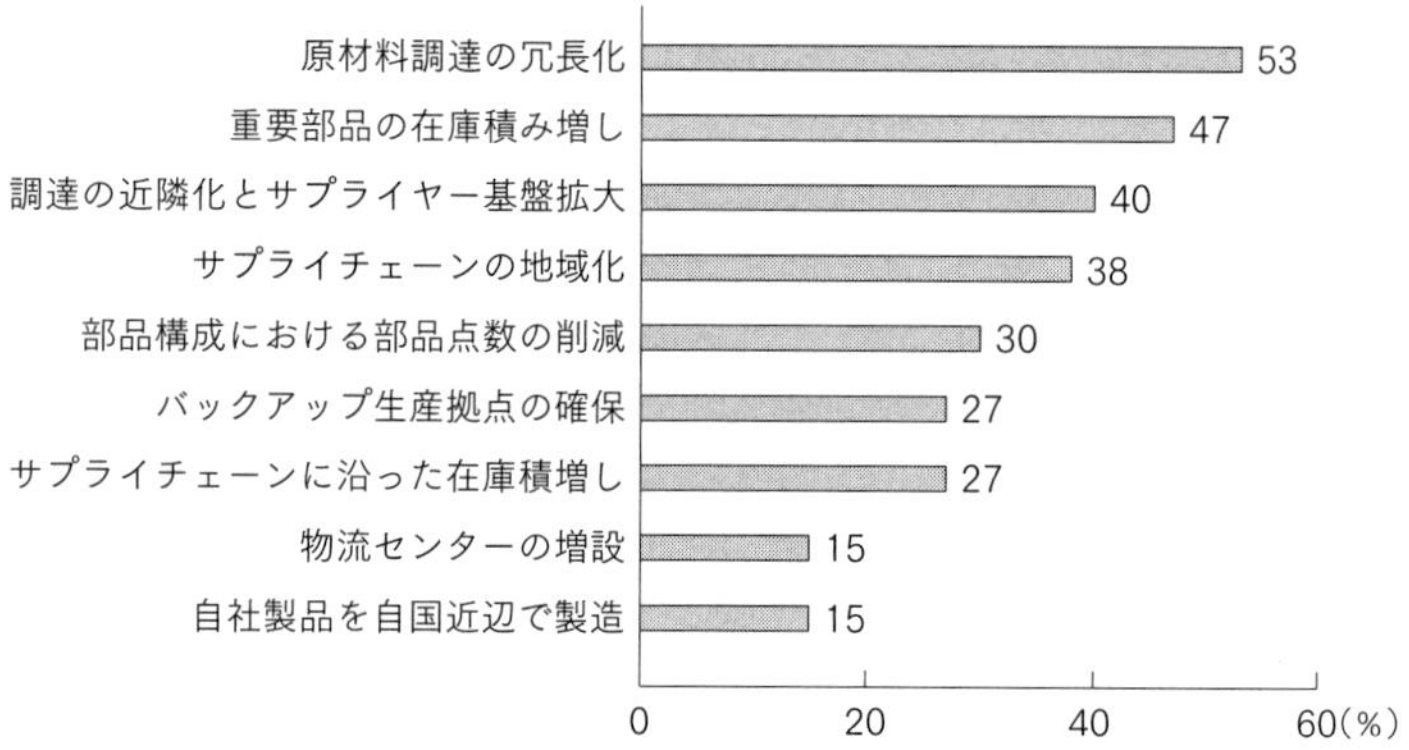

（出所）McKinsey Global Institute, "Risk, resilience and rebalancing in global value chains" 2020年8月を基に筆者作成

い。それは、消費地と生産地を一致させる地産地消をさらに進めることであったり、サプライチェーンを冗長化することであったり、在庫を前よりも多く持つことであったり、産業や製品・サービスによって様々だろう（図表7―12参照）。

しかし、効率だけを考える時代から効率と強靭の両方に配慮したサプライチェーンの構築を目指す方向に進むのは不可避だ。米中が完全にデカップリングすることはないだろうが、自社の製品や所属する業種の特定を踏まえて、リスクシナリオをつくりながら、サプライチェーンを強靭化させる知恵を巡らせることだ。

②米中双方における情報収集機能を強化する

日本企業には今までにもまして、米国、中国双方において、情報収集活動を強化することが求められる。米中双方が、繰り出す規制や措置の自社の事業に対して与える意味を正確に理解し、ビジネス上のリスクを理解したうえで、業務展開を検討する必要がある。その際、当たり前だが、重要なのは、正確な情報分析を基に判断することだ。ロシアのウクライナ侵攻に伴い地政学的リスクが高まったのは間違いなく、経済だけでなく国際政治や安全保障も含む情報収集の必要性は一段と高まったと言える。

筆者は、中国ビジネスに携わる方々から、米中の板挟みや股裂きの懸念を聞くことがある。確かに、一部の製品・サービスについては、米国の輸出規制に抵触しうるし、一方では、中国により信頼できないエンティティリストに指定されないよう気を遣う必要もあるだろう。

しかし、**米中いずれでも禁止されていない業務領域において、米中対立の空気を過度に忖度してビジネスを抑制する必要はない。** ２０２０年11月の記者会見[22]で、梶山経済産業大臣（当時）は、米中等の輸出管理規制の強化を懸念する産業界の声を踏まえ、「他国企業と同等の競争条件を確保することも重要。各国の輸出管理上求められている内容を超えて、過度に萎縮する必要は全くない」旨発言している。

③米国・中国との関係強化とロビイングを強化する

米国企業は、米国政府に積極的にロビイングを行い、自身のビジネス環境を少しでも良くしようと努めている。輸出が禁止されたファーウェイやＳＭＩＣ向け輸出についても、米国企業は、政府に申請して多くの場合、例外認可を受けている。**日本企業も、米国政府との関係を強化し、ロビイングにより注力する必要があるだろう。** 個社でのロビイングに限界がある場合、米国の業界団体に加入して、業界団体としてロビイングをすることも有効だろう。

同じことは中国政府との関係強化や中国政府へのロビイングについても言える。日頃から中国の中央政府、地方政府と良好な関係を持つことは重要だ。日頃の良好な関係があるからこそ、ロビイングも可能になる。ただし、個社でのロビイングには限界があるのも事実だ。瀬口清之キヤノングローバル戦略研究所研究主幹は、中国に所在する日本商会の機能強化を提言している[23]。筆者も賛成だ。中国政府や現地の日本大使館との関係強化、他国の商工会との連携強化のうえでも、日本商会の機能強化は有効な手段だと思う。

(3) 日本政府の役割

日本政府には、米中対立で板挟みリスクを懸念する日本企業が米国市場と中国市場で競争力を発揮し、ビジネスを拡大できるよう、時には企業の依頼を踏まえ、米中両国政府に要望するなど、サポートを強化することを求めたい。日本企業のグローバルな競争力の維持向上が、日本の国力確保にとっては極めて重要であり、それをサポートすることは国益そのものだ。

日本では2022年5月、経済安全保障法が可決成立した。経済安全保障には、サプライチェーンの保全によって戦略的自律性を確保する「守り」の側面と、技術優位を活かしてグローバルサプライチェーンにおいて不可欠な技術や製品を持つという「攻め」の側面がある。「守り」の面では、日本企業の経済活動の萎縮を招かないよう、できる限り経済安全保障の範囲を個別具体的に明確化することが重要だ。先端技術の軍事転用の可能性は広く捉えればきりがなく、経済安全保障の対象範囲の明確化は簡単ではないのは分かる。

しかし、範囲を広く捉え過ぎれば、自国産業の競争力に大きなダメージとなりかねない。米国が中国への半導体輸出において、最先端半導体の輸出は禁止する一方で、汎用レベルの半導体は輸出を認めているように、微妙な取り扱いが必要になる。技術評価のできるスタッフの整備も必要だろう。

(4) CPTPPの中国加入申請に対して取るべきスタンス

米中対立のさなかに、中国が2021年9月16日、CPTPP(環太平洋パートナーシップに関する包括的及び先進的な協定)に加入申請を行った。その1週間後には、台湾も加入申請を行った。中国のCPTPPへの加入申請に対して、日本はどういうスタンスで臨むべきだろうか。米中対立との関係も深いこのテーマについて、筆者の考えを述べておこう。**中国のCPTPPへの加入交渉には前向きに応じるべき、しかし、CPTPPが定めた高度に透明で自由な市場取引に関する取り決めを中国が受け入れる、それが加入の条件だというものだ。**

渡邉真理子学習院大学教授ほかのペーパー[24]が指摘するとおり、中国がCPTPPに加入申請した狙いは、米国を中心とした既存秩序の書き換えのために「制度に埋め込まれたディスコース・パワー」を追求する一環として、アジア大洋州の経済秩序形成に影響力を発揮することにあるのだろう。そうだとしても、高度に透明で自由な市場取引が求められるCPTPPに中国が加入申請したことを活かして、**中国に市場メカニズムによる経済体制改革を求めるチャンスでもある。**

筆者の考えでは、CPTPP加入を目指す中国政府・共産党の中には、米国が離脱したCPTPPに加入することでアジア太平洋でのプレゼンスを高めようという考えのグループだけでなく、

ＣＰＴＰＰ加入という外圧を利用して改革開放をもう一度加速しようという市場改革派がいて、双方の目的がたまたま一致したという面があると思う。筆者は、今回のＣＰＴＰＰ加入には、市場改革派の意見も反映していると見ている。そうだとすれば、ＣＰＴＰＰの加入交渉を通じて、中国に経済体制改革、とりわけ国有企業改革の面で外圧をかけ、国内の改革派を支援することが重要だ。

ＣＰＴＰＰの取り決めの中には、中国の国家体制と相容れない内容がいくつか含まれており、中国にとっては受け入れることが困難だろうとの見方が多い。この点は、前出の渡邉教授ほかのペーパーが詳しく分析している。

最もハードルが高いのは、労働条項だ。ＣＰＴＰＰ締結国は、結社の自由および団体交渉権の承認、強制労働の禁止等が求められる。しかし、中国では結社の自由はそもそも認められていない。中国では、学校の同窓会組織さえもつくることが許されていないのだ。また、全ての労働組合は、中国共産党下の中華全国総工会に加盟し、その統制を受ける必要がある。強制労働の禁止については、中国側は否定するがウイグルでの強制労働に対する海外からの批判は強く、これも加入交渉では議論になるだろう。

また、国有企業に関しては、ＣＰＴＰＰは、国有企業の設立そのものは妨げていないが、「商業的考慮に従って物品・サービスの売買を行うこと」が求められ、「国有企業に対する非商業的な援助により他の締約国の利益に悪影響を及ぼすことなどが禁止される」。第２章で述べたとおり、国有企業の競争中立性や補助金の性質から見て、疑念を持たれても仕方がない面がある。第２章で述べたとおり、国有企業を各産業におけるリード的役割を担わせるとしている点で競争中立性には大いに疑念がある。

このほか、データローカリゼーションの要求禁止も、中国のデータセキュリティ法や個人情報保護法が定めるデータの越境制限とは衝突する可能性が高い。ただし、データ越境の取り決めについては、津上俊哉氏は、データに関するＣＰＴＰＰの規定は米中対立の激化等の環境変化によってすでに時代に合わなくなっており、そもそも見直しが必要だと指摘する〈25〉。

このようにＣＰＴＰＰの条項を中国が受け入れ困難だからといって、中国の加入を急ぐために、ＣＰＴＰＰの締結内容を本質的に変更することは適当ではないと思う。国内の経済体制改革推進のモメンタムを削ぐことになりうるからだ。特に、**国有企業と民営企業、外資企業の競争中立性の確保は、最も重要だろう。**中国の学者とＣＰＴＰＰへの中国加入交渉について議論したことがあるが、交渉には10年くらいかかるかもしれないと語っていた。中国のＷＴＯ加盟交渉は、申請から加盟まで15年かかっている。

日本は長丁場を覚悟して、中国との交渉に臨むべきだろう。日本にとっては、その間、ＣＰＴＰＰの立役者である既存加盟国として、中国と交渉するというレバレッジを持つことができるのもプラスだ。また、**仮に中国がCPTPPに加入するとして、中国に様々な約束を守らせる実効的な仕組みをどうつくるかも課題だろう。**この点は、前出の渡邉ほかのペーパー〈26〉は、「中国のみならず、……自由化が期待できない途上国・新興経済国が今後ＣＰＴＰＰ新規加入を申請した場合、これらについては、提出された遵守確保計画の履行がなされた旨の確認を現締約国側の貿易自由化約束の段階的実施の前提条件とするなどの制度設計が重要となろう」としている。そして例えば、「米国とベトナムの労働章関連のサイドレターでは、ベトナムが労働法制の改善計画を実施していないと米国が考えた場合、米国が約束する関税引き下げを一方的に停止することを認めている」としている。

ＴＰＰ離脱前の米国がベトナムに約束させたように、日本ないし複数の加盟国が中国との間でサイドレターを結ぶというのは、相当な厳しい交渉になることは間違いない。しかし、実効性の確保は避けて通れない点でもある。

まとめ

本章は、米中対立の構造化、長期化は不可避で米国は中国に対する競争と対立のスタンスを続けていくこと、これに対して中国は持久戦の構えで、双循環という「抱きつき」戦略も使ってデカップリングを回避するとともに、科学技術の自立自強も目指していると指摘した。米中の貿易投資関係は、中国の対中直接投資や米国に上場する中国企業の動きなど一部にデカップリングの動きもあるが、米中貿易は伸びており、米国企業は対中ビジネスに積極的であるなどデカップリングとは程遠い状況だと指摘した。

そのうえで、日本企業としては、サプライチェーンの強靭性確保に一段と注力すること、日米中の政府に対するロビイングと情報収集の機能を強化することが重要だと指摘した。中国のＣＰＴＰＰ加入に対しては、交渉にはオープンな姿勢で臨みつつ、ＣＰＴＰＰの定める高度に透明で自由な市場に関する取り決めを中国が守ることを求めていくべきだとした。

グローバルにビジネスを展開する企業にとっては悩ましいことばかりだが、情報収集を強化しつつ、的確な判断をしていくことが求められる。

第8章

中長期成長に関する三つのシナリオ

中国減速の深層 「共同富裕」時代のリスクとチャンス

これまで、中国経済の中長期的見通しおよびそれに影響を与える事項について、検討してきた。本章では、これまでの検討を踏まえて、中国経済の中長期的成長について、筆者なりに良好シナリオ、リスクシナリオ、基本シナリオの三つを考えてみたい。

もとより、中長期予測にはかなりの不確実性がある。筆者としては、シナリオごとに描く想定を可能な限り明確にしたうえで、各想定に基づけば、中国経済がどの程度、どのように変化するかを予測することにした。あくまで筆者の主観によるものだが、基本シナリオの確率が6割程度と最も高いが、良好シナリオ、リスクシナリオも2割程度はありそうだと考えて三つのシナリオを設定した。

シナリオごとの予測期間は、経済成長率を数字で示すという意味では2035年までとしている。第1章で挙げた中国政府の目標である2035年までのGDP倍増の可否が念頭にある。しかし、2035年以降の見通しについても、定性的には触れることとしたい。最初に、良好シナリオを提示する。これに対して、リスクシナリオを描く。

1 良好シナリオ

(1) 良好シナリオの想定

まず、良好シナリオを見ていこう。このシナリオの肝は、市場メカニズムをベースとした経済改革が加速し、対外開放も推進されるというものだ。中国政府・共産党の想定に沿って、中国経済が成長していくシナリオと言ってよいだろう。

①改革開放の加速と民営経済の発展

２０２１年12月の中央経済工作会議は、共同富裕を推進するためには、経済のパイの公平な分配だけでなく、パイそのものを大きくしなければならない、と強調している。共同富裕を巡っては多少の議論はあったが、パイ拡大のためには経済成長が必要、経済成長には改革開放が不可欠だという点で、政権内でコンセンサスが得られる。

習近平政権内には、右派（リベラル派、市場化改革を推進）と左派（保守派、市場化改革に否定的・国有経済を重視）の両方がいる。習近平国家主席は、共産党による指導・統制の強化を重視する一方、経済運営については習氏の右腕である劉鶴副総理をはじめとする市場改革派の意見も聞いてきた。

習近平政権は、市場メカニズムが決定的な役割を果たすという原則を維持し、市場経済の推進を否定することはなかった。習近平国家主席を経済政策の面でサポートしてきた劉鶴副総理は、２０２３年の全人代で退任する。しかし、政府内の経済運営部門やシンクタンクには市場改革推進派が数多くいる。彼ら市場改革推進派が経済運営に強い影響力を持ち続けるというシナリオだ。

また、ＣＰＴＰＰへの加盟交渉を通じて、海外からも市場開放、公平で透明な競争メカニズム、知的財産権の保護などを求められることが、国内の経済改革推進のモメンタムになる。

国有経済と民営経済いずれも重視する「二つの毫不動揺」の中で、国有企業と民営企業の競争中立性が確保される。プラットフォーマーなど一部の大型民営企業に対して実施されている規制強化は、一段落する。政策の透明性が確保されることで、民営企業の活力、イノベーションが発揮される。経済に占める民営経済のウエイトが上昇する。

中央政府による地方政府に対する統制は適度に行われるが、そのなかでも、地方政府には裁量が与えられる。このため、地方政府幹部は、地方経済の発展のため、創意工夫をこらし、ビジネス環境の整備に努める。

②人口動態：少子化に一定の歯止めがかかり、中間所得層が倍増する

政府は、子育てに対する財政補助に本腰を入れる。足元で1・1まで低下した合計特殊出生率を1・6〜1・7まで引き上げることに成功する。

また、段階的な定年延長が順調に進む。5〜10年程度で男性の定年は現行の60歳から65歳へ、女性の定年は55歳から60歳に延長される。その後も、超高齢社会の到来に合わせ、さらなる定年延長が進んでいく。

戸籍制度がさらに緩和され、農民工の都市戸籍取得が促進される。農民工が十分な公共サービスを受けられるよう、都市部における教育、医療、年金等の社会サービスの充実が進む。このため、農民工の都市戸籍取得が進み、農民工の真の「市民化」が実現する。そのほか、所得再分配政策もあって、共同富裕が描く、中間所得層が分厚い、オリーブ型（オリーブの実のように中央部分が大きく上下が小さい）の所得分布構造が実現する。

中間所得層の消費性向は高いため、中間所得層の拡大で個人消費が底上げされる。これにより、高齢社会到来による個人消費への負の影響を十分にカバーできる。同時に、高齢化の進展に伴い、医療

健康産業が高い成長を続ける。

高齢化による年金財政の悪化を受け、政府の財政補塡だけでなく、受給者の年金支給年齢の引き上げなどの制度改革が進む。新たな年金制度は、受給者負担を増やすものだが、持続可能性の高い制度設計だと認識され、受給者の老後の収支の不確実性が低下する。このため、現役世代は、安心して消費ができるようになり、消費の過度な萎縮は避けられる。

③デジタル化：デジタル中国が企業の経営そのものを変革する

消費者向けのデジタルサービスは、かなり行き渡ったこともあり、高成長から安定成長にシフトダウンする。一方で、各種産業におけるＤＸが進むため、ビジネス向けのデジタルサービスが拡大する。あらゆる仕事のあり方がデジタルに根差したものとなり、労働生産性が上昇していく。

製造業では、工業インターネットが広く普及する。導入数世界1位の産業用ロボットが工業インターネットでつながれたスマートファクトリーが普及する。農業では、農業用ドローン、ロボットの普及が進むほか、農作物の流通や販売、マーケティングにもビッグデータやＡＩの活用がさらに広がる。

デジタルサービスを提供するプラットフォーマーは、独占禁止、データ管理、金融業務などの規制の強化を受け、その成長は鈍化する。しかし、デジタル経済の特色である勝者総取りに対して適度な規制が入ることで、健全な競争環境が維持される。デジタル経済を支えるデジタルインフラは、政府による統一的な方針の下で、ネットワークとデータセンターが戦略的に配置され、デジタル化を支える。

④脱炭素：脱炭素経済へのシフトの順調な進展

化石エネルギーから再生可能エネルギーへのシフトが順調に進む。石炭産業は、２０３０年頃までは規模を維持しつつ、その後、時間をかけて縮小していく。その過程では、座礁資産も発生するが、全体の経済成長のなかでコストは十分吸収可能となる。中国は、世界的に競争力の高い再生可能エネルギー産業やＥＶ産業を有する。

世界各国の脱炭素への取り組みが追い風となり、再生可能エネルギーやＥＶ関連の中国企業の売上が拡大する。中国は、世界最大の炭素排出権取引市場を有する。同市場の参加者が電力事業者以外にも拡大し、脱炭素関連の技術革新のブレークスルーが次々と起こる。ロシアのウクライナ侵攻等に伴う資源・エネルギー価格の上昇は、資源・エネルギー純輸入国の中国にとっては一時的には影響を与えるが、中国のエネルギー事情の大きな構図には影響を与えない。

⑤米中対立：限定的デカップリングと自力での先端技術の開発の一定の成功

米中対立は続くものの、米中対立の全面的なエスカレートは回避される。中国が、ロシアのウクライナ侵攻に対するロシアに近寄り過ぎるスタンスを修正することで、中国と西側諸国の関係をさらに悪化させることは回避される。

米中の政治関係は厳しいものとなるが、経済面の関係は現状程度の緊密さを維持する。軍事転用の可能性のあるハイテク製品のごく一部の最先端製品にデカップリングは見られるが、その範囲は限定的となる。

西側諸国の経済安全保障の観点からの輸出規制はあるものの、幅広い品目・サービスで中国とその他世界での貿易投資が維持される結果、技術的なキャッチアップは市場競争や知的財産の売買などを通じて緩やかに進む。また、中国政府の補助金の拡大などもあって、研究開発投資が増え、自力での先端技術開発が、様々な分野で進む。製造業では、技術開発とデジタル化（ＤＸ）や脱炭素（ＧＸ）を通じて先端分野で輸出競争力を持つ企業が増える。製造業のＧＤＰウエイトの低下は、緩やかなものとなる。

⑥金融システムの安定維持と不動産のソフトランディング

金融システムの安定が維持され、不動産のソフトランディングに成功する。足元で調整が続いている不動産市場については、政府による不動産市場引き締め策の緩和の効果が顕れ、２０２２年後半には回復に向かう。今後、不動産市場は、住宅購入の主力層の人口減少の影響を受けるものの、中間所得層によるより単価の高い住宅に対する買い替え需要が広がること、市民化する農民工の中古住宅購入需要も増えることから、需要の縮小は回避される。分譲住宅だけでなく、賃貸住宅市場が発展していくほか、公営住宅も増える。

人口流出が進む多くの地方都市では、財政難、不動産市場の調整、地方の銀行の不良債権問題の三重苦に苦しむ。しかし、中央・地方政府、銀行が、市場メカニズムと一部財政資金も活用して、コストを分担しながら、調整をスムーズに進めていく。地方政府の財源不足という構造問題は、中央と地方の予算の配分の見直しにより、解決されていく。

図表8-1　良好シナリオのケース

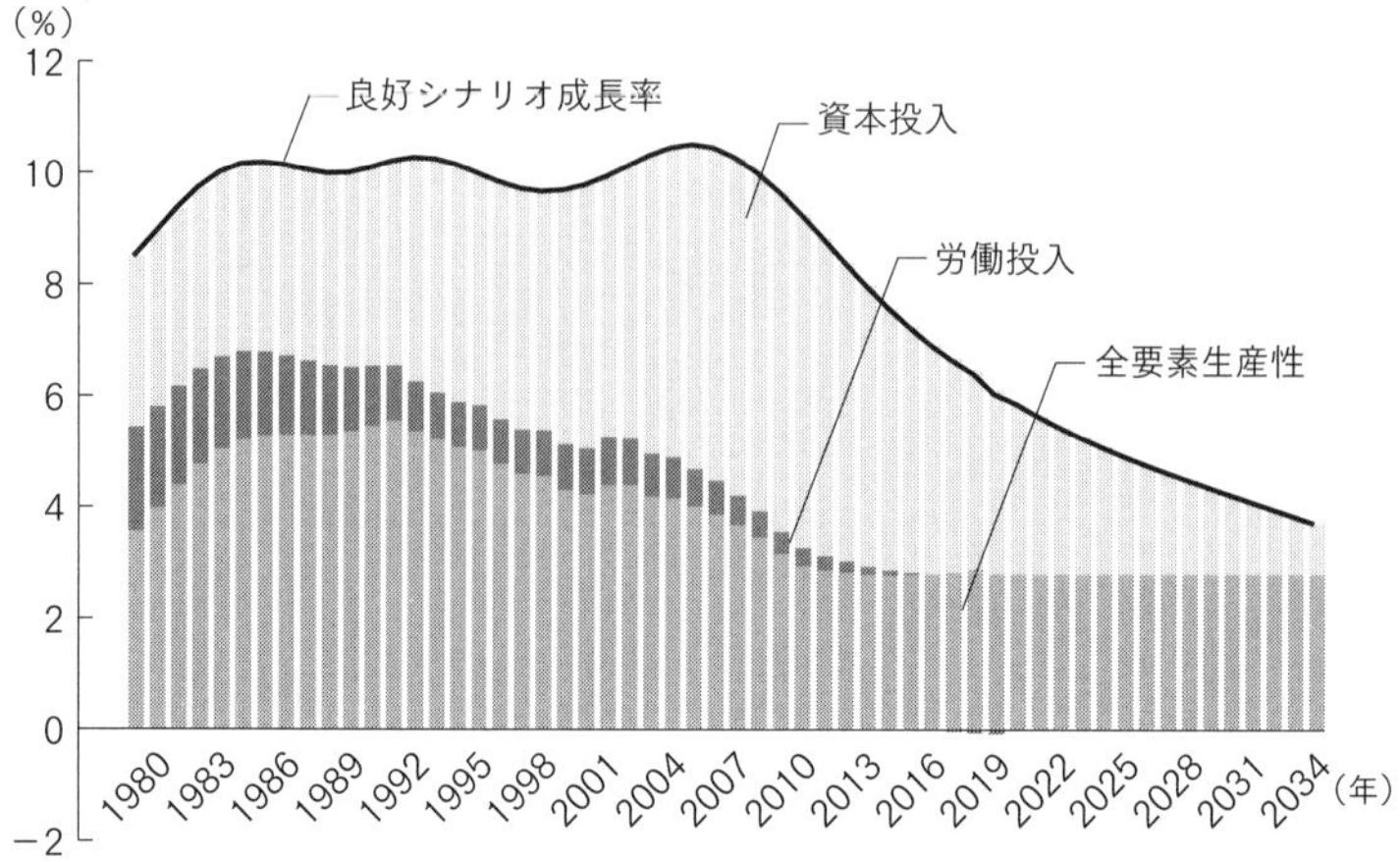

（出所）日本銀行ペーパーを基に筆者が前提を変更して作成

（２）良好シナリオにおける中国経済の成長推移

良好シナリオで中国経済が推移した場合、潜在経済成長率は、２０２０〜２０２５年は５・５%、２０２６〜２０３０年は４・６%、２０３１〜２０３５年は４・０%と緩やかな低下で推移する（図表８－１参照）。２０２０〜２０３５年の15年間でＧＤＰは倍増する。中国政府が想定する、２０３５年までの経済規模倍増が実現することになる。

良好シナリオの想定を、経済成長の要因別に見ていこう。日本銀行ペーパーの潜在成長率予測[1]のデータ（第１章図表１－16）を出発点とし、要因ごとに前提をいくつか変更した。

●全要素生産性：米中対立を背景とした先端科学技術の移転の制約はあるものの、改革開放の加速やデジタル化の順調な進展によって、全要素生産性の成長寄与度は、２０２０年の水準を維持する。日本銀行ペーパーの前提では、全要素生産性の成長寄与度が上昇していく姿を想定していた。しかし、米中対立の継続が技術移転の制約となるため、成長寄与度はうまくいっても現在の水準を維持するのが精一杯と考える。

- 労働投入：労働投入の成長寄与度はゼロで推移するとした。筆者の計算では、生産年齢人口は減少するものの、定年を男女いずれも5年間延長（男性：60歳から65歳へ、女性：55歳から60歳へ）することで、労働投入を同水準に維持可能な計算だ。
- 資本投入：少子高齢化の進展による貯蓄率低下が資本投入に負の影響を与えるとする日本銀行ペーパーの予測をそのまま使用した。

なお、2035年以降は、中国でも労働人口の減少が一段と深刻化するが、良好シナリオでは、さらなる定年延長や高齢者雇用が進むこと、デジタル化やロボット化の進展によって労働投入の減少が十分カバーできると想定する。したがって、成長率の低下は緩やかなものにとどまる。

米中の経済規模について言えば、為替レートが変化せず、米国の成長がCBO予測のとおり推移する前提の下、中国の経済規模は2034年に米国を抜き、その後、中国の経済規模が米国を引き離していくことになる。

2 リスクシナリオ

(1)リスクシナリオの想定

次に、リスクシナリオの想定を見よう。リスクシナリオでは、改革開放の停滞と国進民退、米中対立の激化によるハイテク製品の広範なデカップリング、不動産市場の縮小と金融システムの脆弱性の継続という三つを中心の想定とする。

①改革開放の停滞と国進民退

習近平政権は、国有企業の強大化や規制強化などの政策を実施しつつも、経済のパイを拡大させる手段として、市場メカニズムを生かす方向での経済改革路線は維持してきた。しかし、市場メカニズムを重視する李克強総理、習近平国家主席の経済運営面での右腕である劉鶴副総理が20回党大会を経て2023年3月の全人代でそれぞれ国務院総理、副総理から退く。習近平政権内で右派(市場改革派)の影響力が低下する。政府の経済運営面で、左派的な考え、すなわち国有経済重視、政府による統制重視が強まる。改革開放は、スローガンとしては維持されるが、実質的には停滞する。

共同富裕を推進するうえで、経済のパイ拡大よりも、公平な分配に過度に力点が置かれる。分配の公平性は、本来であれば、二次分配、すなわち、税制や社会保障によって所得再分配を実現することが望ましい。しかし、党内の既得権益層の反対もあって、固定資産税や相続税など二次分配面の制度改革は、進まない。

そのしわ寄せは、三次分配、すなわち企業や富裕層に自発的な寄付を求めるかたちで進む。また、巨額の利益を得てきた大型の民営企業に対する規制強化が続く。結果として、民営企業の活力、イノベーションが低下する。CPTPPへの加盟交渉は、進展せず、中国はCPTPP加入を断念する。

国有経済と民営経済のいいとこどりを狙う「二つの毫不動揺」は、建前としては維持される。しかし、資金や資源配分の面で今以上に国有偏重の傾向が進む。政府のサポートと資金力のある国有企業が、経営困難な民営企業を買収する例が増える。経済に占める国有経済のウエイトが上昇し始め、文字どおりの国進民退が進む。

中央政府による地方政府に対する統制が厳しくなり過ぎて、地方政府幹部が過度に萎縮する。地方政府幹部は、地方経済の発展のためよりも、リスクを取らず中央の指示を守ることに汲々とする。地方経済の発展は動力を失う。

②人口動態：少子化がさらに進行、農民工の都市戸籍化も成功しない

政府の子育てサポート政策の努力もむなしく、合計特殊出生率は足元の1・1から低下、1・0で推移する。定年延長に対する国民の反対の声が強く、思い切った定年延長に踏み切れず、希望者だけが定年延長する仕組みとなる。このため、労働投入の減少が進む。

農民工の都市戸籍取得は、あまり進まない。農民工が子供への十分な教育、医療、社会保障等の公共サービスを受けられるだけの社会インフラや制度が整備されないためだ。共同富裕が描く、中間所

得層が分厚い、オリーブ型の所得分布構造は実現しない。このため、高齢化による消費減速が中国の経済に重くのしかかる。

高齢化による年金収支の悪化を受け、政府の財政補塡だけでなく、受給者の年金支給年齢の引き上げなどの年金制度改革は徐々に進む。しかし、制度改正は、小出しに行われ、持続可能なものと国民からみなされない。現役世代は、公的年金に頼り切れないとの意識から、自身での貯蓄を増やし、これが消費を萎縮させる。

③デジタル化：一定の進展は見るが、民間テック企業が活力を失うほか、DXも形式主義に走るため、ペースは減速する

政府によるデジタル中国の青写真の下、デジタルインフラが整備され、デジタル化は引き続き進展する。しかし、プラットフォーマーなど民間テック企業に対する規制強化が不透明なかたちで続き、これら企業の活力やイノベーションを低下させる。国有企業による、民間テック企業の買収や資本参加などが進む。しかし、国有企業には民間企業ほどのダイナミズムはなく、デジタルイノベーションは顕著に減速する。

製造業、サービス業、農業とあらゆる産業で、DXが流行り言葉となるが、冨山和彦氏が言う「DXごっこ」(2)の域を超えない。DXを通じてCX、すなわちコーポレートトランスフォーメーションを実現できる企業はごく一部に限られる。

④脱炭素：脱炭素経済への急激なシフトの歪みが経済に悪影響を与える

化石エネルギーから再生可能エネルギーへのシフトは進むが、このプロセスにおいて、中央から地方への大号令が利き過ぎて、経済への負荷が目立つようになる。石炭産業だけでなく、二酸化炭素排出量の多い素材をはじめとする産業全般において、銀行等が融資を渋る動きが広がり、経営難に陥る企業が増える。

２０２１年秋に起こったような電力不足が度々発生し、企業の生産活動に影響、サプライチェーンの寸断といった動きが繰り返し発生する。ＥＶの急速な販売拡大は、内燃機関を中心にガソリン車のサプライチェーンに属するサプライヤーの経営を圧迫する。ＥＶの拡大による電力需要も、電力需給の逼迫《ひっぱく》に拍車をかける。世界的にも資源・エネルギー価格の高止まりが続き、純輸入国である中国にとっては経済的な負荷となる。

⑤米中対立：デカップリングの範囲が広がり、中国の技術台頭の重石になる

ロシアのウクライナ侵攻に対して、中国は、ロシアを軍事的、経済的に支援する姿勢を鮮明にするなど、中国・ロシアと西側諸国の対立が強まる。ハイテク製品については、米中は、ほぼ完全にデカップリングする。欧州、日本、韓国も、それぞれ米国と完全に同じでないにしても同調するスタンスを取る。非ハイテク製品については、完全なデカップリングとはならないまでも、海外企業は、レピュテーションや台湾有事などのテイルリスクを意識して、貿易投資に対して慎重なスタンスで臨む。

中国は、自立自強のイノベーションに一段と注力するが、貿易の停滞、キャッチアップのスピード

の鈍化などの影響は免れない。製造業において先端分野で競争力を持つ企業は、一部に限られ、製造業のGDPウエイトははっきりと低下していく。

⑥不動産市場の大規模な調整と金融システムの脆弱化

不動産市場において、住宅購入主力層の人口減少により、構造的な住宅需要の減少に直面する。不動産価格の下落が長引くことで、不動産価格の長期的上昇トレンドに対する期待が崩壊する。このため、投資目的で2軒以上の住宅を保有してきた家計は、住宅の売却に走る。

日本の不動産バブル崩壊は、東京や大阪といった大都市中心に起こった。しかし、中国の場合、大都市は、住宅供給が政策的に制約されており、構造的な需要超過状態が続いている。このため、住宅価格の調整は、中国では、人口流出が顕著な中小都市から発生する可能性のほうが高い。

人口流出が顕著な東北地区等をはじめ多くの地方の中小都市で、大幅な住宅価格の調整が発生する。これら地方都市では、財政難、不動産市場の調整、地域金融機関の不良債権問題の三重苦に苦しむ。地域金融機関の経営不安が相次ぎ、それを中央政府の資金や国有商業銀行による救済でシステミックリスク顕在化につなげないよう、懸命に努める。

中国政府の国有企業を使ったコントロール力の強さによって、中国全土での金融経済危機発生といった事態は回避される。しかし、地方債務問題や地方の不良債権問題が深刻な状況は続く。ゾンビ企業、ゾンビ地方政府が、経済の活力を奪っていく。ケネス・ロゴフ・ハーバード大学教授ほか(2020年)〈3〉は、不動産の活動が2割縮小すれば、GDPが5~10%下押しされるとの試算をしているが、本シナリオは15年間にわたってゆっくり活動が2割縮小する想定を置く。そうすれば年平均0・3〜0・6ポイントの成長下押し要因となる。

これまで金融開放で中国の株式・債券市場に入ってきていた海外投資家の資金は、一時的には、流入から流出に転じる。資本流出を抑えるため、資本の持ち出しに対する規制は、一時的に再強化される。一時的にでも資本規制が強化されたことを嫌がる外国投資家は、その後長年にわたって中国への投資を慎重化する。地政学的リスク意識の高まりも、外国投資家の対中証券投資を躊躇させる。

(2) リスクシナリオにおける中国経済の成長推移

上記のようなリスクシナリオで中国経済が推移した場合、潜在経済成長率は、2020〜2025年は5・0%、2026〜2030年は3・5%、2031〜2035年は2・2%と大幅に低下する(図表8―2参照)。2035年の潜在成長率は1・6%と米国並みとなる。2021〜2035年の15年間でGDPは1・7倍にとどまり、中国政府が、2035年までの長期目標で想定するGDP規模の倍増は実現できない。中国の経済規模は2035年時点では米国の9割弱にとどまる。

中身は以下のとおりだ。良好シナリオと同じく、日本銀行ペーパーの潜在成長率予測のデータ(第1章図表1―16)を出発点とし、全要素生産性に関する見方を変更した。

- 全要素生産性:経済成長への寄与度が徐々に低下していく姿を想定した。日本銀行ペーパーの分析では2010年代に入りデジタル化が急発展する前の1990〜2010年の間、全要素生産

図表8-2　リスクシナリオの成長推移

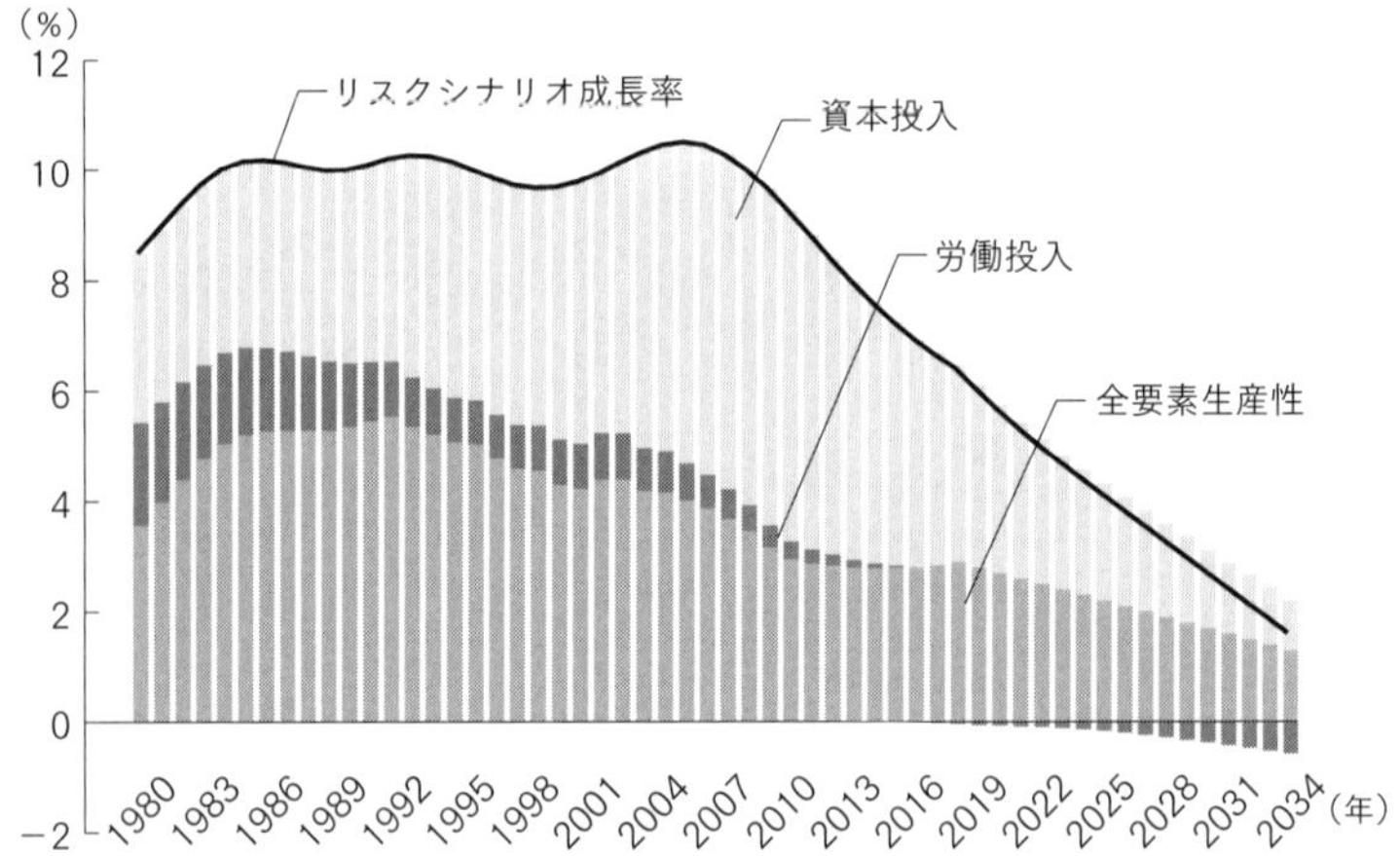

（出所）日本銀行ペーパーを基に筆者が前提を変更して作成

性の成長への寄与度は年平均0・1%ポイントずつ低下している。今後、改革開放が停滞し、デジタル化も減速、米中対立によるデカップリングの影響も広がるため、再び全要素生産性の寄与度が同じ程度の減速トレンドに入ると想定した。

- 労働投入：生産年齢人口の減少が、じわじわと労働投入の成長寄与度を下げていく。日本銀行ペーパーの予測をそのまま使用した。
- 資本投入：日本銀行ペーパーの予測をそのまま使用した。

2035年以降、経済成長率はさらに低下するだろう。特に、人口動態の影響が顕著になる見通しだ。リスクシナリオでは合計特殊出生率が1・0で推移すると想定する。育媧人口研究の人口予測の低位予測と同じだ。育媧人口研究の低位予測によれば、2020～2035年の生産年齢人口の年平均変化率は、▲0・5％だが、2035～2050年には▲1・5％に拡大する。これは、労働参加率の上昇か労働生産性の上昇がなければ、成長率を1・0％ポイント低下させるインパクトだ。リスクシナリオでは、中国の2035年以降の経済成長率は1％を下回り、米国の成長率を下回り続けることになる。このため、2035年以降、米国の経済規模が中国を引き離してゆく。

3 基本シナリオ

(1) 基本シナリオの想定

基本シナリオは、良好シナリオとリスクシナリオの中間を想定する。良好シナリオが想定するシナリオのうち、改革開放、人口動態、米中対立の三つの点で、良好シナリオほど順調にいかないと見る。以下のとおりだ。

①改革開放の一定程度の進展と民営経済のしぶとい発展の継続

習近平政権は、共同富裕におけるパイの拡大と分配の公平性の二兎を追う政策を実施する。パイを拡大させるため、市場メカニズムを生かす方向の改革開放はそれなりに進む。

ただし、国有経済と民営経済の「いいとこどり」を狙う「二つの毫不動揺」は、建前としては維持されるものの、民営経済には十分な資源が配分されない状態が続く。大型民営企業に対する統制強化は、第二のジャック・マー（馬雲、アリババ集団の創始者）を夢見る民営企業家の創業意欲に影響を及ぼす。競争中立性も十分に維持されない状況が続く。それでも、民営経済は、国有に占有されない成長分野をしぶとく探し、それなりの発展は続け、イノベーションを起こしていく。中小企業に対するサポート政策は、広く中小の民営企業の発展につながる。

国有企業のガバナンスも、それなりに改善されていく。国有経済と民営経済の比率は現状維持の状況が続く。

ＣＰＴＰＰへの加入交渉は、競争中立性の確保や知的財産権の保護など公平で透明な市場環境を整備するうえで、一定の役割を果たす。

地方政府幹部は中央政府の統制強化の影響を受けつつも、ある程度の裁量の範囲で、地方の経済発展に工夫をこらす。

②人口動態：少子化傾向は止まるが、顕著な改善もない

政府の少子化政策が良好シナリオほど顕著ではないものの、一定程度は奏功し、合計特殊出生率は、1・1から1・2まで上昇する。第7章で述べた育媧人口研究の中位予測の想定だ。政府による子育て補助はそれなりに出生率を改善させるが、日本や韓国など東アジアの先例を踏まえると、合計特殊出生率を顕著に回復させることはできないと見る。その他の人口動態に関する想定、すなわち、定年延長や戸籍制度改革による農民工の市民化、年金制度改革などについては、良好シナリオと同様だ。

③米中対立の影響：部分的デカップリング

リスクシナリオが想定するハイテク製品の全面的デカップリングまでは行かないが、デカップリングの範囲は、現状よりもやや拡がる。ロシアのウクライナ侵攻に対して中国が取る「中立的」態度が、西側諸国からはロシア寄りととられ、米中対立にとどまらず、欧州や日本も含めた、中国と西側の関係に影響する。安全保障、人権その他の事象で、米中双方で貿易や投資に対する規制やその適用事例が増えていく。

こうした制約があっても、外資企業は中国の国内市場を目指して、情報収集を強化し、リスクに配慮しつつ、中国との貿易投資を拡大していく。

(2) 基本シナリオにおける中国経済の成長推移

基本シナリオの下、中国の潜在成長率は、２０２０〜２０２５年は年平均５・３％、２０２５〜２０３０年は４・１％、２０３０〜２０３５年は３・１％で推移する（図表８－３）。２０３５年時点の成長率は２・８％となる。このシナリオでは、15年間でＧＤＰは１・８５倍となり、中国が念頭に置いているＧＤＰ倍増には届かない。

中身は以下のとおりだ。ここでも日本銀行ペーパーの潜在成長率予測（第１章図表１－16）を出発点とし、成長要因別に想定をいくつか変更した。

- 全要素生産性：経済成長への寄与度が徐々に低下していく姿を想定した。リスクシナリオでは、

図表8-3　基本シナリオの成長推移

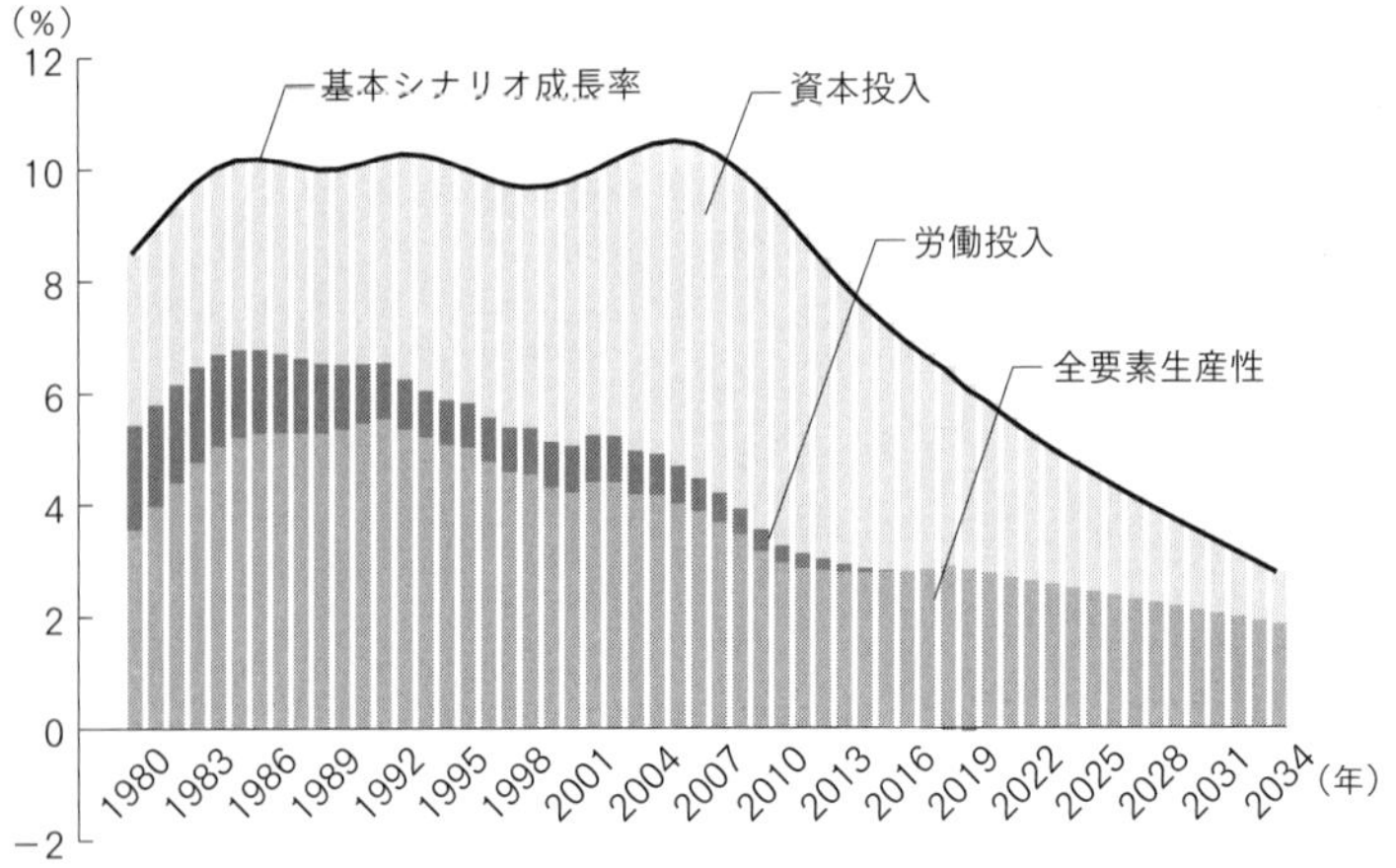

（出所）日本銀行ペーパーを基に筆者が前提を変更して作成

全要素生産性の成長寄与度が、年平均0・1%ポイントずつ低下することを想定したが、基本シナリオでは、改革開放や米中対立の想定がいくぶん楽観的なため、低下ペースは3分の2程度、すなわち年平均0・065%ポイントずつ低下すると想定した。低下ペースの置き方は、筆者の直感と言うほかない。

- 労働投入：生産年齢人口の減少を定年延長の効果が打ち消して、労働投入の成長寄与度はゼロで推移すると想定した。良好シナリオと同じ想定だ。
- 資本投入：日本銀行ペーパーの予測をそのまま使用した。

2035年以降は、経済成長率はさらに低下するだろう。育媧人口研究の中位予測では、生産年齢人口の年平均変化率は、2035～2050年は▲1・34%と2020～2035年（▲0・45%）

を0・9%ポイント下回る。基本シナリオでは、生産年齢人口の減少の影響を、定年延長とデジタル化やロボット化で完全にはカバーし切れないと見る。このため、成長率は徐々に低下していくことになる。

基本シナリオでは、2035年時点の中国のGDP規模は米国の0・96倍となり、中国は米国の規模を抜けないが、肉薄することになる。その後、2050年頃まで米中の経済規模は、ほぼ同程度で推移する。この程度の差であれば、為替レートの違いでいくらでも変わりうる。おそらく、米中の経済規模が似たようなレベルで推移する時代が長く続くのではないか。

4 中国減速の海外への影響

(1)マクロ経済への影響

中国は、経済規模で世界第2位、貿易規模で世界第1位、直接投資先としては世界第2位の国だ。これまで、高成長を背景に、世界経済の成長に対する寄与度では中国が最大の寄与を続けてきた。これはすなわち、中国経済が減速すれば、その影響は、世界に及ぶということを意味する。ここに描いた三つのシナリオの減速のペースは異なる。このため世界経済に与える影響も異なることになる。

中国経済の減速が、世界経済に与える影響には実体経済チャネルと金融チャネルがある。金融チャネルは、突発的な金融危機や経済危機が発生する場合には、グローバル投資家のリスク選好度の低下などを通じて、国際金融市場に大きな影響を与える。ただ、上記に示した三つのシナリオとも、徐々

図表8-4　シナリオ別の各国の成長下押しインパクト（2020〜2035年の累積）

（%ポイント）

	世界	アジア	日本
中国経済の1%ポイント下押し	−0.16	−0.26	−0.27
良好シナリオ	−0.37	−0.61	−0.63
リスクシナリオ	−0.69	−1.16	−1.19
基本シナリオ	−0.53	−0.89	−0.91

（出所）アンナ・シュナイデルスカほか（2020）を基に筆者計算

に潜在成長率が減速していくシナリオであり、テイルリスクである大規模な経済・金融の危機の発生は、想定していない。このため、ここでは主として、実体経済チャネルを通じた影響を見ていくことにする。

世界経済において一国の経済の変動の他国経済への実体経済チャネルを通じた影響の計測においては、グローバルＶＡＲ（多変数自己回帰）モデルを使って分析されることが多い。中国経済の減速の影響についても、いくつも論文が書かれているが、ここでは新しいアンナ・シュナイデルスカほか（２０２０）(4)の論文の結果を使用する。

同論文は、中国経済の１%ポイントの総需要の低下が発生した場合、それが各国のＧＤＰを、タイムラグを伴いつつ、最大でどれだけ下押しするかを試算している。同論文の試算では、中国の１%ポイントの総需要の減少は、世界経済を０・１６%ポイント、アジア経済を０・２６%ポイント、日本経済を０・２７%ポイント下押しするとの結果になった。本書のシナリオごとの成長予測は、供給サイドから積み上げた潜在成長率の推移だ。しかし、ここでは、実際の成長率と潜在成長率が一致すると考え、シナリオごとの成長減速が他国経済に与える影響を、計算してみた。

図表8－4は、三つのシナリオ別に、中国の成長減速が、世界経済、アジア経済、日本経済に与える成長下押しインパクトを2020～2035年の累積ベースで示している。日本経済への影響は、15年間累計で見て、良好シナリオで0・6%ポイント、リスクシナリオで1・2%ポイント、基本シナリオは0・9%ポイントの下押しとなった。

しかし、リスクシナリオのようにハイテク産業が米中で完全にデカップリングした場合の影響はこれにとどまらない。ハイテク産業のデカップリングが発生した場合の影響の各国経済への影響については、IMFのディエゴ・A・セルデイロほか（2021）[5]がペーパーを発表している。彼らは、ハイテク製品のデカップリングの影響について、貿易や投資フローの減少、資源の非効率的な配分、技術・知識移転の阻害という三つの経路を通じた影響についての定量的な分析を試みている。[6]

IMFのペーパーは、六つのケースを想定しているが、リスクシナリオの想定に近いのは、「米中のハイテク産業（電気機械・輸送機械）において貿易が完全にデカップリングする。米中以外の国は、ハイテク貿易について米中のうちいずれか自国から見て貿易依存度の高い側につく」という想定だ。

この場合、10年間累積でのGDP下押し効果は、中国で4%ポイント程度、米国で3%ポイント程度、日本で4%ポイント弱、韓国で6%ポイント強となっている。日本は貿易依存度だけで見れば、対中国の依存度が高いため、中国側につき、米国とはハイテク製品でデカップリングする前提になっている。これは、安全保障上の関係からすれば非現実的だろう。

日本が、貿易依存度で中国よりも低い米国側につけば、最大の貿易相手国中国とハイテク製品についてデカップリングすることになるので、日本の成長下押し効果はもっと大きくなる。ここから言えることは、米中のハイテク製品のデカップリングは、単なる中国の成長減速よりもはるかに大きなインパクトを米中だけでなく、ハイテク製品で両国との貿易関係の密な東アジアの国々に与えるということだ。

また、リスクシナリオで示したとおり、ハイテク製品で完全にデカップリングするような状況が起これば、非ハイテク製品においても企業はレピュテーションリスクや台湾有事などのテイルリスクを考えて中国との貿易投資を減少させる可能性がある。これは、米中のみならず、日本などへの経済的影響がさらに広がることになる点に留意が必要だろう。

(2) 海外企業の中国関連ビジネスに与える影響

マクロ的には上記のとおりだが、日本を含む海外企業のビジネスに与える影響は、シナリオによってかなり異なるだろう。

①良好シナリオの場合

良好シナリオが実現すれば、中国経済の減速は緩やかなものとなり、米中のデカップリングは限定的なものにとどまる。日本を含む海外企業にとっても、ビジネスチャンスは大きくなる。

良好シナリオでは、対外開放が進み、中国国内市場での競争においても、競争中立性が重視される。知的財産権の保護も進む。外資企業の中国市場におけるビジネス環境は改善する。中間所得層の人口が倍増することで、すでに巨大な中国の消費市場がさらに拡大する。中間所得層以上の消費層による、質の良い日本の製品やサービスに対する需要の高まりも期待できる。

ただし、中国において、市場競争が一段と激しくなるなかで、競争力を持った中国企業、特に民営企業が増え続け、グローバルな市場にどんどん参入していくだろう。世界市場での中国企業との競争は今以上に厳しいものになる。

②リスクシナリオの場合

リスクシナリオは、海外企業にとって厳しいシナリオだ。改革開放が停滞し、国有企業が優先される。競争中立性が保たれず、外資企業は、中国市場で苦労することがより多くなるだろう。中間所得層の拡大も期待ほど大きくない。

特に深刻なのは、米中のハイテク分野でのデカップリングだ。日本企業は、股裂き状態となり、経営環境に甚大な影響が及ぶ。米中双方に現地子会社をつくり、それぞれの行き来を遮断すればそれで済むかと言えば、必ずしもそれで十分かは分からない。

また、金融システムへの不安を抱えながら、ビジネスを行う必要がある。人口流出の激しい多くの中小都市では、経済低迷が長く続く可能性があり、地域別の市場の見極めを慎重に行う必要が出てくる。金融セクターだけでなく、中国国内でのビジネスで企業間信用のリスクに対して、より厳格なリスク管理が必要になるだろう。

③基本シナリオの場合

基本シナリオの場合は、良好シナリオが描いたようなビジネスのチャンスとリスクシナリオが描くリスクが併存することになる。中間所得層の拡大は確実にチャンスだが、米中対立による双方の応酬の影響はハイテク産業でなくても大なり小なり受けるだろう。いかにリスクを制御してチャンスを生かすか、個別企業の腕の見せ所ともなるだろう。

5 各シナリオの評価

以上、良好シナリオ・リスクシナリオ・基本シナリオを筆者なりに描いてみた。いずれのシナリオも、極端に発生確率が低いものではなく、あり得るシナリオだ。冒頭で述べたとおり、あくまで筆者の主観によるものとして、基本シナリオの確率を6割程度、良好シナリオ、リスクシナリオの確率を2割程度とイメージしてシナリオを描いてみた。

良好シナリオとリスクシナリオでは、2035年時点の潜在成長率は3・7％と1・6％と開きがあり、その後さらに差は開いていく。特に、リスクシナリオでは、2035年以降、足元で進んでいる少子化の影響が経済を直撃し、成長率は1％割れとなることも考えられる。失速シナリオと言ってよいだろう。

各シナリオを分けるポイントについて、もう少し筆者の考えを述べたい。特に重要なのは、①共同富裕政策とともに改革開放やイノベーションは前進するのか、②米中対立はどこまでデカップリングにつながるのか、③金融システムの安定を維持できるかだ。

①共同富裕と改革開放、イノベーション

良好シナリオが描くとおり、改革開放が加速し、それにより、民営経済によるイノベーション、活力が高まる筋書は描けるだろうか。２０２１年11月の第19回党大会六中全会の歴史決議は、「改革開放には終わりがない。……より大きな政治的勇気と知恵をもって改革の全面深化を推し進めなければならない」「党中央は、開放は進歩をもたらし、閉鎖は必ず立ち後れることを深く認識している。……より積極的な開放戦略を実行しなければならない」としている。党中央として、改革開放への決意を表している。

しかし、六中全会の歴史決議は同時に、「党の全面的指導を堅持する」ことを強調している。これまでの、習近平政権の政策は、国有経済も民営経済も重視するとしつつ、結果として国有重視の傾向が強めに出ている感は否めない。民営経済はしぶとく活動するだろうが、制約を受けながらの活動が続くと見るほうがよいだろう。

一方で、リスクシナリオが描くように、改革開放が完全に停滞することも可能性としては低いだろう。中国共産党は、新中国を建国した革命党だということを支配の正当性のよりどころにしてきた。しかし、革命党であるという事実は、今となっては中国共産党が一党支配を続ける根拠として不十分だ。だからこそ、習近平国家主席は、共同富裕を唱え、国民みんなを豊かにするのが中国共産党だと主張しているのだ。

国民すべてを豊かにするためには、パイの拡大が必要になる。習氏は、第19回党大会で、２０３５年には社会主義の現代化を基本的に実現すると目標を掲げた。２０３５年までにＧＤＰを倍増させることは「完全に可能だ」とまで明言している。

つまり、習氏にとっても経済成長は必要であり、そのために改革開放を進める必要があるのだ。現在、習氏一強のように見えるが、総書記３選を目指すうえで、長老も含め様々な意見があると報道されている。[7] また、党内には左派的も右派もおり、習氏は、改革開放の一線を踏み外すまでの左傾化には抑制が働いているようにも見える。党の指導強化や国有企業を強大にする方針とともに、市場メカニズムを生かした改革も進めていくものと思われる。

②米中対立の行方とデカップリングの程度

良好シナリオが描くように米中対立が抑制されれば望ましいが、可能性は残念ながら低いだろう。米国にとって中国は自身の覇権を脅かしうる唯一の競争相手であり、中国の台頭が平和的であろうがなかろうが、米国にとって許容できるものではないのだろうと筆者は思う。

変な話だが、中国が、良好シナリオが描くように真面目に改革開放を推進すればするほど、中国の潜在成長率は高く推移する。それは、覇権国である米国にとっては脅威だ。中国の経済成長に伴い軍事的拡張もそれに比例して進むと想定される。良好シナリオが描く経済成長の経路は、米国における中国脅威論を一段と高めるだろう。そうなれば、米国自身が被る経済的コストを犠牲にしても、中国に対して経済的にも圧力をかけようという動きが強まると見られる。

一方で、リスクシナリオが想定するようなハイテク産業の米中の完全なデカップリングも可能性は低いだろう。ＩＭＦペーパーが試算するように、その経済的な損失は10年間累計では、中国でＧＤＰの▲４％、米国で同▲３％と甚大だ。米国のビジネス界は、米国企業の競争力を著しく弱めると強く反対する。恐らく、貿易投資を巡って様々な規制が導入されつつも、ハイテク分野でさえも完全デカップリングにはならないのではないか。

もちろん、ロシアのウクライナ侵攻に対する中国の対応が、米中対立を激化させる可能性もある。中国が軍事、経済の両面でロシアを支援していると西側から判断されれば、新冷戦と呼ぶかどうかは別として、中国と西側諸国の政治関係はかなり冷たいものになるだろう。しかも、今回のロシアの侵攻に対しては、新興国・発展途上国を含め大半の国が反対している。国連総会でのロシアに対する非難決議は１９３カ国中１４１カ国が賛成、反対に回った国は５カ国にとどまった（他は棄権または投票せず）。

ここで公然とロシア側に立って、ロシア支援に回ることは、中国にとっては国際プレゼンスのうえで大きなマイナスだ。中国企業も米国の制裁を念頭に置いてロシアとのビジネスの進め方に苦慮している〈8〉。中国は、これまでどおりの対ロ貿易を継続するものの、あからさまな支援と見られない慎重な振る舞いが続くのではないか。

また、台湾有事を契機とした米中の軍事的衝突といった事態は、リスクシナリオには織り込んでいない。ただし、これはテイルリスクを全く無視してよいということでもないことは「おわりに」で少し述べる。

③金融システムの安定の維持

すでに述べたとおり、筆者は基本シナリオとしては、中国の金融システムの安定が維持される可能性が高いと見ている。繰り返しになるが、中国の経済の発展段階で見た若さがバッファーになるからであり、政府のコントロール力が強いからだ。特に、中国政府のコントロール力は、中国共産党の末端まで張り巡らされた神経系統による統制の強さと国有のリソース、特に国有企業や国有銀行を臨機応変に活用できることに裏打ちされている。

したがって、大規模な経済金融危機の発生は、リスクシナリオに含めていない。リスクシナリオは、大規模な経済金融危機には至らないものの、金融の脆弱性が続き、不動産市場の縮小が続くという想定だ。

おわりに――日本企業の取るべき戦略、スタンス

本書は、主題である減速する中国経済の中長期的展望を縦糸に、副題である習近平政権が推進する共同富裕政策を横糸に、中国経済が向かおうとしている方向性を浮き彫りにすることに努めてきた。筆者は、中央銀行の勤務経験が長く、マクロ経済や金融の観点から中国経済を見てきたので、アプローチはどうしてもマクロ的な観点からになった。

ただ、筆者は、これまで、中国本土、香港、日本ほかで、中国関連のビジネスに様々なかたちで携わっておられる方々から、そのご奮闘の体験、ご苦労、お悩みをたびたびお聞きしてきた。各章でも、中国ビジネスのチャンスとリスクに少し触れたが、最後に、中国ビジネスに携わる日本企業にとってのチャンスとリスク、取るべき戦略やスタンスについて、私見を述べたい〈1〉。

中国ビジネスのチャンスをものにする

まず、中国ビジネスのチャンスをものにするうえで、筆者が重要だと思うことを何点か述べたい。

第一に、**グローバルな発展を狙う企業にとっては、中国市場を捨てる選択肢はないということをしっかり認識することだ。**減速しているとはいっても、日本の3倍近くの規模の経済が、日本よりはるかに高い成長率で伸びている。現在、あらゆる産業において、中国市場は世界のメジャープレーヤーが鎬《しのぎ》を削る場所になっている。中国市場は、成長スピードが速く、変化も激しい。欧米企業は、全力

投球で中国市場に向かっている。

中国企業も成長している。中国企業は、外資企業が進出する国内市場で、競争を繰り返し、技術や経営手腕を磨き、海外へも進出している。外資企業、中国企業にかかわらず、中国市場で勝ち抜いたプレーヤーが、世界市場の勝者になるという展開が今後ますます増えていくだろう。

第二に、拡大が見込まれる中間所得層の需要を取り込むことだ。政府が推進する共同富裕政策もあって、中国の中間所得層は今後確実に拡大し、消費産業にビジネスチャンスを提供するだろう。現在は低所得層に属するものの、中間所得層に近づいている層が、今後次々に中間所得層に移っていくだろう。農民工の都市戸籍取得もこれを後押しする。中間所得層は、質の高い日本の製品やサービスを好む傾向が強い。中国国内の消費市場における日本製品・サービスの販売拡大だけでなく、コロナ収束後は、日本でのインバウンド消費を大きく拡大させるだろう。

北京の現地の飲食店オーナーによれば、筆者が住んでいた北京市朝陽区の日本料理店街は、外縁がどんどん拡大している。各都市でも日本料理店は増えていると聞く。モノを単に買うだけでなく、体験を消費することを重視する傾向が一段と強まっていくだろう。体験型消費を提供するブランドだと認識してもらうためのブランド戦略も重要になる。

インバウンド消費にもチャンスがある。筆者の複数の中国の友人が、中国人は日本に旅行に行きたくてうずうずしていると言っていた。ただし、今後の日本でのインバウンド消費は、体験型サービス消費が中心になるだろう。大都市だけでなく地方都市の魅力を探す旅行者が増えていくだろう。

一方で、ひと頃見られていた爆買いはあまり見られなくなるだろう。中国における、日本の製品の内外価格差はひと頃に比べれば縮小したためだ。また、免税品は海南省でも買えるようになったこともある。2020年7月から、中国国内の旅行客や海南島住民が、離島免税店または承認されたECサイトで免税品を購入できる限度が年間3万元から10万元（約171万円）に増えた。これに伴い海南省の免税品売上が急拡大している。

旅行だけでなく、医療や健康産業の拡大もチャンスだ。おそらく、日本で健康診断を受けたい、医療を受けたいという中国の富裕層は今後ますます増えていくだろう。こうしたチャンスを確実にビジネスにつなげることだ。

第三に、中国から学ぶ姿勢を持つということだ。筆者の自戒を込めて記すが、日本は長年中国に対して「教えてあげる」という上から目線で接してきた面があるのは否めない。改革開放後の40年以上にわたって、中国の政府、企業は日本から真摯に学んできた。しかし、いまや日中が互いに学び合う時代になったのだと思う。日本企業は、中国企業から学ぶ姿勢を持つべきだ。

2010年代に中国で起こったデジタル経済の発展は、まさにリープフロッグ型だった。藤井保文氏ほかは著書で、中国で起きているDXをヒントに日本のDXの進むべき道を解説している。[2] 現在、中国のデジタル化は、消費者向け（BtoC）だけでなく、ビジネス向け（BtoB）でも急速に進んでいる。脱炭素の分野でも、悩み事が多いからこそ、今後リープフロッグが次々に起きそうな気配だ。日本企業にとっては、中国で起きている様々な事象を自社ビジネスのヒントにするチャンスが必ずあると思う。

第四に、中国ビジネスにおける選択と集中の重要性だ。中国の市場は、巨大だ。巨大な市場の一部だけでも儲けられれば、大きな儲けになる。日本ではニッチのレベルの産業でも、中国の市場規模があれば、十分に大きな売上が期待できるケースもあるだろう。

半導体産業で言えば、今となっては、半導体産業全体で日本が世界の大きなシェアを握るというのは非現実的だ。日本にとって、半導体の設計（ファブレス）や製造（ファウンドリー）のかなりのシェアを、米国、韓国、台湾などに取られてしまったのは痛い。しかし、素材であるシリコンウエハーや半導体製造装置では高いシェアを誇っている。もっとニッチな素材であっても、高い世界シェアを持つ日本企業は多い。どの産業でも、川上から川下まで全てを獲るのではなく、自社の強みを活かした選択と集中が重要になってくるだろう。

中国ビジネスのリスクをコントロールする

一方で、中国ビジネスに携わる企業にとっては、ますますやっかいで大変になっているが、リスクのコントロールは避けて通れない。リスクのコントロールで重要と思う点を四つ挙げたい。

第一に、自社の核心的技術・ノウハウの流出を防ぐことだ。中国ビジネスに限らないが、研究開発をどこで行うべきか、悩ましい問題だ。現地のニーズ・規制に合った製品・サービスを開発するためには、現地に研究開発拠点を置くほうがよい。一方で、人材流出も含めて技術流出防止も必要になる。核心的・根幹的技術の研究開発は日本に置いて、その現地での応用部分については海外に置くなどの適切な役割分担が必要になるだろう。

ただし、他社に負けない核心的・根幹的技術を持つことが前提だ。特に、ハイテク分野の製品・技術に関わる企業にとっては、いかに戦略的不可欠性を持つ技術を維持・確保するかという点が極めて重要になるのは言うまでもない。

第二に、**政府との関係構築、ロビイングの重要性だ。** 米中対立の長期化は避けられず、中国でビジネスを行う以上、その影響は大なり小なり必ず受ける。第6章でも述べたが、ビジネス環境を維持改善するうえで、政府との関係構築が非常に重要だ。政府と言った場合、中国政府、米国政府、日本政府全てを含む。中国でビジネスを行ううえで、中国政府と円滑な関係を築いているかは当たり前だが非常に重要だ。

筆者は、2014年、当時日立(中国)有限公司董事長だった小久保憲一氏に請われ、北京で開催された日立製作所グループの役員が全世界から集まった会議で講演させていただいたことがある。その際、筆者とともに講演したのは、中国政府の国家発展改革委員会、国務院発展研究中心の幹部であった。中国政府の幹部が、企業グループの会合で講演するというのは、同社がこれまでしっかりと政府との関係構築を進めてきたことの証左であろう。

地方政府との関係も重要だ。中国が政策を実施するうえで、自社が所在する地方政府にかなりの裁量が与えられるケースが多いからだ。米中両国でビジネスを行う企業にとっては、米国でも連邦政府、州政府との関係構築が重要になるのは、言うまでもない。

そして、日本政府や現地の日本国大使館、総領事館との関係ももちろん重要だ。日頃の良好な関係構築があったうえで情報収集とロビイングを積極的に行うことだ。一社ごとの活動には限界があるのも事実であり、在中国日本商会が日本企業の声を取りまとめ、中国政府に提言することはかねてより行われている。これを一段と強化することも重要だろう。

第三に、正確にリスクを認識し、適切に管理するということだ。中国ビジネスを巡るリスクは様々だ。そのリスクに関して、情報を正確に収集、分析し、リスク管理体制をしっかり構築することが必要だ。最近、中国でビジネスをする日本企業の中国現地法人の幹部の方々からよく聞くのが、本社からのリスクに関する照会が増えているということだ。本社の方々からすれば、日本のメディア報道の悲観的な論調を見るたびに、自社の中国ビジネスが心配になる気持ちは分かる。しかし、抽象的なレベルで中国ビジネスを怖がっていては前に進めない。

正確にリスクを認識し、適切に管理したうえで、取るべきリスクを取ることが重要だ。リスクの種類も多様だ。米中対立を背景に米中双方が打ち出す貿易や投資の規制を精確に理解することは重要だ。日本政府の経済安保推進法への対応も必要だ。

知的財産や個人データ保護に関しても適切な管理が必要だ。中国知的財産の専門家である道下理恵子弁護士は、「知財関係民事訴訟について、２０１７年中の新規受理件数（一審受理件数）は20万１０３９件（前年比47％増）と、……米国の約50倍、日本の約２９０倍にもなります。今やまさに、世界一の超訴訟大国といっても過言ではありません」としている。[3] 中国の裁判所が、主として日欧の企業を対象にした知的財産を巡る訴訟で「禁訴令」と呼ばれる海外での関連訴訟の差し止め命令を連発していることも報じられている。[4]

データ管理についても規制が強化されている。サイバーセキュリティ法、データ安全法、個人データ保護法に基づき、より厳しい個人データの管理が求められている。一つひとつ、大変だが、きっちり対応することが必要だ。

レピュテーションリスクの管理も重要だろう。今回、ロシアのウクライナ侵攻で日本企業を含めて、多くのグローバル企業がロシアビジネスの停止や縮小を決めている。中国ビジネスについても、グローバル企業はレピュテーションリスクを気にしなければならない可能性がある。

ブラックスワン、すなわち可能性は低いがひとたび起きれば大きな損失をもたらしうるテイルリスクが顕在化しそうな兆候に敏感になることも重要だ。

一つ目のテイルリスクは、台湾有事を契機とした米中の軍事的衝突だ。近年の中国の軍備増強や台湾に対する米国の対応で緊張感が高まっているのは間違いない。2022年3月に前国務長官のポンペオ氏が台湾を訪問し、「台湾に正式な国交上の承認を与えるべきだ」と述べた。これは中国側からすれば、米国が尊重してきた「一つの中国」の原則を揺るがしかねない発言であろう。筆者は、台湾有事という事態を招かないよう、関係する当事者が叡智を結集して回避すべきだと思う。

もう一つのテイルリスクは、中国国内に政治的な大混乱が起きるリスクだ。2018年3月に憲法が改正され、2期10年で国家主席の任期が撤廃された。このため、党総書記についても、秩序だった交代の道が見えづらくなった。2022年秋の党大会では習近平氏の総書記3選が有力視されているが、今後5年ごとの党大会のタイミングで習近平氏からの後継者を巡り争いが起きるかもしれない。筆者は、多少の混乱はあるにしても最終的には共産党内の調整で解決されるため、国内政治が大きく混乱し、経済に大打撃を与える可能性は低いのではないかと想定しているが、不確実性が高いのも事実だ。

グローバルな企業にとってみれば、可能性の低いテイルリスクを懸念して、中国ビジネスから撤退縮小することはグローバルな競争力の著しい低下を意味し、選択し得ないだろう。むしろ、テイルリスク顕在化の兆候について常にアンテナを高くして、万が一テイルリスクが顕在化したときに対応できることを考えておくことが有益だろう。

第四に、**サプライチェーンの強靭化と自社製品の戦略的不可欠性確保の重要性だ。**これもリスク管理の観点から重要だ。第7章でも述べたとおり、米中の完全なデカップリングはないと見られる一方、米中対立がハイテク産業を中心にデカップリング範囲を広げることは十分に考えられる。現時点でその全貌は見えないが、常に情報収集に努めてサプライチェーンへの影響を最小化する必要がある。

米中対立だけでなく、自然災害の発生、感染症の発生などサプライチェーンに影響を与える要因は他にもある。サプライチェーンの強靭化策としては、地産地消に基づき消費地で製造する、サプライチェーンを冗長化する、在庫を適正に持つなど、様々な手段がありうる。自社製品と市場の特性を踏まえて、検討していくことが重要だ。

同時に、自社製品が淘汰されないよう、いかに戦略的不可欠性を確保できるかも重要だ。例えば、日本企業の半導体製造装置の強みは、装置そのものもあるが、それを半導体製造工場に設置し、製造工程全体の中でファインチューニングする技術者たちのノウハウにもあると聞いたことがある。そうであれば、こうした技術者の人材流出やノウハウ流出を是が非でも避けなければならない。

ゼロコロナ政策の継続がもたらすリスク

2022年5月末現在、中国の一部都市で、新型コロナ感染症例が増加し、上海では事実上の都市封鎖が2カ月を超えて継続する事態となっているほか、多くの都市で厳しい行動制限措置が取られている。その経済的な影響は中国国内にとどまらず、世界規模に広がっている。以下の2点において、中国経済にとって、影響が長期にわたるリスクには注意が必要だろう。

第一に、厳格な行動制限措置の実施が地域を変えて繰り返される可能性だ。中国政府は、動態的ゼロコロナと称し、地域を絞って限られた行動制限を行うことで、経済的な影響を最小化する方向に過去2年半で政策を調整してきた。しかし、感染力の強いオミクロン株を完全に抑え込むことは難しく、結果として、上海は事実上の都市封鎖に追い込まれた。今後、上海の封鎖が解除されたとしても、厳しい行動制限が地域を替えて繰り返される事態が長引けば、比較的長期に経済を下押しする可能性がある。

第二に、ゼロコロナ政策継続による海外との経済関係への影響だ。外国企業が、今回の上海の事実上の都市封鎖のような事態の再発生リスクを考慮し、中国への直接投資スタンスを調整する可能性がある。また、中国が、厳格な入出国制限を続け対面での人的交流の断絶が長引けば、中国と海外との相互理解を阻み、中国と海外との経済上の繋がりにも影を落とすだろう。日本企業のサプライチェーンにも、必然的に影響を及ぼす。

共同富裕と改革開放・イノベーション

２０００年、筆者が在中国日本大使館の一等書記官として中国に駐在し始めた頃、最初に衝撃を受けたのは、中国の政府部門の経済関連部門の幹部や政府シンクタンクのエコノミストが、公然と他部門の経済政策を批判しているのを目の当たりにした時だった。「中国では経済政策の立案において、これほど自由な議論がされているのか」と驚いたことを記憶している。少なくとも当時は、政治と経済は別だということで、経済政策については闊達な議論がされていた。同時に、改革開放を推進したいという市場改革派の経済官僚やエコノミストの熱い思いに感銘も受けた。

現在でも、政治と経済は別だと言い切れるだろうか。恐らく、経済運営を巡る議論については、政治に比べれば自由な発言が許されている。しかし、経済官僚やエコノミストたちは、経済運営についても、以前に比べればやや慎重に言葉を選んでいるように思う。

それでも、市場メカニズムをベースにした改革開放を進める政府の姿勢は、維持されていると筆者は考える。２０２1年8月に、左派のブロガー李光満が、共同富裕について、「経済分野、金融分野、文化分野から政治分野に至るまで、いずれも深い変革が起きている。あるいは深い革命とも言える」と投稿した。

市場改革派のエコノミストからは、政府の過度な介入を警告する意見が相次いだ。張維迎北京大学教授は、「我々が市場に対する信頼を失い、ますます政府の介入を招けば、中国は共同貧困に向かうしかない」とした。魏加寧国務院参事室研究員は、「独占禁止は公平であるべきであり、まず反行政独占、反国有企業独占であるべきである。民間企業はイノベーションの主力として、民間企業に対して制度的保障を与えるべきである」と主張した。

２０２１年10月の共産党紙の『求是』で明らかになった習近平の共同富裕に対する詳細な解説を見れば、共同富裕が先富論を否定したものではないことは明らかだ。民間企業のしぶとさも相変わらず健在と受けとめている。

２０２０年から２０２１年半ばにかけて共同富裕推進を理由に、一部の民営企業に対する規制強化など「左」（政府の統制強化）に向いていた方向性も、２０２１年後半から景気が減速してくると、２０２１年の中央経済工作会議で「経済建設中心」が明言され、２０２２年の全人代では民営経済のサポートが強調されるなど、再び「右」（市場経済重視）への揺り戻しが感じられる。繰り返しになるが、経済のパイ拡大なしには共同富裕推進はないことは、党中央として認識しているのだ。

こうした状況を踏まえて、中国では、資源の最適配分や民間の活力という意味では、理想的というわけではないが、共同富裕推進の下でも、改革開放路線が維持されるとの想定を本書の基本シナリオとした。しかし、リスクシナリオで述べたとおり、政策が過度に左に振れ、国進民退が進み、改革開放が停滞するリスクがあるのも事実だ。決めつけるのではなく、どのシナリオに近づいていくのか、第20回党大会およびそれ以降の政策動向を注視していきたい。

謝辞

本書は、大部分が書き下ろしであるが、一部、筆者がこれまで書いた論文や論考の一部を加筆修正した内容を含んでいる。これらは、『週刊東洋経済』の「中国動態」に筆者が書いた論考[1]、筆者が研究員を兼務する東京財団政策研究所ホームページに掲載したレビュー[2]、拓殖大学『海外事情』に投稿した論文[3]、日本経済研究センターの２０２１年度アジア研究報告書に掲載した論文である。なお、日本経済研究センターの報告書は、『東アジア 最新リスク分析――「新冷戦」下の経済安全保障』として本書と同時期に日経ＢＰ 日本経済新聞出版から刊行される。

筆者は、２０２１年3月に退職するまで日本銀行で32年間勤務したが、その大半の期間は、直接、間接に中国に関わってきたように思う。そして、中国経済を、中国本土、香港、米国に滞在し、また、その他の国・地域も含め出張を繰り返しながら見つめてきた。

この間に、日本銀行の諸先輩や同僚を含め、中国経済に関連する政策、ビジネス、調査研究に携わってきた多くの方々にお会いし、啓発を受けてきた。多くの方々からのご教示を基に形作られた筆者の中国経済に対する見方を、本書ではなるべく率直にお伝えしたつもりだ。一人一人お名前を挙げることはできないが、これまでご教示いただいた数多くの方々に心よりお礼を申し上げたい。

可能な限りデータや事実に基づき分析したつもりだが、そこには筆者の主観が入るのは免れない。もちろん、文責は全て筆者に属する。

本書の中心テーマである中国経済の中長期の成長見通しのシナリオを考えるにあたっては、日本銀行の元同僚たちが2021年5月に発表した論文「中国の中長期的な成長力―キャッチアップの持続可能性に関する考察―」の予測が出発点となった。同論文の著者でもある吉野功一氏をはじめ元同僚の皆さんに謝意を申し上げたい。また、日経BPの渡辺一氏には、本書執筆の企画をいただいてから、筆者を叱咤激励しながら、有益なアドバイスを数々いただいた。心よりお礼申し上げる。

本書を執筆する間、東京の自宅と姫路の実家を行き来する生活だった。本書執筆を生活面で支えてくれた妻・滋子と実家の両親（寛・恵）に心から感謝したい。「早く書き上げたほうがいいよ」とアドバイスをくれた息子・悠太とたまに邪魔もされたけれど筆者の心をいつも癒やしてくれた愛犬・葉（6歳）にも、ありがとうと言いたい。

2022年5月

[おわりに]

〈1〉 中国とのビジネスでの関わり方については、経営共創基盤の村岡隆史CEOと筆者の対談も参考にしてほしい。「経済成長の鍵「中国市場」、日本はどう向き合うか」、http://www.igpi.co.jp/about_us/igpis-talk/talks_12/（2022年5月19日アクセス）

〈2〉 藤井保文、尾原和啓『アフターデジタル―オフラインのない時代に生き残る』日経BP、2019年3月23日

〈3〉 道下理恵子「戦う備えなしには、もう行けない！ 訴訟大国『中国』対策講座（第1回）訴訟大国『中国』の現状を知ろう！」The invention、p.52-55、2018年10月

〈4〉「海外知財訴訟、中国が『阻止』連発　日欧企業に懸念」『日本経済新聞』、2022年3月21日付

[謝辞]

〈1〉 福本智之「デジタルインフラ戦略的配置の真意」『週刊東洋経済』「中国動態」、2022年3月19日、「猛烈にEVシフトを進める中国」同、2022年2月5日、「『脱炭素』と『成長』の二兎を追う中国」同、2021年12月11日、「中国『脱炭素』がもたらす電力不足」同、2021年10月30日、「習政権が『共同富裕』を打ち出す事情」同、2021年9月18日

〈2〉 福本智之「プラットフォーマーに対する中国政府の規制強化と中国デジタルイノベーションの行方――アントグループを例に」東京財団政策研究所Review、2022年1月21日、https://www.tkfd.or.jp/research/detail.php?id=3908（2022年3月28日アクセス）

〈3〉 福本智之「中国の2035年までのGDP倍増を巡る論点」拓殖大学『海外事情』2021年7・8月号、p.55～70

〈24〉 渡邉真理子、加茂具樹、川島富士雄、川瀬剛志「中国のCPTPP参加意思表明の背景に関する考察（改訂版）」2021年9月、https://www.rieti.go.jp/jp/publications/summary/21090002.htm（2022年3月28日アクセス）

〈25〉 津上俊哉『米中対立の先に待つもの　グレート・リセットに備えよ』日経BP 日本経済新聞出版、2022年2月16日

〈26〉 前掲25と同じ。

［第8章］

〈1〉 佐々木貴俊、坂田智哉、向山由依、吉野功一「中国の中長期的な成長力―キャッチアップの持続可能性に関する考察」日本銀行ワーキングペーパーシリーズNo.21-J-9 2020年5月、https://www.boj.or.jp/research/wps_rev/wps_2021/data/wp21j09.pdf（2022年3月28日アクセス）

〈2〉 冨山和彦「2020年　令和はCX（コーポレートトランスフォーメーション）の時代」共創、2020／新春号Vol.33、https://www.igpi.co.jp/wordpress/wp-content/uploads/2020/01/IGPI_Report_vol33.pdf（2022年3月28日アクセス）

〈3〉 Kenneth S. Rogoff and Yuanchen Yang（2020）, “Peak China Housing,” NBER Working Paper Series

〈4〉 Sznajderska A, Kapuściński M., “Macroeconomic spillover effects of the Chinese economy,” Rev Int Econ. 2020; 00:1–28., https://doi.org/10.1111/roie.12479（2022年3月28日アクセス）

〈5〉 Diego A. Cerdeiro, Johannes Eugster, Rui C. Mano, Dirk Muir, and Shanaka J. Peiris, “Sizing Up the Effects of Technological Decoupling,” IMF Working Paper, 2021年3月、https://doi.org/10.5089/9781513572673.001（2022年3月28日アクセス）

〈6〉 IMFのペーパーは、ハイテク製品のデカップリングがもたらす直接投資への影響やサービス貿易に与えるマイナス効果や、自国でのハイテク産業振興といった産業政策によるプラス効果は明示的に織り込んでいないとする。

〈7〉 『ウォール・ストリート・ジャーナル』は、「長老たちには依然発言権があり、これまでの指導者継承の仕組みを崩すことに対する反対意見を述べ始めた。朱鎔基元総理が習近平の中央統制的な政策に疑問をひそかに述べた」という内部者情報を報じている。“Rollback of Xi Jinping’s Economic Campaign Exposes Cracks in His Power,” The Wall Street Journal、2021年3月15日、https://www.wsj.com/articles/rollback-of-xi-jinpings-economic-campaign-exposes-cracks-in-his-power-11647354449?page=1（2022年3月28日アクセス）

〈8〉 「中国企業、ロシア事業で苦慮　政府・欧米市場の板挟み　全人代で経営幹部ら沈黙」『日本経済新聞電子版』、2022年3月8日付

12日、https://spap.jst.go.jp/investigation/downloads/r_2019_01.pdf（2022年3月28日アクセス）
〈10〉 輸入額をベースに貿易額を計算したのは、輸入統計は原産地主義に基づいているため。輸出については例えば香港経由の中継貿易の場合、香港向け輸出とカウントされる可能性がある。
〈11〉 The US China Investment Hub, https://www.us-china-investment.org/fdi-data
〈12〉 UNCTAD, "World Investment Report 2021" 2021年6月
〈13〉「焦点：滴滴出行が米上場廃止へ、中国勢IPOは一層冷え込みか」ロイター、2021年12月6日、https://jp.reuters.com/article/didi-delisting-idJPKBN2IL07K（2022年3月28日アクセス）
〈14〉 Foreign Affairs Committee, Republicans, "McCaul Brings Transparency to Tech Transferred to Blacklisted Chinese Companies," 2021年10月21日、https://gop-foreignaffairs.house.gov/press-release/mccaul-brings-transparency-to-tech-transferred-to-blacklisted-chinese-companies/（2022年3月28日アクセス）
〈15〉 Semiconductor Industry Association（SIA）, "SIA Whitepaper: Taking stock of China's semiconductor industry," 2021年7月、https://www.semiconductors.org/wp-content/uploads/2021/07/Taking-Stock-of-China%E2%80%99s-Semiconductor-Industry_final.pdf（2022年3月28日アクセス）
〈16〉 Rhodium Group, "An Outbound Investment Screening Regime for the United States?" 2022年1月、https://rhg.com/wp-content/uploads/2022/01/RHG_TWS_2022_US-Outbound-Investment.pdf（2022年3月28日アクセス）
〈17〉「中国論文、質でも米抜き首位　自然科学8分野中の5分野」『日本経済新聞電子版』、2021年8月10日
〈18〉「国際特許出願、中国が3年連続世界一 商標出願も3位を維持」『AFP BB News』、2022年2月15日、https://www.afpbb.com/articles/-/3390027（2022年3月28日アクセス）
〈19〉 JASON, "Fundamental Research Security" 2019年12月
〈20〉 例えば、米国は、オランダの半導体製造装置メーカーASMLに対して、最先端の露光機を中国に販売しないよう求めている。同社の露光機は、最先端のロジック系半導体の製造には不可欠であり、中国にとっては打撃だ。
〈21〉 JBIC「わが国製造業企業の海外事業展開に関する調査報告」2021年12月24日
〈22〉 経済産業省　梶山経済産業大臣の閣議後記者会見の概要　2020年11月17日、https://www.meti.go.jp/speeches/kaiken/2020/20201117001.html（2022年3月28日アクセス）
〈23〉 瀬口清之「中国での日本企業連携の核、中国日本商会の機能強化を　日本企業の情報収集・発信力強化の大きなメリット」『JB Press』、2022年2月18日、https://jbpress.ismedia.jp/articles/-/68887（2022年3月28日アクセス）

管理局成立40周年」、中国金融2019年第2期、http://www.safe.gov.cn/safc/2019/0121/11225.html（2022年3月27日アクセス）
〈23〉 Yu Yongding, "China Needs Economic Stimulus," Nov 5, 2019 Project Syndicate, https://www.project-syndicate.org/commentary/china-growth-slowdown-stimulus-by-yu-yongding-2019-11（2022年3月27日アクセス）
〈24〉 宮本雄二『習近平の中国』新潮新書、2015年5月20日
〈25〉 福本智之、木村武、稲村保成、東将人「中国の窓口指導の有効性と金融環境――日本の金融自由化とバブル期の経験を踏まえて――」日銀レビュー、2010年6月
〈26〉 李阳、张晓晶『中国国家资产负债表2020』中国社会科学出版社、2020年12月

［第7章］

〈1〉 佐橋亮『米中対立　アメリカの戦略転換と分断される世界』中公新書、2021年7月25日
〈2〉 World Bank DataのGDP（米ドル換算）規模で見ると、日本は1995年に米国の73％の規模となったのがピークだった。中国は、2020年時点で米国の70％の規模だ。
〈3〉 Dina Smeltz, Ivo Daalder, Karl Friedhoff, Craig Kafura, and Emily Sullivan "A Foreign Policy for the Middle Class-What Americans Think: Results of the 2021 Chicago Council Survey of American public opinion and US foreign policy," 2021年10月、https://www.thechicagocouncil.org/sites/default/files/2021-10/ccs2021_fpmc_0.pdf（2022年3月28日アクセス）
〈4〉 Pew Research Center, "Most Americans Support Tough Stance Toward China on Human Rights," Economic Issues, 2021年3月4日、https://www.pewresearch.org/global/2021/03/04/most-americans-support-tough-stance-toward-china-on-human-rights-economic-issues/（2022年3月28日アクセス）
〈5〉 "China bought none of the extra $200 billion of US exports in Trump's trade deal," Chad P. Bown, PIIE、2022年2月8日、https://www.piie.com/blogs/realtime-economic-issues-watch/china-bought-none-extra-200-billion-us-exports-trumps-trade（2022年3月28日アクセス）
〈6〉 「習主席が挑む『持久戦』」『日本経済新聞電子版』、2019年1月13日付
〈7〉 中国は、このほか2020年10月「輸出管理法」、2021年1月「外国法律・措置の不当な域外適用の遮断弁法」を制定している。
〈8〉 習近平「国民経済と社会発展の第14次5カ年計画と2035年の長期目標の制定に関する中共中央の建議に関する説明」新華社北京2020年11月3日電
〈9〉 河合正弘「一帯一路とユーラシア新秩序の可能性」『一帯一路の現況分析と戦略展望 - Asia Pacific』第1章所収、Science Portal Asia Pacific、2019年1月

〈8〉 東京商工リサーチ「国内107銀行　総資金利ざや0.16%、3年ぶりに上昇(2021年3月期決算)」2021年10月27日、https://www.tsr-net.co.jp/news/analysis/20211027_01.html（2022年3月27日アクセス）

〈9〉 例えば、2021年9月の中国人民銀行貨幣政策執行報告書は、「人民銀行は金利自主規制メカニズムの構築を指導し、金融機関の金利価格決定行為に対して自主管理を行った。……2015年に預金金利規制を自由化した後、金利自主規制メカニズムは業界の自主的協議を通じて預金金利の上限を取り決め、個別銀行の高い金利上昇行為を抑制し、預金市場の不合理な競争を抑制し、預金市場の競争秩序を効果的に守った」としている。

〈10〉 中国では2015年5月に預金保険法が施行され、預金保険制度が開始された。

〈11〉 同行は、全国性の株式制商業銀行なので厳密には地方の銀行とは言えない。

〈12〉 西村友作、東善明、坂下栄人「中国地方政府債券の発行市場における市場メカニズム」日本銀行ワーキングペーパーシリーズNo.21-J-14

〈13〉 IMF（2021）, “Global Financial Stability Report October 2021,” Chapter 1

〈14〉「黑龙江鹤岗宣布实施财政重整 财力不足以偿付到期政府债务本息」『财新网』、2021年12月28日、https://economy.caixin.com/2021-12-28/101822863.html（2022年3月28日アクセス）

〈15〉 汪涛、張寧（2021）「解析中国房地産産業：宏観視角」首席経済学家論壇、2021年10月15日、https://baijiahao.baidu.com/s?id=1713695336501699793&wfr=spider&for=pc（2021年12月30日アクセス）

〈16〉 Kenneth S. Rogoff and Yuanchen Yang（2020）, “Peak China Housing,” NBER Working Paper Series

〈17〉「《中国家庭财富调查报告2019》发布：房产占比居高不下 超九成居民家庭拥有一套房」『每日经济新闻』、2019年10月30日、http://www.nbd.com.cn/articles/2019-10-30/1382304.html（2022年3月27日アクセス）

〈18〉「郭树清：完善现代金融监管体系」『经济日报』、2020年12月31日、https://baijiahao.baidu.com/s?id=1687584943158288750&wfr=spider&for=pc（2022年3月27日アクセス）

〈19〉 2022年1～2月の不動産開発投資前年比は前年比+3.7%と持ち直したが、住宅販売面積は、同▲13.8%と低迷が続いている。

〈20〉 潘功胜「量化宽松政策：退出和外溢——潘功胜在2021年金融街论坛年会上的讲话」中国人民銀行ホームページ、2021年10月20日、http://www.pbc.gov.cn/hanglingdao/128697/128734/128871/4364743/index.html（2022年3月27日アクセス）

〈21〉 中国人民銀行、中国銀行保険監督管理委員会「关于做好重点房地产企业风险处置项目并购金融服务的通知」2021年12月20日

〈22〉 潘功胜「外汇管理改革发展的实践与思考——纪念 外汇管理改革暨国家外汇

る世界経済』日経BP、2021年11月8日

〈10〉「トヨタ、JERAなど蓄電池再利用で連携　神戸市で」『日本経済新聞電子版』、2021年12月28日付

〈11〉IMF “Global Financial Stability Report October, 2021,” 2021年10月

〈12〉「中国、EV輸出50万台で首位に　21年3倍で米独上回る」『日本経済新聞電子版』、2022年3月8日付

〈13〉「中国が商用EV対日輸出　東風など1万台、競合なく」『日本経済新聞電子版』、2021年10月11日付

〈14〉注4と同じ。

〈15〉注8と同じ。

〈16〉「中国が鉄鋼業の「脱炭素」目標を5年延期する事情　CO_2排出量のピークアウト時期を2030年に修正」『東洋経済オンライン』、2022年2月22日（2022年4月27日アクセス）

〈17〉かつて中国人民銀行貨幣政策委員も務めた馬駿清華大学教授は、2015年時点で、原油価格の1割低下は、計量モデルを用いて中国のGDPを0.1ポイント押し上げるとの試算をしている（「油价下跌对经济的影响」『财新网』、2015年1月19日、https://opinion.caixin.com/2015-01-19/100775826.html 2022年3月28日アクセス）。

［第6章］

〈1〉朱寧『中国バブルはなぜつぶれないのか』日経BP 日本経済新聞出版、2017年7月25日

〈2〉“S&P Says Chinese Banks Need Bailout Estimated at $500 Billion,”『Wall Street Journal 電子版』、2003年6月23日、https://www.wsj.com/articles/SB105639308053775200（2022年3月27日アクセス）

〈3〉BIS , “Early warning indicators of banking crises: expanding the family” BIS Quarterly Review、2018年3月

〈4〉IMF, “People’s Republic of China: 2020 Article IV Consultation” IMF Country Report No. 21/6、2021年1月

〈5〉IMF, “People’s Republic of China: Financial System Stability Assessment” IMF Country Report No. 17/358、2017年12月

〈6〉中国银行保险监督管理委员会「商业银行金融资产风险分类暂行办法」パブリックコメント、2019年4月30日、http://www.cbirc.gov.cn/cn/view/pages/ItemDetail.html?docId＝217297&itemId＝915&generaltype＝0（2022年3月27日アクセス）

〈7〉全国性5社、地方性58社。資産信息網による。https://baijiahao.baidu.com/s?id＝1723444481969307620（2022年3月27日アクセス）

ート・ジャーナル日本語版』、2022年3月14日、https://jp.wsj.com/articles/tencent-faces-possible-record-fine-for-anti-money-laundering-violations-11647245548（2022年3月28日アクセス）
「中国のハイテク大手、大規模な人員削減へ」同、2022年3月22日、https://jp.wsj.com/articles/chinas-big-tech-firms-are-axing-thousands-of-workers-11647921722?cx_testId=10&cx_testVariant=cx_2&cx_artPos=0#cxrecs_s（2022年3月28日アクセス）

[第5章]

〈1〉「中国正在说 第三季：碳达峰碳中和，中国发展转型的机遇与挑战」Bilibili、2021年10月22日、https://www.bilibili.com/video/bv1wv411u7ed/ （2022年3月27日アクセス）
〈2〉金振、劉憲兵 、田村堅太郎「中国2060年ネットゼロ表明の背景と今後の見通し」2021年10月、https://www.iges.or.jp/jp/pub/20211021/ja（2022年3月28日アクセス）
〈3〉中国长期低碳发展战略与转型路径研究课题组 / 清华大学气候变化与可持续发展研究院『读懂碳中和 中国2020-2050年低碳发展行动路线图』中信出版社、2021年8月。なお、2020年10月に公表されたバージョンはシミュレーションの対象年は2050年であった。その後、清華大学は2060年カーボンニュートラル目標に対応して改めてシミュレーションしている（堀井伸浩「中国のカーボンニュートラルへの道筋～『2030年までは経済優先』の揺るがぬ方針～」国際環境経済研究所、2022年2月15日、https://ieei.or.jp/2022/02/expl220215/〈2022年3月28日アクセス〉)。しかし、同書は当初の2050年までのシミュレーションとなっている点は留意する必要がある。
〈4〉「祝宝良：2030年碳达峰对经济影响不大，碳中和需充分发挥碳市场作用」二十一世纪经济报道官网、2021年11月9日、http://www.21jingji.com/article/20211109/herald/8d930983f03a85a849f5a2313a098986.html（2022年3月28日アクセス）
〈5〉橋本・日本製鉄社長「中国の鉄鋼政策、明確に変化」「カーボンニュートラルで主導権」『鉄鋼新聞』、2021年5月11日
〈6〉International Energy Agency, "An Energy Sector Roadmap to Carbon Neutrality in China" 2021年9月、https://www.iea.org/reports/an-energy-sector-roadmap-to-carbon-neutrality-in-china（2022年3月28日アクセス）
〈7〉注4と同じ。
〈8〉中金研究院 / 中金公司研究部『碳中和经济学：新约束下的宏观与行业趋势』中信出版社、2021年8月
〈9〉井熊均、王婷、木通秀樹、瀧口信一郎『ゼロカーボノミクス　脱炭素で変わ

xwdt/ztzl/dsxs/zjjd1/202202/t20220221_1316093.html?code＝&state＝123（2022年3月28日アクセス）

〈16〉「中国流が国際標準に？　『北京エフェクト』にどう挑む」『日本経済新聞電子版』、2022年1月16日付

〈17〉丸川知雄「『中国標準2035』のまぼろし」『Newsweekオンライン』、2022年02月07日、https://www.newsweekjapan.jp/marukawa/2022/02/post-77.php（2022年3月28日アクセス）

〈18〉「国家发展改革委等部门关于推动平台经济规范健康持续发展的若干意见」中华人民共和国中央人民政府网、http://www.gov.cn/zhengce/zhengceku/2022-01/20/content_5669431.htm

〈19〉中国工业互联网研究院「中国工业互联网产业经济发展白皮书（2021年）」2021年11月、https://www.china-aii.com/achievements?id＝5eb64526-99e4-42cf-9096-5a3f35eab676&ty＝2（2022年3月28日アクセス）

〈20〉“Greater China Set to Dominate Global Industrial IoT Market, Says New GSMA Report” GSMAホームページ、2018年7月6日、https://www.gsma.com/asia-pacific/whats-new/greater-china-set-to-dominate-global-industrial-iot-market-says-new-gsma-report/（2022年3月28日アクセス）

〈21〉「中国で『農業用ドローン』市場が急拡大する背景　2大メーカー『XAG』と『DJI』の競争で低価格化」『週刊東洋経済』、「財新 Biz＆Tech」2021年1月4日、https://toyokeizai.net/articles/-/397398（2022年3月28日アクセス）

〈22〉「中国『農業用ドローン』、整備・修理網を改革の事情―極飛科技、販売代理店任せのサービスに限界」『週刊東洋経済』、「財新 Biz＆Tech」2022年1月6日、https://toyokeizai.net/articles/-/479908（2022年3月28日アクセス）

〈23〉注9に同じ。

〈24〉「云计算IaaS行业深度研究：云计算基础设施迈入新“黄金十年”」触点IT说、2022年2月8日、https://www.163.com/dy/article/GVMQT00Q05524GM0.html（2022年3月28日アクセス）

〈25〉「阿里动手了！」2022年2月8日、https://www.sohu.com/a/521459746_514279（2022年3月28日アクセス）

〈26〉「华为这个秘密武器让电力巡检不再是高危的代名词」2020年7月1日、https://www.sohu.com/a/405191614_178777?_f＝index_pagefocus_1（2022年3月28日アクセス）

〈27〉Diego A. Cerdeiro, Johannes Eugster, Rui C. Mano, Dirk Muir, and Shanaka J. Peiris, “Sizing Up the Effects of Technological Decoupling,” IMF Working Paper, 2021年3月、https://doi.org/10.5089/9781513572673.001（2022年3月28日アクセス）

〈28〉「テンセント、反マネロン規則違反で過去最大の罰金か」『ウォール・ストリ

〈3〉 World Bank Dataのindividuals using internet（percentage of population）をpopulationで割って計算した。
〈4〉 UNCTAD, "Global e-commerce jumps to $26.7 trillion, COVID-19 boosts online sales," 2021年5月3日、https://unctad.org/news/global-e-commerce-jumps-267-trillion-covid-19-boosts-online-sales （2022年3月28日アクセス）
〈5〉 例えば、柳偉達「中国の小売業における電子商取引の発展について」近畿大学短大論集第51巻 第1号（2018年12月）p.11～24、https://kindai.repo.nii.ac.jp/index.php?action=pages_view_main&active_action=repository_action_common_download&item_id=19824&item_no=1&attribute_id=40&file_no=1&page_id=13&block_id=21（2022年3月28日アクセス）
〈6〉 Longmei Zhang and Sally Chen, "China's Digital Economy: Opportunities and Risks," IMF Working Paper WP/19/16, 2019年1月、https://www.imf.org/en/Publications/WP/Issues/2019/01/17/Chinas-Digital-Economy-Opportunities-and-Risks-46459（2022年3月28日アクセス）
〈7〉 この議論を整理したものとして、例えば、総務省「令和元年版情報通信白書」がある。https://www.soumu.go.jp/johotsusintokei/whitepaper/ja/r01/html/nd122110.html（2022年3月28日アクセス）
〈8〉 西村友作『キャッシュレス国家「中国新経済」の光と影』文春新書、2019年4月19日
〈9〉 李智慧『チャイナ・イノベーション2　中国のデジタル強国戦略』日経BP、2021年3月1日
〈10〉 冨山和彦「2020年　令和はCX（コーポレートトランスフォーメーション）の時代」『共創』、2020／新春号Vol.33、https://www.igpi.co.jp/wordpress/wp-content/uploads/2020/01/IGPI_Report_vol33.pdf（2022年3月28日アクセス）
〈11〉 中国信通院「中国金融科技生态白皮书」2021年11月1日
〈12〉 工业与信息化部「2021年通信业统计公报」2022年1月25日、https://www.miit.gov.cn/jgsj/yxj/xxfb/art/2022/art_3b457a2cda504fe89b75605fe7235492.html（2022年3月28日アクセス）
〈13〉「一图读懂《5G应用"扬帆"行动计划（2021-2023年）》」中华人民共和国中央人民政府网、2021年7月14日、http://www.gov.cn/fuwu/2021-07/14/content_5625001.htm（2022年3月28日アクセス）
〈14〉 野村総合研究所「野村総合研究所、2025年度までのICT・メディア市場の規模とトレンドを展望」2019年11月27日、https://www.nri.com/-/media/Corporate/jp/Files/PDF/news/newsrelease/cc/2019/191127_1.pdf（2022年3月28日アクセス）
〈15〉「国家发展改革委高技术司负责同志就实施"东数西算"工程答记者问」中华人民共和国国家发展与改革委员会、2022年2月21日、https://www.ndrc.gov.cn/

〈4〉「中国生育率跌至1.3，蔡昉：防止总人口达峰后的需求侧冲击」中国金融四十人论坛、2021年5月11日、https://mp.weixin.qq.com/s/cxkmU7ALQQQhiKZGvlUrmA（2022年3月28日アクセス）

〈5〉百度、中国房地产协会、如是金融研究所「2018年美好居住生活白皮书」2018年8月28日

〈6〉片山 ゆき「高齢社会に突入した中国と年金市場【アジア・新興国】中国保険市場の最新動向（51）」ニッセイ基礎研究所、2022年2月15日、https://www.nli-research.co.jp/report/detail/id=70235?site=nli（2022年3月28日アクセス）

〈7〉中国社会科学院世界社保研究中心『中国养老金精算报告2019-2050』中国劳动社会保障出版社、2019年4月

〈8〉IMF, "Fiscal Monitor October 2021"、2021年10月

〈9〉IMF, "People's Republic of China: 2021 Article IV Consultation," IMF Country Report No. 22/21、2022年1月

〈10〉人力資源・社会保障部は、2022年2月の記者会見で、2022年より年金積立金の全国統合を開始したと発表した。ただし、年金支給率等まで全国で統一されているのか等詳細は不明である（人民网「人社部：今年1月起养老保险全国统筹2022年2月22日」、https://baijiahao.baidu.com/s?id=1725430792193112402&wfr=spider&for=pc、2022年5月12日アクセス）。

〈11〉ILOSTAT "Statistics on the working-age population and labor force"、https://ilostat.ilo.org/topics/population-and-labour-force/（2021年6月27日アクセス）

〈12〉「中国市民、定年延長に反発」『日本経済新聞電子版』、2021年4月1日付

〈13〉Dan Ciuriak, "China's Demographics and Growth Potential in an Age of Machine Knowledge Capital"、2022年1月2日

〈14〉「蔡昉：改变半截子城镇化状况，让2.6亿农民工成为新市民」『澎湃新聞』、2021年11月11日、https://www.baidu.com/link?url=sfBGiIKLciBO2M4DZxQUtQHDCdpWrDP52H8P413stILQOiz9LUiJJQJoxq3LHkpU449t3NPZBfJWLni93-CuDB0OAiXz0P4MVCac3jUipJK&wd=&eqid=eb5d79e200244fab0000000661ec6ab9（2022年3月28日アクセス）

〈15〉西村友作「中国地方都市に破綻リスク。4割超が人口減、不動産暴落も」『日経ビジネスデジタル版』、2022年3月9日、https://business.nikkei.com/atcl/seminar/19/00109/00041/（2022年3月28日アクセス）

〈16〉ただし、華東地区のうち、山東省は南部ではなく北部に属する。

［第4章］

〈1〉中国信通院「中国数字经济发展白皮书」2017年、2018年、2019年、2020年

〈2〉藤井保文『アフターデジタル』日経BP、2019年3月23日

〈14〉 Credit Suisse, "Global wealth report 2021," 2021年6月21日、https://www.credit-suisse.com/about-us/en/reports-research/global-wealth-report.html（2022年3月28日アクセス）

〈15〉「内巻き」とは、学校、職場、社会生活などで、非理性的な競争が繰り返され、その結果、競争が激しくなる現象をさす流行語。

〈16〉「习近平在省部级主要领导干部学习贯彻党的十九届五中全会精神专题研讨班开班式上发表重要讲话」共产党员网、https://www.12371.cn/2021/01/11/ARTI1610365919984277.shtml（2022年3月28日アクセス）

〈17〉「关于共同富裕,《求是》发表习近平重要文章（全文）」人民网、2021年10月16日、https://baijiahao.baidu.com/s?id＝1713759421949857689&wfr＝spider&for＝pc（2022年3月28日アクセス）

〈18〉もっとも、2022年3月、財政部は、「各方面の状況を総合的に考慮すると、今年中に不動産税改革の試行都市を拡大する条件は整っていない」とした。恐らく不動産市場が調整している時期に不動産税の試行を拡大するのは適切ではないとの考慮であろう。

〈19〉中国語では「蛋糕」（ケーキ）だが、ここではその意味合いからパイと訳した。

〈20〉「刘鹤出席2021年世界互联网大会乌镇峰会」中央人民政府网、2021年9月26日、http://www.gov.cn/guowuyuan/2021-09/26/content_5639418.htm（2022年3月28日アクセス）

〈21〉「中国ITの主役交代、『ハードテック』に資金殺到」『ウォール・ストリート・ジャーナル日本語版』、2022年1月14日

〈22〉「国家创新型城市创新能力，深圳蝉联第一！」『潇湘晨报』、2022年2月23日、https://baijiahao.baidu.com/s?id＝1725536319462787611&wfr＝spider&for＝pc（2022年3月28日アクセス）

〈23〉競争中立性については、2019年3月の全人代で採択された政府活動報告は、「競争中立の原則に基づき、要素の獲得、参入許可、経営運営、政府調達と入札などの面で、各種所有制企業に対して平等に対応する」としている。一方で、2020年の国有企業3年行動計画では、「国有企業は産業チェーン・サプライチェーンのレベルを向上させるうえでリード的役割を発揮しなければならない」としており、競争中立性が守られるのか懸念される面がある。

[第3章]

〈1〉 育娲人口研究「中国人口预测报告2021版」2021年12月13日、https://file.c-ctrip.com/files/6/yuwa/0R7571200096esn24776D.pdf（2022年3月28日アクセス）

〈2〉「结婚登记数创36年新低，原因为何」『财新网』、2022年3月22日、https://china.caixin.com/2022-03-22/101859514.html（2022年3月28日アクセス）

〈3〉 注1と同じ。

[第2章]

〈1〉 佐々木智弘「改革・開放の加速を提唱した『南巡講話』20周年を素通りする胡錦濤政権」IDEスクエア、2012年2月、https://www.ide.go.jp/Japanese/IDEsquare/Overseas/2012/ROR201203_001.html（2022年3月28日アクセス）

〈2〉 習近平氏の肩書きについては、2013年3月に就任した国家主席で統一する。

〈3〉 渡邉真理子「三中全会決定と国有企業―『国有経済堅持』のスローガンに埋め込まれた改革」JRIレビュー、2014 Vol.3, No.13の考察も参考にした。https://www.jri.co.jp/file/report/jrireview/pdf/7281.pdf（2022年3月28日アクセス）

〈4〉 梶谷懐『中国経済講義――統計の信頼性から成長のゆくえまで』中公新書、2018年9月

〈5〉 Zhang, Chunlin., 2019, "How Much Do State-owned Enterprises Contribute to China's GDP and Employment?" World Bank, Washington, DC. © World Bank. https://openknowledge.worldbank.org/handle/10986/32306（2022年3月28日アクセス）

〈6〉 同統計は売上2,000万元以上の工業企業を対象としている。中小・零細企業の大半は民営企業だと推測できるので、このウエイトは国有経済ウエイトをやや過大評価している可能性がある。

〈7〉 「一图看懂全国国有企业改革三年行动动员部署电视电话会议」国務院国有資産監督管理委員会ホームページ、2020 年 10 月 1 日、http://www.sasac.gov.cn/n4470048/n13461446/n15390485/n15390500/c15823765/content.html#2（2022年3月28日アクセス）

〈8〉 渡辺紫乃「中国の国内情勢と対外政策の因果分析④：巨大化する中国の国有企業」国際問題研究所ホームページ『China Report』Vol. 19、2018年3月30日、https://www.jiia.or.jp/column/column-290.html（2022年3月28日アクセス）

〈9〉 中国のデジタル社会の発展の事情を詳しく紹介した書籍は枚挙にいとまがないが、例えば、キャッシュレスサービスの実例をふんだんに紹介しているのは、西村友作中国対外経済大学教授の『キャッシュレス国家「中国新経済」の光と影』（文春新書、2019年4月）だ。

〈10〉 注4と同じ。

〈11〉 智谷趋势「一份消失的央行报告，数据很意外，中国家庭户均1.5套房，资产317万」『新浪财经』、2020年4月29日、https://baijiahao.baidu.com/s?id=1665320303504320246&wfr=spider&for=pc（2022年2月14日アクセス）

〈12〉 雪狼「《2019年中国城镇居民家庭资产负债情况调查》概述」知乎、2020年5月3日、https://zhuanlan.zhihu.com/p/137951891（2022年2月14日アクセス）

〈13〉 総務省統計局「2019年全国家計構造調査 所得に関する結果及び家計資産・負債に関する結果 結果の概要」

〈12〉吉川洋『日本経済とマクロ経済学』東洋経済新報社、1992年4月1日
〈13〉林毅夫「2035年之前中国经济有每年8%的增长潜力」『北京日报』、2021年5月30日、http://ie.bjd.com.cn/5b165687a010550e5ddc0e6a/contentApp/5b16573ae4b02a9fe2d558f9/AP60b2f717e4b02239fd09447b.html（2022年3月28日アクセス）
〈14〉林毅夫「重点关注四个层面的新时代」『中国经济时报』、2018年9月17日、https://baijiahao.baidu.com/s?id＝1611788878957833884&wfr＝spider&for＝pc（2022年3月28日アクセス）
〈15〉中国长期低碳发展战略与转型路径研究课题组，清华大学气候变化与可持续发展研究院『读懂碳中和 中国2020-2050年低碳发展行动路线图出版社』中信出版社、2021年8月1日
〈16〉「白重恩解读未来15年中国经济增长的潜在速度」新华网、2021年1月2日、http://www.xinhuanet.com/2021-01/02/c_1126934284.htm（2022年3月28日アクセス）
〈17〉Zhu, M., L. Zhang and D. Peng, "China's Productivity Convergence and Growth Potential -A Stocktaking and Sectoral Approach," IMF Working Paper 19/263, International Monetary Fund、2019年11月、https://www.imf.org/en/Publications/WP/Issues/2019/11/27/Chinas-Productivity-Convergence-and-Growth-Potential-A-Stocktaking-and-Sectoral-Approach-48702（2022年3月28日アクセス）
〈18〉佐々木貴俊、坂田智哉、向山由依、吉野功一「中国の中長期的な成長力―キャッチアップの持続可能性に関する考察」日本銀行ワーキングペーパーシリーズNo.21-J-9、2020年5月、https://www.boj.or.jp/research/wps_rev/wps_2021/data/wp21j09.pdf（2022年3月28日アクセス）
〈19〉日本経済研究センター「第7回アジア中期予測報告書　コロナ後のアジア DX・脱炭素に活路」2021年12月
〈20〉Higgins, M. "China's Growth Outlook: Is High-Income Status in Reach?" Economic Policy Review 26, 4, Federal Reserve Bank of New York, https://www.newyorkfed.org/medialibrary/media/research/epr/2020/epr_2020_china-growth-outlook_higgins.pdf（2022年3月28日アクセス）
〈21〉日本銀行が指摘する以外に、遺産動機による貯蓄も重要である。唐成中央大学教授は近著（『家計・企業の金融行動から見た中国経済：「高貯蓄率」と「過剰債務」のメカニズムの解明』有斐閣、2021年12月）において、中国が高齢化が進む中でも家計貯蓄率が高止まりする背景には遺産動機があるとする。
〈22〉「白重恩谈未来十五年中国潜在经济增长速度」『新浪财经』、2020年12月30日、https://finance.sina.com.cn/meeting/2020-12-31/doc-iiznctke9541122.shtml（2022年3月28日アクセス）

注

［第1章］

〈1〉 魏加寧、王瑩瑩等『中国の経済改革――歴史と外国に学ぶ方法論』（監訳：関志雄、訳者：岡嵜久実子・岡野寿彦・李粹蓉）日経BP 日本経済新聞出版、2020年7月22日

〈2〉 Dwight H. Perkins and Thomas G. Rawski, "Forecasting China's Economic Growth to 2025," "China's Great Economic Transformation," Chapter 20, Cambridge University Press, 2008年4月14日

〈3〉 宮本雄二『習近平の中国』新潮新書、2015年5月20日

〈4〉 ただし、第二次産業のウエイトが高い経済は、製造業による投資偏重の経済でもあり、個人消費の伸びを抑え、経済の不均衡を招いたのも事実だ。中国経済の不均衡とリバランスに関しては、福本智之、武藤一郎「中国における経済成長のリバランスについて」日銀レビュー、2011年9月9日 参照（https://www.boj.or.jp/research/wps_rev/rev_2011/rev11j10.htm/ 〈2022年3月31日アクセス〉）

〈5〉 環境省水・大気環境局「中国大気環境改善のための都市間連携協力－概要と成果」、環境省ホームページ、2019年3月、https://www.env.go.jp/press/files/jp/111216.pdf （2022年3月28日アクセス）

〈6〉 「十八大以来习近平同志关于经济工作的重要论述」人民網、2014年2月22日、http://politics.people.com.cn/n/2014/0222/c1001-24435789.html（2022年3月28日アクセス）

〈7〉 田中修「中国経済レポート：19回党大会報告の経済的意義」IDE-JETROホームページ、2017年11月28日、https://www.ide.go.jp/library/Japanese/Researchers/report/tanaka_osamu/pdf/2017/t_report171128.pdf（2022年3月28日アクセス）

〈8〉 吴晓求「需在十四五跨越中等收入陷阱 之后十年建成中等发达国家」『新浪财经』、2020年12月24日、http://finance.sina.com.cn/china/gncj/2020-12-24/doc-iiznezxs8716112.shtml（2022年3月28日アクセス）

〈9〉 「习近平：关于中共中央关于制定国民经济和社会发展第十四个五年规划和二〇三五年远景目标的建议的说明」新华网、2020年11月3日、http://m.xinhuanet.com/2020-11/03/c_1126693341.htm（2022年3月28日アクセス）

〈10〉 US Congressional Budget Office "The 2021 Long-Term Budget Outlook," 2021年3月4日、https://www.cbo.gov/publication/56977（2022年3月28日アクセス）

〈11〉 関志雄「中国経済新論：実事求是　中国国内版の雁行形態の形成に向けて」RIETIホームページ、2002年2月1日、https://www.rieti.go.jp/users/china-tr/jp/ssqs/020201ssqs.html（2022年3月28日アクセス）

著者略歴

福本　智之（ふくもと・ともゆき）

大阪経済大学経済学部教授

1989年京都大学法学部卒業、同年日本銀行入行。2000年在中国大使館一等書記官、2010年日本銀行国際局総務課長、2011年国際局参事役（IMF世界銀行東京総会準備を担当）、2012年北京事務所長、2015年北九州支店長、2018年国際局審議役（アジア担当総括）、2020年国際局長を歴任、2021年日本銀行退職。同年4月より現職。経営共創基盤シニアフェロー、東京財団政策研究所研究員。

中国減速の深層

「共同富裕」時代のリスクとチャンス

2022年6月17日　1版1刷

著　者　福本 智之

発行者　國分 正哉

発　行　株式会社日経BP
日本経済新聞出版

発　売　株式会社日経BPマーケティング
〒105-8308　東京都港区虎ノ門4-3-12

装　丁　野網雄太
組版DTP　マーリンクレイン
印刷・製本　シナノ印刷
ISBN978-4-296-11378-1
Printed in Japan